高等学校法学专业考研辅导与习题精解

民法学考研辅导与习题精解

主　编／李　军　孙照海

副主编／李　震　魏军政

社会科学文献出版社
SOCIAL SCIENCES ACADEMIC PRESS(CHINA)

编写说明

本书为法学专业经典教材的配套辅导材料，参编者均熟知教材的知识点和考点。

本书的基本框架分为辅导提要和习题精解两大部分：辅导提要部分按照配套的经典教材的章节顺序讲解知识点，分析其重点难点和考点；习题精解部分大致按单项选择题、多项选择题、名词解释、简答题、论述题、案例分析题等题型进行详细讲解，同时又吸取了近年来各高校的考研真题和司法考试的真题等，基本涵盖了所有知识点。这种编写方式，题量适中、涵盖面广、重点突出、考点明确，节省了广大考生梳理教材的大量宝贵时间和精力，可以达到事半功倍的效果。

本书不仅适用于研究生入学考试、本科生自测，也适用于参加司法考试的广大考生，还可以为高校教师讲授教材、编写考题提供有价值的参考，是一本实用性、针对性较强的辅导资料。

由于编者水平有限，书中不当之处，敬请广大师生在使用过程中提出宝贵意见和建议，以便将来进一步修订。

李　军

2012 年 3 月

目 录

第一部分 民法学辅导提要

第二部分　民法学习题精解

第一部分　民法学辅导提要

第一编 总论

第一分编 绪论

第一章 民法概述

第一节 民法的概念与含义

民法是调整平等主体的自然人、法人、其他组织之间的财产关系和人身关系的法律规范的总和。

1. 实质意义的民法：指作为部门法的民法。有广义和狭义之分。广义的民法指调整平等主体之间财产关系与人身关系的法律规范总称，也就是私法的全部。狭义的民法指在民商分立的国家商法以外的私法。

2. 形式意义上的民法：指以一定体例编纂的并以民法命名的成文法典。

我国民商合一，是广义民法，我国还没有形式意义的民法。

第二节 民法的沿革

民法的历史沿革可分为古代民法、近代民法和现代民法三个阶段。

1. 古代民法的典型代表是罗马法。

2. 近代民法是在继受罗马法的基础上形成的，形成了大陆法和英美法两大法系。大陆法系推行法典化，又称民法法系；英美法以判例为法律的主要渊源，又称判例法系。近代民法以1804年的《法国民法典》为代表。

3. 资本主义现代民法始于 1897 年公布、1900 年生效的《德国民法典》。1922 年列宁亲自主持制定的《苏俄民法典》是第一部社会主义性质的民法典。我国近代民法始于清末，1907 年清政府开始制定《大清民律草案》，1911 年完成。我国历史上第一部民法典是 1930 年南京国民政府制定的民法典，该法典随着 1949 年新中国成立在大陆已经废除，仅在台湾有效。1986 年颁布的《民法通则》使我国民事立法进入了一个新阶段。

第三节　民法的调整对象

民法的调整对象是平等主体公民之间、法人之间、公民与法人之间的财产关系和人身关系。

一、平等主体间的财产关系，指人们在社会财富的生产、分配、交换和消费过程中形成的以经济利益为内容的社会关系。财产关系主要有以下特点：

1. 主体的地位是平等的；

2. 一般是当事人自愿发生的；

3. 受价值规律支配。

二、平等主体之间的人身关系，是人们在社会生活中形成的具有人身属性，与主体的人身不可分离的，不是以经济利益而是以特定精神利益为内容的社会关系。人身关系有以下特点：

1. 主体的地位平等；

2. 与民事权利的享受和行使有关；

3. 与主体的人身不可分离并不具有经济内容。

第四节　民法的性质

民法的性质：

1. 民法是调整社会主义市场经济关系的基本法。

2. 民法为市民法。

3. 民法为行为规范兼裁判规范。

4. 民法为实体法。

5. 民法为私法。

第五节 民法的本位

第六节 民法的渊源

民法的渊源，又称民法的法源，是指民事法律规范的来源或者表现形式。我国民法渊源主要是指国家有关机关在其职权范围内制定的有关民法的规范性文件，主要包括以下几类：

1. 法律（宪法、民事基本法、民事单行法和其他法律中的民法规范）；

2. 法规；

3. 规章；

4. 最高人民法院的司法解释；

5. 国家政策和习惯。

第七节 民法的效力

民法的效力：又称民法的适用范围，指在何时、何地、何人之间的关系应适用有关的民事法律规范。

1. 民法在时间上的效力：

（1）法律不溯及既往； （2）新法改废旧法。

2. 民法在空间上的效力：

我国民法适用于中华人民共和国领土、领海、领空以及依据国际法和国际惯例视为我国领域内发生的民事关系。有三点要注意：

（1）全国性的规范文件适用于全国，但仅为某一地区制定的，则该规定仅适合于该地区。

（2）地方性的规范性文件，仅适用于该地区，而不能适用于其他地区。

（3）我国实行一国两制。香港、澳门、台湾地区的法律仅适合用于该地区，我国民法不适用于这些地区。

3. 民法对人的效力：我国民法对人的效力同时采取"属人主义"与"属地主义"。

第二章　民法的基本原则

第一节　平等原则

1. 民事主体的法律地位平等。
2. 民事主体平等地依法享受权利和负担义务。
3. 民事主体的合法权益受法律平等保护。
4. 民事主体的民事责任平等。

第二节　自愿原则

民事主体在民事活动中以自己的意志充分表达自己的意愿，按照自己的意思和利益确立、变更、终止民事法律关系。

1. 当事人自主决定民事事项。
2. 当事人对自己的真实意思负责。

第三节　公平原则

要求当事人在民事活动中应以社会正义、公平的观念指导自己的行为，平衡各方面的利益，要求以社会正义、公平的观念来处理当事人之间的纠纷。

1. 民事主体参与民事法律关系的机会平等。
2. 在当事人的关系上利益均衡。
3. 当事人合理地承担民事责任。

第四节　诚实信用原则

民事主体在民事活动中应诚实，守信用，善意地行使权利和履行义务。

第五节　公序良俗原则

民事主体在民事活动中不得违反公共秩序和善良风俗，不得违反社会公德，不得损害社会利益和国家利益。

1. 民事活动应当尊重社会公共利益和社会公德。

2. 民事主体不得滥用权利。

第三章　民事法律关系

第一节　民事法律关系的概念与意义

一　民事法律关系的概念

民事法律关系，指根据民事法律规范确立的以民事权利义务为内容的社会关系，是由民事法律规范调整而形成的社会关系。

二　民事法律关系的特征

1. 民事法律关系是一种法律关系。
2. 民事法律关系是平等主体之间的关系，一般是自愿设立的。
3. 民事法律关系是以民事权利和义务为内容的法律关系。

第二节　民事法律关系的要素

1. 民事法律关系主体，简称民事主体，是指参与民事法律关系，享受民事权利和负担民事义务的人。
2. 民事法律关系的内容，是民事主体在民事法律关系中享有的权利和负担的义务，亦即当事人之间的民事权利和义务。
3. 民事法律关系客体，是指民事法律关系中的权利和义务共同指向的对象。

第三节　民事法律事实

一　民事法律事实的概念和意义

民事法律事实，指法律规定的能够引起民事法律关系产生、变更或终止的客观现象。基本特征为客观性和法定性。

民事法律事实的意义在于能引发一定的民事法律后果，包括以下情形：

1. 引起民事法律关系的发生。

2. 引起民事法律关系的变更。即民事法律关系要素中的任何一个要素发生变化。

3. 引起民事法律关系的消灭。包括绝对消灭和相对消灭。

二　民事法律事实的分类（是否与人的意志有关）

1. 自然事实，是指与人的意志无关的、能引起民事法律后果的客观现象。

2. 人的行为，指与人的意志有关，直接体现人的意志，能够引起民事法律后果的客观现象。

第四节　民事权利、民事义务、民事责任

一　民事权利

1. 民事权利的含义

民事权利是指民事主体依法享有并受法律保护的利益范围或者实施某一行为（作为或不作为）以实现某种利益的可能性。

（1）权利是法律关系的主体享有的利益范围或者为某种行为的可能性。

（2）权利是权利主体要求他人实施某种行为或者不实施某种行为，以实现其利益的可能性。

（3）在权利受到侵害时，权利主体得请求国家机关予以救济。

2. 民事权利的分类

（1）是否以财产利益为内容

财产权，是指是否以财产利益为内容，直接体现财产利益的民事权利。

人身权，是指不直接具有财产内容，与主体人身不可分离的权利。

（2）权利的作用

支配权，是指主体对权利客体可直接加以支配并享受其利益的权利。

请求权，是指请求他人为一定行为或不为一定行为的权利。

抗辩权，广义上是指抗辩请求权或否认他人的权利主张的权利，有的称为异议权；狭义上是指对抗请求权的权利。

形成权，是指权利人得以自己一方的意思表示而使法律关系发生变化的权利。

（3）权利的效力范围

绝对权，又称对世权，是指其效力及于一切人，即义务人为不特定的任何人的权利。

相对权，又称对人权，是指其效力及于特定人的权利，即义务人为特定人的权利。

（4）相互关联的权利之间的关系

主权利是指两项有关联的权利中不依赖另一权利可独立存在的权利。

从权利是指两项有关联的权利中其效力受另一权利制约的权利。

（5）相互间是否有派生关系

原权为基础权利，是权利性民事法律关系中的权利。

救济权是由原权派生的，为在原权受到侵害或有受侵害的现实危险而发生的权利，是保护性法律关系中的权利。

（6）权利有无移转性

专属权是指无移转性，权利人一般不能转让也不能依继承程序转移的权利。

非专属权是指具有转移性，权利人可以转让也可依继承程序移转的权利。

3. 民事权利的行使

民事权利行使的方式有事实方式和法律方式，权利行使应遵循以下主要原则：

（1）自由行使权利。

（2）正当行使和禁止权利滥用原则。

4. 民事权利的保护

指为保障权利不受侵害或者恢复被侵害的民事权利所采取的救济措施。分自我保护和国家保护。

（1）自我保护：又称私立救济，指权利人自己采取各种合法手段来保护其权利。分自卫和自助行为。

（2）国家保护：又称公力救济，指民事权利受到侵犯时，由国家机关通过法定程序予以保护。

5. 实施自助行为的条件

（1）须为保护自己的利益；

（2）须情事紧迫来不及请求国家保护；

（3）须采取法律许可的方式；

（4）须事后当即请求国家保护。

二　民事义务

指义务主体为满足权利人的利益需要，在权利限定的范围内必须为一定行为或不为一定行为的约束。民事义务主要有以下几类：

1. 发生根据

法定义务是直接依据法律规定产生的而非由当事人约定的义务。

约定义务是指当事人自行约定的义务。

2. 义务的内容

积极义务是指以义务人须为一定行为（作为）为内容的义务。

消极义务是指以义务人须不为一定行为（不作为）为内容的义务。

3. 义务与义务主体的关系

专属义务是指义务人不得将其移转给其他人负担的义务。

非专属义务是指义务人可将其移转给他人负担的义务。

三　民事责任

1. 民事责任的概念和特征

民事责任指民事主体因违反民事义务而依法应承担的民事法律后果。有以下特征：

（1）民事责任以民事义务为基础，是违反民事义务的法律后果。

（2）民事责任以恢复被侵害人的权利为目的。

（3）民事责任具有法律上的强制性。

（4）民事责任是保护性民事法律关系的内容。

2. 民事责任的分类

（1）民事责任发生的原因

债务不履行的民事责任是指因债务人不履行已存在的债务而发生的民事责任。

侵权的民事责任是指因实施侵权行为而发生的民事责任。

（2）民事责任的内容

履行责任是指责任人须履行自己原负担的债务的责任。

返还责任是指以返还利益为内容的责任。

赔偿责任是指以赔偿对方损害为内容的责任。

（3）承担民事责任一方当事人之间的关系

按份责任是指责任人为多人时，各责任人按照一定的份额向债权人承担民事责任，各债务人之间无连带关系。

连带责任是指债务人为多人时，每个人都负有清偿全部债务的责任，各责任人相互间有连带关系。

（4）按民事责任的内容有无财产性

财产责任是指直接以一定的财产为内容的责任（如返还财产、赔偿损失）。

非财产责任是指不直接具有财产内容的民事责任（如消除影响、恢复名誉）。

3. 民事责任的承担方式

（1）停止侵害。　（2）排除妨碍。　（3）消除危险。

（4）返还财产。　（5）恢复原状。　（6）修理、重作、更换。

（7）赔偿损失。　（8）支付违约金。　（9）消除影响、恢复名誉。

（10）赔礼道歉。

第二分编 民事法律关系主体

第四章 自然人

第一节 自然人的民事权利能力

一 自然人民事权利能力的概念

自然人民事权利能力，是指法律赋予自然人享有民事权利和负担民事义务的资格。

二 自然人民事权利的特点

1. 平等性。
2. 内容的广泛性和统一性。

三 自然人民事权利能力的开始

《民法通则》第9条规定，公民从出生时起到死亡时止，具有民事权利能力，依法享有民事权利，承担民事义务。

出生的时间以户籍证明为准，没有户籍证明的，以医院出具的出生证明为准。

遗产分割时，应当保留胎儿的继承份额。胎儿出生时为死体的，保留的份额按法定继承办理。

各国对胎儿的法律地位均作出特别规定，大致有以下三种：

1. 胎儿只要出生时尚生存，出生前就具有民事权利能力；

2. 不承认胎儿有民事权利能力，但在某些事项上视胎儿为已出生；

3. 不承认胎儿有民事权利能力，也不认为在某些事项上视胎儿为出生，仅是在某些事项上对胎儿的利益予以保护。

我国现行立法采取的是第三种体例。

四 自然人民事权利能力的终止

依《民法通则》第九条规定，至自然人死亡时其自然人民事权利能力终止，因此死亡是自然人民事权利终止的法律事实。民法上的死亡包括自然死亡和宣告死亡。

自然死亡，又称生理死亡，是指自然人生命的终结。

宣告死亡，又称推定死亡，是指自然人下落不明满一定期间后经利害关系人申请，由法院宣告该自然人为死亡。法院宣告死亡的判决宣告之日为被宣告死亡人死亡的日期。

依最高人民法院的解释，相互有继承关系的几个人在同一事件中死亡，如不能确定死亡先后时间的，推定没有继承人的先死亡。死亡人各自都有继承人的，如几个死亡人辈分不同，推定长辈先死亡；几个死亡人辈分相同，推定同时死亡，彼此不发生继承，由他们各自继承人分别继承。

第二节　自然人的民事行为能力

一 自然人民事行为能力的含义

自然人民事行为能力，指自然人得通过自己的独立行为取得和行使权利、设定和履行义务的资格。有广义和狭义之分。自然人民事行为能力有两个显著特点：

1. 自然人的民事行为能力是法律赋予的一种资格，不是由其自行决定的，非依法定程序，任何人不得限制或剥夺。

2. 自然人的民事行为能力以对客观事物的判断和认识能力即意识能力为依据。

二 自然人民事行为能力的划分

1. 完全民事行为能力，指可完全独立地进行民事活动，通过自己的行为取得民事权利和负担民事义务的资格。包括 18 周岁以上和 16 周岁以上不满 18 周岁、能够以自己劳动收入维持当地一般生活水平的。

2. 限制民事行为能力，指可以独立进行一些民事活动但不能独立进行全部民事活动的资格。包括 10 周岁以上的未成年人和不能完全辨认自己行为的精神病人。

3. 无民事行为能力，指不具有以自己的行为取得民事权利和负担民事义务的资格。包括未满 10 周岁和不能辨认自己行为的精神病人。无民事行为能力的，由他的法定代理人代理民事活动。

三　自然人民事行为能力的宣告

指法院经利害关系人申请，依法宣告精神病人为无民事行为能力或限制民事行为能力人的制度。对自然人民事行为能力宣告须具备下列条件：

1. 须经利害关系人申请。

2. 被申请的当事人须为精神病人。

3. 须由人民法院经特别程序作出宣告。

四　自然人民事行为能力的终止

自然人的民事行为能力终止，指其不可能再具有民事行为能力。当自然人死亡时，其民事行为能力终止。

第三节　监护

一　监护的概念和特征

监护，指为无民事行为能力和限制民事行为能力人设立保护人的制度。监护具有以下特征：

1. 被监护人须为无民事行为能力和限制民事行为能力人。

2. 监护人须为完全民事行为能力人。

3. 监护人的职责是由法律规定的，而不能由当事人约定。

监护的目的是保护无民事行为能力人和限制民事行为能力人的利益。

监护的设立是为无民事行为能力和限制民事行为能力人确定监护人。

二 监护的设立 3 种方式

1. 法定监护：由法律直接规定监护人。
2. 指定监护：由有关单位或者法院指定监护人。
3. 遗嘱监护：由未成年人的父母在其设立的遗嘱中指定监护人。

三 监护人的职责

1. 保护被监护人的身体健康。
2. 管理被监护人的财产。
3. 管理和教育被监护人。
4. 代理被监护人进行民事活动。

四 监护人的更换、撤换

1. 监护人的更换，指在监护人无力承担监护职责时，经其请求由有关单位或者法院更换他人为监护人。

2. 监护人的撤换，指对不履行监护职责的监护人，经有关人员或单位申请，由法院撤销该监护人的监护资格，另行确定监护人。撤销监护人资格须具备以下条件：

（1）经有关人员或单位申请。
（2）监护人不履行监护职责或者侵害被监护人的合法权益。
（3）须由人民法院撤销。

五 监护的终止

监护的终止指监护关系的消灭，是指不再设立监护人。

第四节　自然人的住所

一　住所

自然人的住所指自然人生活和进行民事活动的主要基地和中心场所。自然人的住所只能有一个。

居所，一个人总要居住在一个地方，起居住的地点称为居所。

二　住所的确定

住所有意定住所和法定住所之分。我国《民法通则》第 15 条规定：公民以他的户籍所在地的居住地为住所，经常居住地与住所不一致的，经常居住地视为住所。

经常居住地，是指公民离开住所地连续居住一年以上的地方，但住医院治病的除外。

三　住所的法律意义

1. 确定民事主体的状态，确定某些民事法律关系发生、变更、终止的地点。
2. 确定债务的履行地。
3. 确定案件的管辖。
4. 确定法律文书的送达和某些特定行为的实施地。
5. 确定涉外民事关系的准据法。

第五节　宣告失踪与宣告死亡

一　宣告失踪

1. 宣告失踪的概念和意义

宣告失踪，指经利害关系人申请，由人民法院对下落不明满一定期间的人宣告为失踪人的制度。为消除因自然人长期下落不明所造成的不利影响，法律通过设立宣告失踪制度，通过宣告下落不明人为失踪人，并为其设立财产代管人，由代管人管理失踪人财产，以保护失踪人与相对人的财产权益。

2. 宣告失踪的条件和程序

（1）须经利害关系人申请。

（2）须被申请人下落不明满一定期限（2年）。

（3）须由人民法院经过法定程序宣告。

3. 宣告失踪的法律后果

失踪人的财产由他的配偶、父母、成年子女或者关系密切的其他亲属、朋友代管。没有以上人选或有争议的由法院指定代管。代管人负有管理失踪人财产的职责，代管人不履行代管职责或者侵犯失踪人财产的，失踪人的利害关系人可以向法院请求代管人承担民事责任，也可申请变更代管人。

4. 宣告失踪的撤销

被宣告失踪的人重新出现或者确切知道他的下落，经本人或利害关系人申请，法院应当撤销对他的失踪宣告。撤销后，财产代管关系终止，代管人停止代管行为，将代管财产交给被撤销宣告人。

二　宣告死亡

1. 宣告死亡，指经利害关系人申请，由法院宣告下落不明的满一定期间的自然人为死亡的制度。

2. 宣告死亡的条件和程序

（1）须经利害关系人申请。

（2）须被申请人下落不明满一定期限。（下落不明满4年、意外事故下落不明从事故发生日起满2年。）

（3）须由人民法院宣告。

3. 宣告死亡的法律后果

宣告死亡与自然死亡相同法律后果。被宣告死亡时间和自然死亡时间不一致的，被宣告死亡所引起的法律后果仍然有效，但自然死亡之前实施的民事法律行为与被宣告死亡引起的法律后果相抵触的，则以其实施的民事法律行为为准。有民事行为能力的人在被宣告死亡期间实施的民事法律行为有效。

4. 死亡宣告的撤销

被宣告死亡人重新出现或者确知他没有死亡，经本人或利害关系人申请，法院应撤销对他的死亡宣告。宣告死亡的判决一经撤销发生以下法律后果：

（1）被撤销死亡宣告的人民事主体资格不消灭，其仍可享有各种人身权利和财产权。

（2）被撤销死亡宣告的人有权请求返还财产。

（3）被撤销死亡宣告的人的配偶在其宣告死亡后尚未再婚的，夫妻关系从撤销死亡宣告之日起自行恢复，如果配偶再婚后又离婚或者再婚后配偶死亡的，则不认定夫妻关系自行恢复。

（4）被撤销死亡宣告的人的子女在被宣告死亡期间被他人依法收养的，该收养关系有效，被撤销死亡宣告的人仅以未经本人同意而主张收养关系无效的，一般不应准许，但收养人和被收养人同意的除外。

第五章　法人

第一节　法人概述

一　法人的概念和特征

法人，是具有民事权利能力和民事行为能力，依法独立享有民事权利和承担民事义务的组织。法人的特征有：

1. 法人是具有民事权利能力和民事行为能力的社会组织。

2. 法人是依法独立享受民事权利和承担民事义务的社会组织。独立性体现在：

（1）组织上的独立性；

（2）财产上的独立性；

（3）责任上的独立性。

二　法人应具备的条件

1. 依法成立。

2. 有必要的财产和经费。

3. 有自己的名称、组织机构和场所。

4. 能独立承担民事责任。

三　法人的历史沿革和本质

1. 法人的历史沿革

法人制度起源于罗马法，罗马时期形成法人的雏形，欧洲中世纪的教会财产法创设了社团所有权、信托以及基金等制度，确认了中世纪教会社团的主体地位，此可谓法人独立财产制的产生。11 世纪出现新的商业经营形式，一些人联合起来组成联合体，后来出现海上合伙，合伙人责任仅限于其最初的投资，此可谓法人有限责任制的产生，到中世纪末期随着罗马法的复兴，注释法学派提出了法人概念。1807 年的《法国商法典》中确认了法人制度。1900 年的《德国民法典》完善了法人制度。我国自新中国成立后，在一些规范性文件中一直使用法人概念，但一直未在法律中明确规定，真正从法律上确认法人制度的是《民法通则》。

2. 法人的本质

（1）拟制说：起源于欧洲中世纪注释法派，后为德国学者萨维尼所倡。

（2）否认说：具体有三种观点。目的财产说，代表人物为德国的布林兹；受益主体说，代表人物为德国的耶林；管理人主体说，代表人物为德国的赫尔德。

（3）实在说：具体有两种观点。有机体说，代表人物为德国的基尔克；组织体说，代表人物为米休德等。

实际上法人的存在根源于商品经济，是由一定的生产方式决定的，随着商品经济的发展，出现了人的联合和财产的联合，这种联合有着不同于个人的完全独立的利益，从而法律须赋予其主体资格。

第二节　法人的分类

1. 学理上对法人的分类

（1）法人设立所依据的法规

公法人，是指依据公法设立的法人。

私法人，是指依据私法设立的法人。

（2）法人成立的基础

社团法人，是指以社员权为基础的人的集合体，其以有一定的成员为成立条件。

财团法人，是指为一定的目的的财产的集合体，其以捐助的一定财产为基础，以一定的捐助行为为成立条件。

（3）社团法人成立的目的上分

营利法人，是指以营利为目的的法人，其设立的目的是为成员谋取经济上的利益。

公益法人，是指以从事公益事业为目的的法人。

中间法人，既不以营利为目的，又不以从事公益事业为目的的法人。

（4）根据法人的国籍分

本国法人，是指根据本国法设立的具有本国国籍的法人。

外国法人，是指本国法人以外的法人。凡依据我国法在我国境内设立的法人，均为我国的法人。外国法人在我国可设立分支机构。

2. 法律上对法人的分类

（1）企业法人，是指以营利为目的，独立从事商品生产经营活动的法人。（所有制性质分：全民所有制、集体所有制、私营、中外合资、中外合作、外资等；企业组织形式分：公司法人和非公司法人）

（2）非企业法人：机关法人、事业单位法人、社会团体法人。

机关法人，是指从事国家管理活动的各类各级国家机关。

事业单位法人，是指从事非营利性的社会各项公益事业的法人。

社会团体法人，是指有自然人或者法人自愿组成的为实现会员共同意愿，按照章程开展活动的非营利性的具有法人资格的社会组织，或者有一定的捐赠财产组成的具有法人资格的社会组织。

第三节　法人的民事能力

一　法人的民事权利能力

法人的民事权利能力，指法人能够以自己的名义独立享受民事权利和负担民事义务的资格。

法人的民事权利能力与自然人的民事权利能力相比具有以下重要特征：

1. 法人的民事权利能力始于成立，终于消灭。

2. 法人的民事权利能力受法人自然属性的限制。

3. 法人的民事权利能力互相有差异性。

二　法人的民事行为能力

法人的民事行为能力，指法人以自己的意思独立进行民事活动的能力，即法人通过自己的行为取得民事权利和设定民事义务的资格。

法人的民事行为能力与自然人民事行为能力相比具有以下特征：

1. 法人的民事行为能力与其民事权利能力在存续时间上是一致的。
2. 法人的民事行为能力范围受其目的和经营范围的限制。
3. 法人的民事行为能力是由法人机关或者代表人实现的。

三 法人的民事责任能力

法人的民事责任能力指法人对自己的不法行为承担民事责任的能力。有以下两个最主要特征：

1. 法人的民事责任能力与其民事权利能力、民事行为能力同时产生、同时消灭。
2. 法人的民事责任能力是对其自己的违法行为承担责任的能力。

第四节 法人的机关

一 法人机关的含义

法人机关，指根据法律、章程或条例的规定，于法人成立时就产生的不需要特别授权就能够以法人的名义对内管理法人事务，对外代表法人进行民事活动的集体或个人。法人机关的特征有：

1. 法人机关是形成、表示和实现法人意志的法人机构。
2. 法人机关是法人的有机组织部分。
3. 法人机关是根据法律、章程或条例的规定而设立的。
4. 法人机关是法人的领导或代表机关。
5. 法人机关是由单个自然人或集体组成的。

二 法人机关的种类

法人机关由权力机关、执行机关和监督机关组成。

1. 法人权力机关：是法人自身意思的形成机关，是决定法人生产经营或者业务管理的重大事项的机关。
2. 法人执行机关：是执行法人权利机关决定的机关，是执行法人意志的机关。

3. 法人监督机关：是对法人的执行机关的行为实行监督检查，以保障法人意志得以实现的机关。

三　法人的法定代表人

依照法律或者法人组织章程的规定，代表法人行使职权的负责人，是法人的法定代表人。其特征有：

1. 法人的法定代表人是由法律或者法人的组织章程规定的。

2. 法人的法定代表人是代表法人行使职权的负责人。

3. 法人的法定代表人是代表法人进行业务活动的自然人。

四　法人机关与法人的关系

法人机关与法人之间不是两个主体之间的关系，而是具有同一的法律人格。法人机关是法人的组成部分，二者是部分与整体的关系。

第五节　法人的成立、变更、终止

一　法人设立的含义

法人的设立，是指法人这一组织体的创办或建立。作为组织体的法人，只有建立起组织体，才能取得法人资格。

法人设立不同于法人的成立，设立是成立的准备阶段，是法人成立的必经程序。

（一）法人设立的原则

1. 特许设立主义，指法人的设立须经国家立法或国家元首的许可。

2. 许可设立主义，指法人的设立须经行政机关的许可。

3. 自由设立主义，指对法人设立的国家不作任何干预，一任当事人自由设立。

4. 准则设立主义，指法律规定设立法人的条件，而不必经行政机关的许可。

5. 强制设立主义，指国家对法人的设立采取强制设立的政策。仅适用于特殊领域的法人，如工会。

（二）法人设立的程序

1. 法人设立的方式

（1）命令设立；（2）发起设立；（3）募集设立；（4）捐助设立。

2. 法人设立的条件

（1）有发起人或设立人；　　（2）须有法律依据。

3. 法人资格的取得

（1）以命令方式设立的机关法人，不须登记，自设立之日起即具有法人资格。

（2）事业单位法人和社会团体法人，依法不需要办理法人登记的，自设立之日起，即取得法人资格。依法需要办理登记的，经核准登记取得法人资格。

企业法人均须办理法人登记，自主管机关核准登记，领取企业法人营业执照之日起，取得法人资格。

二　法人的变更

1. 法人变更的概念

法人变更，指法人成立后在其存续期间内因各种原因而发生的组织体、组织形式以及其他事项的变动。法人变更主要指企业法人的变更。

2. 法人组织体的变更，包括法人合并和法人分立两种情形。

（1）法人的合并：指两个以上的法人合并为一个法人。分为吸收合并与分设合并两种。

（2）法人的分立：指由一个法人分立为两个以上的法人。包括新设分立和派生分立两种。

企业法人分立、合并，它的权利和义务由变更后的法人享有和承担。

3. 组织形式的变更：指企业法人组织形式的改变。

4. 其他重要事项的变更：指法人登记中应登记的其他事项的变更。这些变更不影响法人原参与的法律关系的效力。（如名称、代表、场所、住所、注册资本等的变更。）

三　法人的终止

指法人的民事主体资格不再存在，其民事权利能力、民事行为能力终止。企业法人因下列原因之一终止：

1. 依法被撤销；

2. 解散；

3. 依法被宣告破产；

4. 其他原因（如合并、分立等）。

四　法人的清算

法人的清算，指法人终止时由清算组织依职权清理该法人的财产，了结其参与的财产法律关系。

清算组织，是依法成立的对终止的法人进行清算的组织或个人，又称清算人。

清算组织进行的清算活动包括：

1. 了结现存的业务；

2. 收取债权和清偿债务；

3. 将清偿债务后剩余的财产移交给享有权利的人。

企业法人因依法被撤销、解散、宣告破产或其他原因而进行清算时，该企业法人民事主体资格消灭，但可以进行清算范围内的活动。

第六章　非法人组织

第一节　非法人组织概述

一　非法人组织的概念和特征

非法人组织，也就是法律中所说的"自然人、法人、其他组织"中的其他组织，是指不具有法人资格但可以自己的名义进行民事活动的社会组织。非法人组织具有以下特征：

1. 非法人组织为社会组织。
2. 非法人组织具有相应的民事权利能力和民事行为能力。
3. 非法人组织不具备法人的条件。

二　非法人组织的主体地位

非法人组织具有一定的民事权利能力、民事行为能力，也具有民事诉讼能力，是既不同于自然人也不同于法人的另一类民事主体，非法人组织只具有相对独立的民事主体地位，其在财产和责任上不具有完全的独立性。

三　非法人组织的种类

1. 依成立的目的，可分为营利性非法人组织和非营利性非法人组织两种。
2. 依成立时是否需要办理登记，可分为需登记的非法人组织和不需登记的非法人组织两种。

第二节　合伙

一　合伙的概念和特征

合伙，是指由两个以上的人为了共同的经济目的，按照共同协议组成的联合体。其特征是：

1. 合伙是按照共同协议组成的联合体；
2. 合伙是独立从事经营活动的联合体；
3. 合伙人共同出资，共同经营；
4. 合伙是合伙人共享收益、共担风险并对合伙人合伙债务承担无限连带责任的组织。

二　合伙的分类

1. 依合伙人对合伙债务承担责任的范围，可分为普通合伙与有限责任合伙两种。
2. 依合伙的自然属性，可分为个人合伙与单位合伙两种。
3. 依合伙的目的和组织形式，可分为合伙企业与其他合伙两种。

三　合伙的内部关系（预测题：论合伙的内部关系和外部关系）

1. 合伙人有出资的义务和管理使用合伙财产的权利。
2. 合伙人有合伙事务的决策权、执行权和监督权。
3. 合伙收益的分配权和分担合伙亏损的义务。

四　合伙与第三人的关系

1. 合伙人以合伙名义进行的活动对外代表合伙。
2. 合伙人对合伙债务负连带无限责任。

五　入伙与退伙

1. 入伙，是指在合伙存续期间有第三人加入合伙成为合伙人。

2. 退伙，指在合伙存续期间，合伙人与其他合伙人脱离合伙关系而不再为合伙人。分任意退伙和法定退伙两种情形。

（1）任意退伙，又称声明退伙，是基于合伙人自己的意思而决定的退伙。

（2）法定退伙，又称非任意退伙，指根据法律直接规定的条件而非基于合伙人的意思而发生的退伙。

六 合伙的解散与清算

合伙的解散，又称合伙的终止，指合伙终结，合伙人之间结束合伙关系。合伙人解散的原因有：

1. 合伙协议约定的经营期限届满，合伙人不愿意继续经营。

2. 合伙协议约定的解散事由出现。

3. 全体合伙人一致同意解散。

4. 合伙人仅余一人。

5. 合伙协议约定的目的实现或无法实现。

6. 合伙被依法吊销营业执照。

7. 法律、法规规定的合伙解散的其他原因。

合伙结算时应进行清算并公告债权人。由全体合伙人担任清算人。清算期间执行以下事务：

1. 清算合伙财产，必要时分别编制资产负债表和财产清单；

2. 处理与清算合伙未了结的事务；

3. 清缴所欠税款；

4. 清理债权、债务；

5. 处理合伙清偿债务后的剩余财产；

6. 代表合伙人参与民事诉讼。

第三节 其他非法人组织

一 法人分支机构

指由法人为实现其职能而设立的一种可以自己名义进行民事活动但不能独立

承担民事责任的独立机构。法人分支机构的特点有：

1. 法人分支机构是由法人为实现其职能而设立的机构，从属于法人；
2. 法人的分支机构是相对独立的机构；
3. 法人的分支机构不能独立承担民事责任。

二　个人独资企业

个人独资企业，是指由一个自然人投资，财产为投资人个人所有，投资人以其个人财产对企业债务承担无限连带责任的经营实体。个人独资企业具有以下法律特征：

1. 由自然人一人投资，财产为投资人个人所有；
2. 有一定的经营规模并须经核准登记；
3. 以自己的名义进行民事活动；
4. 不能独立承担民事责任。

三　个体工商户与农村承包经营户

1. 个体工商户：公民在法律允许范围内，依法经核准登记，从事工商业经营的，为个体工商户。个体工商户具有如下法律特征：

（1）个体工商户是以户为经营单位的；
（2）个体工商户须依法核准登记；
（3）个体工商户须在法律允许的范围内从事工商业经营；
（4）个体工商户以户的名义进行民事活动，享受民事权利和负担民事义务；
（5）个体工商户的户主对个体工商户的债务承担无限责任。

2. 农村承包经营户：农村集体经济组织的成员，在法律允许的范围内，按照承包合同规定从事商品经营的，为农村承包经营户。农村承包经营户具有如下法律特征：

（1）农村承包经营户是以户为单位的农村集体经济的一个经营层次；
（2）农村承包经营户依照承包合同从事商品经营；
（3）农村承包经营户应在法律允许的范围内从事生产经营；
（4）农村承包经营户的经营者对承包经营期间的债务负无限连带责任。

非法人组织包括合伙、法人的分支机构、个人独资企业、个体工商户、农村承包经营户。

第三分编　民事法律关系客体

第七章　民事法律客体的种类

第一节　民事法律关系客体概述

一　民事法律关系客体的概念和特征

民事法律关系客体，是民事法律关系的要素之一，指的是作为法律关系内容的民事权利和民事义务共同指向的对象，也就是民事权利的客体，又称为民事权利的标的。民事法律关系客体具有以下特征：

1. 有意性：指能满足人们的利益需要。
2. 客观性：指不依主体的意识而转移。
3. 法定性：指由法律所规定。

二　民事法律关系客体的种类

1. 物。其中包括金钱和有价证券。
2. 其他财产。指物以外的财产。
3. 行为。指人的工作和服务。
4. 智力成果。
5. 其他。指能够满足人们物质和精神利益需要的其他财富。

第二节　物

一　物的概念和特征

物，是民事主体能够实际控制或支配的具有一定经济价值的物质资料。其法律特征有：

1. 须存在于人身之外。
2. 须能够为人力所实际控制或支配。
3. 须能够满足人们的社会生活需要。
4. 须为独成一体的有体物。

二　物的分类

1. 依是否有可移动性可分为动产与不动产两种。

动产，是指可以一般方法移动且移动后不会改变或不会损害其价值的物。

不动产，是指不能以一般方法移动或移动后会改变或损害其价值的物。

2. 依是否具有自由流通性，可分为流通物、限制流通物与禁止流通物三种。

流通物，是指允许在民事主体之间自由流通的物。

限制流通物，是指法律对其流通予以一定的限制，仅可在特定主体之间或特定范围内流通的物。

禁止流通物，是指法律禁止其流通，不能成为交易标的物的物。

3. 依相互间的关系，可分为主物与从物两种。

主物是指同一人所有的需共同使用才能更好发挥作用的两物中起主要作用的物。

从物是指辅助主物发挥效用的物。

4. 依两物间的关系，可分为原物与孳息物两种。

原物为产生孳息的物。

孳息则是由原物产生的收益。

5. 依使用后形态的变化性，可分为消耗物和非消耗物两种。

消耗物，又称消费物，是指经一次性使用就会归于消灭或改变形态和性质的物。

非消耗物是指可长期多次使用而不会改变形态和性质的物。

6. 依是否可分割，可分为可分物与不可分物两种。

可分物，是指经分割后并不会改变其性质或影响其效益的物。

不可分物，是指经分割会改变其性质和影响其用途的物。

7. 依交易中确定方式，可分为特定物与种类物两种。

特定物，指以单独的特征具体确定的物。

种类物，是指仅以品种、规格、型号或度量衡加以确定的物。

8. 依可否由其他物代替，可分为代替物与不可代替物两种。

代替物是指得以同一种类、品质及数量的物代替的物。

不可代替物是指不能以其他物代替的物。

从物必须具备三个条件：

1. 与主物同属一人所有；

2. 须独立成为一物；

3. 须与主物共同使用才能更好地发挥物的作用。

三　物在民法上的意义

1. 物是民事法律关系中最普通的客体。

2. 物可决定法律关系的性质。

3. 物会影响案件的管辖。

第三节　有价证券

一　货币

有时称金钱，是指充当一般等价物的一种特殊的物。

二　有价证券

1. 有价证券的概念和特征

有价证券是设定并证明持券人有取得一定财产权利的书面凭证。代表一定的财产权利，具有经济价值，也是一种特殊的物。有价证券的特殊性表现为以下特征：

（1）有价证券与证券上所记载的权利不可分离。

（2）有价证券的持有人只能向特定的义务人主张权利。

（3）有价证券的支付义务人有单方的见券即付的履行义务。

2. 有价证券的种类

从有价证券所代表的权利性质上分类：

（1）代表一定货币的有价证券（本票、汇票、支票）

（2）代表一定商品的有价证券（仓单、提单）

（3）代表一定股份的有价证券（股票）

（4）代表一定债券的有价证券（债券）

从有价证券所代表的权利的转移方式分类：

（1）记名有价证券

（2）指示有价证券

（3）无记名有价证券

第四节　智力成果

一　智力成果的概念

法律特征：创造性、非物质性、公开性。

二　智力成果的几种主要类型

作品、发明、实用新型、外观设计、科学发现、商标。

第五节　权利非物质利益

第四分编 民事法律关系变动

第八章 民事行为

第一节 民事法律行为概述

一 民事法律行为的概念

民事法律行为，是公民或者法人设立、变更、终止民事权利和民事义务的合法行为，是民事主体实施的以发生法律后果为目的的合法行为。

二 民事法律行为的特征

1. 民事法律行为是民事主体实施的以发生一定民事法律后果为目的的行为。
2. 民事法律行为是以意思表示为要素的行为。
3. 民事法律行为是能发生当事人预期法律后果的合法行为。

三 民事法律行为的种类

1. 依意思表示为单数还是复数，可分为单方民事法律行为与多方民事法律行为两种。

单方民事法律行为，是指仅有当事人一方的意思表示即可以成立的民事法律行为。

多方民事法律行为，是指须有双方或多方当事人的意思表示的一致才能成立的民事法律行为。

2. 依是否有对价，可分为有偿法律行为与无偿法律行为两种。

有偿法律行为，是有对价的法律行为，一方从对方取得利益须支付一定的财产代价，任何一方在没有给予对方相应的代价时，不能从对方取得相应的利益。

无偿法律行为，是指没有对价的法律行为，一方从对方取得某种财产利益，不需向对方支付财产代价。

3. 依双方权利义务关系

双务法律行为，是指当事人双方均负担相应义务的法律行为，一方的义务也就是另一方的权利。

单务法律行为，是指当事人一方仅负担义务而另一方仅享有权利的法律行为。

4. 依标的物的实际交付，可分为诺成性法律行为与实践性法律行为两种。

诺成性法律行为，又称不要物行为，是指只要当事人意思表示一致即可成立的民事法律行为，这种法律行为不以标的物的实际交付为成立生效要件。

实践性法律行为，又称要物行为，是指除当事人意思表示一致外，还需实际交付标的物才能成立生效的法律行为。

5. 依是否须采用某种特定形式，可分为要式法律行为和不要式法律行为两种。

要式法律行为，是指须采用某种特定形式的法律行为，这种法律行为不采用特定的形式不能成立生效。

不要式法律行为，是指法律不要求须采用某种特定形式的法律行为，这种法律行为采用何种形式可由当事人自由决定。

6. 依其与原因的关系，可分为要因法律行为和无因法律行为两种。

要因法律行为，又称有因行为，是指与其原因不可分离，原因不存在，法律行为也就不能成立生效的法律行为。

无因法律行为，又称无因行为，是指其可与原因相分离，原因存在与否不影响其效力的法律行为。

7. 依发生效力的时间，可分为生前法律行为与死后法律行为两种。

生前法律行为，又称为生存行为，是指其效力发生于行为人生存时的法律行为。

死后法律行为，又称为死因法律行为，是指于行为人死亡后方发生法律效力的法律行为，如立遗嘱。

8. 依法律行为相互间的关系，可分为主法律行为与从法律行为两种。

主法律行为，是指两个有联系的法律行为中，不依赖于他行为而可独立存在的法律行为。

从法律行为，是指须依赖于其他行为而存在的法律行为。

第二节　意思表示

一　意思表示的概念和要素

意思表示，指行为人欲设立、变更、终止民事权利和民事义务的内在意思的外在表现。意思表示包括意思和表示两个方面的要件和内容。

二　意思表示的形式

1. 口头形式：指以口头语言的方式作意思表示。
2. 书面形式：指以书面文字等方式作意思表示。
3. 默示形式：指不直接以语言文字而是通过行为作意思表示。（推定形式、沉默形式）

三　意思表示的分类

1. 表示方式

明示的意思表示，是指以语言文字或者法律或交易习惯所确认的其他表示方法，直接表示其意思的意思表示。

默示的意思表示，是指通过表示然的行为来表示其意思的意思表示。

2. 意思表示有无相对人

有相对人的意思表示，是指有表示对象的意思表示。

无相对人的意思表示，是指没有表示对象的意思表示。

3. 表示到达对方的方式

对话的意思表示，是指表意人作出的意思表示可直接入于为对方了解范围的意思表示，如当面或用电话所为的意思表示。

非对话的意思表示，是指表示人作出的意思表示不是直接可为对方了解而是间接入于对方了解范围的意思表示，如书信、第三人传达等。

4. 意思表示有无瑕疵

健全的意思表示是指无瑕疵的意思表示。

不健全的意思表示，为有瑕疵的意思表示，是指表示人的意思与表示不一致或者表示人的意思形成不自由的意思表示。

受遗赠人应当在知道遗赠后两个月内，作出接受或者放弃遗赠的表示，到期没有表示的，视为放弃受遗赠。

四 意思表示的瑕疵

1. 意思与表示不一致

故意的不一致：

（1）真意保留。指表意人故意隐匿其真意而表示出不同意思，其并无受其意思表示拘束的意思而为意思表示。

（2）通谋虚伪表示。指表意人与相对人同谋而为虚伪的意思表示。

（3）隐藏行为。指表意人为虚伪表示而其真意为发生另外的法律效果的表示行为。

无意的不一致：

（1）错误。指表意人因误认或不知而使其意思与表示不一致。

（2）误传。指第三人无意地传达错误而造成意思与表示不一致。

2. 意思表示不自由（预测题：三种意思表示的各自的构成要件是什么?）

（1）受欺诈的意思表示。

（2）受胁迫的意思表示。

（3）为难中的意思表示。

五 意思表示的解释

意思表示指阐明当事人意思表示的真正含义。

第三节 民事行为的成立与生效

民事行为，是民事主体以设立、变更、终止民事权利和民事义务为目的的行为。

一　民事行为成立的条件

1. 一般民事行为成立的条件

（1）行为人；　　（2）意思表示；　　（3）标的。

2. 民事行为的特别成立条件，是指特别的一些民事行为成立所需要的特有条件。

二　民事行为的生效要件

1. 一般民事行为的生效要件

（1）行为人具有相应的民事行为能力；

（2）意思表示真实；

（3）不违反法律或者社会公共利益。

2. 民事行为的特别生效要件

指一些特殊的民事行为除具备一般生效要件外还须具备的生效要件。

第四节　附条件、附期限的民事法律行为

一　附条件的民事法律行为

指行为人设立一定条件，以条件的成就与否作为民事法律行为效力发生与否的民事法律行为。

1. 条件的概念与特征

条件是当事人用以决定法律行为效力的发生或消灭的事项。

条件具备的特征有：

（1）须为尚未发生的客观事实。

（2）须为将来能否发生并不能肯定的事实。

（3）须为合法的事实。

（4）须为当事人约定的事项。

（5）须为与当事人希望发生的法律效果不相矛盾的事实。

2. 条件的成就与不成就

条件的成就指作为条件的客观事实发生。条件的不成就则是指作为条件的客观事实未出现。

3. 条件的分类

（1）条件的作用

停止条件，又称延缓条件，是指关系法律行为效力发生的条件。

解除条件，是指关系法律行为效力消灭的条件。

（2）条件的内容

积极条件，是指以某种事实的发生为内容的条件。

消极条件，是指以某种事实不发生为内容的条件。

二　附期限的民事法律行为

指当事人以将来确定到来的客观事实作为决定法律行为效力的附款的民事法律行为。分生效期限和终止期限。

生效期限，简称始期，又称延缓期限，生效期限指决定法律行为发生的期限。

终止期限，又称终期，指决定法律行为消灭的期限。

第五节　无效民事行为

一　无效民事行为的概念和特征

无效民事行为，指因根本不具备民事法律行为要件，自始确定的、当然的、完全不能发生法律效力的民事行为。其特征有：

1. 无效民事行为是严重欠缺民事行为生效要件的民事行为。

2. 无效民事行为是自始不能发生效力的民事行为。

3. 无效民事行为是确定的当然无效的民事行为。

二　无效民事行为的种类

1. 无民事行为能力人实施的民事行为。

2. 限制民事行为能力人实施的依法不能独立实施的单方行为。

3. 一方以欺诈、胁迫的手段所为的损害国家利益的民事行为。

4. 恶意串通、损害国家、集体或者第三人利益的民事行为。

5. 以合法形式掩盖非法目的的民事行为。

6. 损害社会公共利益的民事行为。

7. 违反法律、行政法规的强制性规定的民事行为。

三　无效民事行为的后果

1. 不得履行。

2. 返还财产。

3. 赔偿损失。

4. 收缴财产归国家或返还财产给集体、第三人。

第六节　可撤销、可变更民事行为

一　可撤销、可变更民事行为的概念和特征

可撤销、可变更民事行为，是指因意思表示有瑕疵，当事人可以请求人民法院或者仲裁机构予以撤销或变更的民事行为。

可撤销、可变更民事行为具有如下特征：

1. 可撤销、可变更民事行为是意思表示有瑕疵的民事行为。

2. 可撤销、可变更民事行为是可予以变更或撤销的民事行为。

3. 可撤销、可变更民事行为是只有当事人才可主张无效的民事行为。

二　可撤销、可变更民事行为的种类

1. 重大误解的民事行为。

2. 显失公平的民事行为。

3. 一方以欺诈、胁迫的手段或者乘人之危，使对方在违背其真实意思的情形下所为的民事行为。

三 可撤销、可变更民事行为的撤销

1. 撤销权的概念

当事人享有的可使可撤销民事行为自始不发生效力的权利即为撤销权。

2. 撤销权的消灭

（1）具有撤销权的当事人自知道或者应当知道撤销事由之日起 1 年内没有行使撤销权。

（2）具有撤销权的当事人知道撤销事由后明确表示或者以自己的行为放弃撤销权。

3. 可撤销、可变更民事行为被变更、撤销后的后果

可撤销、可变更民事行为经当事人请求被变更的，应按变更后的内容履行。经请求撤销的，该民事行为自始无效。可撤销、可变更民事行为与无效民事行为区别在于：

（1）二者发生的原因不同。

（2）二者的效力不同。

（3）确认二者无效的条件和程序不同。

第七节 效力待定民事行为

一 效力待定民事行为的概念和特征

效力待定民事行为，又称效力未定民事行为，指于行为成立时其是有效还是无效尚不能确定，还待其后一定事实的发生来确定其效力的民事行为。效力待定民事行为有以下特征：

1. 效力待定民事行为是于成立时是否有效或无效处于不确定状态的民事行为。

2. 效力待定民事行为既可成为有效的民事行为，也可成为无效的民事行为。

二 效力待定民事行为的类型

1. 限制民事行为能力人实施的依法不能独立实施的双务行为经法定代理人追

认，该行为有效；若法定代理人拒绝追认，则该行为无效。相对人可以催告法定代理人在一个月内予以追认，法定代理人未作表示的，视为拒绝追认。

2. 无权代理行为：对无权代理行为相对人可以催告被代理人在一个月内予以追认。被代理人未作表示的，视为拒绝追认。

3. 无权处分行为。

4. 债务人同意欠缺的债务移转行为。

第九章　代理

第一节　代理概述

一　代理的概念

指代理人在代理权限内，以被代理人（本人）的名义进行民事活动，由本人直接承受其法律后果。

二　代理的特征

1. 代理人以被代理人的名义实施代理行为。
2. 代理人代理进行的主要是民事法律行为。
3. 代理人独立进行代理行为。
4. 代理人在代理权限内实施代理行为。
5. 代理人实施代理的法律后果直接由被代理人承受。

三　代理的意义和适用范围

1. 代理的意义
（1）代理扩大了民事主体的活动范围。
（2）代理可以补充某些民事主体资格上的不足。
2. 代理的适用范围
不论自然人、法人还是其他民事主体，都可以通过代理人进行民事活动。但下列行为不适用代理：
（1）依照法律规定或者当事人的约定应由本人实施的民事法律行为。
（2）事实行为。

（3）违法行为。

代理人知道被委托代理的事项违法仍然进行代理活动的，或者被代理人知道代理人的代理行为违法不表示反对的，由被代理人和代理人负连带责任。

四　代理的分类

1. 依代理人代理权限发生依据，可分为委托代理、法定代理和指定代理三种。

委托代理，指按照委托人的委托而产生的代理。

法定代理，是指由法律根据一定的社会关系直接规定的代理。

指定代理，是指由人民法院或其他指定单位的裁定或者决定而确定的代理。

2. 依代理人代理权限的范围，可分为一般代理和特别代理两种。

一般代理，又称总括代理、全权代理，是指代理人的代理权限及于一般事项的全部，其范围并无特别限定的代理。

特别代理，是指特别限定代理某一事项，代理权限限定于一定范围或特定事项的代理。

3. 依代理人的人数，可分为单独代理与共同代理两种。

单独代理，是指代理权仅授予一人，代理人只有一人的代理。

共同代理，是指代理权授予二人以上，代理人为数人的代理。

4. 依是否由本人授予，可分为本代理和再代理两种。

本代理，是指直接由本人授权的代理。

再代理，又称为复代理，是指代理人在必要的情形下，将部分或全部代理事项转托他人而由他人即再代理人所为的代理。

再代理的成立条件：

（1）须是为了被代理人的利益；

（2）须经原代理人授权；

（3）须事先取得被代理人的同意或者事后及时报告被代理人并取得同意。

第二节　代理权

一　代理权的概念

代理权，指代理人以被代理人的名义进行民事活动，并由被代理人承担其法律后果的一种法律资格。

二 代理权的授予

1. 代理权授予的概念

指授予代理人以代理权的法律现象。

2. 代理权授予的性质、形式和内容

授权行为的性质：授权行为是一种单方法律行为，只要本人一方有授予代理权的意思表示，就可以发生授权的效力。

授权行为的形式：民事法律行为的委托代理，可以是书面形式，也可以用口头形式。法律规定用书面形式的，应当用书面形式。

授权行为的内容：书面委托代理的授权委托书应当载明代理人的姓名或名称、代理事项、权限和期间，并由委托人签名或盖章。委托书委托不明的，被代理人应当向第三人承担民事责任，代理人负连带责任。

三 代理权的行使

1. 代理权行使的含义与原则

代理权的行使，指代理人在代理权限内实施代理行为。代理权的行使应遵循下列原则：

(1) 在代理权限内积极行使代理权。

(2) 维护被代理人的利益。

(3) 合法行使代理权。

2. 滥用代理权的禁止

滥用代理权须具备以下条件：

(1) 代理人有代理权。

(2) 代理人实施行使代理权的代理行为。

(3) 代理人所实施的代理行为损害或会损害被代理人的利益。

滥用代理权主要有以下三种情形：

(1) 对己代理，是指代理人以被代理人的名义与自己实施法律行为。

(2) 双方代理，是指代理人同时代理双方为同一法律行为。

(3) 代理人与第三人恶意串通。

四　代理权的消灭

代理权的消灭，指代理关系的终止。

1. 委托代理出现下列情形之一的，委托代理终止：

（1）代理期间届满或代理事务完成。

（2）被代理人取消委托或者代理人辞去委托。

（3）代理人死亡。

（4）代理人丧失民事行为能力。

（5）作为被代理人或者代理人的法人终止。

2. 被代理人死亡后，有下列情况之一的，委托代理人实施的代理行为有效：

（1）代理人不知道被代理人死亡的。

（2）被代理人的继承人均予以承认的。

（3）被代理人与代理人约定到代理事项完成时代理权限终止的。

（4）在被代理人死亡前已经进行，而在被代理人死亡后为了被代理人的继承人的利益继续完成的。

3. 法定代理或指定代理出现下列情形之一的，代理终止：

（1）被代理人取得或者恢复民事行为能力。

（2）被代理人或者代理人死亡。

（3）代理人丧失民事行为能力。

（4）指定代理的人民法院或者指定单位取消指定。

（5）由其他原因引起的被代理人和代理人之间的监护关系消灭。

第三节　无权代理与表见代理

一　无权代理的含义

无权代理，指行为人没有代理权而以他人的名义所实施的代理。无权代理发生的原因有以下三种：

1. 行为人自始就没有代理权。

2. 行为人所为的代理行为超越代理权。

3. 行为人的代理权消灭。

二 狭义的无权代理

指行为人无权代理，也没有使他人足以相信其有代理权的客观事实，行为人以本人名义而实施的代理。

三 表见代理

1. 表见代理的概念和构成

表见代理，又称表现代理，是指行为人无代理权而以本人的名义与第三人为民事行为，但有足以使第三人相信其有代理权的事实和理由。善意相对人与行为人实施民事法律行为的，该民事法律行为后果由本人承担。

构成表见代理须具备以下条件：

（1）行为人无代理权却以本人的名义为民事行为。

（2）客观上有足以使相对人相信行为人有代理权的事实。

（3）相对人主观上无过错。

（4）行为人与相对人所为的民事行为具备生效要件。

表见代理的代理行为有效，相对人也可在本人未承认该表见代理行为前主张该行为为无权代理而撤销该行为。

2. 表见代理的常见情形与后果

常见情形有：

（1）本人对第三人表示授权给行为人而实际上并未向行为人授予代理权或者在授予代理权后又撤回其授权。

（2）本人交付证明文件给行为人，行为人以此证明文件与相对人实施民事行为。

（3）代理人关系终止后本人未收回代理证书，行为人以原委托授权书等代理证书与相对人实施行为。

（4）本人知道行为人为无权代理行为而不表示反对。

表见代理的后果：

行为人没有代理权，超越代理权或者代理权限终止后以被代理人名义订立合同，相对人有理由相信行为人有代理权的，该代理行为有效。

第十章 诉讼时效、除斥期间与期限

第一节 民事时效概述

一 民事时效的概念

民事时效，指一定的事实状态持续存在一定时间后即发生一定法律后果的法律制度。包含三方面要素：

1. 须有一定的事实状态的存在。
2. 须该事实状态持续不间断地存在了一定期间。
3. 发生一定的法律后果。即权利的取得与消灭。

二 民事时效的性质

1. 时效为法律事实中的自然状态。
2. 时效具有强制性。

三 民事时效的种类（时效的构成条件和法律后果）

1. 取得时效：指占有他人财物的事实状态持续存在一定时间后即取得该财产的所有权的时效制度。（我国无）
2. 消灭状态：指因不行使权利的事实状态持续存在一定时间后即发生丧失权利的法律后果的时效制度。（我国诉讼时效）

第二节　诉讼时效概述

一　诉讼时效的概念和特征

诉讼时效指权利人于一定期间内不行使请求人民法院保护其民事权利的请求权，就丧失该项请求权的法律制度。诉讼时效具有如下特征：

1. 诉讼时效完成仅消灭实体请求权。

2. 诉讼时效具有强制性。

3. 诉讼时效具有普遍性。

二　诉讼时效与除斥期间的区别

除斥期间，又称预定期间，指法律规定的某种权利的存续期间。二者的区别是：

1. 性质和后果不同。

2. 起算点不同。

3. 计算方式不同。

4. 法律条文表述不同。

5. 适用条件不同。

三　诉讼时效的适用范围

诉讼时效具有普遍性，适用于权利受到侵害时权利人请求法律保护的请求权。下列请求权不适用于诉讼时效：

1. 在物权保护上，排除妨碍请求权、停止侵害请求权、消除危险请求权。

2. 对未经授权经营的国有财产的保护。

3. 对人身权的保护。

四　诉讼时效的种类

1. 普通诉讼时效

又称一般诉讼时效，是指民法上统一规定的适用于法律没有另外特别规定的各种民事法律关系的诉讼时效。

2. 特别诉讼时效

又称特殊诉讼时效,是指由民法或者单行法特别规定的仅适用于法律特殊规定的民事法律关系的诉讼时效。

五 诉讼时效期间为 1 年的有

1. 身体受到伤害要求赔偿的;
2. 出售质量不合格的商品未申明的;
3. 延付或者拒付租金的;
4. 寄存财物被丢失或者损毁的。

六 诉讼时效的效力

是指诉讼时效完成即诉讼时效期间届满后发生的法律后果。有四种学说:

1. 债权消灭说。
2. 抗辩权发生说。
3. 诉权消灭说。
4. 胜诉权消灭说。

我国法上采用胜诉权消灭说,即诉讼时效完成后权利人仅丧失请求法院依强制程序保护其权利的权利。

超过诉讼时效期间,当事人自愿履行的,不受诉讼时效限制。

第三节 诉讼时效的计算

一 诉讼时效的开始

诉讼时效期间从知道或者应当知道权利被侵害时计算。但是,从权利被侵害之日起超过 20 年的,人民法院不予保护。

诉讼时效的开始时间一般应依下列情形确定:

1. 附条件的债,应自条件成就之日起算。

2. 定有履行期限的债，应自约定的履行期限届满之日起算。

3. 未定有履行期限的债，应自债权人给予的宽限期限届满之日起算。

4. 以不作为为标的的请求权，应自义务人违反不作为义务之日起算。

5. 违约损害赔偿请求权，应自违约行为发生之日起算。

6. 要求返还被非法占有的财物的，应自权利人知道物被非法占有和侵占人之日起算。

7. 侵害身体健康的，伤害明显的，从受伤害之日起算，伤害当时未发现的，后经确诊并能证明是由伤害引起的，从伤势被确诊之日起算。

二　诉讼时效的中止

1. 诉讼时效的中止，指在诉讼时效期间的最后 6 个月内，因发生法定事由使权利人不能行使请求权的，暂停计算时效期间。待中止事由消除后，再继续计算诉讼时效期间。

2. 诉讼时效中止的事由和时间

诉讼时效中止的事由是由法律规定即法定的而不能是约定的。

（1）不可抗力。

（2）其他障碍。

只有阻碍权利人行使请求权的客观事实发生在诉讼时效期间的最后 6 个月，才发生诉讼时效中止。

3. 诉讼时效中止的后果

诉讼时效中止，只是发生诉讼时效期间的停止计算，原进行的诉讼时效仍然有效，中止事由消除后，诉讼时效继续进行。

三　诉讼时效中断

1. 诉讼时效中断的概念

诉讼时效中断，指在诉讼时效进行中，因发生法定事由致使已经经过的诉讼时效期间全归无效，待中断事由消除后，重新开始计算诉讼时效期间。

2. 诉讼时效中断的事由

（1）提起诉讼。

（2）权利人提出要求。

（3）义务人同意履行义务

3. 诉讼时效中断的法律后果

发生诉讼时效中断时，已经经过的诉讼时效全归无效，重新开始计算诉讼时效。

4. 诉讼时效中断与中止的区别

（1）发生的事由不同。

（2）发生的时间不同。

（3）发生的法律后果不同。

四　诉讼时效的延长

指在诉讼时效完成后，权利人向法院提出请求，经法院查明权利人确有正当理由未能及时行使权利，可延长时效期间，使诉讼时效不能完成。诉讼时效延长是对诉讼时效中止的一种补充，二者的区别是：

1. 诉讼时效中止发生在诉讼时效进行中，而诉讼时效延长则发生在诉讼时效届满后。

2. 诉讼时效中止的事由是由法律直接规定的，而诉讼时效的延长是由法院确定的。

第四节　期限

一　期限的概念和意义

期限，指民事法律关系发生、变更和终止的时间。期限在民法上的意义表现在以下方面：

1. 期限可决定民事主体的民事能力的取得、丧失。

2. 期限可决定某些事实的推定。

3. 期限决定着权利的行使和义务的执行。

4. 期限可决定民事权利义务的取得、丧失。

5. 期限可决定民事法律关系的效力。

二　期间的分类

1. 依是否具有强制性，可分为任意性期间与强行性期间两种。

任意性期间，是指法律允许当事人自行约定的期间。

强行性期间，法律直接规定的并且当事人不得排除其适用的期间。

2. 依其确定性，可分为确定期间、相对确定的期间和不确定期间三种。

确定期间，指以日历上的某一时间来确定的期间。

相对确定的期间，是指以某一事件或行为的发生而准确计算的时间。

不确定期间，是指未明确规定而由当事人根据情况来确定的期间。

3. 依其计算方法，可分为连续期间与不连续期间两种。

连续期间，是指期间开始后连续不间断地进行计算，不因任何情况的出现而中断计算的期间。

不连续期间，是指期间开始后只计算其中某些时间或者可舍去某些时间的期间。

4. 依其确定根据，可分为法定期间与意定期间两种。

法定期间，是指由法律直接规定的期间。

指定期间，是指由法院或仲裁机构等确定的期间。

意定期间，是指由当事人自行约定的期间。

5. 依适用范围，可分为普通期间和连续期间两种。

普通期间，是指除法律另有规定外，可普遍适用于某类或各种民事法律关系的期间。

特殊期间，是指法律规定的仅适用于法律特别规定的某些特定民事法律关系的期间。

期限的确定和计算，包括本数：以上、以下、以内、届满；不包括本数：不满、以外。

三 期限的确定与计算

1. 期限的确定：

（1）规定日历上的某一时间。（2）规定一定期间。如一年，一月。（3）规定某一必然到来或必然发生的特定时刻。（4）规定以当事人提出的时间为准。

2. 期限的计算：

（1）期间的起点。从规定时间开始计算，开始当天不算。

（2）期间的终点。最后时间为节假日，以节假日次日为最后终点。

第二编　物权

第十一章　物权总论

第一节　物权概念和特征

一　物权的概念

1. 物权为权利人直接支配特定物的权利。

2. 物权是权利人得直接享受物的利益的权利。

3. 物权是权利人得排除他人干涉的权利。

二　物权的特征

1. 物权是对世权。

2. 物权是支配权。

3. 物权是绝对权。

4. 物权是以物为客体的权利。

第二节　物权法的概念和内容

1. 概念

物权法是民法的重要组成部分，是调整人对于物的支配关系的法律规范的总称。

2. 内容

（1）支配关系的内容，包括人对物的全面支配关系，人对物的利用关系，人对物的交换价值的支配关系和人对物的占有关系。

（2）支配关系的变动，包括支配关系的产生、变更和消灭。

（3）支配关系的主体与其他利害关系的关系，主要是指对第三人保护的问题。

第三节　物权的效力

物权的效力，是指法律赋予物权的作用力和保障力。

1. 排他效力。是指在同一标的物上不能同时存在两个以上内容不相容的物权，亦即在同一物上已存在的物权具有排除在该物上再成立与其内容互不相容的物权的效力。

2. 优先效力。物权相互间的优先效力、优先于债权的效力。（例外：买卖不破租赁原则）

3. 追及效力。又称物权的追及权，是指物权成立后，其标的物无论辗转归于何人之手，物权均得追及其所在而直接支配该物。

4. 妨害排除效力。又称物上请求权或物权的请求权，是指物权人于其物被侵害或有被侵害之虞时，物权人得请求排除侵害或防止侵害，以恢复其物权的圆满状态的权利。

物上请求权包括：返还请求权　排除妨碍请求权　预防妨碍请求权

第四节　物权制度的基本原则

1. 物权法定原则

物权的创设包括放任主义和法定主义两种立法例。我国采取法定主义。物权法定主义的内容，包括种类不得创设和内容不得创设。

2. 分类

（1）物权人对标的物的支配范围——完全物权与不完全物权

（2）物权人对标的物所支配内容——用益物权与担保物权

（3）物权的标的物的种类——动产物权与不动产物权

（4）物权能否独立存在——主物权与从物权

（5）物权的续存是否有期限——有期物权和无期物权

（6）物权所依据的法律规范——一般法上的物权与特别法上的物权。

第五节　物权的变动

一　物权变动的概念

物权的变动是物权关系的产生、变更与终止的总称。包括以下方面：

1. 物权的发生。

2. 物权的变更。

3. 物权的消灭。

二　物权变动的原因

1. 意思主义。　2. 形式主义。　3. 折中主义。

三　物权变动的要件

物权变动除须有当事人的合意外，还需要登记或交付的特殊生效要件。

1. 登记。

2. 交付。（简易交付、占有改变、指示交付）

物权的取得可分为原始取得与继受取得。

物权消灭的原因主要有：抛弃、混同、其他原因。

第十二章 所有权

第一节 所有权概述

一 所有权的概念和特征

所有权，是指所有人依法对自己的财产享有占有、使用、收益和处分的权利。所有权的特征有：

1. 所有权具有自权性。

2. 所有权具有全面性。

3. 所有权具有弹力性。

4. 所有权具有恒久性。

二 所有权与所有制的关系

1. 所有权与所有制的联系：

（1）所有权是在一定所有制基础上产生并建立起来的。

（2）所有权随着所有制的发展变化而发生变化。

（3）所有权是保护所有制的法律武器。

2. 所有权与所有制的区别：

（1）所有权属于法律范畴，属于上层建筑；所有制属于经济范畴，属于经济基础。

（2）所有权属于历史现象，所有制属于社会现象。

（3）所有权并不是对所有制的简单模拟或直观反映，与所有制并不存在绝对的一一对应关系。

三　所有权的种类

1. 国家所有权

是指国家对全民所有的财产享有占有、使用、收益和处分的权利。其特征有：

（1）国家所有权的主体是国家。

（2）国家所有权客体的广泛性。

（3）国家所有权的行使具有特殊性。

（4）国家所有权的取得方法具有特殊性。

（5）国家所有权的保护具有一定的特殊性。

2. 集体所有权

是指集体经济组织依法对集体财产享有占有、使用、收益、处分的权利。其特征有：

（1）集体所有权的主体具有多元性。

（2）集体所有权的客体具有相对广泛性。

（3）集体所有权由集体组织直接行使。

3. 公民个人所有权

是指公民个人对其财产依法享有占有、使用、收益、处分的权利。其特征有：

（1）公民个人所有权的主体是公民个人。

（2）公民个人所有权的客体主要是生活资料和法律允许公民所有的生产资料。

（3）公民个人所有权主要是通过公民的劳动所得。

四　所有权的权能

1. 占有权能。

2. 使用权能。

3. 收益权能。

4. 处分权能。

五　所有权的取得和消灭

1. 所有权的取得

（1）原始取得：指不依所有人的权利和意思而依法律直接规定直接取得的所

有权。

（2）继受取得：指依所有人的权利和意思基于法律行为或法律事件而取得所有权。

2. 所有权的消灭（所有权的终止）：指因一定的法律事实而使所有人丧失其所有权。有绝对消灭和相对消灭。（1）所有权的转让。（2）所有权的抛弃。（3）所有权客体灭失。

第二节　不动产所有权

一　不动产所有权的概念和种类

不动产所有权，是不动产所有人依法对自己的不动产享有的占有、使用、收益和处分的权利。不动产所有权包括土地所有权和房屋所有权两种。种类有：

1. 土地所有权。其特征有：

（1）客体的特定性。（包括国有土地和集体土地）

（2）主体限定性。（只能是国家或农村经济组织）

（3）交易禁止性。

（4）权能分离性。

2. 房屋所有权。其特征有：

（1）客体的特定性。（房屋）

（2）主体的广泛性。

（3）交易的自由性。

房屋所有权的种类

（1）根据坐落位置分为城镇房屋所有权和农村房屋所有权。

（2）根据归属关系分为公有房屋所有权和私有房屋所有权。

房屋与土地的关系

（1）结合主义：土地与房屋结合成为一个不动产，房屋只是土地的一部分，不构成独立的不动产。

（2）分别主义：房屋和土地分别作为独立的不动产，房屋可以独立于土地而存在。

我国采用分别主义。房屋所有权与土地所有权是两种独立的不动产物权。

二　建筑物区分所有权

1. 建筑物区分所有权的概念和特征

建筑物区分所有权，又称"住宅所有权"、"公寓所有权"、"楼层所有权"，是指多个区分所有人共同拥有一栋区分所有建筑物时，区分所有人所享有的对其专用部分的专有权和对共用部分的共有权的总称。建筑物区分所有权特征有：

（1）客体具有特殊性。

（2）内容具有复合性。

（3）主体具有双重身份性。

2. 建筑物区分所有权中的专有权和共有权

（1）专有所有权是一种空间所有权，专有权人对专有部分享有专有权，并承担所有人义务。

（2）共有所有权是共有权人对共同部分享有共同所有权，并承担共有人的义务。

三　相邻关系

1. 相邻关系的概念和特征

相邻关系即不动产相邻关系，是指相互毗邻的不动产所有人或使用人之间在行使所有权或使用权时，因相互之间给予便利或接受限制所发生的权利义务关系。相邻关系有如下特征：

（1）相邻关系的主体具有多数性。

（2）相邻关系的标的物具有相邻性。

（3）相邻关系的产生具有法定性。

（4）相邻关系的内容具有复杂性。

（5）相邻关系的客体具有特殊性。

2. 相邻关系的处理原则

（1）有利生活和方便生活原则。

（2）团结互助和公平合理的原则。

（3）尊重历史和习惯的原则。

3. 相邻关系的种类

（1）相邻土地使用关系。（通行、管线安设、建筑物营缮关系）

（2）相邻的损害防免关系。（环保、建筑物倒塌、地基动摇、业务活动危险、日照防碍防免）

（3）相邻的用水和排水关系。（用水、排水）

（4）相邻的越界关系。（越界建筑相邻关系、越界竹木相邻关系）

第三节　动产所有权

一　善意取得

1. 善意取得的概念

善意取得，又称即时取得，指无权处分他人动产的占有人，将动产非法转让于第三人，如果第三人取得该动产时出于善意，则取得该动产的所有权。

2. 善意取得的条件

（1）标的物须为动产。

（2）让与人须为无权处分动产的占有人。

（3）受让人须基于交易行为而取得动产的占有且须支付对价。

（4）受让人受让财产时须为善意。

3. 善意取得的效力

（1）受让人与原所有人之间的效力表现为一种物权关系，即受让人取得动产所有权，原所有人丧失动产所有权。

（2）让与人与原所有人之间的效力表现为债权关系，原所有人对让与人可行使债务不履行损害赔偿请求权、侵权损害赔偿请求权、不当得利返还请求权。

二　先占

先占是指占有人以所有的意思，占有无主动产而取得所有权的法律事实。先占属于事实行为，先占人并不以具有完全民事行为能力为限。先占成立须具备以下三个条件：

1. 先占的标的物须为无主物。

2. 先占的无主财产须为动产。

3. 先占人须以所有的意思占有无主财产

拾得遗失物、漂流物或者失散的饲养动物，应当归还失主，应此支出的费用由失主承担。

三　拾得遗失物

拾得遗失物指发现他人的遗失物而予以占有的事实。拾得遗失物的成立须具备以下条件：

1. 须为拾得的行为。

2. 标的物须为遗失物。

四　发现埋藏物

发现埋藏物指认识埋藏物的所在而予以占有的事实。发现埋藏物须具备下列条件：

1. 须有发现行为。

2. 标的物须为埋藏物。

根据我国法律的规定，文物、古文化遗址、古墓等，属于国家所有。

五　添附

添附，是指不同所有人的财产结合在一起或不同人的劳力与财产结合在一起，而形成一种新的独立财产的法律状态。添附包括附合、混合、加工三种。

1. 附合，不同所有人的有形财产相互结合而形成一种新的独立财产的添附方式。

（1）动产与不动产的附合应具备以下三个条件：

①须是动产与不动产相结合。即动产附和于不动产之上。

②动产须成为不动产的重要成分。即动产与不动产组合后，非经毁损或变更其性质不能使其分离。

③动产与不动产应分别属于不同人所有。

（2）动产与动产的附合应具备以下三个条件：

①须是动产与动产相结合。

②动产与动产须组成合成物。

③两个以上的动产应属于不同的人所有。

2. 混合：不同所有人的财产互相混杂，形成一种新的不能分开或难以分开的财产添附形式。混合应具备以下条件：

（1）混合的各项财产须为动产。

（2）混合物须不能识别或识别需费过大。

（3）混合的各项动产须属于不同的所有人。

3. 加工：指他人的财产进行制作或改造而形成一种新的财产的添附形式，加工的构成须具备下列条件：

（1）须有加工行为。

（2）加工的标的物须为动产。

（3）加工的标的物须为他人所有。

（4）须因加工而制成新物。

第十三章　共有

第一节　共有的概念和特征

一　概念

共有指两个以上的权利主体对同一项财产共同享有所有权的法律状态。

二　共有具有如下法律特征

1. 共有主体的多数性。
2. 共有客体的同一性。
3. 共有内容的双重性。
4. 共有权的联合性。
5. 共有产生原因的共同性。

第二节　按份共有

一　按份共有的概念和特征

指共有人按照确定的份额对共有财产分享权利、分担义务的共有。按份共有具有如下法律特征：

（1）按份共有人的权利义务体现在一定份额之上。

（2）按份共有人对其应有部分享有相当于所有权的权利。

（3）按份共有人的权利义务及于共有物的全部。

二　按份共有的内部关系

1. 共有人的使用、收益、处分：按份分享权利，分担义务。
2. 应有部分的处分：共有人对其应有部分享有处分权。
3. 共有物的管理：共有人对共有物享有共同管理的权利。
4. 共有物的费用负担：共有物的有关费用按共有人应有的部分分担。

三　按份共有的外部关系

1. 共有人对第三人的权利。共有人按照应有部分对第三人单独行使请求权。
2. 共有人对第三人的义务。共有人就共有物的全部对第三人承担义务。

四　共有物的分割

1. 共有物的分割原则：
（1）共有物分割自愿原则。
（2）遵循约定的原则。
（3）物尽其用的原则。
（4）平等协商、团结和睦的原则。
2. 共有物的分割方法：
（1）实物分割。
（2）变价分割。
（3）作价补偿。

第三节　共同共有

一　共同共有的概念和特征

共同共有，指共有人基于共同关系，对共有物不分份额地享有权利，承担义务的共有。特征如下：

（1）共同共有是不分份额的共有。

（2）共同共有的发生以共有人之间存在共同关系为前提。

（3）共同共有人平等地享有权利和承担义务。

二 共同共有的内部关系

（1）共同共有人的权利体现为对共有物享有平等的占有、使用、收益、处分的权利。

（2）共同共有人的义务体现在对共同共有物承担平等的义务。

三 共同共有的外部关系

（1）共有人对第三人的权利为连带权利，任何共有人都有权向第三人主张全部权利。

（2）共有人对第三人的义务为连带义务，第三人有权向任何一个共有人主张全部权利。

四 共同共有的主要类型

（1）夫妻共有财产。

（2）家庭共有财产。

（3）共同继承财产。

第十四章 用益物权

第一节 用益物权概述

一 用益物权的概念和特征

用益物权，是指对于他人之物，以物的使用收益为目的而设立的物权。具有如下法律特征：

1. 用益物权具有用益性。
2. 用益物权具有独立性。
3. 用益物权具有占有性。
4. 用益物权的客体是不动产。

二 用益物权的种类

地上权、地役权等是基本的用益物权。我国《民法通则》规定的用益物权主要包括：国有土地使用权、农村土地承包经营权、国有资源使用权、采矿权、国有企业经营权、渔业捕捞权、狩猎权、水权等。

第二节 国有土地使用权

一 国有土地使用权的概念和特征

国有土地使用权，指土地使用人为营造建筑或其他工作物而使用国有土地的权利。有如下特征：

1. 国有土地使用权是以国有土地为标的物而成立的用益物权。

2. 国有土地使用权是以国有土地的开发为目的而成立的用益物权。

3. 国有土地使用权是具有期限性和让与性的用益物权。

二 国有土地使用权的取得

1. 基于法律行为而取得国有土地使用权

（1）共有土地使用权的设定（出让、划拨）

（2）国有土地使用权的让与

2. 基于法律以外的事实取得国有土地使用权（如继承）

三 国有土地使用权的内容

1. 土地使用人的权利

（1）土地的占有、使用权。

（2）国有土地使用权的处分权。

（3）从事必要附属行为的权利。

2. 土地使用人的义务

（1）支付相关费用的义务。

（2）合理使用土地的义务。

（3）返还土地的义务。

四 国有土地使用权的消灭

1. 国有土地使用权消灭的原因

（1）存续期间届满。

（2）国有土地使用权的收回。

（3）土地灭失。

2. 国有土地使用权消灭的后果

（1）国有土地使用权因收回而消灭的，国家根据具体情况决定给予一定补偿。

（2）国家提前收回出让的国有土地使用权的，应根据土地使用人已经使用的年限和开发、利用土地的实际情况给予相应的补偿。

（3）在国有土地使用权因存续期间届满而消灭时，土地使用权及其上的建筑物、其他附属物由国家无偿取得。

第三节 农地承包经营权

一 农地承包经营权的概念和特征

农地承包经营权，是指公民、集体对于集体所有的土地或国家所有由集体使用的土地进行占有、使用、收益的权利。农地承包经营权具有如下特征：

1. 农地承包经营权的主体是农业生产者。

2. 农地承包经营权的标的物是集体所有的土地或国家所有由集体使用的土地。

3. 农地承包经营权的目的在于在他人的土地上进行农业活动。

二 农地承包经营权的取得

农地承包经营权基于法律行为而取得的方式主要是农地承包经营权的设定。所谓农地承包经营权的设定，是指承包人与发包人通过合同创设农地承包经营权。

三 农地承包经营权的内容：体现为权利和义务

1. 农地承包人的权利

（1）土地的使用收益权。（2）投资补偿权。

2. 农地承包人的义务

（1）支付费用的义务。

（2）合理使用土地的义务。

（3）返还土地的义务。

四 农地承包经营权的消灭

1. 期限届满。　2. 国家征用。　3. 土地的回收。　4. 土地灭失。

第四节　地役权

一　地役权的概念和特征

地役权，是指为自己土地的便利而使用他人土地的权利。地役权具有如下特征：

1. 地役权是存在于他人土地上的物权。
2. 地役权是为需役地的便利而设定的物权。
3. 地役权是具有从属性的物权。
4. 地役权是具有不可分性的物权。

二　地役权的取得

1. 基于法律行为取得地役权。
2. 基于法律以外的事实取得地役权。

三　地役权的内容

地役权人的权利和义务

1. 地役权人的权利

（1）供役地的使用权。

（2）地役权的让与权。

（3）为必要的随附行为与设置的权利。

2. 地役权人的义务

（1）维护设置的义务。

（2）支付费用的义务。

（3）恢复原状的义务。

供役地权人的权利和义务

1. 供役地权人的权利

（1）设置使用权。

（2）费用请求权。

（3）供役地使用场所及方法的变更请求权。

2. 供役地人的义务

（1）容忍及不作为义务。

（2）维持设置费用的分担义务。

四 地役权的消灭

1. 土地灭失。　2. 目的地事实不能。　3. 混同。　4. 抛弃。

第五节　典权

一 典权的概念和特征

典权，是指支付典价，占有他人之不动产而进行的使用收益的权利。典权具有如下特征：

1. 典权是存在于他人不动产之上的物权。

2. 典权是以使用收益为目的的物权。

3. 典权是以占有典物为成立要件的物权。

4. 典权是以支付典价为对价的物权。

5. 典权是有期物权。

二 典权的取得和期限

1. 典权的取得

（1）基于法律行为而取得典权。（典权的设定、典权的让与和转典）

（2）基于法律以外的事实而取得的典权。

2. 典权的期限

典权的期限简称典期，是指阻止出典人行使回赎权的期限。一般由当事人自由约定，可以约定期限，也可以不约定期限，但不能超过法律规定的最长期限30年。超过30年的，应缩短为30年。

三　典权的内容

典权的内容表现为典权当事人的权利义务。

典权人的权利和义务

1. 典权人的权利

（1）典物的占有、使用、收益权。

（2）转典与出租典。

（3）让与权。

（4）优先购买权。

（5）修缮重建权。

（6）费用求偿权。

2. 典权人的义务

（1）保管典物。

（2）返还典物。

出典人的权利和义务

1. 出典人的权利

（1）典物的处分权。

（2）抵押设定权。

（3）回赎权。

2. 出典人的义务

（1）瑕疵担保义务。　（2）费用返还义务。

四　典权的消灭

典权的消灭除标的物灭失、混同、抛弃等物权消灭的一般原因外，还包括以下特殊原因：

1. 回赎。　2. 找贴。　3. 留买、作绝、别卖。

第十五章　担保物权

第一节　担保物权概述

一　担保物权的概念和特征

担保物权是指以确保债权的实现为目的，于债务人或第三人的特定财产或权利上所设定的物权。其特征有：

1. 担保物权具有变价受偿性。

2. 担保物权具有从属性。

3. 担保物权具有不可分性。

4. 担保物权具有物上代位性。

二　担保物权的意义和种类

1. 担保物权的意义

（1）担保物权是保障债权受偿的可靠手段。

（2）担保物权是债务人融资的有效手段。

（3）担保物权是充分发挥财产效用的法律手段。

2. 担保物权的种类

（1）依发生原因，可分为法定担保物权（留置权、优先权）和约定担保物权两种。

（2）依担保物的性质，可分为动产担保物权、不动产担保物权和权利担保物权三种。

（3）依担保物是否转移占有，可分为转移占有的担保物权和不转移占有的担保物权两种。

（4）依登记与否，可分为登记的担保物权和不登记的担保物权两种。

第二节 抵押权

一 抵押权的概念和特征

抵押权是抵押权人对于抵押人不移转占有而供为担保的财产，于债务人不履行债务时，得就其变价优先受偿的权利。除具有变价受偿性、从属性、不可分性、物上代位性外，还具有如下特征：

1. 抵押权是不移转占有的担保物权。

2. 抵押权的标的物可以是不动产或动产，也可以是权利。

3. 抵押权具有特定性。

4. 抵押权具有顺序性。

二 抵押权的设立

1. 抵押合同。

2. 抵押物。

3. 抵押权的登记。

抵押权的设立须具有抵押合同、有合法的抵押物和法定公示方式等要件。

下列财产不得抵押：

（1）土地所有权；

（2）耕地、宅基地、自留地、自留山等集体所有的土地使用权，但法律规定可以抵押的除外；

（3）学校幼儿园、医院等以公益为目的的事业单位、社会团体的教育设施、医疗卫生设施和其他公益设施；

（4）所有权、使用权不明或者有争议的财产；

（5）被依法查封、扣押、监管的财产；

（6）依法不得抵押的财产。

法律规定应当登记的，登记为抵押权的生效要件；法律规定可以自愿登记的，登记为抵押权的对抗要件。

三　抵押权的效力

1. 抵押权所担保的债权的范围：主债权、违约金、损害赔偿金和实现抵押权的费用。

2. 抵押权效力及于标的物的范围：除抵押原物外，包括抵押物的从物、从权利、附合物、孳息、代位物等。

3. 抵押人的权利

（1）抵押物的占有、使用、收益权。

（2）抵押物的处分权。

（3）抵押物的出抵权。

（4）抵押物的出租权。

（5）用益物权的设定权。

（6）物上保证人对债务人的代位求偿权。

抵押人只有在通知抵押权人并告知受让人转让物已经抵押的情况下，才能处分抵押物。我国法律不承认重复抵押，只承认抵押物的余额抵押。

4. 抵押权人的权利

（1）抵押权的保全权。（停止侵害、恢复原状、提供相当担保、损害赔偿）

（2）抵押权的处分权。

（3）优先受偿权。在一般情况下，抵押权人优先于普通债权人受偿；在抵押物被查封、被执行时，抵押权优于执行权；在抵押人破产时，抵押权优先于抵押人的一切债权，抵押权人有别除权。

四　抵押权的实现

1. 抵押权实现的条件

（1）须抵押权有效存在并不受限制。

（2）须债务人的债务履行期限届满。

（3）须债务人未履行债务。

（4）须非因债权人方面的原因未履行债务。

2. 抵押权的实现方式

抵押物的拍卖、变卖、折价三种。

五　抵押权的消灭

1. 主债权消灭。
2. 抵押物灭失。
3. 抵押期限届满。
4. 抵押权实现。

六　特殊抵押权

1. 共同抵押权。是指为共同担保同一债权，而于数个不同的财产上设定一个抵押权。

2. 最高额抵押权。是指为担保属于一定范围内的由继续性的法律关系将来可发生的债务，当事人约定于预定的应担保的债权最高限额内，以抵押物担保债权的抵押权。

第三节　质权

一　质权概述

1. 质权的概念和特征

质权，是指债权人因担保其债权而占有债务人或者第三人提供的财产，于债务人不履行债务时，得以其所占有的标的物的价值优先于其他债权人受偿其债权的一种担保物权。

质权具有如下特征：

（1）质权的标的物是动产和权利。

（2）质权为于债务人或第三人交付的财产上设定的担保物权。

（3）质权是由债权人占有物质为要件的担保物权。

2. 质权的作用：公示作用、留置作用。

二　动产质权

1. 动产质权的概念

动产质权，指债权人享有的在债务人不履行债务时得以其占有的出质人用作债权担保的动产折价或者出卖的价款优先受偿的权利。

2. 动产质权的设定

（1）动产质权的设定方式：采用书面质押合同方式，质押合同自质物移交于质权人占有时生效。

（2）动产质权的标的物：简称质物，为可让与的、法律不禁止流通的动产。

3. 动产质权的效力

（1）动产质权所担保的债权范围：以出质人与质权人在质押合同中约定的为准。确定某项财产是否设定了质押，应以该财产是否已移交占有为要件。质押担保的范围包括主债权及利息、违约金、损害赔偿金、质物保管费用和实现质权的费用。

（2）动产质权效力所及的标的物的范围：包括原物质以及物质的从物、孳息物、代位物等。

（3）质权人的权利与义务

①占有物质的权利。

②留置物质的权利。

③质物孳息的收取权。

④费用偿还请求权。

⑤质物的变价权。

⑥优先受偿权。

⑦质权处分权。

⑧质物的保管义务。

⑨质物的返还义务。

（4）出质人的权利和义务

①质物的处分权。

②质物孳息的收取权。

③对质权人的抗辩权。

④除去侵害和返还质物请求权。

⑤物上保证人对债务人的代位求偿权。

4. 动产质权的实现

指质权人于其债权清偿期届满而未受偿时，处分质物，以质物的变价优先受偿其受担保的债权。质权的实现方式包括质物折价和拍卖、变卖质物。

出质人和质权人在合同中不得约定在债务履行期届满质权人未受清偿时，质物的所有权转移为质权人所有。

5. 动产质权的消灭

（1）主债权消灭及质物消灭。

（2）质权的抛弃及质物的任意返还。

（3）质物占有的丧失。

（4）质权的存续期间届满及质权实现。

三　权利质权

1. 权利质权的概念

权利质权，指以所有权、用益物权以外的可让与的财产权利为标的而设定的质权。

2. 权利质权的设定：依权利质权的标的，权利质权可以分为一般债权质权、证券债权质权、股权质权和知识产权质权。

（1）一般债权质权的设定：由质权人与出质人订立书面质押合同。

（2）证券债权质权的设定：由质权人与出质人订立书面质押合同，约定证券交付时间。

（3）股份质权的设定：除须双方合意外，记名股票并须办理登记。

（4）知识产权质权的设定：双方订立书面合同，并向其管理部门办理出质登记，质押合同自登记之日起生效。

3. 权利质权的效力

（1）一般债权质权的效力：

①除当事人约定外，质权的效力及于债权的从权利。

②质权人有限制出质人与第三债务人的行为的权利。

③质权人得以入质债权优先受偿。

（2）证券债权质权的效力：

①证券债权质权的效力及于入质权利的从权利。

②质权人有留置证券的权利。

③质权人有保全质权的权利。

④质权人有保全入质权利的义务。

⑤质权人实现质权的权利。

（3）股份质权的效力：

①质权人有分配盈余收取权。

②质权人有股票代表物上的代位权。

③质权人有权占有和留置股票。

④质权人对股票、股份的变价有优先受偿权。

⑤质权人无决议权。

⑥质权人有妥善保管股票的义务。

⑦出质人不得转让股份。

（4）知识产权质权的效力：

①原则上适用于关于抵押权效力的规定。

②出质人未经质权人许可不得转让或者许可他人使用。出质人所得的转让费、许可费应当向质权人提前清偿所担保的债权或向与质权人约定的第三人提存。质权人有就质权标的的变价优先受偿权。

第四节　留置权

一　留置权的概念和特征

留置权，指债权人依合同约定占有债务人的动产，在债务人不按照合同约定的期限履行债务时，债权人得留置该动产，以作为债权担保标的的权利。

留置权的特征：

1. 留置权为法定担保物权。

2. 留置权为得发生二次效力的担保物权。

3. 留置权为动产担保物权和转移占有的担保物权。

二　留置权的成立

1. 留置权成立的积极要件

（1）须债权人占有一定财产。

（2）债权人占有的财产须为债务人的动产。

（3）须债权人的债权与债务人的债务间有联系。

（4）须债权已届清偿期。

2. 留置权成立的消极条件

（1）当事人有不得留置的事先约定。

（2）留置债务人的财产违反公共秩序或善良风俗。

（3）行使留置权与债权人所承担的义务相抵触。

（4）留置财产与债务人交付财产前或交付财产时的指示相抵触。

三 留置权的效力

1. 留置权的效力范围

（1）留置权所担保的债权的范围：不得由当事人约定。范围包括主债权及利息、违约金、损害赔偿金、留置物保管费和实现留置权的费用。

（2）留置权效力所及的标的物的范围：包括主物、从物、孳息以及代位物。留置权的效力仅及于债务人留置的财产，而不是及于债权人占有的全部财产。

留置物被债权人留置后，留置物所有人并不因此而丧失留置物的所有权。留置物所有人可以对留置物为法律上的处分，但其处分不能影响留置权。

（3）留置权对留置权人的效力：表现为留置权人的权利和义务。

①留置占有的留置物。

②收取留置物的孳息。

③为保管上的必要使用留置物。

④请求返还必要费用。

⑤就留置物变价优先受偿的权利。

⑥留置物的保管义务。

⑦不得擅自使用、利用留置物的义务。

⑧返还留置物的义务。

四 留置权的消灭的特殊原因

1. 担保的另行提出。

2. 留置物占有的丧失。

3. 债权清偿期的延缓。

4. 留置权的实现。

第十六章　占有

第一节　占有的概念和特征

一　占有的概念

占有是指人对物有事实上的管领力的事实。占有是一种事实。（起源于罗马法）

二　占有的特征

1. 占有的客体为物。
2. 占有为法律所保护的事实。
3. 占有的成立须占有人对标的物有事实上的管领力。

第二节　占有的分类

1. 依是否有法律依据或原因，可分为有权占有和无权占有两种。
2. 依占有的人数，可分为单独占有和共同占有两种。
3. 依占有人是否以所有的意思进行占有，可分为自主占有和他主占有两种。
4. 依占有人是否对标的物直接进行事实上的管领，可分为直接占有和间接占有两种。
5. 依占有人的主观状态，可分为善意占有和恶意占有两种。

第三编 债权

第一分编 债权总论

第十七章 债的概述

第一节 债的概念和特征

一 债的概念

债是指特定当事人之间的一种民事法律关系。

二 债的特征

1. 债是一种财产法律关系;
2. 债是特定当事人之间的法律关系;
3. 债是以特定行为（给付）为客体的法律关系。

三 债的要素

1. 债的主体——权利主体和义务主体
2. 债的内容——债权（核心）债务

债权特征：（1）债权是请求权。（2）债权是相对权。（3）债权的设定具有任意性。（4）债权具有期限性。

3. 债的客体——给付

给付的特征：给付须合法，给付须确定，给付须适格。

给付的具体方式（标的的分类）：支付金钱，支付财产，提供劳务，完成工作或提交成果，转移权利，不作为。

第二节　债法的概念和特征

一　债法的概念

债法是调整债权债务关系的法律规范的总称。有形式意义和实质意义的债法之分。

二　债法的特征

1. 债法是财产法。
2. 债法是关于财产交换关系的法。
3. 债法具有任意性。
4. 债法具有统一性。

三　债法的地位

债法是民法的一个重要组成部分。没有债法，财产便无法流通，社会财富便无法发挥其应有的价值，社会经济秩序就会处于无序状态，经济关系和生产力便会停滞不前。

四　债的发生的概念和原因

债的发生指债权债务关系的产生，即一项特定的、新的债权债务关系在当事人之间得以创设。

1. 合同。　2. 不当得利。　3. 无因管理。　4. 侵权行为。　5. 缔约过失。

第十八章　债的类型

1. 依发生原因及债的内容是否以当事人的意志决定，可分为法定之债与意定之债两种。

法定之债包括侵权损害赔偿之债、不当得利之债、无因管理之债及缔约过失之债。意定之债主要是指合同之债。

2. 依标的物属性的不同，可分为特定物之债与种类物之债两种。

3. 依债的主体双方人数的不同，可分为单一之债与多数人之债两种。

4. 依各方各自享有的权利或承担的义务及相互间关系的不同，可分为按分之债与连带之债两种。

按份之债的各债务人只对自己分担的债务份额负清偿责任，债权人有权请求各债务人清偿全部债务。

在连带责任中，连带债权人在任何一人接受了全部履行，或者连带债务人的任何一人清偿了全部债务时，虽然原债归于消灭，但连带债权人或连带债务人之间则会产生新的按份之债。

5. 依债的标的有无选择性，可分为简单之债与选择之债两种。（债的标的有无选择性）

6. 依两个债之间的关系，可分为主债与从债两种。（两个债之间的关系）

主债是从债存在的依据，从债的效力决定于主债的效力，主债消灭从债也随之消灭。

7. 依债务人的义务是提供财物还是提供劳务，可分为财物之债与劳务之债两种。

第十九章　债的履行

一　债的履行的概念

债的履行，指债务人按照合同的约定或法律的规定全面履行自己所承担的义务的行为。

二　债的履行的内容

1. 履行给付义务
（1）履行主体。　　（2）履行标的。　　（3）履行期限。　　（4）履行地点。
（5）履行方式。
2. 履行随付义务
（1）注意义务。　　（2）告知和通知义务。　　（3）照顾义务。
（4）协助义务。　　（5）保密义务。　　（6）不作为义务。

三　债的履行原则

1. 实际履行原则。　　2. 诚实信用原则。

四　债的不履行的后果

债务不履行有四种形态：给付不能、给付拒绝、不完全给付、给付延迟。
1. 给付不能及其后果
（1）给付不能概念：给付不能，也称履行不能，指债务人由于某种原因，事实上已经不可能履行债务。

（2）给付不能的类型

①事实不能和法律不能。

②自始不能和嗣后不能。

③客观不能与主观不能。

④全部不能与部分不能。

⑤可归责的给付不能与不可归责的给付不能。

⑥永久不能与一时不能。

（3）给付不能的法律后果

在因可归责于债务人的事由而致履行不能时，其效力为：

①债务人免除履行原债务的义务。

②债务人应承担债务不履行的违约金或者损害赔偿责任。

③在合同之债，债权人可因债务人的给付不能解除合同，并请求赔偿。

在因不可归责于债务人的事由而致履行不能时，其效力为：

①债务人免除履行原债务的义务。

②债务人因不履行债务的事由而对第三人有损害赔偿请求权时，债权人得请求债务人让与该请求权或交付其所受领的赔偿物。

2. 给付拒绝及其后果

（1）给付拒绝的概念：也称拒绝给付，指债务人能够履行而故意不履行。

（2）给付拒绝的法律后果：

①对于已届满履行期的给付拒绝，债权人有权要求强制履行或采取补救措施，并有权请求损害赔偿。

②对于未届满履行期给付拒绝，债权人不必等到履行期届至时再主张债务不履行的责任，债权人可即时解除合同，并请求赔偿因债务人拒绝履行所造成的损害。

③在有担保的债务，当债务人明确拒绝履行时债权人即可请求保证人履行债务，或者拍卖担保物，实现债权。

3. 给付延迟及其后果

（1）给付延迟的概念：也称履行延迟，指债务人对已届履行期的债务，能给付而未给付的情况。

（2）给付延迟的构成要件

①债务履行期已经届满。

②给付须可能。

③须有可归责于债务人的事由。

（3）给付延迟的法律后果

①在合同之债，债权人有权解除合同，并可请求赔偿不履行原定给付的损失。

②接受强制履行。

③债务人向债权人支付违约金和损害赔偿金。

④对延迟期间发生的不可抗力负责。

4. 不完全给付及其法律后果

（1）不完全给付的概念：也称不良给付或瑕疵履行，指债务人虽已为给付，但其给付有瑕疵或者给债权人造成其他损害的情况。

（2）不完全给付的构成要件

①须有履行行为。

②须为债务人的履行不当。

③须可归责于债务人。

（3）不完全给付的法律后果

①对于在清偿期间内尚可补正的不完全给付，债务人有补正其为完全给付的责任，如补正的给付已过清偿期间，债务人就补正的给付负给付延迟的责任。对于加害给付，债务人除负补正责任外，还须就所发生的损害负赔偿责任。

②对于不能补正的不完全给付，债务人应负损害赔偿责任。

五　受领及受领延迟

1. 受领，指债权人接受债务人履行的行为。

债权人的受领只有在债务人依债的内容完全、适当履行时，才具有必要与可能。受领既是债权人的义务，也是债权人的权利。

2. 受领迟延

（1）受领迟延的概念：又称债权人延迟，指债权人对于债务人的履行应当且能够受领而不为受领或客观上不能受领。

（2）受领延迟的构成要件

①债务的履行需要债权人的协助。

②债务已届履行期。

③债务人已经提出履行或已实际履行。

④债权人不为或者不能领受。

（3）受领迟延的法律后果

主要是减轻或免除债务人的责任。由于债权人受领迟延而致不能履行的，债务人免除履行义务。若债务人因债权人的受领迟延而发生费用增加或受到其他损害，可以要求债权人予以赔偿。

第二十章 债的保全与担保

一 债的保全的概念

1. 债的保全的概念

债的保全，是指法律为防止因债务人的财产不当减少而给债权人的债权带来危害，允许债权人代债务人之位向第三人行使债务人的权利，或者请求法院撤销债务人单方实施或与第三人实施的法律行为的法律制度。

2. 债的保全制度的意义

法律设置债的保全制度的宗旨在于从积极的角度为债权的实现提供有效的法律制度。

二 债权人的代位权

1. 代位权的概念

代位权指当债务人怠于行使其对第三人享有的权利而害及债权人的债权时，债权人为保全自己的债权，可以自己的名义代位行使债务人对第三人的权利之权利。

债权人的代位权具有如下特点：

（1）代位权是债权人基于其对债务人享有的债权而对债务人的债务人主张权利，体现了债的效力的扩张，是由法律直接予以规定的权利，不论当事人之间是否有约定。

（2）代位权是债权人以自己的名义行使债务人权利的权利。

（3）债权人的代位权是债权人为保全债权而代债务人行使其权利。

（4）代位权只能通过向法院提起诉讼才能有效行使，而非直接向次债务人行使。

2. 代位权的成立要件

（1）债务人须对第三人享有权利。

（2）债务人怠于行使其权利。

（3）债务人已陷于迟延。

（4）有保全债权的必要。

3. 代位权的行使：行使主体是债权人，以保全债权人的债权必要为其限度。

4. 代位权行使的效力：债权人代位行使的效果直接归属债务人。债权人可直接受领次债务人的清偿。

三　债权人的撤销权

1. 撤销权的概念

撤销权指债权人对于债务人所为的危害债权的行为，可请求法院予以撤销的权利。

2. 撤销权成立要件

（1）客观要件：

须有债务人减少财产的行为。

须债务人的行为有害债权。

债务人的行为须以财产为标的。

债务人的作为须在债权成立以后所为。

（2）主观要件：债务人主观上有恶意。

3. 撤销权行使的方式与效力

与代位权一样，债权人的撤销权由债权人以自己的名义通过诉讼程序行使，而不得直接向债务人或第三人行使。

对于债务人和第三人的效力：债务人的行为一旦被撤销，即自始失去法律效力。

对于行使撤销权人的效力：有权请求受益人或受让人向债务人或向自己返还所受利益。涉及费用由债务人负担，第三人有过错的，应适当分担。

四　债的担保

（一）概念

债的担保指对于已经成立的债权债务关系所提供的确保债权实现的保障。具有如下特征：

1. 债的担保具有从属性。

2. 债的担保具有自愿性。

3. 债的担保具有明确的目的性。

（二）债的担保的形式

有保证、定金、抵押、质押、留置五种。

（三）保证的概念及特征

保证，是由第三人向债权人担保，在债务人不履行债务时，由其负责履行债的全部或一部分的一种担保方式。

保证具有如下特征：

1. 保证本身是一种合同关系，是第三人与债权人签订的关于保证债务人履行债务的一种从属性的合同。

2. 一般的保证合同虽然与其所担保的债权密不可分，但保证人并非主债的当事人。

（四）保证的成立条件

1. 保证人应当是具有代偿能力的人。

2. 保证人有承担保证责任的明确意思表示。

3. 保证人合同采用书面形式。

（五）保证的方式

1. 一般保证，是指当事人在保证合同中约定，只有在债务人不能履行债务时，才由保证人代为履行的保证方式。

2. 连带责任保证，是指债务人在主合同规定履行期届满而没有履行债务的，债权人可以要求债务人履行债务，也可以要求保证人承担责任。

如果当事人对保证方式没有约定或约定不明确，则按连带责任保证承担保证责任。

（六）保证的效力

1. 保证责任的范围：包括主债及利息、违约金、损害赔偿金和实现债权的费用。

2. 保证责任的期间：当事人可以在保证合同中约定保证期间，未约定的，一般保证和连带保证为主债务履行期届满起 6 个月。

3. 主合同内容变更对保证责任的影响：如变更合同须取得保证人同意，否则保证人不再承担保证责任。

4. 主合同当事人变更对保证责任的影响：在保证期内，如债权人依法将主债权转让给第三人，不影响保证的效力。如债权人许可债务人转让债务给第三人，应取得保证人书面同意，否则保证人不再承担保证责任。

5. 共同保证：同一债务可以由数人做保证。共同保证依法律规定或相互约定承担保证责任。

6. 保证人的代位求偿权：保证人替债务人履行债务后，保证人取得代位求偿权，即保证人可以自己的名义，在其代为履行的范围内，向债务人追偿。

7. 最高额保证：指保证人于约定的最高债权额的限度内就一定期间连续发生的债权所提供的保证。所担保的债权为未来的债权，是基于若干合同产生的债，是在约定的保证合同期间内连续发生的。最高额保证所担保的债权不得超过当事人在合同中约定的最高限额，超过限额保证人不承受责任。

（七）保证的消灭

1. 主债权消灭。　　　2. 保证责任期间届满。

3. 保证合同解除。　　4. 保证责任免除。

（八）保证责任法定免除情形

1. 主合同当事人双方恶意串通，骗取保证人提供保证的，保证人不承担保证责任。

2. 主合同债权人采取欺诈、胁迫等手段，使保证人在违背真实意思的情况下提供保证的，保证人不承担保证责任。

3. 债权人许可债务人转让债务而未经保证人书面同意的。

4. 债权人与债务人协议变更主债务而未经保证人同意的。

5. 在同一债权既有保证又有物的担保的情况下，债权人放弃物的担保时，保证人在债权人放弃权利的范围内免除保证责任。

五　定金

（一）概念与性质

1. 定金的概念

定金是指合同当事人一方以保证债务履行为目的，于合同成立时或未履行前，预先给付对方一定数额的金钱的担保方式。给付定金的一方不履行债务的，无权要求返还定金；接受定金的一方不履行债务的，应当双倍返还定金。

2. 定金的性质

（1）证约性质。　　（2）预先给付性质。　　（3）担保性质。

当事人既约定违约金，又约定定金的，一方违约时，对方可以选择适用违约金或者定金条款。

3. 定金与违约金的区别及适用规则

（1）定金须于合同履行前交付，而违约金只能在发生违约行为以后交付。

（2）定金有证约和预先给付作用，而违约金没有。

（3）定金主要起担保作用，而违约金主要是违反合同的民事责任形式。

（4）定金一般是约定的，而违约金可以是约定，也可以是法定的。

4. 定金与预付款的区别

（1）定金是合同的担保方式，主要作用是担保合同履行，而预付款的主要作用是为对方履行合同提供资金上的帮助，属于履行的一部分。

（2）交付定金的协议是从合同，而交付预付款的协议一般为合同的一部分。

（3）预付款只有在交付后才能成立，而交付预付款的协议一般只要双方意思表示一致即可成立。

（4）定金合同当事人不履行合同时，适用定金罚款，而预付款交付后当事人不履行合同时，不发生丧失预付款或双倍返还预付款的效力。

（二）定金的成立条件

1. 定金合同以主合同的有效成立为前提。

2. 定金合同以定金的交付为成立要件。

3. 定金的数额由当事人确定，但不得超过主合同标的额的20%。

4. 定金的给付标的原则上为金钱，但当事人有特别约定时，也可以给付替代物作定金。

（三）定金的效力

1. 证约效力。

2. 充抵价金或返还的效力。

3. 定金罚款的效力。

第二十一章　债的转移与消灭

第一节　债的转移

一　债的转移的概念与特征

债的转移是指在不改变债的内容的前提下，债权或者债务由第三人予以承受。

二　债权让与

（一）债权让与的概念

债权让与，是指不改变债的内容，债权人将其享有的债权转移于第三人享有。

（二）债权让与的条件：

1. 须有有效存在的债权，且债权的让与不改变债的内容。

2. 债权的让与人与受让人应当就债权让与达成合意。

3. 让与的债权须具有可让与性。

下列债权不得转让：

1. 根据合同性质不得转让的债权。

（1）基于特别信任关系而必须由特定人受领的债权；

（2）属于从权利的债权。

2. 按照当事人的约定不得转让的债权。

3. 依照法律规定不得转让的债权。

（1）以特定身份为基础的债权；

（2）公法上的债权（如抚恤金债权、退休金债权、劳动保险金债权）；

（3）因人身权受到侵害而产生的损害赔偿请求权。

债权人转让债权的，应当通知债务人。未经通知的，该转让对债务人不发生效力。

（三）债权让与的效力

1. 在债务人与受让人之间的效力：

（1）当债权转移至受让人时，受让人便成为债务人的新债权人。债务人因此成为受让人的债务人。

（2）凡债务人得对抗原债权人的一切抗辩，均可用于对抗受让人。法律规定或另有约定的除外。

（3）债务人可以行使抵消权。

2. 在债务人与让与人之间的效力：因债权让与的通知，二者完全脱离关系。

3. 在让与人与受让人之间的效力：

（1）所让与的债权由原债权人转移于受让人。原债权人脱离债的关系。

（2）让与人对受让人负有使其完全行使债权的义务。应将所有足以证明债权的一切文件交付让与人。

（3）为使受让人实现债权，让与人应将其关于主张债权所必要的情形，告知受让人。

三 债务承担

（一）债务承担的概念

债务承担是指不改变债的内容，债务人将其负担的债务转移于第三人负担。

（二）债务承担的条件

1. 须有可转移的债务。

2. 债务承担应当经债权人同意。

（三）债务承担的效力

1. 债务人脱离原债权债务关系，而由承担人直接向债权人承担义务。

2. 原债务人基于债的关系所享有的对于债权人的抗辩权移归承担人。

3. 从属于主债务的从债务，也一样转移于承担人。

债务承担未取得保证人同意的，保证人的保证责任消灭。

四 债的概括承受

（一）概括承受概念和特征

债权债务的概括承受是债权债务的承受人完全代替出让人的法律地位，成为债的关系的新的当事人。

在债权债务概括承受的情况下，债权债务的承受人完全取代原当事人的法律地位，依附于原当事人的全部权利义务，均转移于承受人。

（二）概括承受的类型：分为两种情况，合同承受和企业合并。

1. 合同承受

（1）合同承受的概念：指一方当事人与他人订立合同后，依照其与第三人的约定，并经对方当事人同意，将合同上的权利义务一并转移给第三人，由第三人承受自己在合同上的地位，享受权利并承担义务。

（2）合同承受的生效要件：

①须有有效的合同存在。

②承受的合同须为双务合同。

③须原合同当事人与第三人达成合同承受的合意。

④须经双方合同相对人同意。

（3）合同承受的效力：承受人取得原合同当事人的一切权利和义务，原合同当事人即脱离合同关系。

2. 企业合并

企业合并，指原存的两个以上的企业合并为一个企业。分吸收合并和新设合并。企业合并属于企业变更，须经企业变更登记方为有效，企业合并后，原企业债权债务的转移，无须征得对方当事人的同意，仅依合并后企业的通知或公告，即对债权人发生法律效力。

第二节　债的消灭

一　债的消灭的概念

（一）债的消灭的概念

债的消灭又称债的终止，指债权债务关系客观上不复存在。

（二）债的消灭的效力

1. 从权利和从义务一并消灭。

2. 负债字据的返还。

3. 在债的当事人之间发生后契约义务。

二 清偿

（一）清偿的概念

指能达到消灭债权效果的给付，即债务已经按照约定履行。

（二）代物清偿

是以他种给付代替原定给付的清偿。代物清偿须满足以下条件：

1. 须有债权存在。

2. 他种给付与原定给付是属不同种类的。

3. 他种给付是代替原定给付的。

4. 须经当事人合意。

（三）清偿的抵充：指债务人对债权人负有数宗同种债务，而债务人的履行不足以清偿全部债务时，确定该履行抵充某宗或某几宗债务的制度。

构成清偿抵充的条件是：

1. 须经债务人对同一债权人负有数宗债务。

2. 须数宗债务为同种类，不同种类的数宗债务之间不能发生清偿的抵充。

3. 须债务人所为履行不能清偿全部债务。

三 抵销

（一）抵销的概念

抵销指二人互负有债务且给付种类相同时，在对等数额内使各自的债权债务互相消灭的制度。

（二）抵销的条件

1. 须双方互负债务，互享债权。

2. 须双方债务均至清偿期。

3. 双方债的标的种类相同。但双方协商一致的可以抵销。

4. 债务依其性质或法律规定属于可抵消的范围。

（三）抵销的方式：我国合同法采用单方行为说，当事人互负到期债务，该债务的标的物种类、品质相同的，任何一方可以将自己的债务与对方的债务抵销。但法律规定或按合同性质不得抵销的除外。抵销应通知对方，通知自到达对方时生效。抵销不得附条件或限期。

（四）抵销的效力

1. 双方互负的债务在对等的数额内消灭。

2. 双方债务等额时，全部债权债务关系归于消灭，双方债务额不等时，债务额较大的一方仍就超过部分负继续履行责任，债权人对尚未抵销部分仍有受领清偿的权利。

3. 债的关系溯及最初得为抵消时消灭。最初得为抵消时指抵销权生效时，即抵消通知到达对方之时

四 提存

（一）提存的概念

1. 提存，是指由于债权人的原因而无法向其交付债的标的物时，债务人将该标的物提交给一定机关保存，从而消灭债权债务关系的一种法律制度。

2. 提存的主体与客体

（1）提存的主体：提存人、提存受领人、提存机关。（2）提存的客体：标的物。以适于提存为限。

3. 提存的方法

（1）提存人应向提存机关提出申请。

（2）受理与提存。

（3）制作提存公证书。

（4）通知提存受领人。

（二）提存的效力

1. 在债务人与债权人之间的效力：提存与清偿发生同等消灭债的效力。债权人对债务人的给付请求权因此消灭。

2. 在提存人与提存机关之间的效力：提存机关依法负有保管义务。

3. 在债权人与提存机关之间的效力：债权人有权随时要求提存机关交付提存物，并承担必要费用。超过 20 年无人受领的提存物，视为无主财产。在提存机关扣除必要费用后，将余额上缴国库。

五 免除

1. 免除的概念

免除指债权人以债的消灭为目的而抛弃债权的意思表示。免除是单方法律行

为。免除具有如下法律特征：

（1）免除为无因行为。（2）免除为无偿行为。

（3）免除为非要式行为。

（4）免除人须具有行为能力及对债权的处分权。

2. 免除的方式

（1）免除人须为免除的意思表示。

（2）免除的意思表示应向债务人为之。

（3）免除的意思表示一经作出即不得撤回。

3. 免除的效力

（1）债的关系绝对消灭。

（2）从债务免除。

（3）法律禁止抛弃的债权不得免除。

六　混同

（一）混同的概念

指债权和债务同归一人的法律事实。混同为一种事实，无须有任何意思表示。

（二）混同的原因

1. 债权债务的概括承受。

2. 特定承受，即债权人承受债务人对自己的债务，或债务人受让债权人对自己的债权。

第二分编 债权分论

第二十二章 合同概述

第一节 合同的概念与特征

一 合同概念

（一）《合同法》对合同采取的概念

《合同法》第 2 条："本法所称合同，是平等主体的自然人、法人、其他组织之间设立、变更、终止民事权利义务关系的协议。

婚姻、收养、监护等有关身份关系的协议，适用其他法律的规定。"

据此概念，知《合同法》采取的是以债权合同为主，但也适用于其他非身份性民事合同。

（二）广义与狭义的合同

1. 广义：是指以确定权利、义务内容的协议，除民法上的合同外，还包括行政合同、劳动合同、国际法上国家间的合同等。

2. 狭义：仅指民事合同，指确立、变更、终止民事权利义务关系的合同。可包括：

（1）作为债的发生原因的合同；

（2）物权合同如抵押合同，质押合同；

（3）合伙合同；

（4）人格权行使方面的合同；

（5）涉及亲属家庭法的合同；

（6）知识产权方面的合同；

二 法律特征

1. 合同是一种合意。
2. 合同是发生法律上效果的双方民事行为。
3. 合同是发生民法上效果的民事行为。（产生、变更、终止民事权利义务关系）

第二节 合同的分类

一 有名合同与无名合同

又称典型合同与非典型合同。

（一）分类标准：以法律是否对其加以规定，并赋予其以特定名称为标准。

1. 有名合同：法律上已经确定了一定的名称及规则的合同。我国《合同法》规定了 15 种有名合同。

2. 无名合同。指法律尚未确定一定的名称与规则的合同。如培训合同、旅游合同、餐饮服务合同、借用合同等。广告中使用他人肖像、瘦身美容、信用卡、加盟店、企业咨询等。

（二）区分的意义：两者适用的法律规则不同。

二 双务合同与单务合同

（一）分类标准：以给付义务是否由双方当事人互负为标准。

1. 双务合同：指当事人双方互负对待给付义务的合同。如买卖、互易、租赁。

2. 单务合同：指合同当事人仅有一方负担给付义务的合同。如借用合同。

（二）区分的意义

1. 在是否适用同时履行抗辩权方面不同。

2. 在风险的负担上是不同的。

3. 因一方的过错所致合同不履行的后果不同。

三 有偿合同与无偿合同

（一）分类标准：根据当事人是否从合同中获取某种利益为标准来划分。

1. 有偿合同：须付代价。一方通过履行合同规定的义务而给对方某种利益，对方要得到该利益必须为此支付相应代价的合同。如买卖、运输。（法人间的保管）

2. 无偿合同：不必支付代价。一方给付对方某种利益，对方取得该利益时并不支付任何报酬的合同。如赠与、借用。（公民间的保管）

（二）区分的意义

1. 义务的内容不同。在有偿合同中，当事人所承担的注意义务显然要较无偿合同中之注意义务为重。

2. 主体要求不同。订立有偿合同的当事人原则上应具备完全行为能力，限制行为能力人和无行为能力人即使未取得法定代表人的同意也可以订立一些纯获法律上利益的无偿合同。

3. 可否行使撤销权不同。

4. 有无返还义务不同。

四　诺成合同与实践合同

（一）分类标准：以合同的成立是否以交付标的物为要件。

1. 诺成合同：又称不要物合同，是指当事人一方的意思表示一旦经对方同意即能产生法律效果的合同，即"一诺即成"的合同。特点在于当事人双方意思表示一致，合同即告成立。

2. 实践合同：又称要物合同，指除当事人意思表示一致外，还需要交付标的物才能成立的合同。如客运合同、一般保管合同、自然人间的借款合同。

（二）区分的意义：二者成立与生效的时间不同。

五　要式合同与不要式合同

（一）分类标准：按合同是否以特定的形式为要件。

1. 要式合同：指应当或者必须根据法律规定的方式而成立的合同。如中外合资经营企业合同。

2. 不要式合同：指当事人订立的合同依法并不需要采取特定的形式，当事人可以采取口头方式或书面方式。

（二）区分的意义：是否应以一定的形式作为合同成立或生效的条件。

（三）法律规定

《合同法》第 10 条对合同的形式作了规定。依此条，合同形式以不要式为原则，以要式为例外。

六　主合同和从合同

（一）分类标准：合同相互间的主从关系。

1. 主合同：指不需要其他合同的存在即可独立存在的合同。

2. 从合同：以其他合同的存在而为存在前提的合同。如保证合同、抵押合同等。

（二）表现

可为一个合同关系中的从合同条款，也可在主合同外另订立从合同。

第二十三章　合同的订立

第一节　合同订立的一般程序

一　要约

（一）要约的概念与性质

1. 概念

《合同法》第 14 条规定：要约是一方当事人以缔结合同为目的，向对方当事人所作的意思表示。

要约可以用书面形式作出，也可以用口头、行动作出。

2. 要约的性质为意思表示，具有法律意义。

（二）要约的生效要件（《合同法》14 条的规定）

1. 要约必须具有订立合同的意图。

2. 要约必须向要约人希望与之缔结合同的受要约人发出。

要约人特定，才有可能使受约人知道他将要与之订立合同的对象。要约必向受要约人发出也可不特定。

3. 要约的内容必须具体确定。

"具体"：必须具有足以使合同成立的主要条款。

"确定"：要约的内容必须明确；要约在内容上必须是最终的、无保留的。

4. 要约必须送达受要约人。

（三）要约与要约邀请的区别

1. 概念

要约邀请又称要约引诱。《合同法》第 15 条规定：要约邀请是希望他人向自己发出要约的表示。

2. 要约与要约邀请的区别

①根据当事人的意愿来作出区分

②依法律规定作出区分

③根据订约提议的内容是否包含了合同的主要条款来确定

④根据意思表示是针对特定人还是不特定人发出

⑤根据交易习惯即当事人历来的交易做法来区分

3. 几种要约邀请形式：寄送的价目表、拍卖公告、招标公告、招股说明书、商业广告（但商业广告的内容符合要约规定的，视为要约）、招租、招聘雇员及招聘家庭教师的广告。

几种要约形式：询问商品的价格、货物标价陈列、自动售货机。

（四）要约的法律效力

1. 含义：指要约发生的法律效力，即要约对要约人和受要约人产生法律的约束力。

2. 要约生效的时间：要约到达受要约人时生效。3 个注意事项。

3. 要约的存续时间：要约可在多长时间内持续其法律效力。口头：即时；书面：合理期限。

4. 要约对要约人的拘束力（形式约束力）——在要约生效后，受该要约的拘束，不得随意撤销，不得对要约加以改变。（第 19 条的规定）

5. 要约对受要约人的拘束力（实质约束力）

（1）受要约人承诺权。可以承诺，也可以不承诺，还可以变更要约内容从而形成一项反要约。

（2）特别情况下，承诺是一种义务。强制缔约。如《合同法》289 条的规定。

（五）要约的撤回与撤销。《合同法》第 17 条的规定。

要约的撤回

1. 定义：指要约人在要约发出以后，未达到受要约人之前，有权宣告取消要约，从而阻止要约生效的意思表示。（《合同法》第 17 条的规定）

2. 撤回要约的条件

（1）要约未到达受约人，即要约未生效。

（2）撤回要约的通知先于或同时于要约到达受约人。

3. 撤回要约的法律后果

撤回要约不会对受要约人造成任何损害，要约人无须承担任何责任。

要约的撤销（《合同法》第 18、19 条的规定）

1. 定义：指要约人在要约到达受要约人并生效以后，将该项要约取消，从而使要约的效力归于消灭的意思表示。

2. 撤销要约的条件：

（1）要约已到达受要约人，即要约已生效。

（2）撤销要约的通知应在承诺之前进行。

3. 不得撤销要约的情形：

（1）要约人确定了承诺期限或以其他形式明示要约是不能撤销的。

（2）受要约人有理由认为要约是不可撤销的，并已经为履行合同作了准备工作。

4. 撤销要约的法律后果：要约人撤销要约若给受要约人造成了损害，应承担损害赔偿责任。

（六）要约的撤回与要约的撤销的区别

1. 撤回发生在要约生效前；撤销发生在要约已经到达并生效，但受要约人尚未作出承诺的期限内。

2. 对撤销有严格的限定，对撤回没有这些限制。

（七）要约失效

概念：指要约丧失了法律约束力，即不再对要约人和受要约人产生约束。

要约消灭的原因主要有（《合同法》20 条的规定）：

1. 要约人依法撤销要约。

2. 拒绝要约的通知到达要约人。

3. 承诺期限届满，受要约人未作出承诺。

4. 受要约人对要约的内容作出实质性变更（构成一项新的要约——反要约）。

《合同法》第 30 条规定：有关合同标的、数量、质量、价款或者报酬、履行期限、履行地点和方式、违约责任和解决争议的方法等的变更，是对要约内容的实质性变更。

5. 要约被撤回。

6. 要约人人格消灭或丧失行为能力。

7. 受要约人死亡。

二 承诺

（一）承诺的概念与构成要件

概念：承诺是受要约人同意要约的意思表示。（《合同法》第 21 条的规定）

构成要件：

1. 必须由受要约人向要约人作出。

（1）由受约人本人或受约人的代理人作出。

（2）若受约人为数个特定人，则数个特定人均可成为承诺人。

（3）承诺必须向要约人作出。

2. 承诺必须在要约的有效期限内达到要约人。（《合同法》第 23 条的规定）

承诺期限的起算（采投邮主义）

（1）要约以信件或者电报作出的，承诺期限自信件载明的日期或者电报交发之日开始计算。信件未载明日期的，自投寄该信件的邮戳日期开始计算。

（2）要约以电话、传真等快速通信方式作出的，承诺期限自要约到达受要约人时开始计算。

与要约的生效的时间严格区分开

3. 承诺的内容与要约的内容相一致。

（1）具体表现在：承诺必须是无条件的承诺，不得限制扩张或者变更要约的内容，否则，不构成承诺，应视为对原要约的拒绝并作出一项新的要约，或称为反要约。

（2）可对非实质性内容作出更改，或添加某一附加条件。

4. 承诺必须表明受要约人决定与要约人订立合同。

5. 承诺的方式必须符合要约的要求。（《合同法》第 22 条的规定）

（二）承诺的生效

1. 承诺的生效时间：承诺于承诺通知到达要约人时生效，合同即成立。

（1）直接决定了合同成立的时间。

（2）常与合同订立的地点相联系，而合同的订立地点与法院管辖权的确定和选择适用法律的问题紧密相连。

2. 承诺到达的起算

（1）承诺不需要通知的，根据交易习惯或者要约的要求作出承诺的行为时生效。

（2）采用数据电文形式订立合同的

收件人指定特定系统接收数据电文的，该数据电文进入该特定系统的时间，视为到达时间；

未指定特定系统的，该数据电文进入收件人的任何系统的首次时间，视为到达时间。

3. 要约没有确定承诺期限的，承诺应当依照下列规定到达：

（1）要约以对话方式作出的，应当即时作出承诺，但当事人另有约定的除外。

（2）要约以非对话方式作出的，承诺应当在合理期限内到达。

（三）承诺迟延

定义：受要约人未在承诺期限内作出承诺。

后果：（1）超过承诺期限作出承诺，该承诺不产生效力。

（2）若要约人承认其有效，但要约人应及时通知受要约人。如受要约人不愿承认其为承诺，则为新要约。

（四）承诺撤回：指受要约人在发出承诺通知以后，在承诺正式生效之前撤回其承诺。（《合同法》第27条）

第二十四章　双务合同履行中的抗辩权

第一节　双务合同履行中的抗辩权概述

第二节　同时履行抗辩权

一　概念

同时履行抗辩权，指双务合同的当事人一方在他方未为对待给付之前，有权拒绝自己的履行。

同时履行抗辩权是由双务合同的关联性（牵连性）所决定的。所谓牵连性，是指给付与对待给付具有不可分离的关系。

二　构成要件

1. 在同一双务合同中互负对待给付义务。同时履行抗辩权的前提条件，是在同一双务合同中双方互负债务。

首先，须由同一双务合同产生债务，即双方当事人之间的债务是根据一个合同产生的。如果双方债务基于两个甚至多个合同产生，即使双方事实上具有密切联系也不产生同时履行抗辩权。

其次，双方所负债务之间具有对价关系。该对价力求公平，但并不意味价值完全相等。当事人取得的财产与其履行的财产义务在价值上大体相等即为等价。

2. 互负的义务均已到清偿期。同时履行抗辩权制度，旨在使双方当事人所负的债务同时履行，所以，只有双方的债务同时届期时，才能行使同时履行抗辩权。

3. 须对方未履行债务或未提出发行债务。原告向被告请求履行债务时，须自己已为履行或提出履行，否则，被告可行使同时履行抗辩权，拒绝履行自己的债务。不过原告未履行的债务或未提出履行的债务，与被告所负的债务无对价关系时，被告仍不得主张同时履行抗辩权。原告的履行不适当时，被告可以行使同时履行抗辩权，但在原告已为部分履行，依其情形，被告若拒绝履行自己的债务违背诚实信用原则时，不得主张同时履行抗辩权。

4. 须对方的对待给付是可能履行的。如果一方已履行，另一方因过错而不能履行其所负债务（如标的物已遭毁损），则只能适用债务不能履行的规定请求补救，而不发生同时履行抗辩权。如果因不可抗力发生履行不能，则免责，一方提出履行要求，对方可提出否认对方请求权存在主张，而不是主张同时履行抗辩权。

三　同时履行抗辩权的适用范围

适用于双务合同。

四　当事人一方违约与同时履行抗辩权

包括迟延履行、受领迟延、部分履行、瑕疵履行四种情形。

第三节　先履行抗辩权

一　先履行债务抗辩权的概念

是指当事人互负债务，有先后履行顺序的，先履行一方未履行之前，后履行一方有权拒绝其履行请求，先履行一方履行债务不符合债的本旨，后履行一方有权拒绝其相应的履行请求。

二　先履行抗辩权的成立要件

1. 须双方当事人互负债务。
2. 两个债务须有先后履行顺序，至于该顺序是当事人约定的还是法律直接规定的，在所不问。如果两个对立的债务无先后履行顺序，则适用同时履行抗辩权而不成立先履行抗辩权。

3. 先履行一方未履行或其履行不合债的本旨。

三　先履行抗辩权的效力

先履行抗辩权的成立并行使，产生履行一方可一时地中止履行自己债务的效力，对抗先履行一方的履行请求，以此保护自己的期限利益、顺序利益。在先履行一方采取了补救措施，变违约为适当履行的情况下，先履行抗辩权消失，后履行一方须履行其债务。可见，先履行抗辩权亦属一时的抗辩权。先履行抗辩权的行使不影响后履行一方主张违约责任。

第四节　不安抗辩权

一　不安抗辩权的概念

是指先给付义务人在有证据证明后给付义务人的经营状况产生恶化，或者转移财产、抽逃资金以逃避债务，或者丧失商业信誉，以及其他丧失或者可能丧失履行债务能力的情况时，可中止自己的履行；后给付义务人接收到中止履行通知后在合理的期限内提供了适当担保的，先给付义务人应当履行其债务；在合理的期限内未恢复履行能力并且未提供适当担保的，先给付义务人可以解除合同。

二　成立条件

1. 双方当事人因同一双务合同而互负债务。
2. 后给付义务人的履行能力明显降低，有不能为对待给付的现实危险。

不安抗辩权制度保护先给付义务人是有条件的，不允许在后给付义务人有履行能力的情况下行使不安抗辩权，只能在其有不能为对待给付的现实危险，害及先给付义务人的债权实现时，才能行使不安抗辩权。所谓后给付义务人的履行能力明显降低，有不能为对待给付的现实危险，包括其经营状况产生恶化；转移财产、抽逃资金，以逃避债务；丧失商业信誉，其他丧失或者可能丧失履行能力的情况。

3. 后给付义务人未提供适当担保。

后给付义务人的履行能力明显降低，有不能为对待给付的现实危险，但若提供适当担保，先给付义务人的债权不会受到损害，故不得行使不安抗辩权；只有在未提供适当担保，危及先给付义务人的债权实现时，才成立不安抗辩权。

三　不安抗辩权的行使

为兼顾后给付义务人的利益，也便于他能及时提供适当担保，先给付义务人行使不安抗辩权，应及时通知后给付义务人，并负有举证证明后给付义务人的履行能力明显降低，有不能为对待给付的现实危险的义务。

不安抗辩权的效力：具备其成立要件时，先给付义务人在后给付义务人未为对待给付或提供适当担保前，有权拒绝自己的给付。后给付义务人恢复履行能力或者提供了适当担保时，先给付义务人应当履行合同。后给付义务人在约定的或合理的期限内未恢复履行能力并且不提供担保的，先给付义务人有权解除合同。

第二十五章　合同的变更与解除

第一节　合同变更与解除的概念和条件

一　合同变更与解除的概念

合同的变更有广义与狭义之分。广义的合同变更，包括合同内容的变更与合同主体的变更。前者是指当事人不变，合同的权利义务予以改变的现象。后者是指合同关系保持同一性，仅改换债权人或债务人的现象。不论是改换债权人，还是改换债务人，都发生合同权利义务的移转，移转给新的债权人或者债务人，因此合同主体的变更实际上是合同权利义务的转让。此处仅讨论合同内容的变更。

合同解除，是指在合同有效成立以后，当解除的条件具备时，因当事人一方或双方的意思表示，使合同自始或仅向将来消灭的行为，也是一种法律制度。在适用情事变更原则时，则指履行合同实在困难，若履行即显失公平，法院裁决合同消灭的现象。这种解除与一般意义上的解除相比，有一个重要的特点，就是法院直接基于情事变更原则加以认定，而不是通过当事人的解除行为。

二　合同解除的条件

一般法定解除包括：因不可抗力致使合同不能达到目的、迟延履行、拒绝履行、不完全履行、债务人的过错造成合同不能履行。

第二节　合同变更与解除的程序与法律后果

一　合同变更与解除的程序

（一）协议解除的程序

协议解除的程序，是当事人双方经过协商同意，将合同解除的程序。其特点是：合同的解除取决于当事人双方意思表示一致，而不是基于当事人一方的意思表示，也不需要有解除权，完全是以一个新的合同解除原合同。它适用于协议解除类型，并且在单方解除中，只要解除权人愿意采取这种程序，法律也予允许并加以提倡。

（二）行使解除权的程序

行使解除权的程序必须以当事人享有解除权为前提。所谓解除权，是合同当事人可以将合同解除的权利。它的行使，发生合同解除的法律效果，因而它是一种形成权。解除权按其性质来讲，不需要对方当事人的同意，只需解除权人单方的意思表示，就可以把合同解除。解除权人主张解除合同，应当通知对方。合同自通知到达对方时解除。对方有异议的，可请求人民法院或者仲裁机构确认合同的效力。法律、行政法规规定解除合同应当办理批准、登记等手续的，依照其规定。行使解除权的程序适用于不可抗力致使合同不能履行，当事人一方违约和约定解除的场合。在不可抗力致使合同不能履行的场合，解除权由双方当事人享有，任何一方都可行使。

（三）法院裁决的程序

这里所说的法院裁决的程序，不是指在协议解除的程序和行使解除权的程序中当事人诉请法院来解除合同，而是指在适用情事变更原则解除合同时，由法院裁决合同解除的程序。由于适用情事变更原则解除合同，当事人无解除行为，只是由法院根据案件的具体情况和情事变更原则的法律要件加以裁决。因此，对这种类型的合同解除只能适用法院裁决的程序。

二　合同变更与解除的法律后果

（一）合同变更的法律后果

合同的变更原则上向将来发生效力，未变更的权利义务继续有效，已经履行的债务不因合同的变更而失去法律依据。合同的变更不影响当事人要求赔偿损失的权利。

（二）合同解除的法律后果

合同解除的法律后果依合同解除有无溯及力而不同。合同解除有溯及力指解除合同关系溯及既往地消灭，合同自始未成立。合同解除无溯及力指合同解除仅仅使合同向将来消灭，解除前的合同关系仍然有效。合同解除有无溯及力应视具体情况而定。

第二十六章　缔约过失责任与违约责任

第一节　缔约过失责任

一　缔约过失责任的概念和特点

1. 概念

缔约过失责任是指在合同订立过程中，一方因违背其依据诚实信用原则所产生的义务，而致另一方的信赖利益的损失时应承担的损害赔偿责任。

2. 特点

（1）缔约上的过失发生在合同订立过程中。

（2）一方违背其依诚实信用原则所应负的义务。

无正当理由不得撤销要约的义务、使用方法的告知义务、合同订立前重要情事的告知义务、协作和照顾的义务、忠实义务、保密义务、不得滥用谈判自由的义务。

（3）造成他人信赖利益的损失。

二　缔约过失

1. 假借订立合同，恶意进行磋商

2. 故意隐瞒与订立合同有关的重要事实或者提供虚假情况

3. 泄露或不正当地使用商业秘密

4. 其他违背诚信原则的行为

（1）违反有效的要约邀请

（2）要约人违反有效要约

（3）合同无效和被撤销

三 缔约过失责任的赔偿范围

1. 信赖利益的损失

2. 不包括机会损失

3. 不应当包括因行为人违反保护他人的义务而使他人遭受的损害

二 构成缔约过失责任的法定条件

1. 缔约当事人有违反缔约义务的行为

2. 违反缔约义务给对方当事人造成了损失

3. 违反缔约义务的当事人主观上存在着过错

第二节 违约责任

一 违约责任的归责原则

（1）原则上是无过错原则。

（2）例外。以下五种合同适用过错原则，并且实行过错推定：赠与、委托、保管、仓储、客运合同中的自带物品。

二 违约行为

1. 有两大类

（1）《合同法》第 107 条：实际违约。

（2）《合同法》第 108 条：预期违约。

实际违约与预期违约的区别在于：履行期限到来的不同。

2. 合同的阶段

（1）磋商阶段：当事人无合同关系，仅存在先合同关系，若一方违反诚信原则，则承担缔约过失责任。

（2）合同成立至合同生效之前：当事人之间仍无合同上的权利义务关系，不会发生违约责任，这期间，合同对当事人产生一般拘束力，即：当事人不得擅自变更或者解除合同。

（3）合同生效后至履行期限到来之前，当事人一方明确表示不履行或以其他方式表示不履行，发生预期违约。

（4）履行期限到来：实际违约。

（5）合同关系消灭后：后合同义务，即当事人双方之间仍负有保密等义务。

三 违约责任形式

1. 违约责任均是财产性的，所以在违约中不得提起精神损害赔偿。

2. 违约责任形式包括：

（1）继续履行

按照《合同法》第110条的规定，有三种例外，即在以下三种情形下，违约方可不继续履行非金钱债务。①履行不能；②债务标的不适用强制履行或履行费用过高；③债权人在合理期限内未要求履行。

注意：这里仅仅是指非货币之债。

（2）采取补救措施

采取补救措施可与赔偿损失、继续履行并用。

（3）违约金、定金、损害赔偿金。

①损害赔偿金

A. 损害赔偿金：对损害进行金钱赔偿。

B. 损害赔偿金有四种：

a. 根据是否具有惩罚性，分为惩罚性损害赔偿金和补偿性损害赔偿金。

b. 根据是约定还是法定，分为约定的损害赔偿金（见《合同法》第114条）和法定的损害赔偿金。

我们这里讲的损害赔偿金，一般是指法定的、补偿性的损害赔偿金。

c. 损害赔偿金通常由两部分构成：直接损失和间接损失（又称可得利益的损失）。

②违约金

违约金与损害赔偿金在性质、功能上完全相同，一般不能并用，应优先考虑违约金。

对违约金的调整：约定的违约金低于造成的损害的，当事人可以请求法院或仲裁机关予以增加，约定的违约金过分高于造成的损失的，当事人可以请求法院或仲裁机关予以适当减少。

违约金原则上是补偿性的，例外情形下具有一定的惩罚性。

③定金

A. 定金是纯粹的惩罚性民事责任。

《合同法》第 119 条：定金规则：给付定金的一方不履行约定的债务的，无权要求返还定金；收受定金的一方不履行约定的债务的，应当双倍返还定金。

B. 双方惩罚性是完全区别于订金的根本特征，而订金具有简单惩罚性。

C. 如果双方均未违约，定金原价返还，无需加利息。

D. 定金与违约金的关系。

《合同法》第 116 条：定金与违约金不得并用，只能由非违约方选择一个适用。

这里讲"不得并用"，指的是对于"同一个"违约行为，定金与违约金不得并用。

四 因第三人的原因违约

《合同法》第 121 条的规定。

第二十七章　各种合同

第一节　买卖合同

一　买卖合同的概念与特征

买卖合同是一方转移标的物的所有权于另一方，另一方支付价款的合同。转移所有权的一方为出卖人或卖方，支付价款而取得所有权的一方为买受人或者买方。

特征：

1. 买卖合同是有偿合同。这是买卖合同的基本特征，使其与赠与合同相区别。

2. 买卖合同是双务合同。

3. 买卖合同是诺成合同。买卖合同自双方当事人意思表示一致就可以成立，不需要交付标的物。

4. 买卖合同一般是不要式合同。通常情况下，买卖合同的成立、有效并不需要具备一定的形式，但法律另有规定者除外。

二　买卖合同当事人的权利与义务

（一）出卖人的义务

1. 交付标的物，是出卖人的首要义务，也是买卖合同最重要的合同目的。

2. 转移标的物所有权，是指出卖人将自己对标的物的所有权转让给买受人，由买受人持有标的物所有权的行为。

3. 瑕疵担保义务。

（二）买受人的义务

1. 支付价款；

2. 检验义务；

3. 接受标的物；

4. 通知、保管和紧急处置的义务。

三　标的物所有权转移、风险责任及孳息归属

（一）标的物所有权的转移

买卖合同的标的物，除法律另有规定或当事人另有约定外，自交付时起发生所有权转移。

（二）标的物的风险责任承担

标的物风险责任负担，是指买卖合同履行过程中发生的标的物意外毁损灭失的风险由哪一方当事人负担。根据我国合同法规定，风险负担按交付原则确定。

1. 有约定按约定

2. 无约定按交付原则

3. 有例外：

（1）因买受人的原因致使标的物不能按照约定期限交付的风险承担。

（2）运输途中的标的物风险承担。

（3）当事人未约定交付地点或者约定不明确时标的物毁损、灭失的风险承担。

（4）买受人违反约定没有收取标的物时毁损、灭失的风险承担。

《合同法》第 146 条规定，出卖人按照约定或者依照《合同法》第 141 条第 2 款第 2 项的规定将标的物置于交付地点，买受人违反约定没有收取的，标的物毁损、灭失的风险自违反约定之日起由买受人承担。

（5）因标的物质量不符合质量要求，买受人拒绝接受标的物或者解除合同时，标的物毁损、灭失的风险承担。

《合同法》第 148 条规定，因标的物质量不符合要求，致使不能实现合同目的，买受人可以拒绝接受标的物或者解除合同。

第 147 条　出卖人按照约定未交付有关标的物的单证和资料的，不影响标的物毁损、灭失风险的转移。

第 149 条　标的物毁损、灭失的风险由买受人承担的，不影响因出卖人履行债务不符合约定，买受人要求其承担违约责任的权利。

（三）孳息归属

标的物交付前产生的孳息，归出卖人所有；交付之后产生的孳息，归买受人

所有。(《合同法》第 163 条的规定)

四　分期付款买卖

分期付款买卖，是指买受人将其应付的总价款，在一定期限内分次向出卖人支付的买卖合同。

其特点在于，合同成立之时，出卖人将标的物交付给买受人，价款则依合同约定分期支付。除法律另有规定或合同另有约定外，标的物的所有权自出卖人交付时起转移给买受人。买受人应按期履行支付价金的义务，若未按期付款，应承担违约责任。

五　样品买卖

样品买卖，又称货样买卖，是指标的物品质依一定样品而定的买卖。当事人约定依样品买卖的，视为出卖人保证交付的货物与样品具有同一品质，其意义是出卖人提供一种质量担保。

样品买卖的当事人应当封存样品，并可对样品质量作出说明。出卖人交付的标的物应当与样品及其说明的质量相同。样品买卖的买受人不知道样品有隐蔽瑕疵的，即使出卖人交付的标的物与样品相同，买受人仍有权要求其交付符合同种物通常质量标准的标的物。

第二节　供用电、水、气、热力合同

供用电、供用水、供用气、供用热力合同属同一性质的合同，故《合同法》规定，供用水、供用气、供用热力合同参照供用电合同的有关规定执行。

一　供用电合同概述

供用电合同是供电人向用电人供电，用电人支付电费的合同。供用电合同通常为格式合同，属连续性合同，其标的性质决定了合同一般不存在退货、返还、恢复原状等问题。

供用电合同的内容包括供电的方式、质量、时间，用电容量、地址、性质，计量方式，电价、电费的结算方式，供用电设施的维护责任等条款。供用电合同的履行地点，按照当事人约定；当事人没有约定或者约定不明确的，供电设施的产权分界处为履行地点。通常，供用电合同是以用电人提出用电申请为要约，供电人批准用电申请为承诺而订立的。

二 双方当事人的权利义务

（一）供电人义务

1. 供电人应当按照国家规定的供电质量标准和合同约定安全供电。供电人未按照国家规定的供电质量标准和合同约定安全供电，造成用电人损失的，应当承担损害赔偿责任。

2. 供电人因供电设施计划检修、临时检修、依法限电或者用电人违法用电等原因，需要中断供电时，应当按照国家有关规定事先通知用电人；未事先通知用电人中断供电，造成用电人损失的，应当承担损害赔偿责任。

3. 因自然灾害等原因断电，供电人应当按照国家有关规定及时抢修。未及时抢修，造成用电人损失的，应当承担损害赔偿责任。

（二）用电人义务

1. 用电人应当按照国家有关规定和当事人的约定及时交付电费。用电人逾期不交付电费的，应当按照约定支付违约金。经催告用电人在合理期限内仍不交付电费和违约金的，供电人可以按照国家规定的程序中止供电。

2. 用电人应当按照国家有关规定和当事人的约定安全用电。用电人未按照国家有关规定和当事人的约定安全用电，造成供电人损失的，应当承担损害赔偿责任。

第三节 赠与合同

一 赠与合同概述

赠与合同是赠与人将自己的财产无偿给予受赠人，受赠人表示接受赠与的合同。赠与合同是单务、无偿合同。赠与合同属诺成合同，当事人意思表示一致，合同即告成立。赠与的财产依法需要办理登记等手续的，应当办理有关手续。赠与可以附义务。赠与附义务的，受赠人应当按照约定履行义务。因赠与人故意或者重大过失致使赠与的财产毁损、灭失的，赠与人应当承担损害赔偿责任。赠与的财产有瑕疵的，赠与人不承担责任。附义务的赠与，赠与的财产有瑕疵的，赠与人在附义务的限度内承担与出卖人相同的责任。赠与人故意不告知瑕疵或者保证无瑕疵，造成受赠人损失的，应当承担损害赔偿责任。

赠与合同成立后，赠与人的经济状况显著恶化，严重影响其生产经营或者家庭生活的，可以不再履行赠与义务。

二 赠与的撤销

赠与的撤销分为任意撤销和法定撤销。

任意撤销，是指赠与人在赠与财产的权利转移之前可以撤销赠与。具有救灾、扶贫等社会公益、道德义务性质的赠与合同或者经过公证的赠与合同，不得撤销赠与，赠与人不交付赠与的财产的，受赠人可以要求交付。

法定撤销，是指受赠人有下列法定情形之一的，无论赠与财产的权利是否转移，赠与是否具有救灾、扶贫等社会公益、道德义务性质或者经过公证，赠与人均可以撤销赠与：

（一）严重侵害赠与人或者赠与人的近亲属；

（二）对赠与人有扶养义务而不履行；

（三）不履行赠与合同约定的义务。

赠与人的撤销权，自知道或者应当知道撤销原因之日起一年内行使。

因受赠人的违法行为致使赠与人死亡或者丧失民事行为能力的，赠与人的继承人或者法定代理人可以撤销赠与。赠与人的继承人或者法定代理人的撤销权，自知道或者应当知道撤销原因之日起6个月内行使。撤销权人撤销赠与的，可以向受赠人要求返还赠与的财产。

第四节　借款合同

一　借款合同概述

借款合同是借款人向贷款人借款，到期返还借款并支付利息的合同。《合同法》对借款合同是否为诺成合同视合同主体不同作不同规定。金融机构贷款的借款合同是诺成合同，自双方意思表示一致时成立，自然人之间的借款合同为实践合同，自贷款人提供借款时生效。

借款合同应采用书面形式，但自然人之间借款另有约定的除外。借款合同的内容包括借款种类、币种、用途、数额、利率、期限和还款方式等条款，贷款人还可以要求借款人依照《担保法》的规定提供担保。

订立借款合同，借款人应当按照贷款人的要求提供与借款有关的业务活动和财务状况的真实情况。

二　当事人双方权利义务

贷款人未按照约定的日期、数额提供借款，造成借款人损失的，应当赔偿损失。借款人未按照约定的日期、数额收取借款的，应当按照约定的日期、数额支付利息。

贷款人按照约定可以检查、监督借款的使用情况。借款人应当按照约定向贷款人定期提供有关财务会计报表等资料。借款人未按照约定的借款用途使用借款的，贷款人可以停止发放借款、提前收回借款或者解除合同。

办理贷款业务的金融机构贷款的利率，应当按照中国人民银行规定的贷款利率的上下限确定。

借款的利息不得预先在本金中扣除。利息预先在本金中扣除的，应当按照实际借款数额返还借款并计算利息。

借款人应当按照约定的期限支付利息。对支付利息的期限没有约定或者约定不明确，依照《合同法》有关规定仍不能确定的，借款期间不满 1 年的，应当在返还借款时一并支付；借款期间 1 年以上的，应当在每届满 1 年时支付，剩余期间不满 1 年的，应当在返还借款时一并支付。

借款人应当按照约定的期限返还借款。对借款期限没有约定或者约定不明确，依照《合同法》有关规定仍不能确定的，借款人可以随时返还；贷款人可以催告借款人在合理期限内返还。借款人未按照约定的期限返还借款的，应当按照约定或者国家有关规定支付逾期利息。

借款人提前偿还借款的，除当事人另有约定的以外，应当按照实际借款的期间计算利息。借款人可以在还款期限届满之前向贷款人申请展期。贷款人同意的，可以展期。

自然人之间的借款合同对支付利息没有约定或者约定不明确的，视为不支付利息。自然人之间的借款合同约定支付利息的，借款的利率不得违反国家有关限制借款利率的规定。

第五节　租赁合同

一　租赁合同概述

租赁合同是出租人将租赁物交付承租人使用、收益，承租人支付租金的合同。租赁合同为诺成合同，自双方意思表示一致时成立。租赁合同转让的是租赁物的使用权，故租赁物一般应为特定的非消耗物。

租赁合同的内容包括租赁物的名称、数量、用途、租赁期限、租金及其支付期限和方式、租赁物维修等条款。

租赁属临时性使用合同，故对合同的最长期限应有所限制。《合同法》规定，租赁期限不得超过 20 年。超过 20 年的，超过部分无效。租赁期间届满，当事人可以续订租赁合同，但约定的租赁期限自续订之日起仍不得超过 20 年。租赁期限 6 个月以上的，合同应当采用书面形式。当事人未采用书面形式的，视为不定期租赁。

二　当事人双方权利义务

出租人应当按照约定将租赁物交付承租人，并在租赁期间保持租赁物符合约定的用途。承租人应当按照约定的方法使用租赁物。对租赁物的使用方法没有约定或者约定不明确，依照《合同法》有关规定仍不能确定的，应当按照租赁物的性质使用。

承租人按照约定的方法或者租赁物的性质使用租赁物。致使租赁物受到损耗的，不承担损害赔偿责任。承租人未按照约定的方法或者租赁物的性质使用租赁物，致使租赁物受到损失的，出租人可以解除合同并要求赔偿损失。

出租人应当履行租赁物的维修义务，但当事人另有约定的除外。承租人在租赁物需要维修时可以要求出租人在合理期限内维修。出租人未履行维修义务的，承租人可以自行维修，维修费用由出租人负担。因维修租赁物影响承租人使用的，应当相应减少租金或者延长租期。

承租人应当妥善保管租赁物，因保管不善造成租赁物毁损、灭失的，应当承担损害赔偿责任。

承租人经出租人同意，可以对租赁物进行改善或者增设他物。承租人未经出租人同意，对租赁物进行改善或者增设他物的，出租人可以要求承租人恢复原状或者赔偿损失。

承租人经出租人同意，可以将租赁物转租给第三人。承租人转租的，承租人与出租人之间的租赁合同继续有效，第三人对租赁物造成损失的，承租人应当赔偿损失。承租人未经出租人同意转租的，出租人可以解除合同。

在租赁期间因占有、使用租赁物获得的收益，归承租人所有，但当事人另有约定的除外。

承租人应当按照约定的期限支付租金。对支付期限没有约定或者约定不明确，依照《合同法》有关规定仍不能确定的，租赁期间不满一年的，应当在租赁期间届满时支付；租赁期间一年以上的，应当在每届满一年时支付，剩余期间不满一年的，应当在租赁期间届满时支付。

承租人无正当理由未支付或者迟延支付租金的，出租人可以要求承租人在合理期限内支付。承租人逾期不支付的，出租人可以解除合同。

因第三人主张权利，致使承租人不能对租赁物使用、收益的，承租人可以要求减少租金或者不支付租金。第三人主张权利的，承租人应当及时通知出租人。

租赁物在租赁期间发生所有权变动的，不影响租赁合同的效力，即实行"买卖不破租赁"的原则。出租人出卖租赁房屋的，应当在出卖之前的合理期限内通知承租人，承租人享有以同等条件优先购买的权利。

三　租赁合同的解除与延期

因不可归责于承租人的事由，致使租赁物部分或者全部毁损、灭失的，承租人可以要求减少租金或者不支付租金；因租赁物部分或者全部毁损、灭失，致使不能实现合同目的的，承租人可以解除合同。

当事人对租赁期限没有约定或者约定不明确，依照《合同法》有关规定仍不能确定的，视为不定期租赁。当事人可以随时解除合同，但出租人解除合同应当在合理期限之前通知承租人。

租赁物危及承租人的安全或者健康的，即使承租人订立合同时明知该租赁物质量不合格，承租人仍然可以随时解除合同。

租赁期届满，承租人应当返还租赁物。返还的租赁物应当符合按照约定或者按照租赁物的性质使用后的状态。

租赁期届满，承租人继续使用租赁物，出租人没有提出异议的，原租赁合同继续有效，但租赁期限为不定期。

承租人在房屋租赁期间死亡的，与其生前共同居住的人可以按照原租赁合同租赁该房屋。

第六节　融资租赁合同

一　融资租赁合同概述

融资租赁合同是出租人根据承租人对出卖人、租赁物的选择，向出卖人购买租赁物，提供给承租人使用，承租人支付租金的合同。典型的融资租赁关系涉及三方当事人，即出租人、承租人、出卖人，包括租赁合同和买卖合同两个合同。出租人根据承租人对出卖人、租赁物的选择与出卖人订立买卖合同，出卖人按照约定向承租人交付标的物，承租人享有与受领标的物有关的买受人的权利。承租人检验标的物合格后出具验收合格通知书，并与出租人订立融资租赁合同，出租人据此向出卖人付款。

虽然融资租赁合同具有租赁的性质，但其目的是融资。租赁物是出租人为承租人的使用而特别购入的，出租人是通过为承租人提供融资的方式取得租金的，租金是融资的对价。所以，在融资租赁合同中，承租人解除合同的权利应受到一定限制，在合同有效期内，无正当、充分的理由不得解除合同。

融资租赁合同应当采用书面形式。融资租赁合同的内容包括租赁物名称、数量、规格、技术性能、检验方法、租赁期限、租金构成及其支付期限和方式、币种、租赁期间届满租赁物的归属等条款。

出租人、出卖人、承租人可以约定，出卖人不履行买卖合同义务的，由承租人行使索赔的权利。承租人行使索赔权利的，出租人应当予以协助。

出租人根据承租人对出卖人、租赁物的选择订立的买卖合同，未经承租人同意，出租人不得变更与承租人有关的合同内容。

出租人享有租赁物的所有权。承租人破产的，租赁物不属于破产财产。

融资租赁合同的租金，除当事人另有约定的以外，应当根据购买租赁物的大部分或者全部成本以及出租人的合理利润确定。

二 当事人双方权利义务

出租人应当保证承租人对租赁物的占有和使用。承租人占有租赁物期间，租赁物造成第三人的人身伤害或者财产损害的，出租人不承担责任。

由于对出卖人、租赁物的选择是承租人决定的，所以，租赁物不符合租赁合同约定或者不符合使用目的的，出租人不承担责任，但承租人依赖出租人的技能确定租赁物或者出租人干预选择租赁物的除外。

承租人应当妥善保管、使用租赁物，履行占有租赁物期间的维修义务。

承租人应当按照约定支付租金。承租人经催告后在合理期限内仍不支付租金的，出租人可以要求支付全部租金；也可以解除合同，收回租赁物。

当事人约定租赁期届满租赁物归承租人所有，承租人已经支付大部分租金，但无力支付剩余租金，出租人因此解除合同收回租赁物的，收回的租赁物的价值超过承租人欠付的租金以及其他费用的，承租人可以要求部分返还。

出租人和承租人可以约定租赁期间届满租赁物的归属。对租赁物的归属没有约定或者约定不明确，依照《合同法》有关规定仍不能确定的，租赁物的所有权归出租人。

第七节 承揽合同

一 承揽合同概述

承揽合同是承揽人按照定作人的要求完成工作，交付工作成果，定作人给付报酬的合同。承揽合同是以完成定作人要求的一定工作为目的的，其标的具有特定性，工作成果可以是有形的，也可以是无形的。经定作人同意，承揽人可以将其承揽的工作部分交由第三人完成，承揽人对无论是否自己完成的工作，均要承担全部责任。承揽人可为多人，除当事人另有约定，共同承揽人对定作人承担连带责任。承揽包括加工、定作、修理、复制、测试、检验等工作。

承揽合同的内容包括承揽的标的、数量、质量、报酬、承揽方式、材料的提供、履行期限、验收标准和方法等条款。

二 当事人双方权利义务

承揽人应当以自己的设备、技术和劳力，完成主要工作，但当事人另有约定的除外。承揽人将其承揽的主要工作交由第三人完成的，应当就该第三人完成的工作成果向定作人负责；未经定作人同意的，定作人也可以解除合同。承揽人可以将其承揽的辅助工作交由第三人完成，并就该第三人完成的工作成果向定作人负责。

合同约定由承揽人提供材料的，承揽人应当按照约定选用材料，并接受定作人检验。合同约定由定作人提供材料的，定作人应当按照约定提供材料。承揽人对定作人提供的材料，应当及时检验，发现不符合约定时，应当及时通知定作人更换、补齐或者采取其他补救措施。承揽人不得擅自更换定作人提供的材料，不得更换不需要修理的零部件。

承揽人发现定作人提供的图纸或者技术要求不合理的，应当及时通知定作人。因定作人怠于答复等原因造成承揽人损失的，应当赔偿损失。定作人中途变更承揽工作的要求，造成承揽人损失的，应当赔偿损失。

承揽工作需要定作人协助的，定作人有协助的义务。定作人不履行协助义务致使承揽工作不能完成的，承揽人可以催告定作人在合理期限内履行义务，并可以顺延履行期限；定作人逾期不履行的，承揽人可以解除合同。

承揽人在工作期间，应当接受定作人必要的监督检验。定作人不得因监督检验妨碍承揽人的正常工作。

承揽人完成工作的，应当向定作人交付工作成果，并提交必要的技术资料和有关质量证明。定作人应当验收该工作成果。承揽人交付的工作成果不符合质量要求的，定作人可以要求承揽人承担修理、重作、减少报酬、赔偿损失等违约责任。

定作人应当按照约定的期限支付报酬。对支付报酬的期限没有约定或者约定不明确，依照《合同法》有关规定仍不能确定的，定作人应当在承揽人交付工作成果时支付；工作成果部分交付的，定作人应当作相应支付。

定作人未向承揽人支付报酬或者材料费等价款的，承揽人对完成的工作成果享有留置权，但当事人另有约定的除外。

承揽人应当妥善保管定作人提供的材料以及完成的工作成果，因保管不善造成毁损、灭失的，应当承担损害赔偿责任。承揽人应当按照定作人的要求保守秘密，未经定作人许可，不得留存复制品或者技术资料。

定作人可以随时解除承揽合同，这是承揽合同的一个特点。因承揽合同是为满足定作人的特殊需要而订立的，如订立合同后其需要改变，应允许定作人解除合同，以免给其造成更大的经济损失。但定作人因此造成承揽人损失的，应当赔偿损失。

第八节　建设工程合同

一　建设工程合同概述

建设工程合同是承包人进行工程建设，发包人支付价款的合同。建设工程合同包括工程勘察、设计、施工合同。建设工程合同本质上也属于承揽合同，但因其具有许多复杂的独特特点，故《合同法》未将其列入承揽合同调整，而是单独作为一类合同加以规定。同时，《合同法》规定，其对建设工程合同没有规定的，可适用承揽合同的有关规定。为更好地解决建设工程施工合同纠纷，最高人民法院发布了《关于审理建设工程施工合同纠纷案件适用法律问题的解释》，自2005年1月1日起实施。

建设工程合同应当采用书面形式，应以招标的方式订立。建设工程的招标、投标活动应当依照有关法律的规定公开、公平、公正进行。国家重大建设工程合同应当按照国家规定的程序和国家批准的投资计划、可行性研究报告等文件订立。

针对实践中出现的当事人规避招标程序、中标后订立"阴阳"两套合同的问题，司法解释规定，当事人就同一建设工程另行订立的建设工程施工合同与经过备案的中标合同实质性内容不一致的，应当以备案的中标合同作为结算工程价款的根据。

建设工程施工合同具有下列情形之一的，属于无效合同：

1. 承包人未取得建筑施工企业资质或者超越资质等级的；
2. 没有资质的实际施工人借用有资质的建筑施工企业名义的；
3. 建设工程必须进行招标而未招标或者中标无效的。

承包人超越资质等级许可的业务范围签订建设工程施工合同，在建设工程竣工前取得相应资质等级，不按照无效合同处理。

建设工程施工合同无效，但建设工程经竣工验收合格，承包人可以请求参照合同约定支付工程价款。

建设工程施工合同无效，且建设工程经竣工验收不合格的，按照以下情形分别处理：

1. 修复后的建设工程经竣工验收合格，发包人可以请求承包人承担修复费用；

2. 修复后的建设工程经竣工验收不合格，承包人无权请求支付工程价款。

发包人对建设工程不合格造成的损失有过错的，也应承担相应的民事责任。

发包人可以与总承包人订立建设工程合同，也可以分别与勘察人、设计人、施工人订立勘察、设计、施工承包合同。发包人不得将应当由一个承包人完成的建设工程肢解成若干部分发包给几个承包人。

总承包人或者勘察、设计、施工承包人经发包人同意，可以将自己承包的部分工作交由第三人完成。第三人就其完成的工作成果与总承包人或者勘察、设计、施工承包人向发包人承担连带责任。承包人不得将其承包的全部建设工程转包给第三人或者将其承包的全部建设工程肢解以后以分包的名义分别转包给第三人。禁止承包人将工程分包给不具备相应资质条件的单位。禁止分包单位将其承包的工程再分包。建设工程主体结构的施工必须由承包人自行完成。

对具有劳务作业法定资质的承包人与总承包人、分包人签订的劳务分包合同，不得以转包建设工程违反法律规定为由确认其无效。

承包人非法转包、违法分包建设工程或者没有资质的实际施工人借用有资质的建筑施工企业名义与他人签订建设工程施工合同的行为无效。人民法院可以根据《民法通则》第134条规定，收缴当事人已经取得的非法所得。

针对实践中时常出现的承包人为建设工程垫资问题，司法解释规定，当事人对垫资和垫资利息有约定，承包人可以请求按照约定返还垫资及其利息，但是约定的利息计算标准高于中国人民银行发布的同期同类贷款利率的部分除外。当事人对垫资没有约定的，按照工程欠款处理；当事人对垫资利息没有约定，承包人无权请求支付利息。

勘察、设计合同的内容包括提交有关基础资料和文件（包括概预算）的期限、质量要求、费用以及其他协作条件等条款。

施工合同的内容包括工程范围、建设工期、中间交工工程的开工和竣工时间、工程质量、工程造价、技术资料交付时间、材料和设备供应责任、拨款和结算、竣工验收、质量保修范围和质量保证期、双方相互协作等条款。

建设工程监理，是指由发包人委托具有法定资格的工程监理人，依据法律，法规、建设工程合同及设计文件，代表发包人对承包人的工程建设情况进行监督的活动。建设工程实行监理的，发包人应当与监理人采用书面形式订立委托监理合同。发包人与监理人的权利和义务以及法律责任，应当依照《合同法》关于委托合同的规定以及其他有关法律、行政法规的规定执行。

二　当事人双方权利义务

发包人在不妨碍承包人正常作业的情况下，可以随时对作业进度、质量进行检查。隐蔽工程在隐蔽以前，承包人应当通知发包人检查。发包人没有及时检查的，承包人可以顺延工程日期，并有权要求赔偿停工、窝工等损失。

承包人具有下列情形之一，发包人可以请求解除建设工程施工合同：

1. 明确表示或者以行为表明不履行合同主要义务的；
2. 在合同约定的期限内没有完工，且在发包人催告的合理期限内仍未完工的；
3. 已经完成的建设工程质量不合格，并拒绝修复的；
4. 将承包的建设工程非法转包、违法分包的。

发包人具有下列情形之一，致使承包人无法施工，且在催告的合理期限内仍未履行相应义务，承包人可以请求解除建设工程施工合同：

1. 未按约定支付工程价款的；
2. 提供的主要建筑材料、建筑构配件和设备不符合强制性标准的；
3. 不履行合同约定的协助义务的。

建设工程施工合同解除后，已经完成的建设工程质量合格的，发包人应当按照约定支付相应的工程价款；已经完成的建设工程质量不合格的，参照前述建设工程施工合同无效时工程竣工验收不合格的情形处理。因一方违约导致合同解除的，违约方应当赔偿因此而给对方造成的损失。

建设工程竣工后，发包人应当根据施工图纸及说明书、国家颁发的施工验收规范和质量检验标准及时进行验收。验收合格的，发包人应当按照约定支付价款，并接收该建设工程。当事人约定，发包人收到竣工结算文件后，在约定期限内不予答复，视为认可竣工结算文件的，按照约定处理。承包人可以请求按照竣工结算文件结算工程价款。

当事人对建设工程实际竣工日期有争议的，按照以下情形分别处理：

1. 建设工程经竣工验收合格的，以竣工验收合格之日为竣工日期；
2. 承包人已经提交竣工验收报告，发包人拖延验收的，以承包人提交验收报告之日为竣工日期；

3. 建设工程未经竣工验收，发包人擅自使用的，以转移占有建设工程之日为竣工日期。

建设工程竣工前，当事人对工程质量发生争议，工程质量经鉴定合格的，鉴定期间为顺延工期期间。

建设工程竣工经验收合格后，方可交付使用；未经验收或者验收不合格的，不得交付使用。建设工程未经竣工验收，发包人擅自使用后，不得以使用部分质量不符合约定为由主张权利；但是承包人应当在建设工程的合理使用寿命内对地基基础工程和主体结构质量承担民事责任。

勘察、设计的质量不符合要求或者未按照期限提交勘察、设计文件拖延工期，造成发包人损失的，勘察人、设计人应当继续完善勘察、设计，减收或者免收勘察、设计费并赔偿损失。

因施工人的原因致使建设工程质量不符合约定的，发包人有权要求施工人在合理期限内无偿修理或者返工、改建。经过修理或者返工、改建后，造成逾期交付的，施工人应当承担违约责任。

因承包人的过错造成建设工程质量不符合约定，承包人拒绝修理、返工或者改建，发包人可以减少支付工程价款。

因承包人的原因致使建设工程在合理使用期限内造成人身和财产损害的，承包人应当承担损害赔偿责任。

因保修人未及时履行保修义务，导致建筑物毁损或者造成人身、财产损害的，保修人应当承担赔偿责任。保修人与建筑物所有人或者发包人对建筑物毁损均有过错的，各自承担相应的责任。

发包人未按照约定的时间和要求提供原材料、设备、场地、资金、技术资料的，承包人可以顺延工程日期，并有权要求赔偿停工、窝工等损失。

因发包人的原因致使工程中途停建、缓建的，发包人应当采取措施弥补或者减少损失，赔偿承包人因此造成的停工、窝工、倒运、机械设备调迁、材料和构件积压等损失和实际费用。

因发包人变更计划，提供的资料不准确，或者未按照期限提供必需的勘察、设计工作条件而造成勘察、设计的返工、停工或者修改设计，发包人应当按照勘察人、设计人实际消耗的工作量增付费用。

发包人具有下列情形之一，造成建设工程质量缺陷，应当承担过错责任，承包人有过错的，也应当承担相应的过错责任：

1. 提供的设计有缺陷；

2. 提供或者指定购买的建筑材料、建筑构配件、设备不符合强制性标准；

3. 直接指定分包人分包专业工程。

当事人对建设工程的计价标准或者计价方法有约定的，按照约定结算工程价款。当事人约定按照固定价结算工程价款，一方当事人不得请求对建设工程造价进行鉴定。

当事人对部分案件事实有争议的，仅对有争议的事实进行鉴定，但争议事实范围不能确定，或者双方当事人请求对全部事实鉴定的除外。

因设计变更导致建设工程的工程量或者质量标准发生变化，当事人对该部分工程价款不能协商一致的，可以参照签订建设工程施工合同时当地建设行政主管部门发布的计价方法或者计价标准结算工程价款。

当事人对工程量有争议的，按照施工过程中形成的签证等书面文件确认。承包人能够证明发包人同意其施工，但未能提供签证文件证明工程量发生的，可以按照当事人提供的其他证据确认实际发生的工程量。

建设工程施工合同有效，但建设工程经竣工验收不合格的，工程价款结算参照前述建设工程施工合同无效时工程竣工验收不合格的情形处理。

发包人未按照约定支付价款的，承包人可以催告发包人在合理期限内支付价款。发包人逾期不支付的，除按照建设工程的性质不宜折价、拍卖的以外，承包人可以与发包人协议将该工程折价，也可以申请人民法院将该工程依法拍卖。建设工程的价款就该工程折价或者拍卖的价款优先受偿。

根据《最高人民法院关于建设工程价款优先受偿权问题的批复》，建筑工程的承包人的上述优先受偿权优于抵押权和其他债权。消费者交付购买商品房的全部或者大部分款项后，承包人就该商品房享有的工程价款优先受偿权不得对抗买受人。建筑工程价款包括承包人为建设工程应当支付的工作人员报酬、材料款等实际支出的费用，不包括承包人因发包人违约所造成的损失。建设工程承包人行使优先权的期限为6个月，自建设工程竣工之日或者建设工程合同约定的竣工之日起计算。

当事人对欠付工程价款利息计付标准有约定的，按照约定处理；没有约定的，按照中国人民银行发布的同期同类贷款利率计息。

利息从应付工程价款之日计付。当事人对付款时间没有约定或者约定不明的，下列时间视为应付款时间：

1. 建设工程已实际交付的，为交付之日；

2. 建设工程没有交付的，为提交竣工结算文件之日；

3. 建设工程未交付，工程价款也未结算的，为当事人起诉之日。

因建设工程质量发生争议的，发包人可以以总承包人、分包人和实际施工人为共同被告提起诉讼。

实际施工人可以以转包人、违法分包人为被告提起诉讼。实际施工人以发包人为被告主张权利的，人民法院可以追加转包人或者违法分包人为本案当事人。

发包人只在欠付工程价款范围内对实际施工人承担责任。

第九节　运输合同

一　运输合同概述

运输合同是承运人将旅客或者货物从起运地点运输到约定地点，旅客、托运人或者收货人支付票款或者运输费用的合同。运输合同分为客运合同、货运合同和多式联运合同。运输合同一般均为格式合同，旅客、托运人通常无法协商变更合同的格式条款，故须特别注意对旅客、托运人合法利益的保护，排除格式条款的不合理限制。公共运输业的运输合同的订立具有强制性，以保障旅客、托运人的利益和社会秩序。《合同法》规定，从事公共运输的承运人不得拒绝旅客、托运人通常合理的运输要求，拒绝订立运输合同。

承运人应当在约定期间或者合理期间内、按照约定的或者通常的运输路线将旅客、货物安全运输到约定地点。旅客、托运人或者收货人应当支付票款或者运输费用。承运人未按照约定路线或者通常路线运输增加票款或者运输费用的，旅客、托运人或者收货人可以拒绝支付增加部分的票款或者运输费用。

除《合同法》之外，《中华人民共和国铁路法》、《中华人民共和国民用航空法》、《中华人民共和国海商法》等法律以及一些行政法规对相应运输方式的运输合同也作有规定。

二　客运合同

客运合同自承运人向旅客交付客票时成立，但当事人另有约定或者另有交易习惯的除外。

（一）旅客权利义务

旅客应当持有效客票乘运。旅客无票乘运、超程乘运、越级乘运或者持失效客票乘运的，应当补交票款，承运人可以按照规定加收票款。旅客不交付票款的，承运人可以拒绝运输。

旅客可以自行决定解除客运合同。旅客因自己的原因不能按照客票记载的时间乘坐的，应当在约定的时间内办理退票或者变更手续。逾期办理的，承运人可以不退票款，并不再承担运输义务。

旅客在运输中应当按照约定的限量携带行李，超过限量的应当办理托运手续。旅客不得随身携带或者在行李中夹带易燃、易爆、有毒、有腐蚀性、有放射性以及有可能危及运输工具上人身和财产安全的危险物品或者其他违禁物品。旅客违反规定携带或者夹带违禁物品的，承运人可以将违禁物品卸下、销毁或者送交有关部门。旅客坚持携带或者夹带违禁物品的，承运人应当拒绝运输。

（二）承运人权利义务

承运人应当向旅客及时告知有关不能正常运输的重要事由和安全运输应当注意的事项。

承运人应当按照客票载明的时间和班次运输旅客。承运人迟延运输的，应当根据旅客的要求安排改乘其他班次或者退票。

承运人擅自变更运输工具而降低服务标准的，应当根据旅客的要求退票或者减收票款；提高服务标准的，不应当加收票款。

承运人在运输过程中，应当尽力救助患有急病、分娩、遇险的旅客。

承运人应当对运输过程中旅客，包括按照规定免票、持优待票或者经承运人许可搭乘的无票旅客的伤亡，承担损害赔偿责任，但伤亡是旅客自身健康原因造成的或者承运人证明伤亡是旅客故意、重大过失造成的除外。

在运输过程中旅客自带物品毁损、灭失，承运人有过错的，应当承担损害赔偿责任。旅客托运的行李毁损、灭失的，适用货物运输的有关规定。

三 货运合同

（一）托运人权利义务

托运人办理货物运输，应当向承运人准确表明收货人的名称或者姓名或者凭指示的收货人，货物的名称、性质、重量、数量，收货地点等有关货物运输的必要情况。因托运人申报不实或者遗漏重要情况造成承运人损失的，托运人应当承担损害赔偿责任。货物运输需要办理审批、检验等手续的，托运人应当将办理完有关手续的文件提交承运人。

托运人应当按照约定的方式包装货物。对包装方式没有约定或者约定不明确的，依照《合同法》有关规定仍不能确定的，应当按照通用的方式包装，没有通用方式的，应当采取足以保护标的物的包装方式。托运人违反此项规定的，承运人可以拒绝运输。

托运人托运易燃、易爆、有毒、有腐蚀性、有放射性等危险物品的，应当按照国家有关危险物品运输的规定对危险物品妥善包装，作出危险物标志和标签，并将有关危险物品的名称、性质和防范措施的书面材料提交承运人。托运人违反此项规定的，承运人可以拒绝运输，也可以采取相应措施以避免损失的发生，因此产生的费用由托运人承担。

托运人享有运输合同的变更与解除权利。在承运人将货物交付收货人之前，托运人可以要求承运人中止运输、返还货物、变更到达地或者将货物交给其他收货人，但应当赔偿承运人因此受到的损失。

（二）承运人权利义务

货物运输到达后，承运人知道收货人的，应当及时通知收货人，收货人应当及时提货。收货人逾期提货的，应当向承运人支付保管费等费用。

收货人提货时应当按照约定的期限检验货物。对检验货物的期限没有约定或者约定不明确，依照《合同法》有关规定仍不能确定的，应当在合理期限内检验货物。收货人在约定的期限或者合理期限内对货物的数量、毁损等未提出异议的，视为承运人已经按照运输单证的记载交付货物的初步证据。但以后如收货人有证据证明货物的毁损、灭失发生在运输过程中，仍可向承运人索赔。

承运人对运输过程中货物的毁损、灭失承担损害赔偿责任，但承运人证明货物的毁损、灭失是因不可抗力、货物本身的自然性质或者合理损耗以及托运人、收货人的过错造成的，不承担损害赔偿责任。

货物的毁损、灭失的赔偿额，当事人有约定的，按照其约定；没有约定或者约定不明确，依照《合同法》有关规定仍不能确定的，按照交付或者应当交付时货物到达地的市场价格计算。法律、行政法规对赔偿额的计算方法和赔偿限额另有规定的，依照其规定。

两个以上承运人以同一运输方式联运的，与托运人订立合同的承运人应当对全程运输承担责任。损失发生在某一运输区段的，与托运人订立合同的承运人和该区段的承运人承担连带责任。

货物在运输过程中因不可抗力灭失，未收取运费的，承运人不得要求支付运费；已收取运费的，托运人可以要求返还。

托运人或者收货人不支付运费、保管费以及其他运输费用的，承运人对相应的运输货物享有留置权，但当事人另有约定的除外。

收货人不明或者收货人无正当理由拒绝受领货物的，承运人可以依法提存货物。

四 多式联运合同

多式联运经营人负责履行或者组织履行多式联运合同，对全程运输享有承运人的权利并承担其义务。多式联运经营人可以与参加多式联运的各区段承运人就多式联运合同的各区段运输约定相互之间的责任，但该约定不影响多式联运经营人对全程运输承担的义务。

多式联运经营人收到托运人交付的货物时，应当签发多式联运单据。按照托运人的要求，多式联运单据可以是可转让单据，也可以是不可转让单据。

因托运人托运货物时的过错造成多式联运经营人损失的，即使托运人已经转让多式联运单据，托运人仍然应当承担损害赔偿责任。

货物的毁损、灭失发生于多式联运的某一运输区段的，多式联运经营人的赔偿责任和责任限额，适用调整该区段运输方式的有关法律规定。货物毁损、灭失发生的运输区段不能确定的，依照《合同法》有关运输合同的规定承担损害赔偿责任。

第十节 保管合同

保管合同是保管人保管寄存人交付的保管物，并返还该物的合同。保管合同一般为实践合同，自保管物交付时成立。但当事人另有约定的，保管合同可自当事人约定的时间成立，为诺成合同。

（一）保管人的义务

1. 给付保管凭证义务。寄存人向保管人交付保管物的，保管人应当给付保管凭证，但另有交易习惯的除外。

2. 妥善保管义务。保管人应当妥善保管保管物。当事人可以约定保管场所或者方法。除紧急情况或者为了维护寄存人利益的以外，保管人不得擅自改变保管场所或者方法。保管期间，因保管人保管不善造成保管物毁损、灭失的，保管人应当承担损害赔偿责任。但保管是无偿的时，保管人证明自己没有重大过失的，不承担损害赔偿责任。

3. 专属保管和不得使用义务。除当事人另有约定，保管人不得将保管物转交第三人保管，不得使用或者许可第三人使用保管物。保管人违反规定，将保管物转交第三人保管，对保管物造成损失的，应当承担损害赔偿责任。

4. 通知义务。第三人对保管物主张权利的，除已依法对保管物采取保全或者执行措施的以外，保管人仍应当履行向寄存人返还保管物的义务。第三人对保管人提起诉讼或者对保管物申请扣押的，保管人应当及时通知寄存人。

5. 返还保管物的义务。寄存人可以随时领取保管物。当事人对保管期间设有约定或者约定不明确的，保管人可以随时要求寄存人领取保管物；约定保管期间的，保管人无特别事由，不得要求寄存人提前领取保管物。保管期间届满或者寄存人提前领取保管物的，保管人应当将原物及其孳息归还寄存人。

（二）寄存人的义务

1. 告知义务。寄存人交付的保管物有瑕疵或者按照保管物的性质需要采取特殊保管措施的，寄存人应当将有关情况告知保管人。寄存人未告知，致使保管物受损失的，保管人不承担损害赔偿责任；保管人因此受损失的，除保管人知道或者应当知道上述情况并且未采取补救措施的以外，寄存人应当承担损害赔偿责任。

2. 支付保管费义务。寄存人应当按照约定向保管人支付保管费。当事人对保管费没有约定或者约定不明确，依照《合同法》有关规定仍不能确定的，保管是无偿的。有偿的保管合同，寄存人应当按照约定的期限向保管人支付保管费。当事人对支付期限没有约定或者约定不明确，依照《合同法》有关规定仍不能确定的，应当在领取保管物的同时支付。寄存人未按照约定支付保管费以及其他费用的，保管人对保管物享有留置权，但当事人另有约定的除外。

3. 声明义务。寄存人寄存货币、有价证券或者其他贵重物品的，应当向保管人声明，由保管人验收或者封存。寄存人未声明的，该物品毁损、灭失后，保管人可以按照一般物品予以赔偿。

（三）可替代物保管

对可替代物的保管，《合同法》作有特别规定。可替代物保管，又称消费保管、不规则保管，是指保管物为可替代物的，当事人可约定将保管物的所有权转移给保管人，保管期满由保管人返还相同种类、品质、数量的物品（包括原物）。

《合同法》第 378 条规定，保管人保管货币的，可以返还相同种类、数量的货币。保管其他可替代物的，可以按照约定返还相同种类、品质、数量的物品。在此种情况下，保管合同成立后，原物及其孳息归保管人所有，保管人可使用保管物，并应承担保管物的灭失风险。

第十一节　仓储合同

仓储合同是保管人储存存货人交付的仓储物，存货人支付仓储费的合同。仓储合同为诺成合同，自成立时生效。《合同法》对仓储合同没有规定的，适用其有关保管合同的规定。

（一）仓单

存货人交付仓储物的，保管人应当给付仓单，并在仓单上签字或者盖章。仓单是存货人交付仓储物后，保管人向其出具的提取仓储物的凭证。存货人或者仓单持有人在仓单上背书并经保管人签字或者盖章的，可以转让提取仓储物的权利。

仓单包括下列事项：（1）存货人的名称或者姓名和住所；（2）仓储物的品种、数量、质量、包装、件数和标记；（3）仓储物的损耗标准；（4）储存场所；（5）储存期间；（6）仓储费；（7）仓储物已经办理保险的，其保险金额、期间以及保险人的名称；（8）填发人、填发地和填发日期。

（二）当事人双方权利义务

保管人应当按照约定对入库仓储物进行验收。保管人验收时发现入库仓储物与约定不符合的，应当及时通知存货人。保管人验收后，发生仓储物的品种、数量、质量不符合约定的，保管人应当承担损害赔偿责任。

保管人储存易燃、易爆、有毒、有腐蚀性、有放射性等危险物品的，应当具备相应的保管条件。存货人储存易燃、易爆、有毒、有腐蚀性、有放射性等危险物品或者易变质物品，应当说明该物品的性质，提供有关资料。存货人违反上述规定的，保管人可以拒收仓储物，也可以采取相应措施以避免损失的发生，因此产生的费用由存货人承担。

保管人根据存货人或者仓单持有人的要求，应当同意其检查仓储物或者提取样品。保管人对入库仓储物发现有变质或者其他损坏的，应当及时通知存货人或者仓单持有人，其变质或者其他损坏危及其他仓储物的安全和正常保管的，应当催告存货人或者仓单持有人作出必要的处置。因情况紧急，保管人可以作出必要的处置，但事后应当将该情况及时通知存货人或者仓单持有人。

当事人对储存期间没有约定或者约定不明确的，存货人或者仓单持有人可以随时提取仓储物，保管人也可以随时要求存货人或者仓单持有人提取仓储物，但应当给予必要的准备时间。

储存期间届满，存货人或者仓单持有人应当凭仓单提取仓储物。存货人或者仓单持有人逾期提取的，应当加收仓储费；提前提取的，不减收仓储费。储存期间届满，存货人或者仓单持有人不提取仓储物的，保管人可以催告其在合理期限内提取，逾期不提取的，保管人可以提存仓储物。

储存期间，因保管人保管不善造成仓储物毁损、灭失的，保管人应当承担损害赔偿责任。因仓储物的性质、包装不符合约定或者超过有效储存期造成仓储物变质、损坏的，保管人不承担损害赔偿责任。

第十二节　委托合同

一　委托合同概述

委托合同是委托人和受托人约定，由受托人处理委托人事务的合同。委托与代理关系有所不同。委托关系的存在是办理委托事项的前提，办理委托事项的形式有多种，代理只是其一，行纪、居间等也都是由委托关系产生的。委托只涉及委托人和受托人之间的关系，而代理则涉及与第三人的关系。

委托分为特别委托与概括委托。委托人可以特别委托受托人处理一项或者数项事务，也可以概括委托受托人处理一切事务，但具有人身属性的事项，如结婚、离婚、收养子女等，不适用于委托合同。

二　委托事务的处理

受托人应当按照委托人的指示处理委托事务。需要变更委托人指示的，应当经委托人同意；因情况紧急，难以和委托人取得联系的，受托人应当妥善处理委托事务，但事后应当将该情况及时报告委托人。

受托人应当亲自处理委托事务。经委托人同意，受托人可以转委托。转委托经同意的，委托人可以就委托事务直接指示转委托的第三人，受托人仅就第三人的选任及其对第三人的指示承担责任。转委托未经同意的，受托人应当对转委托的第三人的行为承担责任，但在紧急情况下受托人为维护委托人的利益需要转委托的除外。

受托人应当按照委托人的要求，报告委托事务的处理情况。委托合同终止时，受托人应当报告委托事务的结果。受托人处理委托事务取得的财产，应当转交给委托人。

三　与第三人的关系

受托人以自己的名义，在委托人的授权范围内与第三人订立的合同，第三人在订立合同时知道受托人与委托人之间的代理关系的，该合同直接约束委托人和第三人，但有确切证据证明该合同只约束受托人和第三人的除外。

受托人以自己的名义与第三人订立合同时，第三人不知道受托人与委托人之间的代理关系的，受托人因第三人的原因对委托人不履行义务，受托人应当向委托人披露第三人，委托人因此可以行使受托人对第三人的权利，但第三人如果知道该委托人存在，就不会与受托人订立合同的除外。

受托人因委托人的原因对第三人不履行义务，受托人应当向第三人披露委托人，第三人因此可以选择受托人或者委托人作为相对人主张其权利，但第三人不得变更选定的相对人。

委托人行使受托人对第三人的权利的，第三人可以向委托人主张其对受托人的抗辩。第三人选定委托人作为其相对人的，委托人可以向第三人主张其对受托人的抗辩以及受托人对第三人的抗辩。

四　费用与报酬

委托人应当预付处理委托事务的费用。受托人为处理委托事务垫付必要费用的，委托人应当偿还该费用及其利息。受托人完成委托事务的，委托人应当向其支付报酬因不可归责于受托人的事由，委托合同解除或者委托事务不能完成的，委托人应当向受托人支付相应的报酬。当事人另有约定的，按照其约定。

五　损失赔偿

有偿的委托合同，因受托人的过错给委托人造成损失的，委托人可以要求赔偿损失。无偿的委托合同，因受托人的故意或者重大过失给委托人造成损失的，委托人可以要求赔偿损失。受托人超越权限给委托人造成损失的，应当赔偿损失。

受托人处理委托事务时，因不可归责于自己的事由受到损失的，可以向委托人要求赔偿损失。委托人经受托人同意，可以在受托人之外委托第三人处理委托事务。因此给受托人造成损失的，受托人可以向委托人要求赔偿损失。

两个以上的受托人共同处理委托事务的，对委托人承担连带责任。

（六）委托合同的终止

委托合同的终止，分为因合同解除而终止和因法定原因而终止两种情况。

委托人或者受托人可以随时解除委托合同。因解除合同给对方造成损失的，除不可归责于该当事人的事由以外，应当赔偿损失。

委托人或者受托人死亡、丧失民事行为能力或者破产的，委托合同终止，但当事人另有约定或者根据委托事务的性质不宜终止的除外。

因委托人死亡、丧失民事行为能力或者破产，致使委托合同终止将损害委托人利益的，在委托人的继承人、法定代理人或者清算组织承受委托事务之前，受托人应当继续处理委托事务。

因受托人死亡、丧失民事行为能力或者破产，致使委托合同终止的，受托人的继承人、法定代理人或者清算组织应当及时通知委托人。因委托合同终止将损害委托人利益的，在委托人作出善后处理之前，受托人的继承人、法定代理人或者清算组织应当采取必要措施。

第十三节　行纪合同

（一）行纪合同概述

行纪合同，是行纪人以自己的名义为委托人从事贸易活动，委托人支付报酬的合同。行纪合同与委托合同有许多共同之处，广义上讲，属于委托合同的一种。所以《合同法》规定，该法对行纪合同没有规定的，适用其有关委托合同的规定。

行纪合同与委托合同的主要区别在于：

1. 行纪合同的适用范围仅为贸易活动，而委托合同的受托人为委托人提供服务的适用范围广泛，包括各种可以委托的事项。

2. 行纪人应以自己的名义与第三人订立合同，而委托合同的受托人可以以委托人或者自己的名义订立合同；如以自己的名义订立合同，则负有披露义务。

3. 行纪合同为有偿合同，而委托合同可以是有偿的，也可以是无偿的。

4. 行纪人处理委托事务支出的费用，除当事人另有约定，应自行承担，而委托合同的受托人的费用由委托人承担。

（二）双方当事人权利义务

行纪人占有委托物的，应当妥善保管委托物。委托物交付给行纪人时有瑕疵或者容易腐烂、变质的，经委托人同意，行纪人可以处分该物；和委托人不能及时取得联系的，行纪人可以合理处分。

行纪人在行纪中低于委托人指定的价格卖出或者高于委托人指定的价格买入的，应当经委托人同意。未经委托人同意，行纪人补偿其差额的，该买卖对委托人发生效力。行纪人高于委托人指定的价格卖出或者低于委托人指定的价格买入的，可以按照约定增加报酬。没有约定或者约定不明确，依照《合同法》有关规定仍不能确定的，该利益属于委托人。委托人对价格有特别指示的，行纪人不得违背该指示卖出或者买入。

行纪人卖出或者买入具有市场定价的商品，除委托人有相反的意思表示的以外，行纪人自己可以作为买受人或者出卖人。此时，行纪人仍然可以要求委托人支付报酬。

行纪人按照约定买入委托物，委托人应当及时受领。经行纪人催告，委托人无正当理由拒绝受领的，行纪人可依法提存委托物。

委托物不能卖出或者委托人撤回出卖，经行纪人催告，委托人不取回或者不处分该物的，行纪人可依法提存委托物。

行纪人与第三人订立合同的，行纪人对该合同直接享有权利、承担义务。第三人不履行义务致使委托人受到损害的，行纪人应当承担损害赔偿责任，但行纪人与委托人另有约定的除外。

行纪人完成或者部分完成委托事务的，委托人应当向其支付相应的报酬。委托人逾期不支付报酬的，行纪人对委托物享有留置权，但当事人另有约定的除外。

第十四节　居间合同

居间合同是居间人向委托人报告订立合同的机会或者提供订立合同的媒介服务，委托人支付报酬的合同。居间行为分为两种情况，其一是受委托报告订立合同的机会；其二是除报告订立合同的机会外，还向委托人提供订立合同的媒介服务。

居间人负有报告义务，应当就有关订立合同的事项向委托人如实报告。居间人故意隐瞒与订立合同有关的重要事实或者提供虚假情况，损害委托人利益的，不得要求支付报酬并应当承担赔偿责任。

居间人促成合同成立的，委托人应当按照约定支付报酬。对居间人的报酬没有约定或者约定不明确，依照《合同法》有关规定仍不能确定的，根据居间人的劳务合理确定。因居间人提供订立合同的媒介服务而促成合同成立的，由该合同的当事人平均负担居间人的报酬。居间人促成合同成立的，居间活动的费用，由居间人负担。居间人未促成合同成立的，不得要求支付报酬，但可以要求委托人支付从事居间活动支出的必要费用。

第十五节　技术合同

一　技术合同概述

（一）技术合同的概念

技术合同是当事人就技术开发、转让、咨询或者服务订立的确立相互之间权利和义务的合同。技术合同包括技术开发合同、技术转让合同、技术咨询合同和技术服务合同四种。在技术合同中涉及的技术成果，是指利用科学技术知识、信息和经验作出的涉及产品、工艺、材料及其改进等的技术方案，包括专利、专利申请、技术秘密、计算机软件、集成电路布图设计、植物新品种等。其中的技术秘密是指不为公众知悉、具有商业价值并经权利人采取保密措施的技术信息。

技术合同除受《合同法》的调整之外，还受其他有关知识产权法律规定的调整，如专利法、著作权法等。为了正确审理技术合同纠纷案件，最高人民法院发布了《关于审理技术合同纠纷案件适用法律若干问题的解释》，自 2005 年 1 月 1 日起施行。

（二）技术合同的效力

订立技术合同，应当有利于科学技术的进步，加速科学技术成果的转化、应用和推广。具有下列非法垄断技术、妨碍技术进步或者侵害他人技术成果情形的技术合同无效：

1. 限制当事人一方在合同标的技术基础上进行新的研究开发或者限制其使用所改进的技术，或者双方交换改进技术的条件不对等，包括要求一方将其自行改进的技术无偿提供给对方、非互惠性转让给对方、无偿独占或者共享该改进技术的知识产权；

2. 限制当事人一方从其他来源获得与技术提供方类似技术或者与其竞争的技术；

3. 阻碍当事人一方根据市场需求，按照合理方式充分实施合同标的技术，包括明显不合理地限制技术接受方实施合同标的技术生产产品或者提供服务的数量、品种、价格、销售渠道和出口市场；

4. 要求技术接受方接受并非实施技术必不可少的附带条件，包括购买非必需的技术、原材料、产品、设备、服务以及接收非必需的人员等；

5. 不合理地限制技术接受方购买原材料、零部件、产品或者设备等的渠道或者来源；

6. 禁止技术接受方对合同标的技术知识产权的有效性提出异议或者对提出异议附加条件。

不具有民事主体资格的科研组织（如法人或者其他组织设立的从事技术研究开发、转让等活动的课题组、工作室等）订立的技术合同，经法人或者其他组织授权或者认可的，视为法人或者其他组织订立的合同，由法人或者其他组织承担责任；未经法人或者其他组织授权或者认可的，由该科研组织成员共同承担责任，但法人或者其他组织因该合同受益的，应当在其受益范围内承担相应责任。

生产产品或者提供服务依法应当经过但未经有关部门审批或者取得行政许可的，不影响当事人订立的相关技术合同的效力。当事人对办理审批或者许可义务没有约定或者约定不明确的，由实施技术的一方负责办理，但法律、行政法规另有规定的除外。

当事人一方采取欺诈手段，就其现有技术成果作为研究开发标的与他人订立委托开发合同收取研究开发费用，或者就同一研究开发课题先后与两个或者两个以上的委托人分别订立委托开发合同重复收取研究开发费用的，受损害方有权请求变更或者撤销合同。

技术合同被确认无效或者被撤销后，技术开发合同研究开发人、技术转让合同让与人、技术咨询合同和技术服务合同的受托人已经履行或者部分履行了约定的义务，并且造成合同无效或者被撤销的过错在对方的，对其已履行部分应当收取的研究开发经费、技术使用费、提供咨询服务的报酬，可以认定为因对方原因导致合同无效或者被撤销给其造成的损失。

技术合同被确认无效或者被撤销后，因履行合同所完成的新技术成果或者在他人技术成果基础上完成后续改进技术成果的权利归属和利益分享，当事人不能重新协议确定的，由完成技术成果的一方享有。

侵害他人技术秘密的技术合同被确认无效后，除法律、行政法规另有规定的以外，善意取得该技术秘密的一方当事人可以在其取得时的范围内继续使用该技术秘密，但应当向权利人支付合理的使用费并承担保密义务。当事人双方就使用费支付发生纠纷的，任何一方都可以请求人民法院予以处理。对方继续使用技术秘密但又拒不支付使用费的，权利人可以请求人民法院判令使用人停止使用。对使用费可以根据权利人通常对外许可该技术秘密的使用费或者使用人取得该技术秘密所支付的使用费，并考虑该技术秘密的研究开发成本、成果转化和应用程度以及使用人的使用规模、经济效益等因素合理确定。不论使用人是否继续使用技术秘密，均应向权利人支付已使用期间的使用费。使用人已向无效合同的让与人支付的使用费应当由让与人负责返还。

当事人双方恶意串通或者一方知道或者应当知道另一方侵权仍与其订立或者履行合同的，属于共同侵权，侵权人应当承担连带赔偿责任和保密义务，因此取得技术秘密的当事人不得继续使用该技术秘密。

（三）技术合同的内容

技术合同的内容由当事人约定，一般包括以下条款：（1）项目名称；（2）标的的内容、范围和要求；（3）履行的计划、进度、期限、地点、地域和方式；（4）技术情报和资料的保密；（5）风险责任的承担；（6）技术成果的归属和收益的分成办法；（7）验收标准和方法；（8）价款、报酬或者使用费及其支付方式；（9）违约金或者损失赔偿的计算方法；（10）解决争议的方法；（11）名词和术语的解释。

与履行合同有关的技术背景资料、可行性论证和技术评价报告、项目任务书和计划书、技术标准、技术规范、原始设计和工艺文件，以及其他技术文档，按照当事人的约定可以作为合同的组成部分。

技术合同涉及专利的，应当注明发明创造的名称、专利申请人和专利权人、申请日期、申请号、专利号以及专利权的有效期限。

技术合同价款、报酬或者使用费的支付方式由当事人约定，可以采取一次总算、一次总付或者一次总算、分期支付，也可以采取提成支付或者提成支付附加预付入门费的方式。约定提成支付的，可以按照产品价格、实施专利和使用技术秘密后新增的产值、利润或者产品销售额的一定比例提成，也可以按照约定的其他方式计算。提成支付的比例可以采取固定比例、逐年递增比例或者逐年递减比例。约定提成支付的，当事人应当在合同中约定查阅有关会计账目的办法。

当事人对技术合同的价款、报酬和使用费没有约定或者约定不明确的，按照以下原则处理：（1）对于技术开发合同和技术转让合同，根据有关技术成果的研究开发成本、先进性、实施转化和应用的程度，当事人享有的权益和承担的责任，以及技术成果的经济效益等合理确定；（2）对于技术咨询合同和技术服务合同，根据有关咨询服务工作的技术含量、质量和数量，以及已经产生和预期产生的经济效益等合理确定。技术合同价款、报酬、使用费中包含非技术性款项的，应当分项计算。

技术合同当事人一方迟延履行主要债务，经催告后在 30 日内仍未履行，另一方有权主张解除合同。当事人在催告通知中附有履行期限且该期限超过 30 日的，在该履行期限届满后方可有权提出解除合同的主张。

当事人以技术成果向企业出资但未明确约定权属，接受出资的企业可以主张该技术成果归其享有，但是该技术成果价值与该技术成果所占出资额比例明显不合理，损害出资人利益的除外。

当事人对技术成果的权属约定有比例的，视为共同所有，其权利使用和利益分配，按共有技术成果的有关规定处理，但当事人另有约定的，从其约定。当事人对技术成果的使用权约定的比例，可以视为当事人对实施该项技术成果所获收益的分配比例，但当事人另有约定的，从其约定。

（四）职务技术成果与非职务技术成果

职务技术成果是执行法人或者其他组织的工作任务，或者主要是利用法人或者其他组织的物质技术条件所完成的技术成果。

所谓"执行法人或者其他组织的工作任务"，包括：（1）履行法人或者其他组织的岗位职责或者承担其交付的其他技术开发任务；（2）离职后一年内继续从事与其原所在法人或者其他组织的岗位职责或者交付的任务有关的技术开发工作，但法律、行政法规另有规定的除外。法人或者其他组织与其职工就职工在职期间或者离职以后所完成的技术成果的权益有约定的，依约定确认。

所谓"物质技术条件"，包括资金、设备、器材、原材料、未公开的技术信息和资料等。"主要利用法人或者其他组织的物质技术条件"，包括职工在技术成果的研究开发过程中，全部或者大部分利用了法人或者其他组织的资金、设备、器材或者原材料等物质条件，并且这些物质条件对形成该技术成果具有实质性的影响；还包括该技术成果实质性内容是在法人或者其他组织尚未公开的技术成果、阶段性技术成果基础上完成的情形。但下列情况除外：（1）对利用法人或者其他组织提供的物质技术条件，约定返还资金或者交纳使用费的；（2）在技术成果完成后利用法人或者其他组织的物质技术条件对技术方案进行验证、测试的。

个人完成的技术成果，属于执行原所在法人或者其他组织的工作任务，又主要利用了现所在法人或者其他组织的物质技术条件的，应当按照该自然人原所在和现所在法人或者其他组织达成的协议确认权益。不能达成协议的，根据对完成该项技术成果的贡献大小由双方合理分享。

职务技术成果的使用权、转让权属于法人或者其他组织的，法人或者其他组织可以就该项职务技术成果订立技术合同。法人或者其他组织应当从使用和转让该项职务技术成果所取得的收益中提取一定比例，对完成该项职务技术成果的个人给予奖励或者报酬。法人或者其他组织订立技术合同转让职务技术成果时，职务技术成果的完成人享有以同等条件优先受让的权利。

所谓完成技术成果的"个人"，包括对技术成果单独或者共同作出创造性贡献的人，亦即技术成果的发明人或者设计人。在对创造性贡献进行认定时，应当分解所涉及技术成果的实质性技术构成。提出实质性技术构成并由此实现技术方案的人，是作出创造性贡献的人。提供资金、设备、材料、试验条件，进行组织管理，协助绘制图纸、整理资料、翻译文献等人员，不属于完成技术成果的个人。

非职务技术成果的使用权、转让权属于完成技术成果的个人，完成技术成果的个人可以就该项非职务技术成果订立技术合同。

完成技术成果的个人有在有关技术成果文件上写明自己是技术成果完成者的权利和取得荣誉证书、奖励的权利。

二 技术开发合同

(一) 技术开发合同概述

技术开发合同是指当事人之间就新技术、新产品、新工艺或者新材料及其系统的研究开发所订立的合同。所谓"新技术、新产品、新工艺、新材料及其系统"，包括当事人在订立技术合同时尚未掌握的产品、工艺、材料及其系统等技术方案，但对技术上没有创新的现有产品的改型、工艺变更、材料配方调整以及对技术成果的验证、测试和使用除外。技术开发合同包括委托开发合同和合作开发合同。技术开发合同应当采用书面形式。

当事人之间就具有产业应用价值的科技成果实施转化订立的合同，如当事人之间就具有实用价值但尚未实现工业化应用的科技成果包括阶段性技术成果，以实现该科技成果工业化应用为目标，约定后续试验、开发和应用等内容的合同，参照有关技术开发合同的法律规定执行。

（二）委托开发合同当事人的主要权利义务

委托开发合同的委托人应当按照约定支付研究开发经费和报酬，提供技术资料、原始数据，完成协作事项，接受研究开发成果。

委托开发合同的研究开发人应当按照约定制定和实施研究开发计划；合理使用研究开发经费；按期完成研究开发工作，交付研究开发成果。提供有关的技术资料和必要的技术指导，帮助委托人掌握研究开发成果。

委托人违反约定造成研究开发工作停滞、延误或者失败的，应当承担违约责任。研究开发人违反约定造成研究开发工作停滞、延误或者失败的，应当承担违约责任。

（三）合作开发合同当事人的主要权利义务

合作开发合同的当事人应当按照约定进行投资，包括以技术进行投资；分工参与研究开发工作，包括当事人按照约定的计划和分工，共同或者分别承担设计、工艺、试验、试制等工作；协作配合研究开发工作。

技术开发合同当事人一方仅提供资金、设备、材料等物质条件或者承担辅助协作事项，另一方进行研究开发工作的，则应属于委托开发合同。

合作开发合同的当事人违反约定造成研究开发工作停滞、延误或者失败的，应当承担违约责任。

（四）技术开发合同的解除与风险承担

在技术开发合同签订后，因作为技术开发合同标的的技术已经由他人公开，致使技术开发合同的履行没有意义的，当事人可以解除合同。

在技术开发合同履行过程中，因出现无法克服的技术困难，致使研究开发失败或者部分失败的，该风险责任由当事人约定。没有约定或者约定不明确，依照《合同法》有关规定仍不能确定的，风险责任由当事人合理分担。

当事人一方发现出现无法克服的技术困难，可能致使研究开发失败或者部分失败的情形时，应当及时通知另一方并采取适当措施减少损失。没有及时通知并采取适当措施致使损失扩大的，应当就扩大的损失承担责任。

（五）技术成果的权利归属

委托开发完成的发明创造，除当事人另有约定的以外，申请专利的权利属于研究开发人。研究开发人取得专利权的，委托人可以免费实施该专利。研究开发人转让专利申请权的，委托人享有以同等条件优先受让的权利。

合作开发完成的发明创造，除当事人另有约定的以外，申请专利的权利属于合作开发的当事人共有。当事人一方转让其共有的专利申请权的，其他各方享有以同等条件优先受让的权利。

合作开发的当事人一方声明放弃其共有的专利申请权的，可以由另一方单独申请或者由其他各方共同申请。申请人取得专利权的，放弃专利申请权的一方可以免费实施该专利。合作开发的当事人一方不同意申请专利的，另一方或者其他各方不得申请专利。

委托开发或者合作开发完成的技术秘密成果的使用权、转让权以及利益的分配办法，由当事人约定。没有约定或者约定不明确，依照《合同法》有关规定仍不能确定的，当事人均有使用和转让的权利，包括当事人均有不经对方同意而自己使用或者以普通使用许可的方式许可他人使用技术秘密，并独占由此所获利益的权利。当事人一方将技术秘密成果的转让权让与他人，或者以独占或者排他使用许可的方式许可他人使用技术秘密，未经对方当事人同意或者追认的，应当认定该让与或者许可行为无效。但委托开发的研究开发人不得在向委托人交付研究开发成果之前，将研究开发成果转让给第三人。

技术开发合同当事人依照《合同法》的规定或者约定自行实施专利或使用技术秘密，但因其不具备独立实施专利或者使用技术秘密的条件，可以以一个普通许可方式许可他人实施或者使用。

三 技术转让合同

（一）技术转让合同概述

技术转让合同，是指合法拥有技术的权利人，包括其他有权对外转让技术的人，将现有特定的专利、专利申请、技术秘密的相关权利让与他人，或者许可他人实施、使用所订立的合同。但就尚待研究开发的技术成果或者不涉及专利、专利申请或者技术秘密的知识、技术；经验和信息所订立的合同除外。技术转让合同包括专利权转让、专利申请权转让、技术秘密转让、专利实施许可合同。技术转让合同应当采用书面形式。法律、行政法规对技术进出口合同或者专利、专利申请合同另有规定的，依照其规定执行。

技术转让合同中关于让与人向受让人提供实施技术的专用设备、原材料或者提供有关的技术咨询、技术服务的约定，属于技术转让合同的组成部分。因此发生的纠纷按照技术转让合同处理。

当事人以技术入股方式订立联营合同，但技术入股人不参与联营体的经营管理，并且以保底条款形式约定联营体或者联营对方支付其技术价款或者使用费的，视为技术转让合同。

技术转让合同可以约定让与人和受让人实施专利或者使用技术秘密的范围，包括实施专利或者使用技术秘密的期限、地域、方式以及接触技术秘密的人员等，但不得限制技术竞争和技术发展。当事人对实施专利或者使用技术秘密的期限没有约定或者约定不明确的，受让人实施专利或者使用技术秘密不受期限限制。

当事人可以按照互利的原则，在技术转让合同中约定实施专利、使用技术秘密后续改进的技术成果的分享办法。没有约定或者约定不明确，依照《合同法》有关规定仍不能确定的，一方后续改进的技术成果，其他各方无权分享。

专利申请权转让合同当事人在办理专利申请权转让登记之前，可以以专利申请被驳回或者被视为撤回为由请求解除合同，但在办理专利申请权转让登记之后，则不得因此请求解除合同，当事人另有约定的除外。

专利申请因专利申请权转让合同成立时即存在尚未公开的同样发明创造的在先专利申请被驳回，当事人可以请求予以变更或者撤销合同。

订立专利权转让合同或者专利申请权转让合同前，让与人自己已经实施发明创造，在合同生效后，受让人可以要求让与人停止实施，但当事人另有约定的除外。

让与人与受让人订立的专利权、专利申请权转让合同，不影响在合同成立前让与人与他人订立的相关专利实施许可合同或者技术秘密转让合同的效力。

（二）当事人双方权利义务

专利实施许可合同只在该专利权的存续期间内有效。专利权有效期限届满或者专利权被宣布无效的，专利权人不得就该专利与他人订立专利实施许可合同。

专利实施许可包括以下方式：

1. 独占实施许可，是指让与人在约定许可实施专利的范围内。将该专利仅许可一个受让人实施，让与人依约定不得实施该专利；

2. 排他实施许可，是指让与人在约定许可实施专利的范围内，将该专利许可一个受让人实施，但让与人依约定可以自行实施该专利；

3. 普通实施许可，是指让与人在约定许可实施专利的范围内许可他人实施该专利，并且可以自行实施该专利。

当事人对专利实施许可方式没有约定或者约定不明确的，认定为普通实施许可。专利实施许可合同约定受让人可以再许可他人实施专利的，认定该再许可为普通实施许可，但当事人另有约定的除外。技术秘密的许可使用方式，参照专利实施许可的规定执行。

专利实施许可合同的让与人应当按照约定许可受让人实施专利，交付实施专利有关的技术资料，提供必要的技术指导。专利实施许可合同让与人负有在合同有效期内维持专利权有效的义务，包括依法缴纳专利年费和积极应对他人提出宣告专利权无效的请求，但当事人另有约定的除外。

专利实施许可合同的受让人应当按照约定实施专利，不得许可约定以外的第三人实施该专利，并按照约定支付使用费。排他实施许可合同让与人不具备独立实施其专利的条件，以一个普通许可的方式许可他人实施专利的，可以认定为让与人自己实施专利，但当事人另有约定的除外。

当事人之间就申请专利的技术成果所订立的许可使用合同，专利申请公开以前，适用技术秘密转让合同的有关规定；发明专利申请公开以后、授权以前，参照适用专利实施许可合同的有关规定；授权以后，原合同即为专利实施许可合同，适用专利实施许可合同的有关规定。当事人不得以专利实施许可合同的标的是已经申请专利但尚未授权的技术为由主张合同无效。

技术秘密转让合同的让与人应当按照约定提供技术资料，进行技术指导，保证技术的实用性、可靠性，承担保密义务，但不限制其申请专利，不过当事人约定让与人不得申请专利的除外。技术秘密转让合同的受让人应当按照约定使用技术，支付使用费，承担保密义务。

技术转让合同的让与人应当保证自己是所提供的技术的合法拥有者，并保证所提供的技术完整、无误、有效，能够达到约定的目标。

技术转让合同的受让人应当按照约定的范围和期限，对让与人提供的技术中尚未公开的秘密部分，承担保密义务。

（三）违约责任

技术转让合同的让与人未按照约定转让技术的，应当返还部分或者全部使用费，并应当承担违约责任；实施专利或者使用技术秘密超越约定的范围的，违反约定擅自许可第三人实施该项专利或者使用该项技术秘密的，应当停止违约行为，承担违约责任；违反约定的保密义务的，应当承担违约责任。

技术转让合同的受让人未按照约定支付使用费的，应当补交使用费并按照约定支付违约金；不补交使用费或者支付违约金的，应当停止实施专利或者使用技术秘密，交还技术资料，承担违约责任；实施专利或者使用技术秘密超越约定的范围的，未经让与人同意擅自许可第三人实施该专利或者使用该技术秘密的，应当停止违约行为，承担违约责任；违反约定的保密义务的，应当承担违约责任。

受让人按照约定实施专利、使用技术秘密侵害他人合法权益的，由让与人承担责任，但当事人另有约定的除外。

四 技术咨询合同和技术服务合同

（一）技术咨询合同和技术服务合同概述

技术咨询合同，是指科技人员作为受托人就特定技术项目向委托人提供可行性论证、技术预测、专题技术调查、分析评价报告等工作成果的合同。所谓"特定技术项目"，包括有关科学技术与经济社会协调发展的软科学研究项目，促进科技进步和管理现代化、提高经济效益和社会效益等运用科学知识和技术手段进行调查、分析、论证、评价、预测的专业性技术项目。

技术服务合同，是指当事人一方以技术知识为另一方解决特定技术问题所订立的合同，不包括建设工程合同和承揽合同。所谓"特定技术问题"，包括需要运用专业技术知识、经验和信息解决的有关改进产品结构、改良工艺流程、提高产品质量、降低产品成本、节约资源能耗、保护资源环境、实现安全操作、提高经济效益和社会效益等专业技术问题。

根据《合同法》的规定，技术中介合同、技术培训合同具有技术咨询或服务合同内容的，也可适用相应的法律规定，但法律、行政法规另有规定的，依照其规定。

在技术咨询合同、技术服务合同履行过程中，受托人利用委托人提供的技术资料和工作条件完成的新的技术成果，属于受托人。委托人利用受托人的工作成果完成的新的技术成果，属于委托人。当事人另有约定的，按照其约定执行。

（二）技术咨询合同当事人双方权利义务

技术咨询合同的委托人应当按照约定阐明咨询的问题，提供技术背景材料及有关技术资料、数据；接受受托人的工作成果，支付报酬。

技术咨询合同的受托人应当按照约定的期限完成咨询报告或者解答问题，提出的咨询报告应当达到约定的要求。

技术咨询合同的委托人未按照约定提供必要的资料和数据，影响工作进度和质量，不接受或者逾期接受工作成果的，支付的报酬不得追回，未支付的报酬应当支付。

技术咨询合同受托人发现委托人提供的资料、数据等有明显错误或者缺陷，未在合理期限内通知委托人的，视为其对委托人提供的技术资料、数据等予以认可。委托人在接到受托人的补正通知后未在合理期限内答复并予补正的，发生的损失由委托人承担。

技术咨询合同的受托人未按期提出咨询报告或者提出的咨询报告不符合约定

的，应当承担减收或者免收报酬等违约责任。

技术咨询合同的委托人按照受托人符合约定要求的咨询报告和意见作出决策所造成的损失，由委托人承担，但当事人另有约定的除外。

当事人对技术咨询合同受托人进行调查研究、分析论证、试验测定等所需费用的负担没有约定或者约定不明确的，由受托人承担。

当事人对技术咨询合同委托人提供的技术资料和数据或者受托人提出的咨询报告和意见未约定保密义务，当事人一方引用、发表或者向第三人提供的，不认定为违约行为，但侵害对方当事人对此享有的合法权益的，应当依法承担民事责任。

（三）技术服务合同当事人双方权利义务

技术服务合同的委托人应当按照约定提供工作条件，完成配合事项；接受工作成果并支付报酬。

技术服务合同的受托人应当按照约定完成服务项目，解决技术问题，保证工作质量，并传授解决技术问题的知识。

当事人对技术服务合同受托人提供服务所需费用的负担没有约定或者约定不明确的，由受托人承担。

技术服务合同的委托人不履行合同义务或者履行合同义务不符合约定，影响工作进度和质量，不接受或者逾期接受工作成果的，支付的报酬不得追回，未支付的报酬应当支付。

技术服务合同受托人发现委托人提供的资料、数据、样品、材料、场地等工作条件不符合约定，未在合理期限内通知委托人的，视为其对委托人提供的工作条件予以认可。委托人在接到受托人的补正通知后未在合理期限内答复并予补正的，发生的损失由委托人承担。

技术服务合同的受托人未按照合同约定完成服务工作的，应当承担免收报酬等违约责任。

当事人一方以技术转让的名义提供已进入公有领域的技术，或者在技术转让合同履行过程中合同标的技术进入公有领域，但是技术提供方进行技术指导、传授技术知识，为对方解决特定技术问题符合约定条件的，按照技术服务合同处理，约定的技术转让费可以视为提供技术服务的报酬和费用，但是法律、行政法规另有规定的除外。如将技术转让费视为提供技术服务的报酬和费用明显不合理的，当事人可以请求人民法院确定合理数额。

（四）技术培训合同和技术中介合同

1. 技术培训合同，是指当事人一方委托另一方对指定的学员进行特定项目的专业技术训练和技术指导所订立的合同，不包括职业培训、文化学习和按照行业、法人或者其他组织的计划进行的职工业余教育。

当事人对技术培训必需的场地、设施和试验条件等工作条件的提供和管理责任没有约定或者约定不明确的，由委托人负责提供和管理。

技术培训合同委托人派出的学员不符合约定条件，影响培训质量的，由委托人按照约定支付报酬。

受托人配备的教员不符合约定条件，影响培训质量，或者受托人未按照计划和项目进行培训，导致不能实现约定培训目标的，应当减收或者免收报酬。

受托人发现学员不符合约定条件或者委托人发现教员不符合约定条件，未在合理期限内通知对方，或者接到通知的一方未在合理期限内按约定改派的，应当由负有履行义务的当事人承担相应的民事责任。

2. 技术中介合同，是指当事人一方以知识、技术、经验和信息为另一方与第三人订立技术合同进行联系、介绍以及对履行合同提供专门服务所订立的合同。

中介人从事中介活动的费用，是指中介人在委托人和第三人订立技术合同前.进行联系、介绍活动所支出的通信、交通和必要的调查研究等费用。当事人对中介人从事中介活动的费用负担没有约定或者约定不明确的，由中介人承担。当事人约定该费用由委托人承担但未约定具体数额或者计算方法的，由委托人支付中介人从事中介活动支出的必要费用。

中介人的报酬，是指中介人为委托人与第三人订立技术合同以及对履行该合同提供服务应当得到的收益。当事人对中介人的报酬数额没有约定或者约定不明确的，应当根据中介人所进行的劳务合理确定，并由委托人承担。仅在委托人与第三人订立的技术合同中约定中介条款，但未约定给付中介人报酬或者约定不明确的，应当支付的报酬由委托人和第三人平均承担。

中介人未促成委托人与第三人之间的技术合同成立的，无权要求支付报酬，可以要求委托人支付其从事中介活动的必要费用，但当事人另有约定的除外。

中介人隐瞒与订立技术合同有关的重要事实或者提供虚假情况，侵害委托人利益的，应当根据情况免收报酬并承担赔偿责任。

中介人对造成委托人与第三人之间的技术合同的无效或者被撤销没有过错，并且该技术合同的无效或者被撤销不影响有关中介条款或者技术中介合同继续有效，中介人有权要求按照约定或者司法解释有关规定给付从事中介活动的费用和报酬。

中介人收取从事中介活动的费用和报酬不应当被视为委托人与第三人之间的技术合同纠纷中一方当事人的损失。

第二十八章　无因管理之债

第一节　无因管理的概念和性质

1. 无因管理的概念

无因管理作为债的一种发生根据，是指没有法定的或者约定的义务，为避免他人利益受损失而进行管理或者服务的法律事实。

2. 无因管理的性质

作为债的发生根据的法律事实，无因管理属于合法的事实行为。

3. 无因管理与相关制度的区别

（1）无因管理与合同、不当得利、侵权行为的区别

无因管理与合同的主要区别在于：合同为表意行为，即以意思表示为要素，须有各方的意思表示的一致才能成立，并且当事人应有相应的民事行为能力。而无因管理是单方实施的事实行为，不以意思表示为要素。由于合同当事人依据合同享有权利和义务，而无因管理以管理人无约定或法定的管理义务为前提。

无因管理与不当得利的区别在于：无因管理属于法律事实中的行为，不当得利属于法律事实中的事件。

无因管理与侵权行为的区别在于：无因管理是合法的事实行为，而侵权行为属于不法的事实行为。

（2）无因管理与代理、无权代理的区别

在代理中，代理人有管理被代理人事务的义务，并且代理人与第三人所为的行为主要为民事法律行为。而无因管理的管理人本无管理他人事务的义务，管理人的管理行为也不限于民事法律行为。

无因管理也不同于无权代理，无权代理中的行为人是以本人的名义进行活动的，而在无因管理中的管理人并不以本人的名义实施管理行为。无权代理属于民事行为，行为人须具有相应的民事行为能力，无因管理行为属于事实行为，不要

求管理人具有完全民事行为能力。无权代理发生本人追认，而无因管理不发生本人追认。本人是否接受无因管理的后果不影响无因管理的效力。无权代理人实施的行为的后果可能是有利于本人的，也可能是不利于本人的，而无因管理中的管理行为的后果从根本上说应该是有利于本人的。

第二节　无因管理的成立条件

1. 管理他人事务。

2. 有为他人利益而管理的意思。

3. 没有法定或约定的义务。

第三节　无因管理的效力

主要从管理人和本人的义务角度说明无因管理的效力。

1. 管理人的义务

（1）适当管理义务。

（2）通知义务。

（3）报告与结算义务。

2. 本人的义务

（1）偿还必要费用。

（2）补偿损失。

（3）清偿必要债务。

第二十九章　不当得利之债

第一节　不当得利的概念与性质

1. 不当得利的概念

不当得利指没有合法根据取得利益而使他人受损失的事实。

2. 不当得利的性质

属于法律事实中的事件，而非行为。

3. 不当得利与相关制度的区别

不当得利作为一种法律事实，与法律行为、无因管理及侵权行为等同为债的发生根据，但不当得利属于事件，与人的意志无关，因而其不同于人的意志有关的法律行为、无因管理及侵权行为。

第二节　不当得利的成立条件

1. 须一方受有利益。

2. 须他方受有损失。

3. 须一方受利益与他方受损失之间有因果关系。

4. 须无合法根据。

第三节　不当得利的基本类型

1. 因给付而发生的不当得利

（1）给付目的自始不存在。

（2）给付目的未达到。

（3）给付目的嗣后不存在。

2. 基于给付以外的事实而发生的不当得利

（1）基于收益人自己的行为而发生的不当得利。

（2）基于受损人的行为而发生的不当得利。

（3）基于第三人的行为而发生的不当得利。

（4）基于自然事件而发生的不当得利。

（5）基于法律规定而发生的不当得利。

当事人依法虽没有给付义务而给付，另一方的得利也不为不当得利：

1. 履行道德义务而给付；

2. 为履行未到期债务而交付财产；

3. 明知无给付义务而交付的财产；

4. 因不法债务交付的财产。

不当得利使受益人与受损人之间发生不当得利的债权债务关系，受损人享有请求返还不当得利的权利。

第四节　不当得利的效力

从以下两个方面说明：

1. 不当得利返还请求权与其他请求权的关系。

（1）不当得利返还请求权与所有物返还请求权的关系：在一方侵占他人财物或一方基于无效行为给付他人财物，标的物的所有权不发生转移时，成立所有物返还请求权，在此情形下，发生所有物返还请求权与不当得利返还请求权的竞合。权利人首先适用物上请求权的规定。

（2）不当得利返还请求权与侵权损害赔偿请求权的关系：也可发生竞合。

（3）不当得利返还请求权与违约损害赔偿请求权的关系：也可发生竞合。

2. 不当得利返还请求权的标的及范围。标的为受益的一方取得的不当得利。

（1）受益人为善意时的利益返还：若受损人的损失大于受益人取得的利益，则受益人返还的利益仅以现存的利益为限。利益不存在时，受益人不负返还义务。

（2）受益人为恶意时的利益返还：受益人应当返还其所得的全部利益。即使利益不存在也应负责返还。若受益人所得的利益少于受损人的损失时，受益人除返还其所得的全部实际利益外，还须就其损失与得利的差额另加以赔偿。

（3）受益人受益时为善意而其后为恶意的利益返还：返还的利益范围以恶意开始时的利益范围为准。

第四编 继承权

第三十章 继承权概述

第一节 继承权的概念与特征

1. 继承权的概念

在民法学上，继承专指财产继承，是指在公民死亡时，其法律规定范围内的近亲属，按照死者生前所立的有效遗嘱或法律的规定，依法取得死者所遗留的个人合法财产的制度。

2. 继承权的特征

（1）继承的发生原因具有特定性。

（2）继承的主体范围具有限定性。

（3）继承的客体范围具有限定性。

（4）继承的法律后果具有权利变更性。

第二节 我国继承法的原则

一 保护公民私有财产继承权的原则

1. 凡公民死亡时遗留的个人合法财产，均为遗产，都得由继承人依法继承。

2. 被继承人的遗产一般不收归国有，尽可能由继承人或受遗赠人取得。

3. 公民的继承权不得非法剥夺。

4. 保障继承人、受遗赠人的继承权、受遗赠权。

5. 公民在其继承权受到他人非法侵害时，得于法律规定的期间内通过诉讼程序请求法院予以保护。

二　继承权平等原则

1. 继承权男女平等。

女子与男子有平等的继承权；夫妻在继承上有平等的权利，有相互继承遗产的继承权；在继承人的范围和法定继承的顺序上，男女亲等相同。

在代位继承中，男女有平等的代位继承权。

在遗嘱继承中，无论男女，立遗嘱人都有权按照自己的意愿依法通过遗嘱处分自己的合法财产，任何人都无权干涉。

2. 非婚生子女与婚生子女继承权平等。

3. 养子女与亲生子女继承权平等。

4. 儿媳与女婿在继承权上平等。

5. 同一顺序的继承人继承遗产的权利平等。

三　养老育幼原则

1. 在继承人范围和继承顺序的确定上，以继承人与被继承人之间相互扶助的法律义务为出发点。

2. 在分配遗产时，对生活有特殊困难的缺乏劳动能力的继承人，应当予以照顾；对被继承人尽了主要扶养义务或者与被继承人共同生活的继承人，可以多分遗产；有扶养能力和有扶养条件的继承人，不尽扶养义务的，应当不分或者少分遗产；对继承人以外的依靠被继承人扶养的缺乏劳动能力又没有生活来源的人，或者继承人以外的对被继承人扶养较多的人，可以分给他们适当的遗产，适当的份额甚至可以多于继承人分得的份额。

3. 被继承人以遗嘱处分其财产时，遗嘱应对缺乏劳动能力又无生活来源的继承人保留必要的份额，以保障他们的基本生活需要。

4. 保护被继承人死亡后出生子女的利益。

5. 公民可以与抚养人或集体所有制组织签订遗赠抚养协议。

6. 对无人继承又无人受遗产的财产，死者生前是集体所有制组织成员的，归集体所有制组织所有。

四 互相谅解、团结和睦的原则

1. 继承人的继承权受法律平等的保护。

2. 法定继承人有平等的继承权。但是在法定继承时，也并不要求继承人必须平均分配财产。

3. 继承从被继承人死亡时开始，但遗产分割不必在继承开始时进行。

五 权利义务相一致原则（预测题：继承法的权利义务相一致原则的表现是什么？）

1. 在遗产分配上，对被继承人尽了主要赡养义务的，可多分遗产。

2. 对公、婆或岳父、母尽了主要赡养义务的丧偶儿媳或女婿有权继承公、婆或岳父、母遗产。

3. 在订有遗赠抚养协议的情形下，抚养人按照协议尽了抚养义务的，有受遗赠的权利。不履行协议，不尽抚养义务的，不能享有受遗赠的权利。

4. 对被继承人生前不负有任何法定的抚养义务而对被继承人抚养较多的人，有权取得适当遗产。

5. 继承人继承被继承人的财产权利的，也应当在遗产的实际价值内偿还被继承人生前所欠的债务和应交纳的税款。

6. 遗嘱继承或遗赠附有义务的，继承人或受遗赠人应当履行义务。

继承权纠纷提起诉讼的期限为 2 年，自继承人知道或者应当知道其权利被侵犯之日起计算。

第三节 继承权的接受、放弃、丧失与保护

一 继承权的行使

继承权的行使，指继承人实现自己的继承权。有完全民事行为能力的继承人自己行使继承权，无完全民事行为能力的人可由法定代理人代为行使。

二 继承权的放弃

1. 继承权放弃的概念

继承权的放弃，指继承人于继承开始后所作出的放弃其继承被继承人遗产的权利的意思表示。

2. 继承权放弃的方式

继承开始后，继承人放弃继承的，在遗产处理前，可用口头或书面方式向其他继承人作出。如果继承人放弃继承权会损害第三人的利益，则继承人不得放弃继承权。

继承开始后，继承人放弃继承的，应当在遗产处理前，作出放弃的表示。没有表示的，视为接受继承。

3. 继承权放弃的效力：继承人放弃继承权的效力，溯及自继承开始之时。

三 继承权丧失的概念和性质

（一）继承权丧失，又称继承权的剥夺，是指依照法律的规定在发生法定事由时取消继承人继承被继承人遗产的资格。继承权丧失的性质从以下三方面来理解：

1. 继承权的丧失是继承人继承被继承人遗产资格的丧失。仅是指客观意义上的丧失，而不能是主观意义上的继承权丧失。

2. 继承权的丧失是指依照法律规定取消继承人的继承资格，它不以继承人的主观意志而转移。

3. 继承权的丧失是指在发生法定事由时取消继承人资格。非法定事由和法定程序，任何人不能剥夺。

（二）继承权丧失的法定事由

1. 故意杀害被继承人的。

（1）继承人实施的是杀害被继承人的行为。

（2）须继承人主观上有杀害的故意。

2. 为争夺遗产而杀害其他继承人的。

（1）继承人杀害的对象是其他继承人。

（2）继承人杀害的目的是争夺遗产。

3. 遗弃被继承人的，或者虐待被继承人情节严重的。

4. 伪造、篡改或者销毁遗嘱情节严重的。

（三）继承权丧失的效力

1. 继承权丧失的时间效力：继承权不论发生何时，均自继承开始时发生效力。

2. 继承权丧失对人的效力：

（1）继承权的丧失对其他被继承人的效力：仅对于特定的被继承人发生效力，对继承人的其他被继承人不发生效力。

（2）继承权的丧失对继承人的晚辈直系血亲的效力：对晚辈直系血亲发生效力，晚辈不得代位继承。

（3）继承权的丧失对取得遗产的第三人的效力：对第三人不发生效力。

四　继承权的保护

（一）继承权回复请求权的概念

继承权回复请求权，是指在继承人的继承权受到侵害时，继承人得请法院通过诉讼程序予以保护，以恢复其继承权的权利。继承权回复请求权概念包括三方面含义：

1. 继承权回复请求权是继承权受到侵害时继承人享有的权利，否则不享有此权利。

2. 继承权回复请求权是一种实体诉权即胜诉权，而不是诉讼法上的诉权。

3. 继承权回复请求权是恢复继承人继承遗产的权利，而不是恢复继承人的其他权利。

（二）继承权回复请求权的行使

继承权回复请求权可以由继承人自己行使，也可以由代理人代理行使。无民事行为能力或限制民事行为能力的继承人由其法定代理人代为行使继承权回复请求权。

（三）继承权回复请求权的诉讼时效

自继承人知道或者应当知道其权利受到侵害的 2 年内，适用诉讼时效的中止、中断。但超过 20 年不得再提起诉讼。

第三十一章　法定继承

第一节　法定继承的概念、特征及适用范围

一　法定继承的概念和特征

法定继承是相对于遗嘱继承而言的，是指根据法律直接规定的继承人的范围、继承人继承的先后顺序、继承人继承的遗产份额以及遗产的分配原则来继承被继承人遗产的一项法律制度。法定继承有如下特征：

1. 法定继承是遗嘱继承的补充。
2. 法定继承是对遗嘱继承的限制。
3. 法定继承中的继承人是基于一定的身份关系确定的。
4. 法定继承中有关继承人、继承人顺序以及遗产的分配原则的规定具有强制性。

二　法定继承的适用范围

被继承人死亡后，有遗赠抚养协议的，先要执行协议，没有遗赠协议或协议无效的，先适用遗嘱继承，按照遗嘱办理，然后才适用法定继承。有下列情形之一的，遗产中的有关部分按法定继承办理：

1. 遗嘱继承人放弃继承或受遗赠人放弃受遗赠的。
2. 遗嘱继承人丧失继承权的。
3. 遗嘱继承人、受遗赠人先于遗嘱人死亡的。
4. 遗嘱无效部分所涉及的遗产。
5. 遗嘱未处分的遗产。

第二节　法定继承人的范围与继承顺序

一　法定继承人的范围

1. 配偶。

2. 子女（婚生子女、非婚生子女、养子女、继子女）。并不是所有继子女都有权继承继父母的遗产（抚养关系），继子女都有权继承生父母的遗产。

3. 父母（生父母、养父母、继父母）。

4. 兄弟姐妹（全血缘的兄弟姐妹、半血缘的兄弟姐妹、养兄弟姐妹、继兄弟姐妹）。

5. 祖父母、外祖父母。

二　法定继承人的顺序

1. 法定继承人顺序的概念和特征

法定继承人的继承顺序又称为法定继承人的顺序，是指法律直接规定的法定继承人参加继承的先后次序。

法定继承人的继承顺序有如下特征：

（1）法定性。　（2）强行性。　（3）排他性。　（4）限定性。

2. 法定继承人的继承顺序

（1）第一顺序：配偶、子女及其直系晚辈血亲、父母、对公婆或岳父母尽了主要赡养义务的丧偶儿媳或女婿。

（2）第二顺序：兄弟姐妹、祖父母、外祖父母。

第三节　代位继承

1. 代位继承的概念和性质

代位继承，是指在法定继承中被继承人的子女先于被继承人死亡时，由被继承人的子女的晚辈直系血亲代替继承其应继承份额的法律制度。

代位继承的性质分为固有权说和代表权说两种主张。我国采用代表权说，即在继承人丧失继承权后，其晚辈直系血亲不得代位继承。如该代位继承人缺乏劳动力又无生活来源，或对被继承人尽赡养义务较多的，可适当分给遗产。代位继承权是受被代位人的继承权状况影响的。

2. 代位继承的条件

（1）须被代位人于继承开始前死亡。

（2）须被代位人是被继承人的子女。

（3）须被代位人未丧失继承权。

（4）须代位人为被代位人的晚辈直系血亲。

3. 代位继承人的应继承份额

（1）代位继承人代位继承时，是作为第一顺序继承人参加继承的。只有在第一顺序继承时才发生代位继承。

（2）代位继承人如为数人，则不能与其他第一顺序的法定继承人一同按人均分遗产。只能共同继承代位人有权继承的遗产份额。

第四节　法定继承中的遗产分配

一　遗产份额的确定原则

1. 同一顺序继承人的应继承份额一般应当均等。

2. 特殊情况下继承人的继承份额可以不均等。

（1）对生活有特殊困难的缺乏劳动能力的继承人可以照顾。

（2）对被继承人尽了主要抚养义务或与被继承人共同生活的继承人可以多分。

（3）有抚养能力和有抚养条件的继承人不尽义务应当不分或少分。

（4）继承人协商同意的，可不均分。

二　非继承人酌情分得遗产的权利

在法定继承中，除依法参加继承的法定继承人外，具备法定条件的其他人也有权取得一定的遗产。适当的份额一般应少于继承人应继承的份额，但也可以多于继承人的所继承的遗产份额。可取得遗产的人包括两种：

1. 继承人以外的依靠被继承人抚养的缺乏劳动能力又没有生活来源的人，应以被继承人抚养的情况而定应分给的遗产，但以满足其生活基本需要为限。

2. 继承人以外的对被继承人抚养较多的人，应以其对被继承人抚养情况而定其应分的遗产额。

第三十二章 遗嘱继承、遗赠与遗赠扶养协议

第一节 遗嘱继承的概念与特征

遗嘱是指公民生前按照法律的规定处分自己的财产及安排与此有关的事务并于死亡后发生效力的单方民事行为。遗嘱具有以下法律特征：

1. 遗嘱是一种单方民事行为。

2. 遗嘱是遗嘱人独立的民事行为。

3. 遗嘱是于遗嘱人死亡后才发生法律效力的民事行为。

4. 遗嘱是一种要式民事行为。

5. 遗嘱是须依照法律规定作出的民事行为。

第二节 遗嘱的设立

一 遗嘱的设立

遗嘱的设立内容须包括以下几个方面：

1. 指定继承人、受遗赠人。

2. 指定遗产的分配方法或份额。

3. 对遗嘱继承人、受遗赠人的附加义务。

4. 指定遗嘱执行人。

5. 其他事项。

二 遗嘱的形式

1. 遗嘱形式的种类

（1）公证遗嘱。　　（2）自书遗嘱。　　（3）代书遗嘱。　　（4）录音遗嘱。

（5）口头遗嘱。

2. 遗嘱见证人

（1）代书遗嘱、录音遗嘱、口头遗嘱都须有两个以上的见证人在场见证。是证明遗嘱真实性的第三人。遗嘱见证人须具备以下两个条件：

①具有完全民事行为能力。

②与继承人、遗嘱人没有利害关系。

（2）下列人员不能作为遗嘱见证人：

①无民事行为能力、限制民事行为能力。

②继承人、受遗赠人。

③与继承人、受遗赠人有利害关系的人。

三 遗嘱的有效条件

1. 遗嘱人须有遗嘱能力。

2. 遗嘱须是遗嘱人的真实意思表示。

3. 遗嘱的内容须合法。

4. 遗嘱的形式符合法律规定的形式要求。

第三节 遗嘱的变更、撤销与执行

一 遗嘱的变更和撤销

1. 在遗嘱生效前，遗嘱人可随时变更或撤销自己所立的遗嘱。

2. 在遗嘱变更、撤销时，遗嘱人应当具有遗嘱能力。变更、撤销须为遗嘱人的真实意思表示。

3. 立有数份内容相抵触的遗嘱，以最后的遗嘱为准；立有数份形式不同的遗嘱，以公证遗嘱为准。

4. 遗嘱人生前的行为与遗嘱的内容相抵触，则推定为遗嘱的变更、撤销。

遗嘱被篡改的，篡改的内容无效。

对公证遗嘱的撤销、变更必须采用公证的方式。

二 遗嘱的执行

1. 遗嘱人在遗嘱中指定遗嘱执行人，被指定的人为遗嘱执行人。

2. 无指定执行人的由法定继承人为遗嘱执行人。

3. 无指定、法定执行人的，由有关单位为遗嘱执行人。

遗嘱执行人享有和承担下列权利义务：

（1）查明遗嘱是否合法真实。

（2）清理遗产。

（3）管理遗产。

（4）召集全体遗嘱继承人和受遗赠人并公开遗嘱内容。

（5）按照遗嘱内容执行遗赠和将遗产最终转给遗嘱继承人。

（6）排除各种妨碍。

第四节 遗赠

一 遗赠的概念和特征

遗赠，是指公民以遗嘱的方式将其个人财产赠与国家、集体或者法定继承人以外的人，而于其死亡后发生法律效力的民事行为。遗赠具有如下法律特征：

1. 遗赠是一种单方面的民事行为。

2. 遗赠是给法定继承人以外的人以财产利益的无偿行为。

3. 遗赠是一种于遗赠人死亡后发生效力的死后行为。

4. 遗赠是只能由受遗赠人亲自接受的行为。

受遗赠人应当在知道受遗赠后 2 个月内，作出接受或者放弃受遗赠的表示，到期没有表示的，视为放弃受遗赠。

二 遗赠与遗嘱继承、赠与的区别

1. 遗赠与遗嘱继承的区别

（1）受遗赠人和遗嘱继承人的范围不同。

（2）受遗赠权与遗嘱继承权客体不同。

（3）受遗赠权与遗嘱继承权的行使方式不同。

2. 遗赠与赠与的区别

（1）遗赠是单方民事行为，赠与是一种双方民事行为。

（2）遗赠采取遗嘱方式，由继承法调整，而赠与采取合同方式，由合同法调整。

（3）遗赠是于被继承人死亡后发生效力的死后行为，是一种死后处分行为，而赠与是生前行为。

三　遗赠的有效条件

1. 遗赠人须有遗嘱能力。

2. 遗赠人须为缺乏劳动能力又没有生活来源的继承人保留必要的遗产份额。

3. 遗赠人所立的遗嘱须符合法律规定的形式。

4. 受遗赠人须为在遗赠人的遗嘱生效时生存之人。

5. 遗赠的财产须为遗产且在遗赠人死亡时执行遗赠为可能和合法。

四　遗赠的执行

1. 受遗赠人在知道受遗赠后 2 个月内，向遗嘱执行人作出接受遗赠的意思表示。

2. 执行遗赠不得妨碍清偿被继承人生前所欠的税款及债务后，才能在遗产剩余的部分中执行遗赠。

第五节　遗赠扶养协议

一　遗赠扶养协议的概念和特征

遗赠扶养协议，指公民（遗赠人、受抚养人）与扶养人或者集体所有制组织签订的关于扶养、遗赠的协议。遗赠扶养协议具有如下法律特征：

1. 遗赠扶养协议是一种双方的法律行为。

2. 遗赠扶养协议是诺成性的要式法律行为。

3. 遗赠扶养协议是一种双务法律行为。

4. 遗赠扶养协议是有偿法律行为。

5. 遗赠扶养协议是公民生前对自己死亡后遗留下的遗产的一种处置方法。

二 遗赠扶养协议的效力

1. 遗赠扶养协议一经签订即具有法律效力。

2. 遗赠扶养协议是双务合同，当事人双方都享有权利和负有义务。

第三十三章　遗产的处理

第一节　继承开始的时间

继承从被继承人死亡时开始。

一　继承开始的意义

1. 确定继承人的范围。
2. 确定遗产的范围。
3. 确定遗产所有权的转移。
4. 确定继承人的应继承份额。
5. 确定放弃继承权及遗产分割的溯及力。
6. 确定遗嘱的效力及执行力。
7. 确定 20 年最长时效的起算点。

二　继承开始的时间

1. 生理死亡时间的确定：
（1）医院死亡证书中记载公民死亡时间的，以死亡证书记载为准。
（2）户籍登记册中记载公民死亡时间的，应以户籍登记为准。
（3）死亡证书与户籍登记册的记载不一致的，以死亡证书为准。
（4）继承人对死亡时间有争议的，以法院查证的时间为准。
2. 宣告死亡时间的确定：被宣告死亡的，判决宣告之日为其死亡的日期。
3. 互有继承权的继承人在同一事故中死亡的时间确定：
（1）如不能确定死亡先后时间的，推定没有继承人的人先死亡。

（2）都有继承人的，如几个死亡人的辈分不同，推定长辈先死亡。

（3）几个死亡人辈分相同的，推定同时死亡，彼此不发生继承关系，由他们各自的继承人分别继承。

三　继承开始的地点

1. 继承开始地点的确定：司法实践采取以被继承人生前最后住所地或主要遗产所在地为继承开始地点。

2. 确定继承开始地点的意义

（1）有利于调查被继承人的遗产。

（2）有利于继承人参加继承和接受遗产。

（3）有利于分清继承人之间的责任。

（4）有利于继承人参加诉讼。

四　继承开始的通知

知道被继承人死亡的继承人应及时将继承开始的事实通知其他继承人或遗嘱执行人。如果继承中的人知道却不能通知，则由被继承人生前所在单位或住所地居委会、村委会通知。如有意隐瞒造成继承人损失的，应承担责任。

第二节　遗产

一　遗产的概念和特征

遗产是公民死亡时遗留下来的个人合法财产。遗产具有如下法律特征：

1. 时间上的特定性。

2. 内容上的财产性和包括性。

3. 范围上的限定性。

4. 性质上的合法性。

二 遗产的范围

1. 遗产包括的财产

（1）公民的收入。

（2）公民的房屋、储蓄和生活用品。

（3）公民的林木、牲畜和家禽。

（4）公民的文物、图书资料。

（5）法律允许公民所有的生产资料。

（6）公民的著作权、专利权中的财产权利。

（7）公民的其他合法财产。

2. 遗产不能包括的权利义务

（1）与被继承人人身密不可分的人身权利。

（2）与公民人身有关的和专属性的债权债务。

（3）国有资源的使用权。

（4）承包经营权。

（5）自留地、自留山、宅基地的使用权。

三 遗产的保管

1. 存有遗产的人，应当妥善保管遗产，任何人不得侵吞或争抢。

2. 如被继承人生前自己占有财产，继承开始后，应当由知道被继承人死亡的继承人或遗嘱执行人保管。继承人都知道的，共同保管或推选一人或数人保管。

3. 无遗嘱执行人或执行人不知道被继承人死亡，继承人中无人知道被继承人死亡或知道但无力保管遗产或没有继承人的，由被继承人生前单位或住所地或遗产地居委会、村委会负责保管。

四 遗产的确定

1. 遗产同夫妻共同财产的区分

夫妻在婚姻关系存续期间所得的财产，归夫妻共同所有，双方另有约定的除外。在存在共同财产情况下，分割遗产时，必须首先分出一半归生存的配偶所有，另一半才能作为被继承人的遗产。

2. 遗产同家庭共同财产的区分

遗产在家庭共同财产之中的，遗产分割时，应先分出他人的财产。家庭成员在家庭共同财产中的份额，应当按照家庭成员的贡献大小、出资多少、应继承的份额等因素加以确定。某一家庭成员死亡，该份额即为被继承人遗产。

3. 遗产同其他共有财产的区分

合伙经营的财产归合伙人共有，当合伙人之一死亡时，应将被继承人在合伙中的财产份额分出，列入遗产范围。被继承人的份额按出资比例或协议约定的比例确定。

第三节　遗产的分割与债务清偿

遗产分割，是指在共同继承人之间，按照各继承人的应继承份额分配遗产的行为。

一　遗产分割时间

继承从被继承人死亡时开始，因此，遗产的分割时间必须在继承开始之后。在继承开始后任何时间内，继承人都有权要求分割遗产，具体时间可以由继承人协商确定。协商不成可通过调解和诉讼解决。

遗产分割的时间与继承开始时间的区别：

1. 继承开始时间是法定的，遗产分割时间是约定的。

2. 继承开始的时间是一个具体的时间，可以具体到日、时、分；遗产分割时间可以是具体的时间，也可以是一段时间，一般不具体到时。

3. 继承开始的时间，发生继承人取得主观意义上继承权的效力，继承人可以行使继承权，但不能处分财产。而遗产分割时间发生的是继承人实际取得遗产所有权的效力，继承人可对取得遗产加以处分。

二　遗产分割的原则和方式

1. 遗产分割的原则

（1）遗产分割自由原则。

（2）保留胎儿继承份额原则。

（3）互谅互让、协商分割原则。

（4）物尽其用原则。

遗产分割时，应当保留胎儿的继承份额，胎儿出生时是死体的，保留的份额按法定继承办理。

2. 遗产分割方式

（1）实物分割。

（2）变价分割。

（3）补偿分割。

（4）保留共有分割。

三 遗产分割的效力

1. 转移主义：遗产分割为一种交换，各继承人因分割而互相让与各自应有部分，而取得分配给自己的财产的单独使用权。

2. 宣告主义：因遗产分割而分配给继承人的遗产，视为自继承开始时业已属于各继承人单独所有，遗产分割只不过是宣告既有状态而已。

通说认为遗产分割的效力应采取宣告主义。

四 被继承人债务的清偿

1. 被继承人债务的范围

（1）被继承人依照我国税收法规的规定应当缴纳的税款。

（2）被继承人因合同之债而欠下的债务。

（3）被继承人因侵权行为而承担的损害赔偿的债务。

（4）被继承人因不当得利而承担的返还不当得利的债务。

（5）被继承人因无因管理而承担的补偿管理人必要费用的债务。

（6）其他属于被继承人个人的债务。

2. 被继承人债务的清偿原则

（1）限定继承原则。是指继承人对被继承人的遗产责任的清偿只以遗产的实际价值为限，超过遗产实际价值的部分，继承人不负清偿责任。

（2）保留必留份原则。遗嘱应当对缺乏劳动能力又没有生活来源的继承人保留必要的遗产份额。

（3）清偿债务优先于执行遗赠原则。如果有法定继承又有遗嘱继承和遗赠的，首先由法定继承人用其所得遗产清偿债务。不足清偿时，剩余的债务由遗嘱继承人和受遗赠人按比例用所得遗产偿还；如果只有遗嘱继承和遗赠的，由遗嘱继承人和受遗赠人按比例用所得遗产偿还。

3. 遗产债务的清偿方法

（1）先清偿债务后分割遗产。（总体清偿方式）

（2）先分割遗产后清偿债务。（分别清偿方式）

4. 遗产债务的清偿时间

继承开始后，继承人或遗产保管人在清点完遗产后，应及时通知债权人声明债权，以便清偿。对已到期债务继承人应及时清偿，对未到期债务继承人经债权人同意可提前清偿。

无人继承又无人受遗赠的财产，归国家所有；死者生前是集体所有制组织成员的，归集体所有制组织所有。

第四节　无人继承又无人受遗赠的遗产

一　无人继承又无人受遗赠的遗产范围

1. 没有法定继承人、遗嘱继承人和受遗赠人的遗产。

2. 法定继承人、遗嘱继承人全部放弃继承，受遗赠人全放弃受遗赠的遗产。

3. 法定继承人、遗嘱继承人全丧失继承权，受遗赠人全丧失受遗赠权的遗产。

二　无人继承又无人受遗赠的遗产的归属

1. 死者生前是国家机关、全民所有制单位的职工、城镇个体劳动者及无业居民的，其无人继承又无人受遗赠的遗产归国家所有。

2. 死者生前是城镇集体所有制单位的职工、农村集体所有制单位的职工、村民的，其无人继承又无人受遗赠的遗产归死者生前所在的集体所有制组织所有。

第五编　人身权

第三十四章　人身权概述

第一节　人身权的概念与分类

一　人身权的概念和特征

人身权又称人身非财产权利，是民事主体依法享有的与其人身不可分离的，以特定的精神利益为内容的民事权利。人身权的特征有：

1. 人身权与人身紧密联系，具有不可分离性。
2. 人身权没有直接的财产内容，是一种非财产权。
3. 人身权虽无直接财产内容，但它与财产权又有着密切的联系。
4. 人身权为绝对权。

二　人身权的分类

1. 自然人的人身权与法人、其他组织的人身权。（依人身权的主体不同分类）
2. 人格权和身份权。（依人身权的客体不同分类）

第二节　人身权的内容与意义

1. 人身权的内容，包括人身利益的排他性和事实处分、人身利益的利用、有限转让、收益。
2. 理解人身权的意义。

第三十五章　人格权

第一节　人格权概述

一　人格权的概念

人格权是指作为民事主体必须具备的、以人格利益为客体的并为法律所承认和保护的民事权利。有具体人格权和一般人格权之分。

二　人格权的特征

1. 人格权是作为民事主体资格所必备的权利。
2. 人格权是民事主体固有的一种权利。
3. 人格权以人格利益为客体。
4. 人格权是由法律确定的。

第二节　生命权

生命权：指自然人以其性命维持和安全利益为内容的人格权。

生命权包括以下内容：

（1）生命安全维护权。（2）生命利益支配权。

第三节　健康权

健康权：指以自然人对其身体的生理机能的完整性和保持持续、稳定、良好的心理状态为内容的人格权。

健康权包括以下内容：

（1）维护健康权。

（2）劳动能力的保有、利用与发展权。

第四节　身体权

身体权：指自然人对其肢体、器官和其他组织依法享有完整和支配的人格权。

身体具体内容包括：

（1）完整性身体保护权。

（2）对自己身体组织部分的肢体、器官和其他组织的支配权。

第五节　姓名权与名称权的概念与内容

一　姓名权

姓名是一个自然人区别于其他自然人的符号，是一个人的自身标志，姓名权指自然人决定、使用和依照规定改变自己姓名的权利。姓名权具体包括以下内容：

1. 姓名决定权。

2. 使用权。

3. 变更权。

二　名称权

1. 名称权的概念和特征

名称是法人或者其他组织自身表示的符号，是法人或其他组织在民事活动中借以区别于其他法人或其他组织的标志，反映法人或其他组织的独立人格、种类、隶属关系等。法人或其他组织的名称权是指法人或其他组织对其依法定程序取得的名称享有使用并排斥他人非法侵害的民事权利。名称权的主体是法人或其他组织。名称权具有如下特征：

（1）专有性。

（2）法定性。

（3）企业法人、合伙名称权的双重权利性。

2. 名称权利的内容

（1）命名权。（2）名称使用权。（3）名称变更权。（4）名称转让权。

三 侵害姓名权或名称权的构成要件

1. 行为人实施了侵害他人姓名权或者名称权的行为。

2. 行为人主观上具有故意。

四 不构成侵害姓名权或名称权的除外情况

1. 从维护社会公共利益出发而对姓名权或名称权所作出的法律限制。

2. 监护人对被监护人姓名权所实施的行为。

第六节 肖像权

一 肖像权的概念

肖像权指自然人对自己的肖像享有再现、使用或许可他人使用的权利。

二 肖像权的内容

（1）形象再现权；（2）肖像使用权；（3）不作为请求权。

三 侵害肖像权的构成要件

1. 须有使用他人肖像的行为。

2. 须未经自然人同意而使用其肖像。

对肖像权的侵害，不应以"以营利为目的的使用他人肖像"为要件。

第七节 名誉权

一 名誉权的概念

指民事主体对自己在社会生活中所获得的社会评价即自己的名誉，依法所享有的不可侵犯的权利。

二 名誉权的内容

1. 名誉保有权。
2. 名誉维护权。
3. 名誉利益支配权。

三 侵害名誉权的构成要件

1. 行为人实施了侵害他人名誉权的行为。
2. 行为人主观上具有过错。
3. 造成损害后果。
4. 侵害他人名誉权的行为与损害后果之间有因果关系。

第八节 隐私权

一 隐私权的概念

指自然人享有的对其他与社会公共利益无关的个人信息、私人活动和私有领域进行支配的一种人格权。

二 隐私权的内容

1. 个人信息的控制权。

2. 个人活动自由权。

3. 私有领域的保密权。

4. 权利主体对其隐私的利用权。

人格权包括：身体权、生命权、健康权、姓名权、名称权、名誉权、肖像权、隐私权。

三　隐私权与名誉权的区别

1. 主体不同。隐私权仅自然人享有，而名誉权不仅自然人享有，法人、其他组织也享有。

2. 客体不同。隐私权的客体是不愿公开的秘密，名誉权的客体是公众对特定人的社会评价。

3. 侵害方式不同。侵害隐私权方式是未经同意而披露传述等，侵害名誉权常见的是侮辱和诽谤。

4. 侵害的内容不同。侵害隐私权的行为人散布公开的内容并非虚构，侵害名誉权的内容是捏造虚构的。

5. 行为人心理状态不同。侵害隐私权可能故意或过失，侵害名誉权大多主观是直接故意、恶意。

6. 行为人主观目的不同。侵害隐私权的目的可能故意或无意，侵害名誉权目的是毁损贬低他人名誉。

7. 保护方式不同。隐私权侵害只能通过停止侵害、道歉、赔偿损失三种方式进行。而名誉权保护还可以通过消除影响和恢复名誉的方式进行。

第三十六章　身份权

第一节　身份权的概念与特征

一　身份权的概念

身份权是基于民事主体的特定身份而产生的一种人身权。所谓身份是指民事主体在特定的民事关系中所享有的不可让与的地位和资格。

二　身份权的特征

1. 身份权是基于特定身份而取得的人身权。
2. 身份权不是民事主体必须具备的权利。
3. 身份权的客体是身份利益。
4. 身份权虽然在本质上是权利，但有些权利中包含着义务。

第二节　荣誉权

一　荣誉权的概念

荣誉权，指民事主体享有的荣誉不受非法剥夺或其他形式侵害的权利。荣誉权与名誉权的区别是：

1. 主体不同。荣誉为获得光荣称号的民事主体，名誉是任何民事主体都享有的。
2. 客体不同。荣誉客体是光荣称号或嘉奖，名誉客体是社会评价。
3. 取得程序不同。荣誉需有关机关授予获得，名誉取得无须授予。

4. 能否被剥夺不同。荣誉权可依法剥夺，名誉不能以任何方式剥夺。

5. 损害方式不同。侵害荣誉权方式主要是否定、贬低或非法剥夺等，侵害名誉是侮辱诽谤。

二　荣誉权的内容

1. 荣誉获得权。　2. 荣誉保持权。　3. 荣誉利用权。

第三节　其他身份权

一　家庭成员之间的身份权

1. 配偶权，是指夫妻双方基于配偶关系而相互享有的身份权，即基于夫以妻为配偶、妻以夫为配偶的婚姻关系而产生的身份权。

（1）同居权。　　（2）贞操请求权。　　（3）抚养权。　　（4）离婚权。

2. 亲权，是指父母基于父母身份对其未成年子女享有的身份权。

（1）抚养教育权。　　（2）财产管理权。　　（3）惩戒权。

3. 亲属权，是指父母与成年子女、祖父母（外祖父母）与孙子女（外孙子女）以及兄弟姐妹之间基于亲属关系而产生的身份权。

（1）父母与成年子女之间的亲属权主要包括：父母对不具有民事行为能力的成年子女有抚养的权利和义务，成年子女有赡养父母的权利和义务，父母与成年子女之间互有行为能力欠缺、失踪或死亡宣告的申请权。

（2）祖父母（外祖父母）与孙子女（外孙子女）之间的亲属权主要表现为相互之间的抚养和赡养的权利和义务。祖父母（外祖父母）与孙子女（外孙子女）之间互有行为能力欠缺、失踪或死亡宣告的申请权。

（3）兄弟姐妹之间的亲属权主要表现为抚养的权利和义务。兄弟姐妹之间互有行为能力欠缺、失踪或死亡宣告的申请权。

二　知识产权中的身份权

知识产权是民事主体依法对自己的智力成果所享有的权利。包括著作权、专利权、商标权、发明权、发现权以及其他科研成果权等。知识产权是具有财产权和人身权双重内容的民事权利。其中人身权为身份权，而不是人格权。

1. 在著作权中：身份权包括发表权、署名权、修改权、保护作品完整权。

2. 在专利权中：身份权主要表现为专利权人在专利文件中写明自己是发明人或设计人的权利。

3. 在商标权中：身份权主要表现为商标权人在商标的使用中有标明自己名称的权利。

4. 在发明权、发现权和其他科技成果权中：身份权主要表现为权利人领取荣誉证书、标明权利人身份的权利。

身份权包括荣誉权、家庭成员之间的身份权、知识产权中的身份权。

第六编 侵权责任

第三十七章 侵权责任概述

一 侵权行为的概念

侵权行为是指行为人由于过错侵害他人的财产和人身依法应承担民事责任的行为，以及依法律的特别规定应当承担民事责任的其他致害行为。

二 侵权行为的特征

1. 侵权行为是单方实施的不法的事实行为。
2. 侵权行为是违反民法中权利或权益保护规范的行为。
3. 侵权行为是给他人的合法权益造成损害的行为。
4. 侵权行为主要是行为人基于过错而实施的行为。
5. 侵权行为是依法应承担民事责任的行为。

第三十八章　侵权行为的归责原则

第一节　侵权行为归责原则概述

虽然责任是归责的结果，但归责并不意味着必然导致责任的产生。

一　侵权行为归责原则的概念

侵权行为归责原则，是指据以确定侵权民事责任由行为人承担的理由、标准或者最终决定性的根本要素，是贯彻于侵权行为法之中、并对侵权行为法规范起着统帅作用的立法指导方针，是司法机关处理侵权纠纷所应遵循的基本准则。

二　侵权行为归责原则的体系

1. 单一归责原则说。
2. 二元制归责原则说。（过错责任原则、无过错责任原则）
3. 三元制归责原则说。（过错责任原则、过错推定原则、公平责任原则）
4. 四元制归责原则说。（过错责任原则、过错推定原则、无过错责任原则、公平责任原则）

我国侵权行为归责原则是三元制归责原则，即过错责任原则、无过错责任原则、公平责任原则。

第二节　过错责任原则

一　过错责任原则的含义

指行为人主观上有过错为承担民事责任的必要条件，过错责任原则具有以下特点：

1. 以过错为责任的构成要件。

2. 以过错作为决定行为人承担民事责任的理由、标准或最终决定性的根本要素。

3. 贯彻"谁主张权利，谁提供证据"的原则。

4. 过错程度与责任相一致原，即过错程度决定着责任的形式、范围、减免等。

二　过错责任原则与过错推定

1. 推定过错责任的概念和特点

推定过错责任指行为人致人损害时，如果不能证明自己没有过错，就要推定其有过错并承担侵权责任。

推定过错责任具有以下特点：

（1）推定过错责任仍以行为人主观上有过错为其责任的构成要件，且为最终的决定性的根本要件。

（2）推定过错责任采取"举证责任倒置"的原则。

2. 推定过错责任与过错责任

虽然在举证方面有所区别，但推定过错责任仍以确定行为人的主观过错为目的，在责任构成要件上，与过错责任一样，均以过错为确定的根本依据。

3. 推定过错责任的适用范围

只能适用于法律有特别规定的情形，即某些特殊侵权行为。

第三节　无过错责任原则

一　无过错责任原则的含义

是指损害发生后，不以行为人的主观过失为责任要件的归责原则。无过错责任原则具有以下特点：

1. 无过错责任原则不以行为人主观有过错为责任的构成要件。

2. 受害人在主张权利时，对加害人主观上有无过错不负举证责任。

3. 加害人承担的责任，并非绝对责任，加害人业有权依照法律规定的抗辩事由而主张权利。

4. 在无过错责任原则中，责任的确定主要从受害人一方的损害程度来考虑，并且对这种责任往往规定有最高赔偿限额和限制赔偿范围。

5. 无过错责任原则只适用于法律特别规定的场合，即只有在法律明文规定的情况下才能适用。

二 无过错责任原则与加害责任原则、过错责任原则、推定过错责任

1. 无过错责任原则与加害责任原则的区别

（1）无过错责任原则是为了弥补过错责任原则的弊端，而加害责任原则是在法律不发达时期，在损害领域实行复仇制度的产物。

（2）无过错责任原则在现代只是作为过错责任原则的补充原则而适用，只在法律有特别规定的场合下适用，而加害责任原则则适用于所有的损害案件。

（3）在适用无过错责任原则时，行为人承担的仅为民事责任，而在适用加害责任原则时，行为人承担的则不限于民事责任，还包括刑罚、同态复仇等责任形式。

（4）在适用无过错责任原则时，行为人承担的民事责任是有限的，它更强调民事责任的补偿功能，而在实行加害责任原则时，由于采取法定主义，赔偿数额与实际损失相差很大，因而它更强调加害责任的威慑作用和制裁功能。

2. 无过错责任原则与过错责任原则的区别

（1）无过错责任原则是以行为与损害结果之间的因果关系作为行为人承担民事责任的理由或根据，不以行为人主观上有过错作为其承担民事责任的最终决定性的根本条件，而过错责任原则是以行为人主观上有过错作为其承担民事责任的理由或标准。

（2）无过错责任原则的立法目的不是对于具有反社会性行为的制裁，而是对于不幸损害的合理分配。而过错责任原则的立法思想在于对致害行为道德上的非难。

（3）在适用无过错责任原则时，行为人承担民事责任的构成要件是行为的违法性、损害事实与因果关系，而在适用过错原则时，行为人承担的民事责任的构成要件时行为的违法性、行为人主观上有过错、损害事实与因果关系。

（4）在适用无过错责任原则时，受害人对加害人主观上有无过错不负举证责

任，而在适用过错原则时，受害人应对加害人主观上有过错负举证责任。

（5）在适用无过错责任原则时，责任的确定是从受害人一方的损害程度来考虑的，大都是限额赔偿，而在适用过错责任原则时，责任的确定应考虑行为人的过错程度，且对财产损害一般全额赔偿。

（6）无过错责任原则只有在法律有明确规定的情况下适用，而过错责任原则适用于法律没有特别规定的各种场合。

3. 无过错责任原则与推定过错原则的区别：

（1）无过错责任原则不以行为人主观上有过错作为其承担民事责任的必要条件，而推定过错原则仍以行为人主观上有过错作为其承担民事责任的理由或标准，是过错责任原则适用的特殊形式。

（2）无过失责任不具有制裁不法行为并预防不法行为发生的作用，而推定过错责任的立法思想仍在于对加害行为的非难，仍以过错作为确立责任的最终要件，保持民事责任的教育和预防作用。

（3）在适用无过错责任原则时，行为人一般不能以自己无过错而主张抗辩，而推定过错责任，由于采取了举证责任倒置原则，加害人只要举证自己没有过错就可不承担民事责任。

三 无过错责任原则的适用

1. 高度危险作业致人损害的民事案件。
2. 产品责任。
3. 环境污染致人损害的民事责任。
4. 饲养动物致人损害的民事案件。
5. 职务侵权的民事责任。

第四节 公平责任原则

一 公平责任原则的含义

指当事人双方对损害的发生均无过错，法律又无特别规定适用无过错原则时，由法院根据公平的观念，在考虑当事人双方的财产状况及其他情况的基础上，责令加害人对受害人的财产损害给予适当补偿，由当事人公平合理地分担损失的一种归责制度。公平责任原则具有以下特点：

1. 公平责任原则是以公平观念作价值判断标准来确定责任的归属。

2. 公平责任原则适用于当事人均无过错而法律又没有规定适用无过错责任的情况。

3. 公平责任原则主要适用于侵害财产权案件。

4. 公平责任原则只有在法律没有特别规定适用无过错责任原则，而按过错责任来处理有关案件又显失公平的情况下才能适用。

二　公平责任原则与无过错责任原则的区别

1. 公平责任原则是以公平观念作价值判断标准来确定责任的归属，而无过错责任原则是以行为与损害结果之间的因果关系作为决定责任归属的根据。

2. 公平责任原则只有在双方当事人均没有过错的情况下才能适用，双方当事人都应举证证明自己没有过错，法院应对此予以认定，而无过错责任原则的适用则是不论加害人主观上有无过错，都不影响其承担责任。

3. 公平责任原则的适用并不限于法律规定的情况，而无过错责任原则是基于法律的特别规定，其适用应严格依照法律规定的适用范围和条件。

4. 公平责任原则中存在着分担损失的问题，其赔偿范围和赔偿数额由法院酌情裁量，而无过错责任原则中不存在分担损失问题，其赔偿范围由法律规定，且常常由最高赔偿额的限定。

三　公平责任原则的适用

公平责任原则仅适用于特殊的有限的案件，适用于法律没有规定适用无过错责任，而当事人对造成的损害又都没有过错的情况。

第三十九章　一般侵权行为的构成要件

第一节　侵权行为构成要件概述

一　侵权行为构成要件的含义

侵权行为构成要件，是指行为人的行为构成侵权行为，并应依法承担侵权民事责任所必须具备的条件。

侵权行为构成须具备4个条件：损害事实、损害与行为间的因果关系、行为的违法性、行为人的主观过错。

二　侵权行为构成要件与归责原则的关系

1. 归责原则是立法者根据社会实际需要而确定的责任由谁承担的标准。而构成要件是在归责原则的指导下产生的认定侵权行为的条件，因此归责原则是构成要件的基础和前提。构成要件是归责原则的具体体现。

2. 归责原则是抽象的、普遍的法律规则，是对侵权行为法基本规范的高度概括，而构成要件是明确的具体的法律依据，是审判人员在具体案件中确定责任是否成立的直接法律依据。

3. 规则原则决定了构成要件的内容，不同的归责原则其构成要件不同。

第二节　损害事实

一　损害的概念和特征

损害，指一定行为或事件造成的人身或财产上的不利益。它具有如下特征：

1. 客观确定性。

2. 不利益性。

3. 可救济性。

二　损害的分类

1. 财产损害与非财产损害。（损害的后果）

对于财产损害一般适用财产性民事责任形式；对于非财产损害，除法律另有规定外，一般适用非财产性的民事责任形式，而不适用财产性的民事责任形式。

2. 直接损害与间接损害。（侵权行为与损害后果之间的因果关系）

3. 实际损害和可得利益损害。

对于实际损害一般应赔偿，而对于可得利益损害在某种情况下依法不予以赔偿。

第三节　损害与行为间的因果关系

一　因果关系的含义

因果关系是哲学上的概念，是指客观事物、现象的前因后果的关联性。民法上的因果关系是指行为人的行为及其物件与损害事实之间的前因后果关系。

因果关系具有如下特点：

1. 客观性。

2. 社会性。

3. 相对性。

4. 时间的连续性与顺序性。

5. 表现形式的复杂性。

6. 确定方式的逆推性。

二　因果关系的确定

法学界主要有以下学说：

1. 条件说：认为凡属发生结果的条件都是原因。凡是原因对结果的发生都有同等的原因力。

2. 原因说：认为引起结果发生的诸因素之间应区别原因和条件，其中之一是原因，其余是条件原因与结果之间有因果关系，条件与结果之间没有因果关系。

我国司法实践承认偶然因果关系的存在。

三 行为对损害的原因力

1. 主要原因和次要原因。（原因对损害结果发生的作用力）

通常其行为是主要原因的，应承担主要责任；其行为是次要原因的，应承担次要责任。

2. 直接原因和间接原因。（行为作用于损害结果的形式）

间接原因主要有以下表现形式：行为人的行为介入第三人的行为而引起损害结果的发生、行为人的行为介入自然原因而引起损害结果的发生、行为人的行为介入了受害人的行为而引起损害结果的发生。

受害人的损害结果延伸到第三人发生的损害如属直接原因，行为人对损害结果应承担民事责任；如属间接原因，则因实事求是，根据具体情况分析。

第四节 行为的违法性

一 行为违法的含义

行为违法指行为不合法律要求，即违反法律规定，行为违法具有如下特征：

1. 行为人实施的行为是具有社会意义的行为。
2. 行为人所实施的行为不合乎法律规定的要求。
3. 行为违法性的内容包括违反特定义务，或者侵害他人的权利。

二 行为违法的形态

1. 作为违法与不作为违法。（行为自身性质）
2. 故意违法与过失违法。（行为人主观的心理状态）

3. 单独违法与共同违法。（违法行为人的人数）

第五节　过错

一　过错的概念和形式

有客观说和主观说两种学说。民法上的过错是指行为人通过违法义务的行为所表现出来的一种应受非难的心理状态。民法上过错的形式有两种：

1. 故意：指行为人预见到自己行为的有害后果，仍然希望或放任有害结果的发生。故意构成要件有：

（1）行为人预见到自己行为的有害后果。

（2）行为人希望这种有害后果的发生或有意识放任有害后果的发生。

2. 过失：指行为人应预见自己的行为可能发生不良后果而没能预见，或虽预见到了却轻信此种结果可以避免的心理状态。

3. 区分故意与过失的意义

由于民事责任的主要目的是在于补偿受害人所受的损害，因而民法中确定行为人的民事责任一般仅因过错的有无而定，不以行为人的故意或过失而有所不同，区分故意和过失一般无多大意义。但是在下列场合区分故意过失仍有意义：

（1）混合过错的情况。

（2）共同过错的情况。

（3）受害人有故意或重大过失的情况。

（4）侵害人格权的情况。

（5）实施民事制裁时。

二　过错的认定

过错的认定应采取主客观相结合的标准，首先原则上应以社会一般人的预见能力为标准，并考虑法律对其注意义务的要求，其次还要考虑每个具体行为人的识别能力，以确定他在当时的条件下，是否应该或能够选择合理的行为。如果某个行为人的识别能力超过或者低于一般标准，就不应按照一般人的预见能力认定过错。

第四十章　侵害财产权与人身权的行为与责任（了解）

第四十一章　侵权责任方式与侵权责任的承担

第一节　侵权的民事责任的概念和特征

一　侵权民事责任的概念和特征

侵权民事责任是侵权行为的民事责任的简称，指民事主体因实施侵权行为而应承担的民法法律的后果。侵权民事责任具有如下特征：

1. 侵权民事责任是民事主体因违反法定义务而应承担的法律后果。

2. 侵权民事责任是以存在侵权行为这一法律事实为根据的。

3. 侵权民事责任是以国家强制力保障其实现的。当事人一般不得事先约定免除，且其赔偿责任的范围也是法定的。

4. 侵权民事责任的形式主要是财产责任，但非限于财产责任。

二　侵权民事责任与违约责任

1. 侵权民事责任与违约责任的区别

（1）归责原则不同。（2）构成要件不同。（3）举证责任不同。

（4）免责条款不同。（5）责任形式不同。（6）损害赔偿的范围不同。

2. 侵权民事责任与违约责任的竞合

指行为人实施的某一违法行为，同时具有侵权行为合违约行为的双重特征，从而在法律上导致了侵权责任和违约责任并存的现象。

侵权民事责任与违约责任竞合主要有以下情况：

（1）合同当事人的违约行为，同时侵犯了法律规定的强制性义务。

（2）在某些情况下，侵权行为直接构成违约的原因。

（3）不法行为人故意或重大过失实施侵害他人权利并造成他人损害时，在加害人与受害人之间事先就存在着一种合同关系。

在侵权民事责任与违约责任的竞合的情况下，受害人可选择要求其承担违约责任或侵权责任，不能同时主张。

第二节 侵权民事责任的形式

一 侵权民事责任形式概述

1. 侵权民事责任形式的概念和特征

侵权民事责任形式是指行为人因实施侵权行为而依法应承担的具体的民事责任方式，有如下特征：

（1）侵权民事责任的形式是落实侵权责任的具体措施。

（2）侵权民事责任的形式不仅是法院运用国家强制力判令不法行为人承担责任的方法，而且也是不法行为人应向受害人履行一定的义务，即表现为国家对被侵害的权利所采取的补偿与救济的方法。

（3）侵权民事责任的形式主要是财产性的，但又不限于财产性民事责任形式。

2. 我国《民法通则》所规定的侵权民事责任的形式

（1）停止侵害。（2）排除妨碍。（3）消除危险。（4）返还原物。

（5）恢复原状。（6）消除影响、恢复名誉。（7）赔礼道歉。（8）赔偿损失。

二 侵权民事责任形式的适用

可单独适用，也可合并适用。在适用具体侵权民事责任形式时，应注意以下几点：

（1）侵权民事责任形式的适用应与违法行为的性质和状况相适应。

（2）侵权民事责任形式的适用应与权利的损害相适应。

（3）侵权民事责任形式的使用应与责任人的责任条件相适应

（4）根据《民法通则》第 134 条底款规定，人民法院审理民事案件，除适用上述民事责任形式外，还可以予以训诫、责令具结悔过、收缴进行非法活动的财产和非法所得，并可依法处以罚、拘留。

第三节　侵权损害赔偿

一　侵权损害赔偿的原则

1. 全面赔偿原则。
2. 考虑当事人经济状况原则。
3. 衡平原则

二　侵权损害赔偿的范围

1. 侵害财产的损害赔偿：一般原则是全部赔偿原则。以造成的客观损失为限，包括直接损失和可得利益损失。

2. 人身伤害的损害赔偿：人身伤害的赔偿一般原则为赔偿由此造成的财产损失。

（1）一般伤害：基本上包括医疗费、住院费、住院期间的伙食补助费、必要的营养费、护理费、治疗期间的交通费和误工工资、奖金等。

（2）人身残废：残废依其伤残程度分为半残废和全残废。赔偿必要的医疗费用外，还应根据其劳动能力丧失的程度和收入减少的情况，赔偿因不能工作而减少的收入和残废者的生活补助费。

（3）致人死亡：对因违法行为致人死亡的，除赔偿因死者在死亡前因医疗或抢救其生命所花的医疗费用外，并应支付丧葬费、死者生前抚养的人必要的生活费等费用。对不满 18 岁的人抚养到 18 岁。对无劳动能力的人抚养 20 年（50 岁以上的年龄每增加 1 岁减 1 年，最低不少于 10 年），70 岁以上按 5 年计算，对其他间接受害人抚养 5 年。还应支付死亡补偿费，具体赔偿额以当地居民基本生活费作为依据。一般补偿 10 年，不满 16 岁，年龄小 1 岁减 1 年，70 岁以上的，每增加 1 岁减 1 年，最低不少于 5 年。

（4）非财产损害的赔偿：采取抚慰为主、补偿为辅的原则（抚慰金），并对其赔偿数额加以限制，采取以非财产性民事责任形式为主，财产性民事责任形式为辅的原则。只有在采取非财产性民事责任形式不足以保护民事主体的合法人身权益时，才采取财产性的民事责任形式。

第四节　侵权民事责任的免责事由

一　侵权民事责任免责事由的概念和特征

侵权民事责任的免责事由，又称侵权民事责任的抗辩事由，是指被告针对原告要求承担侵权民事责任的请求而提出的证明原告的诉讼请求不成立或不完全成立的事实。主要有以下特征：

1. 侵权民事责任的免责事由，须是客观存在的、已经发生的事实。
2. 侵权民事责任的免责事由，是对抗对方当事人行使请求权的客观事实。
3. 一定的免责事由总是以一定的归责原则和责任构成要件为前提的。

二　侵权民事责任免责事由的种类

1. 依法执行职务。
2. 正当防卫。
3. 紧急避险。（因紧急避险造成损害的，由引起险情发生的人承担民事责任。）
4. 受害人的同意。
5. 不可抗力。
6. 其他法定免责事由

第四十二章　数人侵权行为与责任

第一节　共同侵权

1. 共同侵权行为指两个以上的人共同致人损害的侵权行为。分共同加害行为和共同危险行为。

2. 共同加害行为具有如下特征：

（1）主体的复合性。（2）主观的共同过错性。（3）行为的共同性。（4）结果的单一性。

3. 共同加害行为除具备一般侵权行为构成要件外，还须具备以下特殊条件：

（1）主体方面的要件。两个以上具有民事行为能力或民事责任的自然人、法人。

（2）客观方面的要件。各个共同加害行为人须具有共同加害的行为。

（3）主观方面的要件。各行为人之间应有共同过错。

4. 共同危险行为除具备一般侵权行为构成要件外，还应具备以下要件：

（1）主体方面的要件。两个以上具有民事行为能力或民事责任的自然人、法人。

（2）客观方面的要件。须实施了共同危险的行为。

（3）主观方面的要件。共同危险行为人主观上应有共同过错

第二节　无意思联络的数人侵权

一　无意思联络的数人侵权的概念界定

无意思联络的数人侵权是指，数个行为人事先并没有意思联络，其数个行为相互结合而致同一受害人受有同一损害的情形。

二 无意思联络的数人侵权的类型及责任承担

（一）共同危险行为

二人以上实施危及他人人身、财产安全的行为，其中一人或者数人的行为造成他人损害，能够确定具体侵权人的，由侵权人承担责任；不能确定具体侵权人的，行为人承担连带责任。

（二）并发侵权行为

二人以上分别实施侵权行为造成同一损害，每个人的侵权行为都足以造成全部损害的，行为人承担连带责任。

（三）竞合侵权行为

二人以上分别实施侵权行为造成同一损害，能够确定责任大小的，各自承担相应的责任；难以确定责任大小的，平均承担赔偿责任。

第四十三章　各类侵权责任

第一节　各类侵权责任概述

第二节　职务侵权行为与责任

一　职务侵权民事责任的概念和归责原则

职务侵权民事责任，又称国家赔偿责任，是指由国家机关或国家机关工作人员在执行职务中，侵犯自然人、法人或其他组织的合法权益造成损害时，国家应当承担的民事责任。我国《国家赔偿法》规定，受害人不必证明行为人主观上的故意或过失便可主张国家赔偿责任的成立，而致害人也只能举证证明是由受害人的故意或第三人的行为致使损害发生等而抗辩。可见我国的职务侵权的民事责任采取无过错责任原则。

二　职务侵权民事责任的构成要件

1. 行为主体必须是国家机关或国家机关工作人员。
2. 行为主体的行为必须是执行职务或行使职权中的行为。
3. 致害行为必须是违法行使职权的行为。
4. 致害行为必须是国家依法应对其负赔偿责任的行为。

三　国家赔偿责任

1. 国家赔偿责任的主体和赔偿义务机关

国家赔偿责任的主体是国家。赔偿义务机关是：

（1）行政机关及其工作人员职务侵权损害的，该行政机关为赔偿义务机关。

（2）两个以上行政机关共同职务侵权损害的，共同行使行政职权的行政机关为共同赔偿义务机关。

（3）法律、法规授权的组织职务侵权损害的，被授权的组织为赔偿义务机关。

（4）受行政机关委托的组织或个人职务侵权损害的，委托的行政机关为赔偿义务机关。

（5）赔偿义务机关被撤销的，继续行使其职权的机关为赔偿义务机关，没有继续行使的，撤销该机关的行政机关为赔偿义务机关，经复议机关复议的，最初造成侵权行为的机关为赔偿义务机关。但复议机关的复议决定加重损害的，复议机关对加重的部分履行赔偿义务。

（6）行使国家侦察、检查、审判、监狱管理职权的机关及其工作人员侵权损害的，该机关为赔偿义务机关。

2. 国家求偿权及其行使条件

国家求偿权，又称国家追偿权，是指国家赔偿义务机关在赔偿了受害人的损失以后，代表国家责令有故意或重大过失的国家工作人员、受委托的组织或个人承担部分或全部赔偿费用的权利。行使须具备的条件有：

（1）必须在国家赔偿责任已被确认并且赔偿义务机关实际履行了赔偿义务以后行使。

（2）国家工作人员或受托的组织或个人对引起国家赔偿责任必须存在着故意或重大过失。

（3）求偿的范围必须以赔偿义务机关实际支付的赔偿金额为限。

3. 国家赔偿责任的方式及经费来源

以支付赔偿金为主要方式。能够返还财产或恢复原状的，予以返还或恢复，造成受害人名誉权、荣誉权的损害，应当在侵权行为影响的范围内为受害人消除影响、恢复名誉、赔礼道歉。赔偿经费列入各级财政预算，即从国库支出。

4. 国家赔偿责任的诉讼时效

自被依法确认为违法之日起 2 年内。被羁押期间不计算在内。

第三节　产品责任

一　产品责任的概念和归责原则

产品责任，又称产品质量责任或产品瑕疵责任，指产品制造者、销售者对因制造、销售或者提供有缺陷产品并致他人遭受财产、人身损害所应承担的民事法律后果。关于财产责任归责原则，我国规定：就消费者与生产者、销售者之间的责任关系而言，采取的是无过错责任原则。就生产者、销售者及仓储者、运输者之间的内部责任关系而言，则采取不同的归责原则。

二 产品责任的构成要件

1. 产品有缺陷。
2. 损害是由产品缺陷所致。

三 产品责任的承担

产品责任的承担一般是生产者和销售者，承担无过错责任。产品的运输者、仓储者一般只承担过错责任，且只对产品的生产者或销售者承担。

四 产品责任的免责事由

1. 未将产品投入流通。
2. 产品投入流通时，引起损害的缺陷尚不存在。
3. 将产品投入流通时的科学技术水平尚不能发现缺陷的存在。

五 产品责任的时效

因产品缺陷要求赔偿的诉讼时效为 2 年，自当事人知道或应当知道其权益受到损害时起计算。

第四节 高度危险责任

一 高度危险作业致人损害的民事责任的概念和归责原则

高度危险作业致人损害的民事责任指因从事对周围环境具有高度危险作业造

成他人损害时，依法应承担的民事责任。我国对于高度危险作业致人损害的民事责任采取无过错责任原则。

二 高度危险作业致人损害的民事责任的构成要件

1. 须从事高度危险作业。
2. 有损害事实的存在。
3. 高度危险作业与损害后果之间有因果关系。

三 高度危险作业致人损害的民事责任的承担

高度危险作业致人损害的民事责任的承担者是从事高度危险作业的作业人。

四 高度危险作业致人损害的民事责任的免责事由

只有一个：受害人故意。对于无辜受害的第三人，作业人不能以某受害人故意为抗辩而拒绝赔偿。

第五节 环境污染责任

一 污染环境致人损害的民事责任的概念和归责原则

指违反国家保护环境、防止污染的规定，污染环境造成他人损害依法应当承担的民事责任。我国采取无过错责任原则。

二 污染环境致人损害的民事责任的构成要件

1. 存在污染环境的行为。
2. 污染环境的行为造成了他人的损害。
3. 污染环境的行为与损害事实之间要有因果关系。

三 污染环境致人损害的民事责任的承担

由排污者承担，排污者为二人以上的，则他们对受害人附连带责任。诉讼时效为 3 年。从当事人知道或者应当知道受到污染损害时起计算。

四 污染环境致人损害的民事责任的免责事由

1. 战争行为。

2. 不可抗拒的自然灾害。

3. 负责灯塔或其他助航设备的主管部门在执行职责时的疏忽或者其他过失行为。

第六节 施工致人损害的侵权行为

一 地面施工致人损害民事责任的概念和归责原则

地面施工致人损害民事责任是指在公共场所、道旁或通道上挖坑、修缮安装地下设施等，没有设置明显标志和采取安全措施造成他人损害时，施工人应当承担的民事责任。我国地面施工致人损害民事责任归责原则采取推定过错的过错责任原则。

二 地面施工致人损害民事责任的构成要件

1. 在公共场所、道旁或者通道上挖坑、修缮安装地下设施。

2. 没有设置明显标志和采取安全措施。

3. 由于没有设置明显标志和采取安全措施造成他人的损害。

三 地面施工致人损害民事责任的承担

地面施工致人损害民事责任的承担由施工人承担。

四 地面施工致人损害民事责任的免责事由

施工人员已设置明显标志和采取安全措施，且这些标志或措施足以使任何人采取通常的注意就可避免损害的发生。

第七节　物件损害责任

一　工作物致人损害的民事责任的概念和归责原则

工作物致人损害的民事责任又称建筑物等设施致人损害的民事责任，是指建筑物或其他设施以及建筑物上的搁置物、悬挂物发生倒塌、脱落、坠落造成他人损害的，其所有人或者管理人应当承担的民事责任。我国采取的是过错责任原则，并采取过错推定的方式。

二　工作物致人损害的民事责任的构成要件

1. 存有建筑物或者其他设施以及建筑物上的搁置物、悬挂物倒塌、脱落、坠落的事实。

2. 建筑物或其他设施以及建筑物上的搁置物、悬挂物倒塌、脱落、坠落造成他人的损害。

三　工作物致人损害的民事责任的承担

工作物致人损害的民事责任的承担者是工作物的所有人或者管理人。

四　工作物致人损害的民事责任的免责事由

1. 不可抗力。　2. 受害人过错。　3. 第三人过错。

第八节　饲养动物损害责任

一　动物致人损害民事责任的概念和规则原则

动物致人损害民事责任是指因动物的独立动作而使他人人身、财产受到损害时，动物的饲养人或者管理人应当承担的民事责任。我国动物致人损害民事责任归责原则采取无过错责任原则。

二 动物致人损害民事责任的构成要件

1. 须为饲养的动物。
2. 须为动物独立动作造成他人损害。

三 动物致人损害民事责任的承担

动物致人损害民事责任由动物的饲养人或管理人承担。

四 动物致人损害民事责任的免责事由

1. 受害人的过错。　2. 第三人的过错。

第九节　监护人责任

一 监护人责任的概念和特征

（一）概念

监护人责任是指无民事行为能力人或者限制民事行为能力人因自己的行为致人损害，由行为人的父母或者其他监护人承担赔偿责任的特殊侵权责任。

（二）监护人责任的特征

1. 监护人责任是对人的替代责任。
2. 监护人责任是过错推定责任。
3. 监护人责任的确定受行为人财产状况的制约。
4. 监护人责任以公平责任为补充。

二 监护人责任的归责原则

以过错推定为原则，以公平责任为补充。

三 监护人责任的构成要件

1. 违法行为。
2. 主观过错。
3. 因果关系。

四 监护人责任的承担

无民事行为能力人、限制民事行为能力人造成他人损害的，由监护人承担侵权责任。监护人尽到监护责任的，可以减轻其侵权责任。

有财产的无民事行为能力人、限制民事行为能力人造成他人损害的，从本人财产中支付赔偿费用。不足部分，由监护人赔偿。

第十节 医疗损害责任

一 医疗损害责任的概念和归责原则

医疗损害责任是指医疗机构在医疗活动中造成患者人身损害所应承担的赔偿责任。医疗损害责任采取过错责任原则。《侵权责任法》第54条规定，患者在诊疗活动中受到损害，医疗机构及其医务人员有过错的，由医疗机构承担赔偿责任。

二 医疗损害赔偿责任的构成要件

1. 法定医疗机构及其医务人员的诊疗行为。
2. 患者有损害结果。
3. 诊疗行为与损害结果之间有因果关系。
4. 医疗机构及其医务人员有过错。

三 医疗机构的免责事由

1. 患者或者其近亲属不配合医疗机构进行符合诊疗规范的诊疗；医疗机构及其医务人员也有过错的，应当承担相应的赔偿责任。

2. 医务人员在抢救生命垂危的患者等紧急情况下已经尽到合理诊疗义务。

3. 限于当时的医疗水平难以诊疗。

第十一节　道路交通事故责任

一　机动车交通事故责任的概念

机动车交通事故责任是指机动车发生交通事故造成人身伤亡、财产损失的，由保险公司在机动车第三者责任强制保险责任限额范围内予以赔偿外，机动车一方依法应承担的赔偿责任。

二　机动车交通事故赔偿责任的承担

（一）机动车之间发生交通事故的赔偿责任

机动车之间发生交通事故的，由有过错的一方承担赔偿责任；双方都有过错的，按照各自过错的比例分担责任。这一规定表明，机动车之间发生交通事故的，适用过错责任原则。即机动车之间发生交通事故造成损害的，由有过错的机动车一方承担责任，没有过错的，不承担赔偿责任。由于机动车之间没有强弱之分，发生交通事故的，应当适用侵权责任的一般归责原则，由有过错的一方承担赔偿责任；如果双方都有过错的，应当按照各自过错的比例分担责任。

（二）机动车与非机动车驾驶人、行人之间发生交通事故的赔偿责任

1. 归责原则

《道路交通安全法》第 76 条第一款第二项规定，机动车与非机动车驾驶人、行人之间发生交通事故，非机动车驾驶人、行人没有过错的，由机动车一方承担赔偿责任；有证据证明非机动车驾驶人、行人有过错的，根据过错程度适当减轻机动车一方的赔偿责任；机动车一方没有过错的，承担不超过百分之十的赔偿责任。这一规定表明，机动车与非机动车驾驶人、行人之间发生交通事故，主要适用过错推定原则，同时，机动车一方还要承担一部分无过错责任。

2. 机动车一方不承担责任的情形

《道路交通安全法》第 76 条第二款规定，交通事故的损失是由非机动车驾驶人、行人故意碰撞机动车造成的，机动车一方不承担赔偿责任。这是关于机动车

一方免责事由的规定。机动车与非机动车驾驶人、行人之间发生交通事故，如果交通事故的损失是因非机动车驾驶人、行人自杀、自伤、有意冲撞（"碰瓷"）等行为故意造成的，机动车一方不承担赔偿责任。

第十二节 违反安全保障义务责任

一 违反安全保障义务的侵权行为概念

违反安全保障义务的侵权行为，是指依照法律规定或者约定对他人负有安全保障义务的人，违反该义务，因而直接或者间接地造成他人人身或者财产权益损害，应当承担损害赔偿责任的侵权行为。

二 违反安全保障义务的侵权责任的归责原则和构成要件

（一）归责原则
对违反安全保障义务侵权责任的过错认定，应当采用过错推定原则。
（二）构成要件
1. 违反安全保障义务的行为。
2. 相对人受到损害。
3. 损害事实与违反安全保障义务行为之间具有因果关系。
4. 违反安全保障义务的行为人具有过错。

三 违反安全保障义务侵权责任类型

（一）设施、设备违反安全保障义务
（二）服务管理违反安全保障义务
（三）对儿童违反安全保障义务
（四）防范制止侵权行为违反安全保障义务

四 违反安全保障义务侵权责任的责任形态

（一）自己责任
违法行为人对自己实施的行为造成的他人人身损害和财产损害的后果由自己

承担责任

（二）替代责任

适用于公共场所的管理人或者群众性活动的组织者是法人或者是雇主的情形。

（三）补充责任

因第三人的行为造成他人损害的，由第三人承担侵权责任；管理人或者组织者未尽到安全保障义务的，承担相应的补充责任。

第十三节　校园伤害责任

一　未成年人受伤害侵权责任的概念

未成年人受伤害侵权责任是指无民事行为能力或者限制民事行为能力的学生在幼儿园、学校或者其他教育机构学习、生活期间，受到人身损害，应当由幼儿园、学校或者其他教育机构承担赔偿责任的特殊侵权责任。

二　未成年人受伤害侵权责任的归责原则和构成要件

（一）归责原则

无民事行为能力人在幼儿园、学校或者其他教育机构学习、生活期间受到人身损害的，适用过错推定原则。

限制民事行为能力人在学校或者其他教育机构学习、生活期间受到人身损害，适用过错责任原则。

因为第三人的行为造成学生损害的，适用过错责任原则。

（二）侵权责任构成要件

1. 未成年人遭受人身损害的客观事实。

2. 学校等教育机构在未成年人受伤害中存在违法行为。

3. 学校的违法行为与损害的发生有因果关系。

4. 学校存在过错。

三　未成年人受伤害侵权责任的承担

1. 无民事行为能力人在幼儿园、学校或者其他教育机构学习、生活期间受到人身损害的，幼儿园、学校或者其他教育机构应当承担责任。

2. 限制民事行为能力人在学校或者其他教育机构学习、生活期间受到人身损害，学校或者其他教育机构未尽到教育、管理职责的，应当承担责任。

3. 无民事行为能力人或者限制民事行为能力人在幼儿园、学校或者其他教育机构学习、生活期间，受到幼儿园、学校或者其他教育机构以外的人员人身损害的，由侵权人承担侵权责任；幼儿园、学校或者其他教育机构未尽到管理职责的，承担相应的补充责任。

第十四节　完全民事行为能力人暂时丧失意识侵权责任

一　暂时丧失心智的损害责任概述

（一）概念

暂时丧失意志的损害责任是指，完全民事行为能力人对于因过错引起的暂时心智丧失，或者因醉酒或滥用麻醉、精神药品暂时丧失心智，造成他人损害所应承担的特殊侵权责任。

（二）构成要件

1. 侵权人是完全民事行为能力人。

2. 被侵权人必须达到实际损害。

3. 侵权人造成他人损害时暂时丧失心智。

4. 侵权人暂时丧失心智是因为自己的过错所致。

二　暂时丧失心智损害责任的法律适用

完全民事行为能力人对自己的行为暂时没有意识或者失去控制造成他人损害有过错的，应当承担侵权责任；没有过错的，根据行为人的经济状况对受害人适当补偿。

完全民事行为能力人因醉酒、滥用麻醉药品或者精神药品对自己的行为暂时没有意识或者失去控制造成他人损害的，应当承担侵权责任。

第十五节　网络侵权责任

一　网络侵权责任的法律特征

网络侵权是指发生在互联网上的侵犯他人民事权益的行为。这种侵权行为的特征有：

1. 侵权发生在互联网上，导致侵权的证据无法完全物化，需要特殊的举证模式。

2. 侵权的对象是非物质形态的民事权益。

3. 损害后果因为范围的不确定而无法完全确定。

4. 责任的承担者是实际加害人和网络服务者。

5. 管辖权难以确定。

二　网络用户的侵权责任

网络用户的侵权责任，是指作为直接加害人的网络用户利用网络实施侵权行为而应承担的侵权责任。

三　网络服务提供者的侵权责任

网络用户利用网络服务实施侵权行为的，被侵权人有权通知网络服务提供者采取删除、屏蔽、断开链接等必要措施。网络服务提供者接到通知后未及时采取必要措施的，对损害的扩大部分与该网络用户承担连带责任。

网络服务提供者知道网络用户利用其网络服务侵害他人民事权益，未采取必要措施的，与该网络用户承担连带责任。

第二部分　民法学习题精解

第一章　民法概述

一　单项选择题

1. 下列社会关系，属于民法调整的是（　　　）。

A. 张三因非法发布广告被罚款

B. 教育局对李四的毕业证书予以没收

C. 某市人大罢免王五市长职务

D. 甲、乙两户因相邻关系发生纠纷

2. 民法调整的财产关系（　　　）。

A. 都是无偿的　　　　　　　　　B. 都是有偿的

C. 一般是无偿的　　　　　　　　D. 一般是有偿的

3. 小李因工厂煤气爆炸而死，该死亡在民法上是（　　　）。

A. 民事法律行为　　　　　　　　B. 民事法律事件

C. 生活事实　　　　　　　　　　D. 偶发事件

4. 下列不属于民法调整的社会关系有（　　　）。

A. 甲、乙两市之间发生的租赁合同纠纷

B. 张某与其弟弟之间因继承发生的纠纷

C. 李某与其公司之间发生的知识产权纠纷

D. 王某与某执法局因罚款数额发生的纠纷

5. 下列关于民法渊源说法不正确的是（　　　）。

A. 民法的渊源是民法的表现形式

B. 民法的渊源具有规范性的表现形式

C. 民法的渊源在现实生活中并不存在

D. 国际条约虽不是国内法，但仍然是民法的渊源

二　多项选择题

1. 下列属于民法所说的财产有（　　　）。

A. 土地　　　　　B. 房屋　　　　C. 商标　　　　D. 商业秘密

2. 下列社会关系属于民法调整的人格关系的有（　　　）。

A. 生命权法律关系　　　　　　B. 健康权法律关系

C. 姓名权法律关系　　　　　　D. 配偶权法律关系

3. 下列哪些社会关系属于民法的调整对象？（　　　）

A. 自然人甲与自然人乙之间订立的电脑买卖合同关系

B. 中国公民甲与中国公民乙之间缔结的婚姻关系

C. 某税务机关与自然人甲之间订立的办公用品买卖合同关系

D. 某税务机关与自然人甲之间税款征收关系

4. 下列关系中，由民法调整的是（　　　）。

A. 税务机关依法向某企业征税

B. 甲收养了 5 岁的莉莉

C. 李某与企业订立的劳动合同

D. 乙将自己所有的自行车赠与好朋友丁

三　名词解释

1. 民法　　2. 民法的渊源　　3. 财产流转关系

四　简答题

1. 简述我国民法的渊源。
2. 简述我国民法的适用范围。

五　论述题

如何理解我国民法的调整对象？

参考答案

一　单项选择题

1. D　2. D　3. B　4. D　5. C

二　多项选择题

1. ABCD　2. ABC　3. ABC　4. BD

三　名词解释

1. 民法是调整平等主体的自然人、法人、其他组织之间的财产关系和人身关系的法律规范的总称。

2. 民法的渊源这一概念可以从不同的角度理解。可以说民法的渊源是指民法产生的根源，这是从民法与它所调整的社会关系的关系讲的；也可以说民法的渊源是法官裁决民事案件的法源，即法官判案的法律根据。一般认为，民法的渊源是指民事法律规范的表现形式。

3. 财产流转关系，是指财产由一人向另一人转移而发生的关系。这是财产的动态关系。

四　简答题

1. 民法的渊源，是指民事法律规范的表现形式。我国民法的渊源包括：（1）制订法：宪法中的民法规范，民事法律，国务院制订发布的民事法规，地方性法规、自治法规、经济特区法规中的民事规范，国际条约中的民法规范。（2）非制订法：司法解释，最高法院所作的民事司法解释对各级人民法院处理民事案件具有约束力；习惯，只有经过最高人民法院通过指导性文件认可的习惯才可视为习惯法。但是判例和法理在我国均不具有民法渊源的效力。

2. 民法的适用范围包括对人的适用范围、空间适用范围和时间适用范围。民法对人的适用范围，就是法律规范对于哪些人具有法律效力。根据《民法通则》

第8条规定，在中华人民共和国领域内的民事活动，适用中华人民共和国法律，法律另有规定的除外。关于自然人的规定，适用于在我国领域内的外国人、无国籍人，法律另有规定的除外。我国自然人、法人在国外发生的民事法律关系，一般适用所在地的法律规定，但法律另有规定的除外。

民法在空间上的适用范围，就是民法在哪些地方发生法律效力。一般而言，我国民法适用于我国领土、领空、领海，包括我国驻外使馆以及在我国领域外航行的我国船舶。

民法在时间上的适用范围，是指民法生效时间和失效时间，以及民事法律规范对其生效前发生的民事法律关系有无溯及力。我国民事法律规范贯彻法律不溯及既往的原则，一般没有溯及力，但司法解释中另有规定的除外。

五　论述题

（1）民法是调整平等主体的自然人、法人、其他组织之间的财产关系和人身关系的法律规范的总称。（2）平等主体之间的财产关系是指平等主体之间以自愿为基础的具体的经济关系。其特征是：第一，财产关系的主体处于平等的地位；第二，这种财产关系一般是在自愿的基础上发生的；第三，这种财产关系一般是有偿的。（3）平等主体之间的人身关系是指在平等主体之间发生的与人身不可分离、以人身利益为内容、不直接体现财产利益的社会关系。人身关系共分两类，一类是人格关系，一类是身份关系。人格关系是指民事主体本身所应具有的权利主体资格即因人格而产生的社会关系；身份关系是指基于身份而产生的社会关系。其特征是：第一，这种人身关系的主体处于平等地位；第二，这种人身关系以特定的精神利益为内容；第三，这种人身关系与主体具有不可分性。

第二章　民法的基本原则

一　单项选择题

1. 下列哪个不属于民法基本原则的功能？（　　）

A. 指导功能　　　B. 补充功能　　　C. 惩罚功能　　　D. 约束功能

2. 下列现象中，违反民法平等原则的是（　　）。

A. 公民甲（年满 23 周岁）可以结婚，而公民乙（13 周岁）不能结婚

B. 证券公司可以从事证券经纪业务，而房地产公司则不能从事证券经纪业务

C. 国家税务机关可以在征税中使用强制手段，无视纳税人的意志

D. 在政府机关招标投标中，某领导认为领导的亲戚具有优先订立合同的权利

3. 李某得知其新房南邻将要建一座小高层，佯装不知，将房屋售与王某。半年后，南面高楼建成，阳光照射不到王某的房屋。此例中，李某违反了民法的（　　）。

A. 平等原则　　　　　　　　　B. 自愿原则

C. 公平原则　　　　　　　　　D. 诚实信用原则

4. 下列各项中，违反民法自愿原则的是（　　）。

A. 林某在服装市场上询问一件衣服的价格之后，摊主强要其购买的行为

B. 赵某与王某某自愿达成的移转抵押物占有的抵押合同不能产生抵押权设定的法律效果

C. 韩某申请安装电话被要求在一份已经拟好的格式合同上签字

D. 路某（熟知烟的价格）花 20 元钱从小贩吴某的手中购得苏烟一条，后发现其为假烟

5. 下列行为中，不违反禁止权利滥用原则的是（　　）。

A. 甲将自己废弃不用的电脑随便丢弃在马路上

B. 乙拒绝接受丁遗赠给其巨额财产的行为

C. 丙在深夜唱卡拉 OK 直到凌晨影响了邻居休息的行为

D. 丁在自己承包的耕地上建房的行为

二　多项选择题

1. 下列选项中，属于民法平等原则内容的有（　　）。

A. 民事主体在民事法律关系中法律地位平等

B. 自然人的民事权利能力一律平等

C. 民事主体在适用法律上一律平等

D. 自然人的民事行为能力一律平等

2. 下列选项中，不违反民法自愿原则的有（　　）。

A. 甲在服装市场询问一件衣服的价格后，摊主要其购买的行为

B. 乙申请安装电话被要求在一份已经拟好的格式合同上签字

C. 丙与李某自愿达成的移转抵押物占有的抵押合同不能产生抵押权设定的法律效果

D. 丁花 10 元钱从小贩手中购买红塔山香烟一条，经查，该烟是假的

3. 甲有间歇性精神病。一日，甲下班后，骑自行车时突然犯病，将路边的一 6 岁儿童撞伤，花去医药费 500 元。关于该案责任的承担，下列说法正确的是（　　）。

A. 甲应当赔偿全部损失

B. 甲和儿童均无过错，应分担责任

C. 儿童家长未尽到监护责任，应当承担损失

D. 应根据双方经济情况分担损失

4. 下列行为中，符合禁止权利滥用原则的有（　　）。

A. 甲将自己废弃不用的工具置于楼梯口的行为

B. 乙拒绝接受丁的邀请

C. 丙在自己的房间唱歌直到凌晨影响邻居休息的行为

D. 丁私自在自己房屋上加盖房屋的行为

三　名词解释

1. 平等原则　　2. 自愿原则　　3. 公平原则　　4. 公序良俗原则

四 简答题

诚实信用原则的含义包括哪些?

五 论述题

试述民法的基本原则的功能。

参考答案

一 单项选择题

1. C　2. D　3. D　4. A　5. B

二 多项选择题

1. ABC　2. BCD　3. BD　4. ACD

三 名词解释

1. 平等原则,是指当事人在民事活动中的法律地位平等。平等原则是民法区别于行政法律关系、刑事法律关系的重要标志。其具体含义包括:(1)民事主体资格(民事权利能力)平等。《民法通则》第9、10条规定,自然人从出生时起,到死亡时止具有民事权利能力,即具有民事主体资格。自然人的民事权利能力一律平等。(2)民事主体的地位平等。在各种具体的民事法律关系中,民事主体的法律地位一律平等。(3)民事主体平等地享有权利,承担义务。民法所调整的社会关系本质上是商品经济关系,这种关系的性质决定了民事主体平等的享有权利,承担义务。(4)民事主体的民事权益平等地受法律保护,这是由民事主体的地位平等决定的。

2. 自愿原则,是指民事主体在从事民事活动时,体现自己的意志,作真实意思表示,通过自己的内心真实意愿来设立、变更和终止民事法律关系。其具体含义包括:(1)民法规范民事主体的行为方面,体现当事人意思自治。(2)民事主体根据自己的意愿设立、变更或者终止民事法律关系，他人不得非法干预。（3）双方或多方的民事行为由当事人自愿协商。（4）违反自愿原则的民事行为，不受法律保护。

3. 公平原则是指在民事活动中以利益均衡作为价值判断标准，用来衡量民事主体之间的物质利益关系，确定民事主体的民事权利义务及民事责任承担等。其具体含义包括：（1）民法在规范民事主体的权利义务与责任的承担上，体现公平原则，兼顾各方当事人的利益。（2）在法律适用上应贯彻公平原则，即当民法规范缺乏规定时，应根据公平原则来设立、变更和终止民事法律关系；当法律缺乏规定时，法官应根据公平原则做出合理的判决。

4. 公序良俗原则，是指公共秩序和善良风俗的合称。其实质往往是指一个国家在特定时间、特定条件和特定问题上的重大或根本利益所在，体现为社会公共秩序和生活秩序以及社会全体成员所普遍认可和遵循的道德准则。

四　简答题

诚实信用原则是指民事主体在从事民事活动中应遵循诚实守信的原则，以求达到当事人之间利益和当事人利益与社会利益之间的平衡。其具体含义包括：（1）民事主体在民事活动中依诚实信用的方式行使权利和履行义务；（2）在合同解释上，应依诚实信用原则；（3）依诚实信用原则弥补法律规定之不足。诚实信用原则和公平原则一样赋予司法人员一定的自由裁量权，使其在法律规定不足时，从民法的目的出发，依诚实信用原则，公平合理地解决纠纷。

五　论述题

民法基本原则的功能，是指民法基本原则在民事立法、民事司法和民事活动中的作用。民法基本原则的功能是：（1）指导功能。民法的基本原则是指导民事立法的基本准则；民法的基本原则是指导民事司法的基本准则；民法的基本原则是进行民事活动的基本准则。（2）约束功能。民法的基本原则对民事立法、民事司法和民事活动都有约束力。我国《民法通则》规定的民法基本原则对民事单行法、民事特别法均有约束力。民事司法和民事活动都不能违反民法的基本原则。（3）补充功能。在具体民法规范缺乏规定，对某些民事关系用类推也不能解决的情况下，司法机关可以直接根据民法的基本原则处理民事纠纷，民事主体也可以直接依据民法的基本原则进行民事活动。

第三章　民事法律关系

一　单项选择题

1. 下列各项中，哪个不属于民事法律关系的要素？（　　）

A. 主体　　　　　B. 客体　　　　　C. 内容　　　　　D. 形式

2. 下列不能成为民事法律关系的客体的是（　　）。

A. 山中的鸟　　　　　　　　　B. 海里的鱼

C. 不作为　　　　　　　　　　D. 企业的名称权

3. 下列不属于形成权的是（　　）。

A. 撤销权　　　　　　　　　　B. 解除权

C. 债权请求权　　　　　　　　D. 追认权

4. 人身权属于（　　）。

A. 请求权　　　　B. 支配权　　　　C. 抗辩权　　　　D. 形成权

5. 双务合同当事人享有的同时履行抗辩权（　　）。

A. 只为永久性抗辩权，不为延期性抗辩权

B. 只为延期性抗辩权，不为永久性抗辩权

C. 既为永久性抗辩权，又为延期性抗辩权

D. 或为永久性抗辩权，或为延期性抗辩权

6. 依据民事权利的效力范围，民事权利可分为（　　）。

A. 财产权与人身权　　　　　　B. 绝对权与相对权

C. 主权利与从权利　　　　　　D. 请求权与形成权

7. 民事义务以民事义务人行为方式为标准，可分为（　　）。

A. 积极义务与消极义务　　　　B. 法定义务与约定义务

C. 法定义务与积极义务　　　　D. 约定义务与消极义务

8. 依据我国《担保法》规定，当事人在保证合同中约定，债务人不能履行债

务时，由保证人承担保证责任，此种责任为（　　　）。

A. 单独责任　　　　　　　　　B. 按份责任

C. 并行的连带责任　　　　　　D. 补充的连带责任

二　多项选择题

1. 下列可以为民事法律关系的主体的有（　　　）。

A. 聋哑人　　　　B. 合伙企业　　　C. 机关法人　　　D. 个体工商户

2. 下列权利中，属于财产权的有（　　　）。

A. 物权　　　　　B. 债权　　　　　C. 亲权　　　　　D. 荣誉权

3. 甲乙签订合同，甲出售给乙一头水牛，乙已付款，现履行期已到，则乙对甲享有的权利为（　　　）。

A. 绝对权　　　　B. 相对权　　　　C. 期待权　　　　D. 既得权

4. 紧急避险属于（　　　）。

A. 公力救济　　　　　　　　　B. 私力救济

C. 自助行为　　　　　　　　　D. 自卫行为

5. 甲在路上遇见情敌乙，遂叫丙和丁共同将乙殴打一顿，乙治疗伤病花去医药费 500 元。甲、丙和丁应对乙承担的责任为（　　　）。

A. 侵权责任　　　　　　　　　B. 合同责任

C. 单独责任　　　　　　　　　D. 共同责任

6. 下列各项中，属于民事责任承担方式的有（　　　）。

A. 停止侵害　　　　　　　　　B. 消除影响

C. 赔礼道歉　　　　　　　　　D. 赔偿损失

三　名词解释

1. 民事法律关系　2. 民事法律事实　3. 民事权利　4. 支配权　5. 请求权
6. 形成权　7. 抗辩权　8. 民事责任　9. 按份责任　10. 连带责任　11. 补充责任

四　简答题

1. 简述民事法律关系的特征。

2. 简述民事义务的分类。

3. 简述民事责任的法律特征。

4. 在代理关系中，哪些情况可产生连带责任？

五　论述题

1. 试述民事权利的分类。

2. 试述民事责任与刑事责任、行政责任的区别。

参考答案

一　单项选择题

1. D　2. B　3. C　4. B　5. B　6. B　7. A　8. D

二　多项选择题

1. ABCD　2. AB　3. BD　4. BD　5. AD　6. ABCD

三　名词解释

1. 民事法律关系是由民事法律规范所调整的社会关系，也就是由民事法律规范确认和保护的社会关系。其含义包括：（1）民事法律关系是民事法律规范调整财产关系和人身关系所形成的社会关系；（2）民事法律关系是基于民事法律事实而形成的具体的社会关系；（3）民事法律关系是以民事权利义务为内容的社会关系。

2. 民事法律事实是指能够引起民事法律关系发生、变更或者消灭的客观现象或事实，简称法律事实。民事法律事实可分为行为事实和自然事实两类。行为事实是指由人的行为所构成的事实；自然事实是指非人的行为所构成的事实。

3. 民事权利是民事法律规范赋予民事主体满足其利益的法律手段。民事权利是民事法律规范规定或确认的民事主体的权利。权利人可以在法定范围内享有某种利益或实施一定的行为。

4. 支配权，是指权利人可以直接支配权利客体，而具有排他性的权利。

5. 请求权，是指权利人要求他人为特定行为（作为或不作为）的权利。

6. 形成权，是指权利人依自己单方的意思表示，使民事法律关系发生、变更或消灭的权利。

7. 抗辩权，是指对抗他人行使权利的权利。根据抗辩权作用的不同，抗辩权又可分为永久性抗辩权和延期性抗辩权。永久性抗辩权，是指权利人有永久阻止他人行使请求权的权利。延期性抗辩权，是指权利人在一定时间一定条件下可以提出抗辩，而不是永久可以抗辩。

8. 民事责任是指民事主体违反合同义务或法定民事义务而应承担的法律后果。

9. 按份责任是指多数当事人按照法律的规定或者合同的约定各自承担一定份额的民事责任，各责任人之间没有连带关系。

10. 连带责任是因违反连带债务或者共同实施侵权行为而产生的责任，各个责任人之间具有连带关系。所谓连带关系是指各个责任人对外都不分份额、不分先后次序地根据权利人的请求承担责任。

11. 补充责任，是指在责任人的财产不足以承担其应负的民事责任时，由有关的人对不足部分依法予以补充的责任。

四 简答题

1. 民事法律关系是由民事法律规范所调整的社会关系，也就是由民事法律规范确认和保护的社会关系。其特征是：（1）民事法律关系是平等主体之间的法律关系。民法调整的是平等主体之间的财产关系和人身关系。民法调整的社会关系的平等性质决定了民事法律关系的平等性。（2）民事法律关系主要是民事主体自主形成的法律关系。在通常情况下，民事法律关系主要是民事主体在自主自愿的基础上形成的。贯彻当事人意思自治的原则，这是民事法律关系区别于其他法律关系的又一特征。(3) 民事法律关系主体的权利义务通常是对等的、相互的。民事法律关系从整体和实质上讲，每个民事主体既作为权利主体享有权利，同时又作为义务主体负有义务。这种权利义务是对等的、相互的，如合同关系中当事人之间的权利义务，一般是对等的。当然，有些民事法律关系，权利主体只享有权利，义务主体只负有义务，不具有对等性，如人格权法律关系。

2. 民事权利与民事义务是相对应、相关联的，因此民事权利的分类与民事义务的分类也有相关联相类似之处。除此之外民事义务还有其相对独立的分类，主要分类如下：

（1）法定义务与约定义务。以民事义务发生的根据为标准，可分为法定义务与约定义务。法定义务，是指民事法律规范规定的民事主体应负的义务。约定义务，是由当事人协商确定的义务。约定的义务不违法即受法律保护。

（2）积极义务与消极义务。以民事义务人行为的方式为标准，可分为积极义务与消极义务。积极义务，是指义务人应作出一定积极行为的义务，又称作为义务，包括给付财物、完成工作、提供劳务等。消极义务，是指义务人必须作出消极行为或容忍他人的行为，又称不作为义务。例如，不侵害他人的物权、人身权的义务，容许他人在自己所有或使用的土地上通过或作业的义务等。

3. 民事责任是指民事主体违反合同义务或法定民事义务而应承担的法律后果。其特征主要有：（1）民事责任以民事主体违反民事义务侵害他人的民事权益为前提。民事义务是民事责任发生的前提，没有民事义务就没有民事责任。《民法通则》第5条规定："公民、法人的合法的民事权益受法律保护，任何组织和个人不得侵犯。"权利含有利益在内，某种利益不被法律明文规定的民事权利所涵盖，而受法律保护的，行为人侵害了他人的这种利益，也应承担民事责任。（2）民事责任以一方当事人（加害人）补偿对另一方当事人（受害人）的损害为主要目的。（3）民事责任可以由当事人在法律允许的范围内协商，民事责任的这一特征，是由民法的平等、自愿原则所决定。

4. 连带责任是因违反连带债务或者共同实施侵权行为而产生的责任，各个责任人之间具有连带关系。所谓连带关系是指各个责任人对外都不分份额、不分先后次序地根据权利人的请求承担责任。代理关系中的连带责任，是指在代理关系的三方当事人中，由其中的某两方当事人共同向另一方当事人承担民事责任，并且其中的任何一方当事人都负有承担全部责任的义务。在《民法通则》以及有关的司法解释中规定了以下几种代理中的连带责任：一是委托书授权不明时产生的连带责任。二是代理人和第三人串通产生的连带责任。代理人应当为被代理人的利益为代理行为，而不应当损害被代理人的利益。三是无权代理产生的连带责任。四是代理关系中因违法行为产生的连带责任。五是转委托中的连带责任。

五　论述题

1. 民事权利是民事法律规范赋予民事主体满足其利益的法律手段。民事权利是民事法律规范规定或确认的民事主体的权利。权利人可以在法定范围内享有某种利益或实施一定的行为。

民事权利按照不同的标准有以下主要分类：

（1）财产权与人身权。以民事权利的所体现的利益的性质为标准，可分为财产权与人身权。财产权，是以财产利益为内容的权利。所谓财产利益，通常是具有交换价值或使用价值的，可以用货币计算其价值，可以依法转让的利益。人身权，是以人身利益为内容，与权利主体不可分离的权利。人身权又分为人格权和身份权。

（2）支配权、请求权、形成权、抗辩权。以民事权利的作用为标准，可分为支配权、请求权、形成权、抗辩权。支配权，是指权利人可以直接支配权利客体，而具有排他性的权利。请求权，是指权利人要求他人为特定行为（作为或不作为）的权利。形成权是指权利人依自己单方的意思表示，使民事法律关系发生、变更或消灭的权利。抗辩权是指对抗他人行使权利的权利。根据抗辩权作用的不同，抗辩权又可分为永久性抗辩权和延期性抗辩权。

（3）绝对权与相对权。以民事权利的效力范围为标准，可分为绝对权与相对权。绝对权，又称对世权，是指无须通过义务人实施一定的行为即可实现，并可以对抗不特定人的权利。人身权、物权、知识产权、继承权等属于绝对权。相对权，又称对人权，是指必须通过义务人实施一定的行为才能实现，只能对抗特定的人的权利。债权属于相对权。

（4）主权利与从权利。以民事权利的依存关系为标准，可分为主权利与从权利。主权利是相互关联的两个以上的民事权利中，能够独立存在的权利。从权利是不能独立存在而从属于主权利的权利。

（5）专属权与非专属权。以民事权利与主体的关系为标准，可分为专属权与非专属权。专属权是指专属于某特定民事主体的权利。人格权、身份权均为专属权。非专属权是指不属于某特定民事主体专有的权利。非专属权可以让与和继承。一般财产权多属非专属权。但矿藏、水流的所有权归国家，为专属权。

（6）既得权与期待权。以民事权利是否已经取得为标准，可分为既得权与期待权。既得权，是指权利人已经取得而可以实现的权利。期待权，是指将来有取得与实现的可能性的权利。期待权是当事人尚未取得，必须有一定的事实发生才能取得的权利。例如附期限的权利、附条件的权利、继承开始前法定继承人的权利、保险合同受益人的权利等。

（7）原权利与救济权。原权利是民事法律关系中存在的权利。如基于有体物而发生的所有权，基于合同而发生的债权等。救济权是原权利受到侵害，或有受到侵害的现实危险时而发生的权利。如当所有权受到侵害时，所有权人有停止侵害请求权，也有权提起诉讼。如果原权利未受到侵害或没有受到侵害的现实危险，就不会发生救济权。救济权是基于原权利而派生的权利，其目的在于救济被侵害的原权利。其实质是权利受到侵害后权利人请求侵权行为人或不履行债务的人承担民事责任。

2. 民事责任与刑事责任、行政责任的区别主要表现在以下几个方面：

（1）责任产生的根据不同。民事责任既可以由法律规定，又可以由当事人约定。刑事责任和行政责任则只能通过刑事法律规范或行政法律规范规定，而不能由当事人自行约定。

（2）责任的法律强制程度不同。与民事责任相比，刑事责任、行政责任的强制性程度较强，主要表现在：第一，它们必须由特定的国家机关强制追究，当事人不得和解；第二，非经法定程序，任何人不得赦免或拖延刑事责任或行政责任的执行。民事责任的强制性较弱，这主要表现在当事人可以在法律允许的范围内自行协商解决，权利人可以放弃自己的权利或减免对方的责任。

（3）责任的目的和性质不同。民事责任的目的主要在对已经造成的权利损害和财产损失给予填补和救济，使其恢复到未受损害的状态，表现出某种补偿性和恢复原状性；刑事责任和行政责任的目的，则主要是通过对罪犯和行政违法行为人的惩戒和处罚，来达到一般预防的目的，表现出某种惩罚性和教育性。

（4）责任方式不同。《民法通则》规定了10种民事责任形式，其中大多数是财产责任。刑事责任中虽然也有罚金、没收财产等财产刑，但刑事责任的主要形式是剥夺或限制罪犯的人身自由的自由刑和剥夺罪犯生命的生命刑。行政责任的主要形式则主要是警告、记过、拘留、罚款、开除等。尽管刑事责任和行政责任中都存在着一些财产责任，但与民事责任中的财产责任不同的是，承担刑事责任或行政责任的财产要上缴国家，归国家所有，而承担民事责任的财产则主要用来赔偿权利人所遭受的损失，归个人所有。

（5）责任的构成要件不同。首先，在主观方面，民事责任分过错责任和无过错责任两种。刑事责任没有过错与无过错之分。其次，客观方面，民事责任的构成一般要有损害的发生即损害事实的存在，行为人的行为如果没有造成权利人权利的损害，那么行为人一般不负法律责任；刑事责任与行政责任则不同，有时行为人的行为虽然没有造成实际的损害，但根据行为的社会危害性，行为人仍然要承担刑事责任。最后，责任主体的不同。刑事责任与行政责任都奉行一个基本的原则，即行为人对自己的行为负责；民事责任的承担则与之不同，在有些情况下，民事主体要对他人的民事行为负责，如雇主对雇佣人的行为负责，监护人对被监护人的行为负责等等。

第四章　自然人

一　单项选择题

1. 依据我国现行法规定，自然人的民事权利能力始于（　　）。

A. 胎儿

B. 出生

C. 年满 10 周岁

D. 年满 18 周岁

2. 因意外失踪，利害关系人申请失踪人为宣告死亡人的，人民法院寻找失踪人的公告期为（　　）。

A. 3 个月　　　　B. 6 个月　　　　C. 9 个月　　　　D. 1 年

3. 依照我国现行法，下列人中属于限制民事行为能力或者无民事行为能力的人是（　　）。

A. 聋子　　　　B. 瞎子　　　　C. 傻子　　　　D. 瘸子

4. 赵某 15 周岁，接受外公遗赠 20 万元，靠它生活学习，赵某（　　）。

A. 为完全民事行为能力人

B. 视为完全民事行为能力人

C. 为限制民事行为能力

D. 为无民事行为能力人

5. 自然人在战争期间下落不明的，申请其宣告死亡应经过的时限是（　　）。

A. 2 年　　　　B. 3 年　　　　C. 4 年　　　　D. 5 年

6. 小明是 7 周岁的未成年人，下列关于他的监护人的论述中，不正确的是（　　）。

A. 如果小明的父母离婚了，他们仍然是小明的法定监护人

B. 如果小明的父母离婚并且都不愿担任其监护人，人民法院应指定他们中的一个为小明的监护人

C. 如果小明没有父母，其祖父母担任其监护人是他们的法定义务

D. 如果小明只有叔叔和姑姑，他的叔叔和姑姑可以协议担任他的监护人

7. 小赵 12 岁，父母双亡，祖父母年过 80 岁，无兄姐，其他亲属中仅有堂叔

愿意也有能力担任其监护人，依法应取得（　　）同意。

  A. 甲住所地的居民委员会   B. 人民法院

  C. 甲住所地的村民委员会   D. 祖父母

  8. 依《民法通则》，监护人只有在（　　）情况下，才能处分被监护人的财产。

  A. 征得被监护人的同意   B. 经被监护人所在单位批准

  C. 为了被监护人的利益   D. 经法院判决认定

  9. 甲十五岁，精神病人。关于其监护问题，下列哪一表述是正确的？（　　）

  A. 监护人只能是甲的近亲属或关系密切的其他亲属、朋友

  B. 监护人可是同一顺序中的数人

  C. 对担任监护人有争议的，可直接请求法院裁决

  D. 为甲设定监护人，适用关于精神病人监护的规定

二　多项选择题

  1. 依照我国现行法，判断限制民事行为能力人所从事的行为是否与其年龄、智力、精神健康状况相适应，应依据（　　）进行。

  A. 行为与本人生活相关联的程度

  B. 本人的智力或精神状况能否理解其行为，并预见其行为后果

  C. 行为涉及的财产数额

  D. 行为的方式

  2. 依据我国《民法通则》规定，有权指定未成年人监护人的有关组织包括（　　）。

  A. 未成年人父亲所在单位

  B. 未成年人母亲所在单位

  C. 未成年人住所地的居民委员会

  D. 未成年人住所地的村民委员会

  3. 依照我国现行法，可以担任精神病人监护人的有关组织包括（　　）。

  A. 精神病人所在单位

  B. 精神病人住所地的居民委员会

  C. 精神病人住所地的村民委员会

  D. 精神病人住所地的民政部门

4. 监护终止的原因主要有（　　　）。

A. 被监护人获得完全民事行为能力　B. 监护人或被监护人死亡

C. 监护人丧失民事行为能力　　　　D. 监护人自行辞去监护

5. 有关监护的说法，下列正确的是（　　　）。

A. 监护人可以是多个

B. 监护人须是完全行为能力人

C. 单位不能成为监护人

D. 监护人可以任意处分被监护人的财产

6. 按照我国《民法通则》的规定，未成年人的监护人可以由（　　　）担任。

A. 父母　　　　　　　　　　　B. 外祖父母

C. 兄弟姐妹　　　　　　　　　D. 祖父母

三　名词解释

1. 自然人　2. 自然人的民事行为能力　3. 监护　4. 宣告失踪　5. 宣告死亡

四　简答题

1. 简述宣告失踪应具备的条件。

2. 简述宣告死亡应具备的条件。

3. 简述宣告死亡的法律后果。

五　论述题

1. 试述未成年人监护人的设立。

2. 试述死亡宣告被撤销后的法律效力。

六　案例分析题

张三今年1月满16周岁，6月到本乡的集体工厂做临时工，每月收入1000元。7月，张未经其父母同意，欲花600元钱从李四处买一台旧电脑，虽遭到了他父母的强烈反对，但张某还是买了。10月，张因患病丧失了民事行为能力。随后张父找到李四，主张买卖无效，要求李返还钱款，取回电脑。

问：此买卖合同是否有效？为什么？

参考答案

一 单项选择题

1. B 2. A 3. C 4. C 5. C 6. B 7. C 8. C 9. B

二 多项选择题

1. ABC 2. ABCD 3. ABCD 4. ABC 5. AB 6. ABD

三 名词解释

1. 自然人是基于自然规律出生的人。自然人与公民这两个概念既有区别又有联系，公民是指取得一国国籍并根据该国宪法和法律规定享有权利和承担义务的人。凡公民均为自然人，但自然人不一定是一国公民。《民法通则》沿用苏联民法理论，用"公民"概念，未直接用"自然人"；《合同法》采用"自然人"概念，不再用"公民"。我国《民法通则》使用的公民概念，与自然人概念意义相同，但自然人的概念比公民概念更周延。

2. 自然人的民事行为能力是指自然人能以自己的行为取得民事权利承担民事义务的资格。自然人的民事行为能力以其意思能力为前提，也就是自然人可以判断自己的行为后果的能力，民事行为能力是与民事责任能力相对应的。

3. 监护是对未成年人和精神病人的人身、财产及其他合法权益进行监督和保护的一种民事法律制度。在我国，监护主要是针对未成年人和精神病人设立的一项法律制度，其目的在于保护他们的人身、财产和其他合法权益。

4. 宣告失踪是指自然人离开自己的住所，下落不明达到法定期限，经利害关系人申请，由人民法院宣告其为失踪人的法律制度。宣告失踪是对一种不确定的自然事实状态的法律确认，目的在于结束失踪人财产关系的不确定状态，保护失踪人的利益和利害关系人的利益。

5. 宣告死亡是指自然人下落不明达到法定期限，经利害关系人申请，人民法院宣告其死亡的法律制度。宣告失踪制度的目的与宣告死亡制度的设置目的不同。宣告失踪旨在解决失踪人的财产管理问题，但不能解决因失踪人生死不明而引起的民事关系的不确定问题，而宣告死亡制度使这一问题得到解决。宣告失踪制度重在保护失踪人的利益，而宣告死亡制度重在保护被宣告死亡人的利害关系人的利益。

四　简答题

1. 宣告失踪的法律条件应具备如下条件：

（1）自然人离开自己的住所或居所没有任何音讯且这种状态持续时间满 2 年，战争期间下落不明的，下落不明的时间从战争结束之日起计算。（2）经利害关系人申请，利害关系人是指下落不明人的近亲属或对该人负有监护责任的人以及该人的债权人和债务人，应当向失踪人最后居住地人民法院提出申请。（3）由人民法院判决宣告失踪，人民法院依审判程序进行审理，认为情况属实的依法判决宣告公民失踪。在审理过程中应发出寻找失踪人的公告，公告期间为 3 个月。

2. 宣告死亡的法律条件应具备如下条件：

（1）自然人下落不明必须满 4 年，在意外事故的情况下，自然人下落不明的时限为 2 年；（2）经利害关系人申请；（3）由人民法院判决宣告失踪，人民法院依审判程序进行审理，认为情况属实的依法判决宣告公民死亡。在审理过程中应发出寻找失踪人的公告，公告期间为 1 年。

3. 宣告死亡的法律后果有：自然人宣告死亡应发生与自然人自然死亡相同的效力，即宣告死亡人丧失民事主体资格，其民事权利能力和民事行为能力终止；其原先参加的民事法律关系归于消灭；其婚姻关系自然解除；其个人合法财产变为遗产开始继承。但宣告死亡只是依法对失踪人死亡的推定，有民事行为能力的人在被宣告死亡期间实施的民事法律行为仍然有效。其中自然死亡前实施的民事法律行为与被宣告死亡引起的法律后果相抵触的，则以实施的民事法律行为为准。

五　论述题

1. 监护是对未成年人和精神病人的人身、财产及其他合法权益进行监督和保护的一种民事法律制度。未成年人监护人的设立情况如下：

（1）父母为未成年人的当然法定监护人。这种监护是一种法定监护。这种监护关系因出生而开始，而不必另有原因。父母分居或父母离异，其监护人的资格不受影响。但父母一方或双方作为监护人对未成年人明显不利的，人民法院可以取消父母一方或双方担任监护人的除外。父母因正当理由，不能亲自履行监护职责，我国司法实践中也允许父母委托他人代为履行部分或全部监护职责，但父母仍为法定监护人。

（2）除父母之外的未成年子女的法定监护人。未成年子女的父母双亡或丧失监护能力或被取消监护人资格的，有监护能力的人担任监护人：第一，祖父母、外祖父母；第二，成年兄、姐。他们担任监护人是法定义务。

（3）未成年人的其他亲属、朋友担任监护人。未成年人的父母双亡，又没有祖父母、外祖父母以及成年兄、姐的，由未成年人的其他亲属朋友担任监护人，如叔、大伯、姨、姑、舅等。他们担任监护人不是法定义务。他们担任监护人除应具有监护能力外，还应具备两个条件：一是他们愿意担任监护人，二是需得到未成年人父母所在单位或未成年人住所地的居民委员会、村民委员会的同意。

（4）有关组织担任未成年人的监护人。未成年人没有上述法定监护人，也没有其他亲属、朋友或他们不愿担任监护人的，由未成年人父、母所在单位或者未成年人住所地的居民委员会、村民委员会或民政部门担任监护人。上述组织担任监护人不分顺序，遵循监护方便和对被监护人有利的原则确定。

（5）协议确定未成年人的监护人。未成年人父母双亡或丧失行为能力的，其他法定监护人及愿意担任监护人的其他亲属、朋友有两人以上又均具有监护能力的可以通过协议确定由其中一人担任监护人或由数人担任监护人。

（6）指定未成年人的监护人。指定未成年人的监护人是指未成年人父母之外的近亲属担任监护人。为未成年人指定监护人有两种，一种是有关组织指定，另一种是人民法院指定。有权指定未成年人的监护人的有关组织是未成年人父、母所在单位，或者未成年人住所地的居民委员会、村民委员会。当事人不服上述组织指定的，可向人民法院提起诉讼。如果未经有关组织指定，直接向人民法院起诉的，人民法院不予受理。

（7）未成年监护人的变更。未成年人的监护人的变更主要包括以下原因：监护人死亡、丧失了监护能力，这就需要变更监护人；监护人不履行监护职责，给未成年人造成损害的或者利用监护方便侵害未成年人财产利益的，经未成年人的近亲属申请，人民法院可以变更监护人；在法律允许的情况下，监护人之间也可以签订变更协议，更换监护人。变更未成年人的监护人的目的在于保护未成年人的合法权益。

2. 宣告死亡是指自然人下落不明达到法定期限，经利害关系人申请，人民法院宣告其死亡的法律制度。宣告失踪制度的目的与宣告死亡制度的设置目的不同。宣告失踪旨在解决失踪人的财产管理问题，但不能解决因失踪人生死不明而引起的民事关系的不确定问题，而宣告死亡制度使这一问题得到解决。宣告失踪制度重在保护失踪人的利益，而宣告死亡制度重在保护被宣告死亡人的利害关系人的利益。

宣告死亡的法律后果有：自然人宣告死亡应发生与自然人自然死亡相同的效力，即宣告死亡人丧失民事主体资格，其民事权利能力和民事行为能力终止；其原先参加的民事法律关系归于消灭；其婚姻关系自然解除；其个人合法财产变为遗产开始继承。但宣告死亡只是依法对失踪人死亡的推定，有民事行为能力的人在被宣告死亡期间实施的民事法律行为仍然有效。其中自然死亡前实施的民事法律行为与被宣告死亡引起的法律后果相抵触的，则以实施的民事法律行为为准。

在被宣告死亡的人重新出现或有人确知其没有死亡时，经本人或利害关系人申请，人民法院应当撤销对其的死亡宣告。其具体情况为：

（1）被宣告死亡人配偶未再婚的，夫妻关系从撤销死亡宣告之日起自行恢复。但已婚的，应保护现行婚姻关系；如配偶再婚后又离婚或再婚后配偶他方又死亡的，不能自行恢复婚姻关系。

（2）在死亡宣告期间，被宣告死亡人的子女由他人收养的，撤销死亡宣告后，仅以未经本人同意主张收养关系无效的，不应准许，但收养人和被收养人同意的除外。

（3）撤销死亡宣告后，本人可以请求返还财产，由第三人合法取得的，第三人可不予退还。因继承而取得财产的自然人或组织，应当返还原物或给予适当补偿。

六　案例分析题

此买卖合同完全有效。我国《民法通则》第 11 条规定，16 周岁以上不满 18 周岁的公民，以自己的劳动收入为主要生活来源的，视为完全民事行为能力人，张三已满 16 周岁，且以自己的劳动收入为主要生活来源，应视为完全民事行为能力人，可以独立实施民事法律行为，无须征得其父母同意。当然，被视为完全民事行为能力的人订立处分不动产的合同，应经其法定代理人同意。被视为完全民事行为能力人立遗嘱的行为在实务中应认定无效为宜。张某患病丧失民事行为能力是在合同成立之后，这不影响他所订立的买卖合同的效力。张某的父亲的诉讼请求应依法不予支持。

第五章 法人

一 单项选择题

1. 下列不具有法人资格的是（   ）。

A. 济南铁路局   B. 青岛市邮政局

C. 中国建设银行山东省分行   D. 济南国际机场

2. 国家自然科学基金委员会在性质上属于（   ）。

A. 机关法人   B. 社会团体法人

C. 基金会法人   D. 事业单位法人

3. 法定代表人变更以后，原订立的合同（   ）。

A. 一律无效   B. 应继续履行

C. 经追认后有效   D. 部分有效

4. 企业法人依法被撤销、解散、宣告破产或其他原因而进行清算时，企业法人（   ）。

A. 主体资格消灭，不能进行民事活动

B. 主体资格不消灭，但不能进行民事活动

C. 主体资格不消灭，仍然可以进行各种民事活动

D. 主体资格不消灭，但不能进行清算范围以外的民事活动

5. 法人设立登记具有（   ）。

A. 生效效力   B. 对抗效力

C. 生效效力或对抗效力   D. 生效效力和对抗效力

6. 甲公司因业务发展分立成丙公司和丁公司，双方并且约定，原欠某银行的100万元贷款由丙公司负责偿还。后由于丙公司无力偿还该笔贷款而发生纠纷。依法，该笔贷款应如何偿还？（   ）

A. 由丙公司偿还   B. 由丁公司偿还

C. 由丙公司和丁公司连带偿还　　　D. 由丙公司或丁公司偿还

7. 甲企业系国有企业，经营不善，其上级主管部门市工业局决定撤销该企业，并成立了清算小组，清算时发现乙公司尚欠甲企业货款 20 万元，如果起诉要求乙公司偿还货款，应以谁为原告？（　　　）

A. 甲企业　　　　　　　　　　B. 市工业局

C. 清算小组　　　　　　　　　D. 市国有资产管理局

二　多项选择题

1. 下列为财团法人的是（　　　）。

A. 某公司　　　　　　　　　　B. 某基金会

C. 某合作社　　　　　　　　　D. 某寺院

2. 下列机构为法人机关的是（　　　）。

A. 某公司的销售科　　　　　　B. 全民所有制企业的厂长

C. 某公司的董事会　　　　　　D. 某企业的工会

3. 在我国依法设立的有限责任公司为（　　　）。

A. 企业法人　　　　　　　　　B. 社会团体法人

C. 社团法人　　　　　　　　　D. 财团法人

4. 在我国，法人设立的方式有（　　　）。

A. 命令设立　　　　　　　　　B. 发起设立

C. 募集设立　　　　　　　　　D. 捐助设立

5. 企业法人有下列情形的，应及时向登记机关登记并进行公告（　　　）。

A. 分立　　　　　　　　　　　B. 合并

C. 增加注册资本　　　　　　　D. 减少注册资本

三　名词解释

1. 法人　2. 企业法人　3. 机关法人　4. 事业单位法人　5. 社会团体法人
6. 社团法人　7. 财团法人　8. 营利法人　9. 公益法人　10. 法人机关

四　简答题

1. 简述法人的本质特征。

2. 比较法人的民事权利能力与自然人的权利能力。

3. 简述区分社团法人与财团法人的意义。

4. 简述法定代表人的特点。

5. 简述法人设立与法人成立的区别。

6. 简述法人终止的原因。

五　案例分析题

1. 2004 年，童某、陈某和姜某三人共同在设立了一家儿童制衣有限公司，公司注册为 60 万元。章程中载明三人的出资分别是 20 万元，15 万元和 25 万元，但实际上，三方的出资都没有交足，总共只有价值 20 万元的生产设备和 5 万元的流动资金，公司的注册是陈某通过欺骗手段获得出资证明办理的。公司成立后，一直运营正常，也与其他的企业签订了大量的合同，其中多数合同已经履行完毕。但是由于经营不善，公司一直都没有真正赢利。2005 年，该企业因对市场估计失策，导致严重亏损。该市布料厂前来追讨公司所欠的 50 万元的债务，后起诉到法院。

（1）该"公司"是否具有法人资格？

（2）本企业所欠债务应由谁承担？

2. 某建筑安装公司从邻省的安电设备制造厂购进了 4000 只电源开关，但回来经检测，发现有三分之一的质量不合格。经双方协商，安电制造厂同意全部退货。但是某建筑安装公司却一直没有收到 4000 只电源开关的退货款，几经催讨都没有结果，于是某建筑安装公司以安电设备制造厂为被告向法院起诉。但此时安电制造厂已经被某电力设备有限公司所兼并，成为其分公司。原制造厂领导以制造厂已经不存在为由，不归还欠款；而某电力设备有限公司认为，此债务属原制造厂，与公司业务没有任何关系，也拒绝承担责任。

某安装公司应该以谁为被告？此债务应该由谁来承担？

参考答案

一　单项选择题

1. C　2. D　3. B　4. D　5. A　6. C　7. C

二 多项选择题

1. BD　2. BC　3. AC　4. ABCD　5. ABCD

三 名词解释

1. 法人是具有民事权利能力和民事行为能力，依法独立享有民事权利和承担民事义务的组织。

2. 企业法人是指以营利为目的，独立从事商品生产和经营活动的法人。

3. 机关法人是指依法享有国家赋予的行政权力，并因行使职权的需要而享有相应的民事权利能力和民事行为能力的国家机关。

4. 事业单位法人是指为了社会公益事业目的，从事文化、教育、卫生、体育、新闻等公益事业的单位。

5. 社会团体法人是指自然人或法人自愿组成，为实现会员共同意愿，按照其章程开展活动的非营利性社会组织。

6. 社团法人是以社员权为基础的人的集合体，也称为人的组合。公司、合作社、各种协会与学会等都是典型的社团法人。

7. 财团法人是指为一定目的而设立的，并由专门委任的人按照规定的目的进行使用的各种财产，也称财产组合。

8. 营利法人是指以取得营利并分配给其成员为活动目的的法人，如公司等。

9. 公益法人是指以公益为其活动目的的法人，如学校、医院、慈善组织等。

10. 法人机关是指根据法律、章程或条例的规定，于法人成立时产生，不需要特别委托授权就能够以法人的名义对内负责法人的生产经营或业务管理，对外代表法人进行民事活动的集体或个人。

四 简答题

1. 法人的本质特征包括：（1）法人是社会组织。作为民事主体的法人或为多个自然人组成的社会集合体，或由一定数量的财产集合为基础组成的社会组织；（2）法人是具有民事权利能力和民事行为能力的社会组织；（3）法人是依法独立享有权利和承担民事义务的组织，法人是独立的组织，拥有独立的财产，承担独立的责任。

2. 法人、自然人是两种不同的民事主体，其民事主体资格的享有均是法律赋予的。二者的主要区别如下：

（1）享有的时间不同。自然人民事权利能力的享有始于出生终于死亡，自然人的生死是自然现象；法人则不一样，法人的成立与终止不是自然现象，是行为的结果。因此，自然人民事权利能力享有的时间不由自然人自己所左右，而法人的成立、终止则是一系列行为的结果。

（2）享有的范围不同。自然人是生命体。因此依法享有的民事权利能力范围较广，既包括一般财产权，也包括与自然人生命密不可分的人身权，如生命健康权、肖像权；而法人是组织体，不享有与生命密切相关的生命健康权、肖像权等人身权内容。

（3）法人的民事权利能力具有差异性。自然人的民事权利能力一律平等，不因自然人的性别、年龄、智力、健康状况等不同而有所区别；法人的民事权利能力具有差异性，不同的法人，其民事权利能力的范围是不一样的，各类依法登记的法人应在核准登记的范围内从事活动，享有相应的民事权利能力，而非登记法人即依法不需办理法人登记的法人，则应严格按照法人成立的目的、活动范围等享有相应的民事权利能力。

3. 社团法人是以社员权为基础的人的集合体，也称为人的组合。财团法人是指为一定目的而设立的，并由专门委任的人按照规定的目的进行使用的各种财产，也称财产组合。二者区分的意义是：

（1）成立基础不同。社团法人以人为基础，有自己的组织成员或社员；财团法人以财产为基础，因而没有法人成员。（2）设立人的地位不同。社团法人的设立人，在法人成立时成为其成员，并享有成员权；而财团法人的设立人，由于法人成立时与法人相脱离，故不为法人成员。（3）设立行为不同。社团法人的设立行为属于共同的民事法律行为，且为生前行为；而财团法人的设立行为则为单方行为，有的为死后生效的行为。（4）有无意思机关不同。社团法人有自己的意思机关，故又称自律法人；财团法人则没有该机关，故又称他律法人。（5）目的不同。社团法人设立的目的可以是为了营利，也可以为了公益，故社团法人可分营利法人、公营法人和中间法人；财团法人的设立目的只能是为了公益，所以财团法人只能是公益法人。

4.（1）必须为具有完全民事行为能力；（2）必须具有一定管理能力和业务知识；（3）须不存在不得担任法定代表人的情形；（4）已担任一个法人的法定代表人者，原则上不得再担任其他法人的法定代表人。

5.（1）两者的性质不同。法人的设立是一种准备行为，这种准备行为既有法律性质上的，也有非法律性质的；而法人的成立则不同，它属于法人产生的形成阶段，其行为性质均属于法律意义上的法律行为。（2）两者的要件不同。法人的设立一般要有合法的设立人，存在设立基础和设立行为本身合法等要件；而法人的成立一般应具备依法成立，有必要的财产或经费以及有自己的名称、组织机构和场所等要件。因此，法人的设立并不当然导致法人的成立，当设立无效时，法人就不能成立。（3）两者的效力不同。法人在设立阶段，仍不具有民事主体资格，其行为是法人设立人的行为，所发生的债权债务，由法人设立人享有和承担；而法人成立后，即享有民事主体资格，所发生的债权和债务，由法人享有和承担。

6.（1）依法被撤销。它是指法人依照法律的直接规定或因违反法律的规定而被解散的情况。（2）自行解散。它主要指法人的目的事业完成或无法完成、法人机关的决议、法人章程规定的存续期限届满或解散事由的发生而自动解散的情况。（3）依法被宣告破产。企业法人不能清偿到期债务时，人民法院可根据债权人或债务人的申请，依法宣告破产。（4）其他原因。如法人的合并、分立、国家经济政策的调整和发生战争等。

五　案例分析题

1.（1）本案中的"公司"具有法人资格。公司法人资格的取得，以登记公示为要件。儿童制衣有限公司已经工商局登记注册，具有公示效力。该公司在登记过程中，虽然出资不到位，是通过不正当手段登记注册的，但公司登记注册以后，营运正常，多数合同履行完毕，不属于公司法规定的"情况严重，应予撤销"的情形，因此，该公司具有法人资格。

（2）因为本案中的公司具有法人资格，因此，其所欠布料厂50万元的债务，应由公司承担。如果公司的资产不足以清偿该债务，由于该公司三股东出资不到位，三股东应负补足出资额不到位的责任。在补足出资额的范围内，三股东负有清偿该债务的义务。

2.某安装公司应以某电力设备有限公司为被告。我国《民法通则》第44条规定："企业法人分立、合并，它的权利和义务由变更后的法人享有和承担。"本案中安电制造厂被某电力设备有限公司所兼并，已没有独立的财产，也不再是一个独立的法人，其所欠债务应由某电力设备有限公司承担。某电力设备有限公司自然成为本案被告。

第六章　非法人组织

一　单项选择题

1. 甲乙两人分别出资 8 万元合伙经营一饭店，后因经营管理不善，负债 10 万元。甲乙对该债务应承担（　　　）。

A. 无限按份责任
B. 有限按份责任
C. 无限连带责任
D. 有限连带责任

2. 合伙经营期间发生亏损，退伙人已分担合伙债务的，对其参加合伙期间的全部债务（　　　）。

A. 不负责任
B. 按合伙协议的约定处理
C. 负连带责任
D. 适当分担

3. 只提供技术性劳务的合伙人，对合伙经营的亏损额，对外（　　　）。

A. 按技术性劳务折抵的出资比例承担责任
B. 在分得的利润范围内承担责任
C. 只承担约定的按份责任
D. 承担连带责任

4. 甲、乙、丙三人依法成立一合伙组织，推举甲为负责人，其他合伙人的经营活动（　　　）。

A. 对全体合伙人不发生效力
B. 只有经甲认可后方发生效力
C. 对全体合伙人发生效力
D. 须经全体合伙人认可后方发生效力

5. 甲、乙二人合伙经营，后来甲因急事用钱，要将自己的 5 万元份额转让，乙和丙均欲以同一价格购买，甲应如何处理？（　　　）

A. 卖给乙
B. 卖给丙
C. 任择其一
D. 每人一半

6. 甲、乙、丙三人合伙经营，后甲因急需用钱欲将自己 5 万元的份额转让。

乙和丙均主张优先购买权，甲应如何处理？（　　）

A. 由乙、丙抓阄决定谁购买

B. 由甲决定卖给乙或丙

C. 由乙、丙按原来所占的份额行使优先购买权

D. 由乙、丙各购买甲的一半的份额

二　多项选择题

1. 合伙人退伙时分割的财产应包括（　　）。

A. 合伙时投入的财产　　　　　B. 合伙期间积累的财产

C. 合伙期间的债权　　　　　　D. 合伙期间的债务

2. 企业法人分支机构的成立条件有（　　）。

A. 依法设立

B. 无须依法设立，由企业法人决定即可

C. 有自己的名称、组织机构和场所

D. 有一定的财产或经费

3. 甲提供资金 1 万元，乙提供房屋五间，丙提供自己的技术，共同开办一家修理厂，因资金不足，他们又向丁借贷了 1 万元，这个厂的合伙人是谁？（　　）

A. 甲　　　　　B. 乙　　　　　C. 丙　　　　　D. 丁

4. 中国农业银行某县支行为某企业的债务提供了担保，因某企业不能偿还债务而发生纠纷，对此，下列判断正确的是（　　）。

A. 该担保合同无效，因为支行不具有缔约能力

B. 该担保合同有效，因为支行具有缔约能力

C. 债权人应以该支行为被告，因为该支行具有诉讼能力

D. 债权人应以该中国农业银行为被告，因为该支行不具有诉讼能力

5. 王某以个人名义兴办了一个木制品加工厂，在申请设立企业登记时明确以其家庭共有财产作为个人出资，对此，下列观点，正确的是（　　）。

A. 该加工厂为个人独资企业

B. 该加工厂实为合伙企业

C. 王某应以个人财产对企业债务承担无限责任

D. 王某应以家庭共有财产对企业债务承担无限责任

三　名词解释

1. 非法人组织　2. 合伙 3. 入伙　4. 退伙　5. 个体工商户　6. 个人独资企业 7. 普通合伙　8. 有限合伙

四　简答题

1. 简述合伙的特征。
2. 简述合伙终止的原因。
3. 简述企业法人分支机构应具备的成立条件。
4. 简述普通合伙与有限合伙的区别。

五　论述题

试述合伙的财产关系与债务承担。

六　案例分析题

1. 甲有生产一次性卫生巾的技术，乙、丙想使用此技术办工厂。三方协议为甲四成，乙、丙各三成，但甲不参与经营管理，甲同意乙、丙使用技术。到 2006 年 3 月止，甲分得 5 万元。后因乙、丙经营管理不善，导致亏损，负债 5 万元。乙、丙找甲要求其承担部分亏损，甲不同意，认为他只是转让技术，而未参与合伙，不应负担亏损。后债权人丁将甲、乙、丙共同告上法院。

(1) 甲是合伙人吗? 为什么?

(2) 5 万元的债务应如何偿还? 为什么?

2. 甲、乙、丙均为经营长途客运业的专业户，三人商定合伙经营跑运输，每人出资 10 万元入伙，同时甲提出其业务经理丁善于管理，可以由丁以其管理才能入伙，不须交纳出资，乙、丙表示同意。四人一致同意由丁作为日常业务负责人。后甲因其他事项提出退伙，并放弃在合伙中的份额，乙丙丁三人表示同意。3 天后，丁在运输过程中撞伤他人，需支付赔偿费 50 万元，为此引起纠纷。请回答下列问题：

（1）丁以其管理才能入伙是否有效？

（2）甲放弃的份额应如何处理？

（3）赔偿费 50 万元应如何承担？

参考答案

一 单项选择题

1. C 2. C 3. D 4. C 5. A 6. B

二 多项选择题

1. ABCD 2. ACD 3. ABC 4. BC 5. AD

三 名词解释

1. 非法人组织是指不具有法人资格但可以自己的名义进行民事活动的组织，亦称非法人团体。非法人组织是人合组织体，是具有相应的民事权利能力和民事行为能力的组织体，但是不能完全独立承担民事责任。

2. 合伙是两个以上民事主体出于共同的经济目的，自愿签订协议，共同出资和经营，多负盈亏和风险，对外负无限连带责任的联合体合伙是按照合伙协议组成的联合体，合伙的月立除有合伙合同外，还要办理工商登记，领取营业执照，合伙独立从事经营活动，由合伙人共同出资、共同经营，合伙人共享收益、共担风险，并对合伙债务承担连带无限责任。

3. 入伙指的是合伙成立之后、解散之前，第三人加入合伙取得合伙人身份的民事法律行为。

4. 退伙是合伙人与其他合伙人脱离合伙关系，丧失合伙人身份。退伙分为声明退伙与法定退伙。声明退伙又称任意退伙，是指出于合伙人自己愿意的退伙，原则上有当事人自己的意思表示即可生效。法定退伙是指在发生法律规定的情形如合伙人死亡、丧失行为能力或被开除等时而出现的退伙。

5. 个体工商户是指在法律允许的范围内，依法经核准登记，从事工商经营活动的自然人或家庭。从事工商个体经营的是单个自然人或家庭，个体工商户必须依法进行核准登记，并在法律允许的范围内从事工商业经营活动。

6. 个人独资企业是指一个自然人投资，财产属投资人个人所有，投资人以其个人财产对企业债务承担无限责任的经营实体。个人独资企业是一个自然人出资，雇工经营，并具有一定生产经营规模的组织形式。

7. 普通合伙是由两人以上根据共同协议而组成的营利性非法人组织。

8. 有限合伙是由两种合伙人组成的，一种是出名合伙人，另一种是隐名合伙人或有限合伙人。出名合伙人参与经营，对合伙债务承担无限连带责任。有限合伙人只出资，不参与经营，对合伙债务承担有限责任。

四　简答题

1. 合伙的法律特征包括：（1）合伙是按照合伙协议组成的联合体，合伙人成立合伙的合伙协议称为合伙合同，合伙合同是合伙成立的基础。（2）合伙是独立从事经营活动的联合体，可有自己的名称和字号，可以自己的名义享受权利和负担义务，在人格、财产、利益和责任等方面是相对独立于合伙人个人的。（3）合伙是由合伙人共同出资、共同经营的联合体。（4）合伙人共享收益、共担风险，并对合伙债务承担无限连带责任。

2. 合伙的终止主要有以下原因：（1）合伙的存续期间届满；（2）合伙人全体一致同意终止合伙协议；（3）合伙事业已经完成或已确定无法完成；（4）合伙违反法律而被撤销。

3. 企业法人分支机构的成立条件有：（1）依法成立。企业法人的分支机构必须是法律允许设立的经济组织。企业法人设立分支机构应履行法定手续。（2）有自己的名称、组织机构和场所。企业法人的分支机构必须具有不同于其所属法人的依核准登记的名称。在核准登记的范围内，对其名称具有专用权，并以该名称进行业务活动，企业法人分支机构应设有管理内部事务及对外活动的组织机构，有进行业务活动的场所。（3）有一定的财产或经费。这种财产或经费是企业法人分支机构进行经营活动的物质基础。

4. 普通合伙是由两人以上根据共同协议而组成的营利性非法人组织。

有限合伙是由两种合伙人组成的，一种是出名合伙人，另一种是隐名合伙人或有限合伙人。出名合伙人参与经营，对合伙债务承担无限连带责任。有限合伙人只出资，不参与经营，对合伙债务承担有限责任。

两者的区别是：

（1）责任不同。普通合伙人对合伙债务承担无限连带责任，有限合伙人对此承担有限责任。

（2）分配不同。普通合伙是共同经营、共享收益。有限合伙中有限合伙人只出资，不参与合伙经营，按约定分享收益。

（3）是否参加管理不同。普通合伙的经营活动由合伙人共同决定。有限合伙中有限合伙人不参与合伙经营活动。

五 论述题

合伙是两个以上民事主体出于共同的经济目的，自愿签订协议，共同出资和经营，自负盈亏和风险，对外负无限连带责任的联合体合伙是按照合伙协议组成的联合体，合伙的成立除有合伙合同外，还要办理工商登记，领取营业执照，合伙独立从事经营活动，由合伙人共同出资、共同经营，合伙人共享收益、共担风险，并对合伙债务承担连带无限责任。

合伙财产指合伙人为经营共同事业所构成的一切财产、权利和利益，它由各合伙人按合伙协议向合伙投入的财产和合伙经营过程中积累起来的财产两部分构成。（1）合伙人投入的财产。合伙人投入的财产，由合伙人统一管理和使用。一般说来，合伙人出资往往直接构成共有财产，而且出资在一般情况下都意味着所有权的转移。（2）合伙经营积累的财产。合伙经营积累的财产，归合伙人共有。即这部分财产，成为合伙的共有财产，合伙共有财产的共有权人是全体合伙人，合伙人应依自己的应有份额享有。共有权在合伙关系存续期间，合伙人对自己的应有份额并无任意处分的权利。按照财产共有关系的一般法则，合伙共有财产由全体合伙人统一管理和使用，非经全体合伙人的一致同意，任何合伙人都不能使用和处分合伙财产。

合伙债务，指合伙关系存续期间合伙以全体合伙人名义从事经营活动所产生的债务。合伙债务产生的原因是合伙对第三人的合同行为或侵权行为，履行债务的担保或承担债务的财产范围则是合伙的共有财产和每个合伙人的个人财产。对合伙的债务，合伙人应按照其出资比例或合伙协议的约定，以其个人财产清偿合伙债务，合伙的性质、出资方式和合伙财产的规模决定合伙人承担的是无限责任。在对外关系上，全体合伙人对于合伙债务承担无限连带清偿责任，法律另有规定的除外。即每一合伙人都有义务清偿合伙的全部债务，而不受各合伙人对合伙财产的出资比例或合伙协议中约定的债务承担份额的限制。就债权人而言，既可以对某一个、也可以对某几个或全体合伙人先后或同时提出履行全部或一部分债务的请求。偿还合伙债务超过自己应当承担数额的合伙人，有权向其他合伙人追偿。

六　案例分析题

1．（1）甲是合伙人。甲虽然未直接参加合伙的经营管理，但甲提供了技术，并且按比例分红，分得 5 万元，这就是实际的利润。甲应视为合伙人。

（2）由合伙人共同承担连带偿还责任。合伙人在对外债务承担上，负无限连带责任，但承担了债务之后，就亏损按合伙协议的约定或者按出资比例分担。协议未约定债务承担比例或者出资比例的，按照约定的或者实际的盈余分配比例承担。对造成合伙经营亏损有过错的合伙人，应当根据其过错程度相应地承担责任。

2．（1）有效。依《民法通则》和《合伙企业法》规定，合伙人以劳务出资，经其他合伙人同意的，合法有效。

（2）归其他合伙人共有。

（3）由乙、丙、丁承担无限连带责任，因为甲已退伙，对退伙后产生的债务不承担责任。

第七章　民事法律客体的种类

一　单项选择题

1. 依照我国现行法和司法实践，下列财产中属于不动产的是（　　）。

A. 临时商亭　　　　　　　　　　　B. 田中的麦子

C. 山林　　　　　　　　　　　　　D. 水库中的鱼

2. 下列各物中，属于法定孳息的是（　　）。

A. 树上的果实　　　　　　　　　　B. 银行存款利息

C. 牛生下的小牛　　　　　　　　　D. 买卖的价金

3. 下列物中，属于主物与从物关系的是（　　）。

A. 甲的汽车与乙的拖斗　　　　　　B. 丙的房屋与其门窗

C. 丁的上衣与裤子　　　　　　　　D. 戊的船舶与船桨

4. 友谊学校委托其工作人员王某购买一批电教器材。王某到百货公司购买时，恰逢该公司举行有奖销售，王某因代买电教器材而获得五张奖券，后这五张奖券中的一张中奖，可得到笔记本电脑一台，该电脑应如何处理？（　　）

A. 归友谊学校所有

B. 归友谊学校所有，但应给王某一定补偿

C. 归王某所有

D. 归友谊学校和王某共有

5. 一幅古画属于（　　）。

A. 不动产　　　　　　　　　　　　B. 特定物

C. 从物　　　　　　　　　　　　　D. 可分物

6. 设定一定债权的有价证券是（　　）。

A. 本票、支票和股票　　　　　　　B. 汇票、支票和提单

C. 债券、股票和汇票　　　　　　　D. 债券、支票和汇票

二 多项选择题

1. 下列不属于民法上的物的有（　　）。

A. 满口的金牙 　　　　　　　　B. 水库中的鱼

C. 专利 　　　　　　　　　　　D. 日月星辰

2. 下列物中，非专属于国家所有的财产的有（　　）。

A. 矿藏 　　　　　　　　　　　B. 水库中的水

C. 土地 　　　　　　　　　　　D. 黄金

3. 依据我国现行法，下列物中，应归国家所有的有（　　）。

A. 甲从垃圾堆里捡回一件旧棉衣

B. 乙在河里捞到一条鱼

C. 丙在耕作土地时，发现一个古董

D. 国家公共机关收缴的遗物，经公告期满后而无人认领

4. 下列不属于原物与孳息关系的有（　　）。

A. 母鸡与其生下的鸡蛋 　　　　B. 鸡蛋与孵出的小鸡

C. 空调与其吹出的风 　　　　　D. 羊与其身上的羊毛

5. 下列属于原物和孳息的有（　　）。

A. 牛和宰杀牛得到的肉 　　　　B. 母牛和母牛产的奶

C. 本金和利息 　　　　　　　　D. 母鸡和母鸡下的蛋

6. 根据法律规定，下列哪些财产专属于国家所有？（　　）

A. 土壤 　　　B. 矿藏 　　　C. 水流 　　　D. 森林

三 名词解释

1. 物　　2. 从物　　3. 孳息　　4. 有价证券

四 简答题

1. 简述民法上的物的法律特征。

2. 简述区分动产与不动产的法律意义。

3. 简述特定物与种类物区分的法律意义。

4. 简述可分物与不可分物区分的法律意义。

5. 简述孳息的法律意义。

6. 简述货币作为民法上特殊的种类物的特殊之处。

五　论述题

试述从物应具备的条件及其意义。

六　案例分析题

2005 年 12 月，村民甲与县肉联厂达成口头协议：自养的黄牛两头送县肉联厂宰杀，牛肉款按净肉每斤 3 元 5 角的价格结算，牛皮、牛头和牛下水归肉联厂，甲再付肉联厂宰杀费 80 元。在宰杀过程中，肉联厂的屠宰工人乙在其中一头牛的下水中发现牛黄，重 100 克，卖得价款 5000 元。甲知道后与乙、县肉联厂为牛黄款归属发生纠纷。

（1）甲与县肉联厂是什么法律关系？

（2）本案中该牛黄款应如何处理？为什么？

参考答案

一　单项选择题

1. C　2. B　3. D　4. A　5. B　6. D

二　多项选择题

1. ACD　2. BCD　3. CD　4. BCD　5. BCD　6. BC

三　名词解释

1. 民法上的物，作为民事法律关系客体之一，是指存在于人身之外，能够满足人们的社会需要而又能为人所实际控制或支配的物质客体。

2. 在必须结合使用才能发挥经济效益的两个独立的物中，处于附属地位，起辅助和配合作用的物是从物，从物是相对于主物而言的，主物是在两个结合使用中起主要作用的物。

3. 孳息是指因物或权益而生的收益，孳息是相对原物而言的，原物是指依照法律规定或依其自然性质产生新物的物。孳息分为天然孳息和法定孳息。天然孳息是指依照物的自然性质而产生的收益物，又称直接孳息。法定孳息是指依照法律规定产生的收益物，又称间接孳息。

4. 有价证券是指设定并证明持券人有权取得一定财产权利的书面凭证。有价证券与证券上所记载的财产权利不能分离，要享有证券上所代表时财产权利，就必须持有证券。有价证券的债务人是特定的，即证券的权利人只能向证券上记载的债务人要求实现债权。而有价证券的债权人则可因证券的转让而发生变更，持券人的合法更换不影响债务人对债务的履行。有价证券的债务人的支付是单方义务，债务人不得要求权利人支付相应对价。但是，债务人有权收回有价证券。

四　简答题

1. 物的法律特征包括：（1）物存在于人身之外。民法上所称之物，作为民事法律关系客体之一，具有非人格性，只能是存在于人身之外的一切有体物。（2）物能满足人们的社会需要。民法上的物，必须具有一定的使用价值，能够满足人们一定的社会需要。不具有使用价值的物，不能成为法律意义上的物。社会需要可以分为社会物质生活需要和社会精神生活需要具有经济价值和用途的物，能够满足人们的物质生活需要，可以成为民法上的物。同样，具有精神价值，如文化价值、情感价值等的物，能够满足人们的精神生活需要，也可以成为民法上的物。（3）物能为人所实际控制或支配。能够为民事主体所实际控制或支配的物质客体才能成为民法上的物。（4）物以有体物为限。德国民法将物限于有体物。所说有体物，是指占确一定空间且具有某种形体的物。

2. 区分动产和不动产的法律意义在于：（1）物权变动的法定要件不同。法律规定不动产权利的变动以向国家行政主管机关登记为要件，否则不受法律保护；而对于动产物权的变动，则一般以物的实际交付为要件，甚至可以合同成立为要件。（2）物权类型不同。典权、地上权、土地承包权、地役权以不动产为限；而动产质权、留置权以动产为限。（3）诉讼管辖方面的不同。因不动产发生的纠纷，一律由不动产所在地人民法院进行专属管辖，适用不动产所在地法。而动产的诉讼管辖则比较灵活。

3. 区分特定物与种类物的法律意义在于：（1）有些法律关系只能以特定物为客体，如所有权法律关系，租赁法律关系等；而有些法律关系的客体既可以是特定物也可以是种类物，如买卖法律关系等。（2）物意外灭失的法律后果不同。特定物在交付前意外灭失的，由于其具有不可替代的特性，故而可以免除义务人的交付义务，而只能请求赔偿损失。种类物如在交付前意外灭失的，由于其具有可替代性，故不能免除义务人的交付义务，可责令义务人以同种类的物为交付。

4. 区分可分物和不可分物的法律意义在于：（1）便于共有财产的分割。当数人共有一物时，若物为可分物，则财产分割时可以采取实物分割的方法，各自取回自己的份额；若物为不可分物，则只能采取变价分割或作价补偿其他共有人的方法分割其共有物。（2）便于明确多数人之债的债权债务，多数人之债中，若其标的物为可分物，则数人共享按份债权或共担按份债务；若标的物为不可分物，则数人之债权为连带债权，而其债务为连带债务。此外，当事人可依协议或约定一定期限内不得将可分物分割，则其债权债务于此特定期限内为连带债权或连带债务。

5. 孳息的法律意义在于确定孳息的归属和孳息收取权。在我国法律实务中，如法律未明确规定或当事人未特别约定，孳息归原物人享有。孳息的收取权，天然孳息与法定孳息不同。天然孳息的收取由物权法规定，法定孳息的收取由债权法规定。天然孳息未与原物分离前，不存在孳息收取问题。一旦与原物相分离，孳息归属物权法确定的权利人。法定孳息的权利人通常为债权人。有收取法定孳息权利的人，按其权利存续期间的日数取得孳息。

6. 货币作为民法上特殊的种类物，其特殊之处是：（1）货币所有权的归属。货币占有权与所有权合而为一，货币的占有人视为货币所有人。（2）货币所有权的转移。货币所有权的转移以交付为要件，即使在借款合同中，转移的也是货币所有权，而非货币的使用权。无行为能力人交付的货币也发生所有权的转移。（3）货币不发生返还请求权之诉的问题，仅能基于合同关系、不当得利或侵权行为提出相应的请求。其特殊之处是由货币的流通手段决定的。

五 论述题

在必须结合使用才能发挥经济效益的两个独立的物中，处于附属地位，起辅助和配合作用的物是从物，从物是相对于主物而言的，主物是在两个结合使用中起主要作用的物。

从物应具有下列构成要件：第一，从物之使用目的应该具有永久性，从物必须常助主物的效用，此项效用不以经济效用和经济目的为限；第二，从物与主物同属于一人；第三，从物须具有独立性，不是主物的部分；第四，须在交易上视为从物。在交易上有特殊习惯，不被认为从物的，不得以从物论。

从物的法律效力：在法律没有相反规定或当事人没相反约定时，主物所有人处分主物时，效力及于从物，如转移主物所有权，则从物所有权亦随之移转；在当事人没有特别约定的情况下，因标的物的主物不合约定解除合同的，解除合同的效力及于从物，但不能与之相反；若对主物所有权为一定限制，则限制亦及于从物，如设定抵押，则抵押之效力亦及于从物。

六　案例分析题

（1）承揽合同关系。甲付给县肉联厂宰杀费 80 元，这是承揽合同的典型特征。

（2）应归甲所有。如前所述，甲与县肉联厂的关系是承揽同关系。我国合同法和当事人均未对该承揽合同中的孳息归属作出约定，依民法原理，孳息在法律没有规定或当事人没有约定的情况下，归原物所有人所有。牛黄是牛的孳息，不是牛下水的孳息，故应归牛的所有人。

第八章　民事行为

一　单项选择题

1. 下列选项中，不属于有相对人的意思表示的是（　　）。

A. 悬赏广告 B. 债务免除

C. 代理权授予 D. 遗嘱行为

2. 附解除条件的民事法律行为，在条件不成就时，该民事法律行为（　　）。

A. 开始生效 B. 开始无效

C. 失去效力 D. 继续有效

3. 下列有关我国无效民事行为的确认权归属的说法，正确的是（　　）。

A. 只能由人民法院确认，不能由仲裁机关确认

B. 只能由仲裁机关确认，不能由人民法院确认

C. 既可由人民法院确认，又可由仲裁机关确认

D. 只能由人民法院或者仲裁机关任选其一

4. 依据我国现行法，可撤销民事行为的撤销权行使的除斥期间是（　　）。

A. 9 个月 B. 1 年 C. 2 年 D. 4 年

5. 当事人约定"如果甲的儿子从外地调回"，甲乙之间的房屋租赁合同即行终止。这一民事法律行为所附的条件是（　　）。

A. 否定解除条件 B. 否定延缓条件

C. 肯定解除条件 D. 肯定延缓条件

6. 甲不知其女友是已婚妇女，而到某商场为她订购了一枚戒指，以作订婚之用。甲的意思表示错误属于何种类型的错误？（　　）。

A. 动机错误 B. 表示内容错误

C. 表示行为错误 D. 传达错误

7. 甲家的鱼池与乙家鱼池相连，因暴雨甲家鱼池中的鱼进入乙家鱼池中，这

一法律事实属于（　　　）。

    A. 事件　　　　　　　　　　B. 事实行为

    C. 民事行为　　　　　　　　D. 民事法律行为

8. 甲向乙借钱，乙说，太阳从西边出来，我就借给你钱。那么（　　　）。

    A. 所附条件无效，行为有效　　B. 所附条件有效，行为无效

    C. 所附条件有效，行为有效　　D. 所附条件无效，行为无效

9. 无效民事行为的含义是（　　　）。

    A. 不发生当事人预期法律后果的行为

    B. 不发生任何法律效力的行为

    C. 通过当事人追认以后才发生法律效力的行为

    D. 通过享有权利的第三人追认才发生法律效力的行为

10. 根据我国民法实践的一般做法，书面的意思表示在需要经过传达媒介才能到达对方当事人时，则该意思表示的生效时间为（　　　）。

    A. 表意人完成其表意行为时

    B. 意思表示表意人时，如函件已邮寄

    C. 意思表示到达相对人时

    D. 相对人了解意思表示的内容

11. 依照我国法律规定，代理人与第三人之间恶意串通，损害被代理人利益的行为属于（　　　）。

    A. 无效民事行为　　　　　　B. 可撤销的民事行为

    C. 效力未定的民事行为　　　D. 事实行为

12. 甲以绑架乙的儿子为由胁迫乙签订了一份合同。乙事后以受到胁迫为由主张撤销该合同。乙撤销合同的意思何时生效？（　　　）

    A. 乙作出意思表示之时　　　B. 乙撤销通知到达甲时

    C. 乙的意思经甲同意时　　　D. 乙的意思经法院或仲裁机关同意时

二　多项选择题

1. 下列属于事实行为的有（　　　）。

    A. 无因管理行为　　　　　　B. 正当防卫行为

    C. 紧急避险行为　　　　　　D. 合同行为

2. 王某与张某签订了一份书面合同，约定由王某在签约后 3 日借给张某 5 万

元，张某于半年后偿还该 5 万元并支付 10% 的利息，该行为属于何种民事法律行为？（　　）

  A. 有偿民事法律行为   B. 无偿民事法律行为

  C. 诺成民事法律行为   D. 实践民事法律行为

  3. 甲商场业务员周某到乙电器公司采购冰箱时，见乙电器公司正在优惠销售微波炉，便欲购买，但因未得公司授权无法购买。乙公司负责人吴某为做成生意，就说，先签订合同再说。周某遂以甲商场的名义与乙公司签订了购买微波炉的合同。合同签订了，乙公司催告甲商场于 10 天内追认该合同。甲商场因购得另款微波炉，没有表示。则下列说法中，正确的有（　　）。

  A. 周某的行为为无权代理

  B. 周某的行为为无权处分

  C. 甲商场的行为依法视为拒绝追认

  D. 甲商场的行为依法视为追认

  4. 民事法律行为的形式有（　　）。

  A. 口头形式   B. 书面形式

  C. 推定形式   D. 沉默形式

  5. 意思表示瑕疵的法定事由包括（　　）。

  A. 欺诈   B. 胁迫

  C. 乘人之危   D. 重大误解

  6. 民事法律行为的一般成立要件包括（　　）。

  A. 当事人   B. 意思表示

  C. 标的   D. 登记

  7. 张某新购得一辆本田轿车，遂将其原有的大众车转让给刘某。双方签订了合同，并约定 5 日后刘某付款，张某交车并办理过户手续。签约后第三日，张某家车库旁房屋起火，火延及张某家的车库，并将其大众车烧毁。则张某与刘某之间的合同为（　　）。

  A. 标的主观不能   B. 标的客观不能

  C. 标的自始不能   D. 标的嗣后不能

  8. 甲与乙签订了一房屋买卖合同，但未办理房屋过户登记。下列判断正确的是（　　）。

  A. 房屋买卖合同无效   B. 房屋买卖合同有效

  C. 房屋所有权已转移   D. 房屋所有权未转移

9. 甲与乙签订一份租房协议，协议规定，如果甲与丙结婚将租用乙的两居室。这一民事行为的性质如何认定？（　　）

A. 是附条件的民事行为　　　　　B. 是附期限的民事行为

C. 已成立但未生效　　　　　　　D. 已成立并已生效

10. 下列行为中，不得附条件的有（　　）。

A. 法定抵销　　　　　　　　　　B. 结婚

C. 票据背书　　　　　　　　　　D. 借款行为

11. 李铭，12岁，其叔叔（30岁）赠与其一台价格5000元的数码相机。因李刚与其同学刘林（12岁）关系甚好，李铭便将该数码相机转卖给刘强。李铭的叔叔和父亲听后都向刘林要求返还该相机，下列有关该事件的论述哪些是正确的？（　　）

A. 李铭为限制行为能力人，其接受赠与的行为无效

B. 李铭为限制行为能力人，其出卖行为效力未定

C. 李铭在征得其父亲同意后，可以出卖数码相机

D. 李铭在征得其叔叔同意后，可以出卖数码相机

12. 李某为给病危的父亲治病急需用款10万元，王某表示愿意借给，但1年后须加倍偿还，否则须以其三居室住房代偿，李某表示同意，此行为属于（　　）。

A. 无效的民事行为　　　　　　　B. 可撤销的民事行为

C. 乘人之危的民事行为　　　　　D. 有效的民事行为

13. 乙到甲家玩，看到甲家一幅山水画，甚为喜爱，甲知该画为伪作，故意告知画乃某名画家遗迹。乙遂以2万元的价格将其买下。后经鉴定，此画并非名家遗迹，市值仅为1000元。对此，下列说法中，正确的有哪些？（　　）

A. 甲乙之间的行为为受欺诈的民事行为

B. 甲乙之间的行为为乘人之危的民事行为

C. 甲乙之间的行为为可撤销的民事行为

D. 甲乙之间的行为为无效的民事行为

14. 甲至西安旅游，在乙旅游商店见一精致之兵马俑，讯问是否当地泥土烧制品，丙店员告知确为当地泥土烧制品，甲遂花费1000元价格购买之。后经检验，乃为外地泥土烧制品。对甲的购买行为，下列说法中，不正确的有（　　）。

A. 为可撤销的民事行为，因甲受到丙的欺诈

B. 为可撤销的民事行为，因甲受到乙的欺诈

C. 为效力未定的民事行为，因丙为无权代理

D. 为效力未定的民事行为，因丙为无权处分

15. 村民甲因外出打工，将自己的一头水牛委托乙照料。乙因儿子结婚急需用钱，遂将该水牛以自己的名义卖给邻村的丙。因丙未带够钱，双方约定，3 日后付款取牛。对此，下列表述中，正确的有（　　　）。

A. 乙卖牛的行为为无权处分行为

B. 乙卖牛的行为为无权代理行为

C. 乙丙所订合同为无效合同

D. 乙丙所订合同为效力未定合同

三　名词解释

1. 民事行为　2. 事实行为　3. 民事法律行为　4. 意思表示　5. 欺诈　6. 胁迫　7. 乘人之危　8. 重大误解　9. 错误　10. 附条件民事法律行为　11. 条件　12. 期限　13. 无效民事行为　14. 可变更、可撤销民事行为　15. 效力未定民事行为

四　简答题

1. 简述民事行为与事实行为的区别。

2. 简述民事法律行为的特征。

3. 简述有偿行为与无偿行为区分的意义。

4. 简述诺成性行为与实践性行为区分的意义。

5. 简述要式行为与不要式行为区分的意义。

6. 简述民事法律行为所附条件的要求。

7. 附条件民事法律行为的效力有哪些情形？

8. 简述民事行为被确认无效的法律后果。

9. 简述效力未定民事行为的特征。

10. 简述无效民事行为与可变更、可撤销民事行为的区别。

五　论述题

1. 试述意思表示的解释原则。

2. 论述民事法律行为的有效要件。

六 案例分析题

1. 2005 年 3 月 10 日清晨，急于到医院分娩的孕妇王丽在丈夫的搀扶下来到马路边，准备乘坐出租车到医院分娩，时值清晨，出租车极少，10 余分钟后，一辆出租车终于在王丽一家人身边停下，该车司机于凡对王丽及家人称：该车是新车，孕妇乘坐会弄脏车座，而且三人同时乘坐会增加燃油量，如果想坐，需要支付平时乘车费用 6 倍的乘车费，否则不能上车，王丽的丈夫考虑到天色较早，搭乘出租车极为困难，且王丽的情况紧急，于是同意按 6 倍于平时乘车费的款额支付服务费。事后，王丽及其丈夫向法院起诉。要求返还多收的钱款。

（1）司机的行为是否构成乘人之危？

（2）本案应如何处理？

2. 甲公司因业务开展需要聘请一精通法律实务的常年法律顾问。甲公司的法定代表人知道该市正义律师事务所的张红律师是本市律师界的重量级人物，精通业务，尤擅诉讼事务。甲公司的法定代表人前往正义律师事务所要与张红律师签订一委托合同。不料，接待甲公司法定代表人的是该所另一张红律师。甲公司遂与该张红律师签订了委托合同。该张红律师刚获律师资格，律师业务不是很精通。甲公司查明此事以后，欲解除了该张红律师的委托合同。为此引起纠纷。

甲公司是否可以重大误解为由解除与张红律师的委托合同？为什么？

3. 甲为一个体工商户，因经营不善，欠乙 50 万元，现还款期已到。为还款，甲将其好友丙因出国而寄放在甲处的一辆摩托车，以自己的名义出售给丁。戊知晓甲的处境，遂提出要以 30 万元的价格购买甲一件祖传古玩（估价为 50 万元），甲因一时无法找到买主，只好答应了戊的要求。

（1）甲与丁之间的买卖摩托车行为效力如何？为什么？

（2）甲与戊之间的买卖古玩的行为效力如何？为什么？

参考答案

一 单项选择题

1. D　2. D　3. D　4. B　5. C　6. A　7. A　8. D　9. A　10. C　11. A　12. B

二　多项选择题

1. ABC　2. AD　3. AC　4. ABCD　5. ABCD　6. ABC　7. BD　8. BD　9. AC　10. ABC　11. BC　12. BC　13. AC　14. ACD　15. AD

三　名词解释

1. 民事行为是与事实行为相对应的概念，是以意思表示为要素发生民事法律后果的行为。民事行为包括民事法律行为、无效民事行为、可变更或可撤销的民事行为、效力未定的民事行为，但不包括侵权行为、违约行为、无因管理等事实行为。

2. 事实行为是指行为人不具有设立、变更或消灭民事法律关系的意图，但依照法律规定能引起民事法律后果的行为。

3. 民事法律行为是指公民或法人设立、变更、终止民事权利和民事义务的合法行为。民事法律行为是合法的，它以发生民事法律后果为目的，以意思表示为构成要素。

4. 意思表示是指行为人把进行某一民事法律行为的内心效果意思，以一定的方式表达于外部的行为。

5. 欺诈是指当事人一方故意编造虚假情况或隐瞒真实情况，使对方陷入错误而违背自己真实意思表示的行为。

6. 胁迫包括威胁和强迫。威胁是指行为人一方以未来的不法损害相恐吓，使对方陷入恐惧，并因此作出有违自己真实意思的表示。强迫是指行为人一方以现时的身体强制，使对方处于无法反抗的境地而作出有违自己真实意思的表示。

7. 乘人之危是指行为人利用对方当事人的急迫需要或危难处境，迫使其作出违背本意而接受于其非常不利的条件的意思表示。

8. 重大误解是指行为人对行为的性质、对方当事人、标的物的品种、质量、规格和数量等的错误认识，使行为的后果与自己的意思相悖，造成较大损失的意思表示。

9. 错误是指表意人为表意时，因认识不正确或欠缺认识，以致内心的真实意思与外部的表现行为不一致。

10. 附条件民事法律行为是指在民事法律行为中规定一定条件，并且把该条件的成就或者不成就作为确定行为人的民事权利和民事义务发生法律效力或者失去法律效力的根据的民事法律行为。

11. 条件是当事人以将来客观上不确定事实的成就或不成就，决定民事法律行为效力发生或消灭的附款。

12. 期限是当事人以将来确定事实的到来决定民事法律行为的效力的发生或消灭的附款。

13. 无效民事行为是指欠缺民事法律行为的有效要件，不发生当事人预期法律后果的民事行为。

14. 可变更、可撤销民事行为是指行为人的意思与表示不一致及意思表示不自由，导致非真实意思表示，法律并不使之绝对无效，而是权衡当事人的利害关系，赋予表意人撤销权的民事行为。可变更、可撤销的民事法律行为，只有一年的除斥期间。自行为成立时起超过一年的，法院不予保护。

15. 效力未定民事行为是指其有效或无效处于不确定状态，尚待享有形成权的第三人同意（追认）或拒绝的意思表示来确定其效力的民事行为。

四 简答题

1. 民事行为与事实行为的区别有：（1）民事行为以意思表示为其必备要素；而事实行为完全不以意思表示为其必备要素，当事人实施行为的目的并不在于追求民事法律后果。（2）民事行为依行为人的意思表示的内容而发生效力；而事实行为依法律规定而直接产生法律后果。（3）民事行为的本质在于意思表示，而不在于事实构成；而事实行为只有在行为人的客观行为符合法定构成要件时，才发生法律规定的后果。（4）民事行为以行为人具有民事行为能力为生效条件；而事实行为的构成不要求行为人具有相应的民事行为能力。

2. 民事法律行为的特征有：（1）应是民事主体实施的以发生民事法律后果为目的的行为；（2）应是以意思表示为构成要素的行为；（3）应是合法行为。

3. 区分无偿行为和有偿行为的意义在于：（1）对行为性质的认定。某些民事法律行为法律规定必须是有偿的或无偿的，如买卖行为必须是有偿的，赠与行为必须是无偿的。如果当事人的意思表示违反了法律规定，则该行为不能成立或依法转换为另一类行为。（2）对行为效力的认定。有偿行为显失公平，受损害人有权请求变更或撤销。无偿行为则不存在显失公平的认定问题。（3）对行为人责任的认定。对于行为人责任的轻重，因其行为属于有偿或无偿，法律作出不同的规定,总的来说,无偿行为,行为人承担的义务较轻,相应地,其承担的法律责任也较轻。

4. 以民事法律行为于意思表示之外是否还必须交付实物作为标准,可以将民事法律行为划分为诺成性行为和实践性行为。诺成性行为是指仅以意思表示为成立要件的民事法律行为,又称不要物行为。其特点是,只要行为人的意思表示一致,就能发生民事法律行为,行为人约定的民事权利和民事义务就开始设立。实践性行为是指除意思表示外,还需要以物的交付作为成立要件的民事法律行为,又称要物行为。区分诺成性行为和实践性行为的意义在于:诺成性行为仅依行为人的意思表示一致而成立,而实践性行为除意思表示外,还需要交付实物才能成立。

5. 区分要式行为与不要式行为的法律意义在于:不要式行为由当事人自由选择行为方式,要式行为当事人须采用法定方式。对于法定要式行为,法律未规定需采用规定方式才生效的,不影响行为的效力。

6. 民事行为所附条件的要求有:(1)将来发生的事实,行为人把已知的已发生的事实作为条件时,如果该条件决定着法律行为效力的产生,则视为该法律行为未附加任何条件,如果该条件决定着民事行为效力的消灭,则视为行为人并不希望从事该民事行为,因而该民事行为应宣告无效。(2)不确定的事实,是可能发生或可能不发生的事实,如果在民事行为成立时,行为人已经确定作为民事行为的条件是根本不可能发生的,已经成立的民事行为无效;如果行为人把不可能发生的事实作为民事行为失效的"条件",则视为未附任何条件。(3)由行为人约定的事实,是行为人意思表示一致的结果,而不能是法律规定或者合同性质决定的事实。凡是民事法律行为中附有法定条件的,应视为未附条件,民事法律行为当然有效。(4)应是合法的事实,违反法律和社会公共利益的违法条件不能作为民事法律行为所附的条件。

7. 附条件民事法律行为的效力有如下情形:(1)条件成就。对于积极条件,以条件事实的发生为条件成就;对于消极条件,以条件事实的发生为条件不成就。条件成就后,民事法律行为当然发生效力,不须再有当事人的意思表示或其他行为,又可分为非要式法律行为和要式法律行为两种情况。(2)条件不成就,即构成条件内容的事实确定的不实现。对于积极条件,以该事实的不发生为条件不成就;对于消极条件,以该事实的发生为条件的不成就。附延缓条件的民事法律行为,条件不成就时,该民事法律行为视为不存在。附解除条件的民事法律行为,条件不成就时,视为该民事法律行为不再附有条件,维持该民事法律行为的原有效力。（3）当事人为自己的利益不正当地阻止条件成就的，视为条件已成就；不正当地促成条件成就的，视为条件不成就。（4）条件成就时的效力。附条件的民事法律行为，其效力因条件而受限制。条件成就后，民事法律行为当然发生效力，不须再有当事人的意思表示或其他行为。又可分为两种情形：第一，非要式法律行为。条件一旦成就，直接发生法律效力。第二，要式法律行为。如不动产转让，须经登记才发生法律效力。仅仅条件成就并不直接发生法律效力。（5）条件不成就时的效力。通说认为，附延缓条件的民事法律行为，条件不成就时，该民事法律行为视为不存在。附解除条件的民事法律行为，条件不成就时，视为该民事法律行为不再附有条件，维持该民事法律行为的原有效力。（6）条件成就与否未确定前的效力。通说认为，相对人在条件成就与否未确定前，应有因条件成就而取得权利或利益的希望。如附延缓条件买卖合同的买受人，有因条件成就而取得权利的希望。这种希望或可能性，在学理上，称为期待权。期待权虽不确定，但有实现的可能，因此，法律应予保护。

8. 民事行为被确认无效的法律后果有：（1）返还财产。民事行为被确认无效，当事人因民事行为取得的财产，应当返还给对方。如果一方取得，取得方应返还给对方；如果双方取得，则双方返还。（2）赔偿损失。民事行为被确认无效后，有过错的当事人应当赔偿对方的损失；双方有过错的，则应各自承担相应的责任。反之，虽然有损失，但是对方没有过错，就不能够请求赔偿。（3）收归国家、集体所有或返还第三人。双方恶意串通，实施民事行为损害国家、集体或者第三人利益的，应当追缴双方取得的财产，收归国家、集体所有或者返还第三人。这里所说双方取得的财产，应包括双方当事人已经取得或约定取得的财产。

9. 效力未定民事行为的特征有：（1）效力未定的民事行为的效果效力是不确定的，它既非有效，亦非无效，而是处于悬而未决的不确定状态之中。（2）效力未定的民事行为的效力确定，取决于享有形成权的第三人的行为。该第三人称同意权人或追认权人，对效力未定的民事行为享有同意或拒绝的权利。同意权人对效力未定的民事行为所为的同意或拒绝的意思表示，相对于效力未定的民事行为来说，为辅助民事行为。（3）效力未定的民事行为经同意权人同意后，其效力确定地溯及于行为成立时。效力未定的民事行为，经同意权人拒绝，即确定地自始无效。

10. 无效民事行为和可变更、可撤销的民事行为，其共同之处在于，两者虽都欠缺民事法律行为的有效要件，却都具有法律行为的外观。可变更、可撤销的民事行为与无效民事行为的区别：

（1）法律后果不同。可变更、可撤销的民事行为在其被撤销以前，其法律效力业已发生，未经撤销或已过除斥期间后，效力并不消灭。无效民事行为自始无效。

（2）主张权利的人不同。可撤销的民事法律行为的效力，取决于撤销权人是否行使撤销权，只有享有撤销权的当事人才有权主张其无效，人民法院或仲裁机构不能主动宣告其无效。对无效民事行为而言，任何人均可主张其无效。

（3）行使权利的条件不同。可撤销的民事行为可以由当事人撤销，其效力追溯到行为开始时，即自行为开始之日起无效。无效民事行为，只要有无效的事由，其行为从成立之时起即当然无效。

（4）其效力消灭的时间限制不同。可撤销的民事法律行为，只有一年的除斥期间，自行为成立时起超过一年的，法院不予保护。对无效民事行为来说，向法院申请确定其无效只受诉讼时效的限制。

五　论述题

1. 对于意思表示的解释原则主要有三种理论，即意思主意、表示主意和折中主意。

意思主意认为，意思表示的实质在于行为人的内心意思，民事行为本身是实现行为人意思自治的手段。因此对意思表示进行解释时，应贯彻探求真意而不拘泥于词语原则。这种理论源于18世纪的理性主义法学，并为19世纪至20世纪的许多国家立法所采纳，如法国、德国、日本等国的民法典。这种理论是自由主义和个人主义的必然产物，其优点是反映了具体表意人的个性化要求，有利于保护表意人的意志自由和利益，保护私有财产的静态利益；缺点是不利于交易的安全和预期，不利于保护财产的动态利益，不利于对相对人利益的保护。

表示主意认为，内心的效果意思虽然是意思表示的起源，但当事人表现于客观效果的意思却是意思表示的核心或根本。因此对意思表示进行解释时应该贯彻客观主义原则，在表示与意思不一致的情况下，应以外部的表示为准，对于相对人意思表示的解释应当以相对人足以合理客观了解的表示内容为准。表示主义理论是商品流通日趋高度频繁和大宗化的过程中产生的，其目的在于保护交易的安全。这种理论有利于保护相对人的利益，但不利于保护表意人的利益，可能放纵胁迫、欺诈等行为。

折中主义认为，当意思与表示不一致时，效力的重点既不绝对地放在意思上，也不绝对地放在表示上，而根据具体情况或以意思主义为原则，表示主义为例外，或以表示主义为原则，意思主义为例外。折中主义的宗旨是全面考虑各种利益平衡关系，既顾虑当事人的利益与交易安全，又顾及表意人与向对方利益。现今世界多数国家的民法及司法实践均采折中主义。

2. 民事法律行为的有效要件，是指已经成立的民事行为能够按照意思表示的内容而发生法律效果所应当具备的法定条件。民事法律行为的有效要件包括实质要件和形式要件。实质要件包括：

（1）行为人具有相应的民事行为能力。就自然人而言，完全民事行为能力人可以以自己的行为取得民事权利，履行民事义务；限制民事行为能力人只能从事与其年龄和智力发育程度相当的民事法律行为，其他行为由其法定代理人代理，或者征得法定代理人的同意；无民事行为能力人不能独立实施民事法律行为，他们的民事法律行为必须由其法定代理人代理。法人的民事行为能力是由法人的核准登记的经营范围决定的，法人只能在核准登记的经营范围内活动，如果从事核准经营范围以外的经营活动，它就没有与此相适应的民事行为能力。但是，从维护相对人的利益和维护市场关系的稳定性出发，当事人超越经营范围订立合同，人民法院不因此认定合同无效，但违反国家限制、特许经营以及法律、行政法规规定禁止经营的除外。法人或其他经济组织的法定代表人、负责人超越权限订立合同的，除相对人知道或应当知道其超越权限的以外，该代表行为有效。

（2）行为人的意思表示要真实。意思表示真实包括两个方面：其一，行为人的意思表示须是自愿的，任何个人和组织都不得强迫行为人实施或不实施某一民事行为。其二，行为人的意思表示须是真实的，即行为人的主观意愿和外在的意思表示是一致的。行为人主观意思与外在表示不一致或意思表示不自由的民事行为，可以撤销。（3）标的须合法。即标的不能违法，不违法的行为就是合法的。法律规范依其适用可分为强制性规范和任意性规范。行为不违法，是指不违反法律的强制规范。（4）标的须可能和确定。标的可能，是指民事行为的标的可能实现，民事行为的标的不可能实现的称为标的不能，标的不能的，民事行为不生效力。标的确定，是指民事行为的标的自始确定，或能够确定。在绝大多数情况下，民事法律行为只要具备实质要件就发生法律效力，但在某些特殊情况下，民事法律行为还须具备形式要件才发生效力。

六　案例分析题

1.（1）本案中司机的行为构成乘人之危。依据《民通意见》第 70 条规定：

一方当事人乘对方处于危难之机，为牟取不正当利益，迫使对方作出不真实的意思表示，严重损害对方利益的，可以认定为乘人之危。本案中，被告乘原告分娩之际索要高额服务费，迫使原告于危难之际与其订立服务合同，其行为违背了原告的真实意志，牟取了非法不正当利益，该合同属于因乘人之危而订立的合同。

（2）依《合同法》第54条规定，因乘人之危所订立的合同属于可变更、可撤销的合同。对于可变更、可撤销的合同，当事人请求变更的，人民法院或仲裁机构不得撤销。本案中，王丽夫妇请求变更合同，返还多收的钱款，人民法院应予以支持。

2. 可以。依《民通意见》第71条规定，行为人因对行为的性质、对方当事人、标的物品种、质量、规格和数量等的错误认识，使行为的后果与自己的意思相悖，并造成较大损失的，可以认定为重大误解。本案中，甲公司与正义律师事务所张红律师所签订的委托合同是一具有人身性质的合同，当事人的人品、才能、声望和操守对合同的履行和实现具有重大意义，因此甲公司误认当事人构成重大误解。甲公司可以重大误解为由主张撤销与该张红律师的委托合同。

3. （1）效力未定。甲擅自以自己的名义将丙寄存的摩托车出售，是无权处分他人财产的行为，依据我国《合同法》的规定，该行为为效力未定的民事行为。

（2）可变更、可撤销。戊与甲之间的买卖行为是乘人之危的民事行为。乘人之危是行为人利用对方当事人的急迫需要或危难处境，迫使对方作出违背本意而接受于其非常不利的条件的意思表示。本案中，戊利用甲处于还款压力的困难处境，以极其不利于甲的价格将其祖传古玩买走，为乘人之危的民事行为。依据我国《合同法》的规定，乘人之危的民事行为为可撤销、可变更的民事行为，利益受损一方当事人可以请求变更或者撤销该行为。

第九章　代理

一　单项选择题

1. 甲委托乙代签合同，乙因病并征得甲同意后又委托丙代签合同，则乙丙之间为（　　　）。

   A. 共同代理
   B. 指定代理

   C. 再代理
   D. 法定代理

2. 下列各项中，不能当然引起委托代理关系终止的原因是（　　　）。

   A. 被代理人取消委托
   B. 被代理人死亡

   C. 代理人辞去委托
   D. 代理人死亡

3. 甲厂业务员王某被开除后，为报复甲厂，用盖有甲厂公章的空白合同书与乙厂订立一份购销合同。乙厂并不知情，并按时将货送至甲厂所在地。甲厂拒收引起纠纷。下列说法中，正确的是（　　　）。

   A. 王某的行为为无权代理，合同无效

   B. 王某的行为为无权代理，合同有效

   C. 王某的行为为有权代理，合同无效

   D. 王某的行为为滥用代理权，合同无效

4. 在代理关系中，下列连带责任中，属于补充的连带责任的是（　　　）。

   A. 因代理人授权不明，代理人与被代理人对第三人所负的连带责任

   B. 因代理人和被代理人的违法行为，代理人与被代理人对第三人所负的连带责任

   C. 因代理人和第三人恶意串通，代理人与第三人对被代理人所负的连带责任

   D. 因第三人明知代理人为无权代理人，代理人和第三人对被代理人所负的连带责任

5. 司机陈某要出差到山东，李某委托其代买一箱苹果，陈某见当地苹果物美

276

价廉，就以李某的名义多买了一箱。陈某多买一箱苹果的行为属于（　　）。

　　A. 代理权终止以后的行为　　　　B. 有权代理行为

　　C. 滥用代理权行为　　　　　　　D. 超越代理权行为

　　6. 委托代理人选定的转托代理人是（　　）。

　　A. 委托代理人的代理人

　　B. 被代理人的代理人

　　C. 委托代理人与被代理人的代理人

　　D. 委托代理人的代理人或被代理人的代理人

　　7. 韩琦，16 岁，高中学生。其外祖父去世时，曾在遗嘱中指明，给韩琦 25 万元购买一处房屋，但未指定由谁来购买。韩琦的父亲便以韩琦的名义用该 25 万元买了一套商品房，下列论述正确的是（　　）。

　　A. 韩琦的父亲所为的代理属于法定代理

　　B. 韩琦的父亲所为的代理属于委托代理

　　C. 韩琦的父亲所为的代理属于指定代理

　　D. 韩琦的父亲所为的代理属于无权代理

　　8. 甲委托乙为其购买电脑，乙已为购买电脑付出了一定的时间和精力，现在甲发现自己急需的电脑通过其他的途径很容易取得，便电话告知乙取消委托，乙不同意。下列论述中正确的是（　　）。

　　A. 该委托代理的终止需经甲、乙双方同意

　　B. 甲如取消委托，应以书面形式为之

　　C. 取消委托属于双方法律行为

　　D. 甲取消委托给乙造成损失，甲应承担民事责任

　　9. 甲羡慕丙的一幅字画，欲委托乙为其代理人，与丙协商购买事宜。其授权的意思表示（　　）。

　　A. 只能向乙表示

　　B. 只能向丙表示

　　C. 既可以向乙表示，也可以向丙表示

　　D. 需同时向乙丙二人表示

　　10. 甲委托同村的乙代为带回一匹马。但乙在牧区未遇上好马，担心甲家中活重，就未买马，自己带回良骡一口。甲将骡领回，并付给乙相应款项。下列说法中，正确的是（　　）。

　　A. 甲的领骡行为是基于对表见代理的接受

B. 甲的领骡行为是基于对乙无权代理的追认

C. 甲的领骡行为是基于对乙委托代理的承受

D. 甲的领骡行为是基于与乙的买卖关系的受领

二　多项选择题

1. 下列行为中,可适用代理的有（　　　）。

A. 代理合同订立　　　　　　B. 代理税款缴纳

C. 代理订立遗嘱　　　　　　D. 代理专利申请

2. 滥用代理权的情况包括（　　　）。

A. 指定代理

B. 自己代理

C. 双方代理

D. 代理人与第三人恶意串通的代理

3. 甲委托乙为自己的代理人,授权乙代为购买一台冰箱,乙亲自购买了一台冰箱。他们之间的代理关系属于何种代理?（　　　）

A. 委托代理　　　　　　　　B. 一般代理

C. 单独代理　　　　　　　　D. 特别代理

4. 下列行为中,不属于代理的是（　　　）。

A. 甲有朋自远方来,甲不在,乙代甲招待甲之客人的行为

B. 甲为公司的董事长,甲以该公司的名义与乙公司签订合同的行为

C. 甲为贸易货栈,将乙委托给自己出卖的自行车以自己的名义出卖给丙的行为

D. 甲将邮局转来的给乙董事长的信件送给乙董事长的行为

5. 甲公司委托业务员乙到某地采购电视机,乙到该地发现丙公司的 VCD 机畅销,就用盖有甲公司公章的空白介绍信和空白合同与丙公司签订了购买 1000 台 VCD 机的合同。双方约定货到付款。货到后,甲公司拒绝付款,下列论述正确的是哪些?（　　　）

A. 乙购买 VCD 机的行为没有代理权

B. 乙购买 VCD 机的行为构成表见代理,产生有权代理的法律后果

C. 甲公司应接受货物并向丙公司付款

D. 若甲公司受到损失,有权向乙追偿

6. 乙为矿工，甲灯具厂委其为代理人，在矿区出售矿灯。乙设立甲灯具厂矿灯销售处。因煤矿塌方，乙死亡。其子丙将剩余的矿灯继续以甲灯具厂的名义出售。对此，下列说法中，正确的有（　　　）。

A. 丙为无权代理

B. 丙为转代理

C. 甲应直接承受丙出售矿灯行为的后果

D. 甲可以选择承受丙出售行为的后果，也可以不承受其行为的后果

7. 依照我国《民法通则》的规定，委托代理的授权委托书应当载明（　　　）。

A. 代理人的姓名或者名称　　　　　B. 代理期限

C. 代理事项　　　　　　　　　　　D. 代理权限

8. 在委托代理中，代理人为了被代理人的利益转托他人代理，发生再代理效力的是（　　　）。

A. 事先取得被代理人的同意

B. 事后告知被代理人且取得被代理人的追认

C. 事后告知被代理人，但被代理人未表示同意

D. 事先告知被代理人，但未取得被代理人同意

9. 某村居民甲年仅 11 岁，因父母在一次事故中双亡，又无其他法定监护人，在涉讼中需为其指定代理人，下列单位中，有权为其指定代理人的有（　　　）。

A. 人民法院　　　　　　　　　　　B. 甲父母所在单位

C. 民政部门　　　　　　　　　　　D. 甲所在村委会

10. 甲家乡在南方沿海，春节回家，单位同事乙委托其代为购买春茶，丙委托其代为购买土特产，甲概为应允。则甲与乙、丙之间的代理属于（　　　）。

A. 单独代理　　　　　　　　　　　B. 共同代理

C. 积极代理　　　　　　　　　　　D. 消极代理

11. 甲已年满 15 岁，有关甲担任代理人的说法，正确的是（　　　）。

A. 可以为法定代理人　　　　　　　B. 可以为委托代理人

C. 不能为法定代理人　　　　　　　D. 不能为委托代理人

三　名词解释

1. 代理　　2. 共同代理　　3. 再代理　　4. 无权代理　　5. 表见代理

四 简答题

1. 简述代理的特征。
2. 简述代理权的滥用。
3. 简述无权代理的法律特征。
4. 简述狭义无权代理的构成要件。

五 论述题

1. 试述代理权行使的原则。
2. 试述表见代理的构成要件及其效力。

六 案例分析题

1. 甲为一机械厂的采购员，经常在全国各地出差。乙是其邻居，平时以采撷山药为生。2006 年 10 月乙在山中挖到一名贵草药，正好甲要到上海出差，于是乙就委托甲将草药带去卖掉，听说上海这种草药的价钱较高。甲将草药带到邻村的一朋友家中；朋友的父亲丙是一名老中医，他看了之后请甲将草药卖与他，并表示愿给甲 500 元的好处费。结果甲以低于上海市场将近 1000 元的价格把草药卖给了丙，双方还约定，如果事后乙来此处打听这种草药的市场价格，丙就说此草药现在已经大跌价，连在上海都不值钱了。不想此事被到丙家来看病的乙的一个远房亲戚听见，不久就告诉了乙。乙遂要求甲和丙赔偿自己损失。

（1）甲将药卖给丙的行为是一种什么性质的行为？

（2）乙是否有权要求甲和丙两人赔偿？为什么？

2. 赵某、钱某都是某公司职员，两人同住一宿舍。2005 年春，公司派赵某到珠海办事处工作一年。临行前，赵某将已使用了一年的一台 586 电脑委托给钱某保管并允许其使用。一个月后，赵某给钱某写信说自己买了一台笔记本电脑，委托其保管的电脑可以适当价格出售，但 Modem 因还有用，不要出售。同单位的司机孙某知道此事后，对钱某表示想以低价购买，并嘱钱某给赵某写信说该电脑显示器有毛病，屏幕晃动，以便使赵某降价出售。钱某考虑到孙某经常给自己免费送东西，便按孙某的意思给赵某写信。赵某回信说显示器有毛病可以低价出售。于是，孙某以 1500 元的价格买下该电脑。过了几天，钱某因急需用钱，遂将电脑的 Modem。以赵某的名义出售给周某，价格为 500 元（略低于当地的市场价格），周某已经付款，尚未交货。此时，赵某回公司办事后知晓了钱某的行为，十分愤怒。

（1）赵某能否向孙某请求返还电脑？为什么？

（2）钱某向周某出售 Modem 的行为性质如何？为什么？

（3）在 Modem 的买卖关系中，周某享有哪些权利？为什么？

参考答案

一　单项选择题

1. C　2. B　3. B　4. A　5. D　6. B　7. A　8. D　9. C　10. D

二　多项选择题

1. ABD　2. BCD　3. ABC　4. ABCD　5. ABCD　6. AD　7. ABCD　8. AB
9. ABD　10. AC　11. BC

三　名词解释

1. 代理是指代理人依据代理权，以被代理人的名义与第三人实施民事法律行为，而后果由该被代理人承担。代理是一种法律关系，在代理关系中，一般有三方参加人，涉及三方面的法律关系：即代理人与被代理人之间基于委托授权或法律直接规定而形成的代理权关系；代理人依据代理权与第三人之间的代理行为关系；被代理人与第三人之间因代理行为而形成的民事法律关系。

2. 共同代理是指代理权属于两人以上的代理。在共同代理中，代理人之间形成共同关系，享有的代理权是同等的。每个代理人均有权行使全部代理权，每个代理人的代理行为的后果均由被代理人承受。

3. 再代理是指代理人为被代理人的利益将其所享有的代理权转托他人而产生的代理，故又称复代理、转代理。再代理是相对于本代理而言的，本代理是指基于被代理人选任代理人或依法律规定而产生的代理，又称原代理。

4. 无权代理是代理人不具有代理权，但以本人的名义与第三人进行民事活动的行为。

5. 表见代理本属于无权代理，但因本人与无权代理人之间的关系，具有外表授权的特征，致使相对人有理由相信行为人有代理权而与其进行民事法律行为，法律使之发生与有权代理相同的法律效果。

四　简答题

1. 代理的特征有：（1）代理人在代理权限之内实施代理行为，委托代理人应根据被代理人的授权进行代理，法定代理人或指定代理人在法律规定或指定的代理权限内进行代理行为。（2）代理人以被代理人的名义实施代理行为，代理人如果以自己的名义实施代理行为，则该代理行为发生的法律后果只能由代理人自己承担。（3）代理行为必须是具有法律意义的行为，只有代理人为被代理人实施的是能够产生民事权利义务的行为才是代理行为。（4）代理行为须直接对被代理人发生效力，被代理人享有因代理行为产生的民事权利，同时也应承担代理行为产生的民事义务和民事责任。

2. 滥用代理权，是指代理人行使代理权时，违背代理权的设定宗旨和代理行为的基本准则，有损被代理人利益的行为。

构成滥用代理权应具备以下三个要件：（1）代理人有代理权。这一要件使滥用代理权的行为与无权代理行为区别开来。（2）代理人行使代理权的行为违背了诚实信用原则，违背了代理权的设定宗旨和基本行为准则。（3）代理人的代理行为有损被代理人的利益。

滥用代理权包括以下三种类型：（1）自己代理，指代理人以被代理人名义与自己进行民事行为。（2）双方代理，又称同时代理，指一人同时担任双方的代理人为民事行为。（3）代理人和第三人恶意串通，进行损害被代理人利益的行为。

3. 无权代理的法律特征有：（1）行为人所实施的民事法律行为，符合代理行为的表面特征，即以本人的名义独立对第三人为意思表示，并将其行为的法律后果直接归属于他人。（2）行为人实施的代理行为不具有代理权。没有代理权包括未经授权、超越代理权和代理权终止三种情况。（3）无权代理行为并非绝对不能产生代理的法律效果。狭义的无权代理行为应属效力未定的民事行为，在经本人追认的情况下，无权代理变成有权代理，能产生代理的法律效果；表见代理直接发生代理的法律效果。

4. 狭义无权代理的构成要件有：（1）行为人既没有法定的或意定的代理权，

也没有令人相信其有代理权的事实或理由；（2）行为人以本人的名义与第三人为民事行为；（3）第三人须为善意；（4）行为人与第三人所为的行为不是违法行为；（5）行为人与第三人具有相应的民事行为能力。

五 论述题

1. 代理权行使的原则有：（1）代理人应在代理权限范围内行使代理权，不得无权代理。代理人只有在代理权限范围内进行的民事活动，才能被看做被代理人的行为，由被代理人承担代理行为的法律后果。代理人非经被代理人的同意，不得擅自扩大、变更代理权限。代理人超越或变更代理权限所为的行为，非经被代理人追认，对被代理人不发生法律效力，由此给被代理人造成经济损失的，代理人还应承担赔偿责任。

（2）代理人应亲自行使代理权，不得任意转托他人代理。在委托代理中，代理人与被代理人之间，通常具有人身信赖关系。代理人应亲自行使代理权，不得任意转托他人代理；在法定代理中，代理人与被代理人之间多为亲属关系或职务关系，亦应亲自行使代理权，不得任意转托他人代理；在指定代理中，代理人更应亲自行使代理权。只有代理人亲自行使代理权，才有利于代理事务的完成。

（3）代理人应积极行使代理权，尽勤勉和谨慎的义务。代理人只有积极行使代理权，尽勤勉和谨慎的义务，才能实现和保护被代理人的利益。首先，代理人应认真工作，尽相当的注意义务。在法定代理、指定代理和委托代理的无偿代理中，代理人行使代理权，必须尽与处理自己事务相同的注意；在有偿代理中，代理人应尽善良管理人的注意义务。其次，在委托代理中，代理人应根据被代理人的指示进行代理活动。由于代理的后果由被代理人承受，被代理人可根据客观情况随时给代理人指示，代理人具有遵守被代理人指示的义务。代理人不遵守被代理人指示，构成代理人过错。由此给被代理人造成损失的，代理人应承担赔偿责任。再次，代理人应尽报告与保密的义务。若代理人未尽到职责，给被代理人造成损害的，依《民法通则》第 66 条的规定，代理人应承担民事责任。

2. （1）表见代理本属于无权代理，但因本人与无权代理人之间的关系，具有外表授权的特征，致使相对人有理由相信行为人有代理权而与其进行民事法律行为，法律使之发生与有权代理相同的法律效果。（2）表见代理的构成要件：第一，行为人无代理权；第二，有使相对人相信行为人具有代理权的事实或理由；第三，相对人为善意；第四，行为人与相对人之间的民事行为应具备民事法律行为成立的有效要件。（3）表见代理的效力：表见代理对本人产生有权代理的效力，即在相对人与本人之间产生民事法律关系，本人应受表见代理人与相对人之间实施的民事法律行为的约束，享有该行为设定的权利和履行该行为约定的义务。本人不得以无权代理为抗辩，不得以行为人具有故意或过失为理由而拒绝承受表见代理的后果，也不得以自己没有过失作为抗辩。表见代理对相对人来说，既可主张狭义无权代理，也可主张成立表见代理。如果相对人认为向无权代理人追究责任更为有利，则可主张狭义无权代理，向无权代理人追究责任；相对人也可以主张成立表见代理，向本人追究责任。相对人对此享有选择权。

六　案例分析题

1.（1）甲的行为是一种与第三人串通，损害被代理人利益的行为。乙委托甲将草药带到上海去卖，而甲却将草药卖与丙，这本身就违背了被代理人的意思；甲在出让草药的过程中，私下收受了丙给予的好处费，将草药以低价卖给丙，并相约共同欺骗乙，这就是相互串通，共同损害被代理人乙的利益。

（2）我国《民法通则》第66条第3款规定："代理人和第三人串通，损害被代理人的利益的，由代理人和第三人负连带责任。"因此，本案中甲与第三人丙应对乙的损失承当连带赔偿责任。

2.（1）可以。赵某委托钱某代为出售电脑，双方形成代理权法律关系，但钱某滥用代理权，与孙某恶意串通，损害被代理人赵某的利益，依据我国《民法通则》第58条规定，代理人和第三人恶意串通，损害被代理人利益的行为是无效民事行为。孙某不能依据无效民事行为而取得电脑的所有权，赵某有权基于其对电脑的所有权请求其返还电脑。

（2）钱某向周某出售Modem的行为是无权代理行为，为效力未定行为。赵某没有委托钱某出售Modem，因此，钱某以赵某的名义出售Modem为自始没有代理权的无权代理行为，其行为效力处于不确定的状态，赵某可以追认该行为而使其有效；第三人周某在知道钱某为无权代理之后也可以催告赵某追认或者撤销该行为。

（3）周某享有催告赵某追认此买卖行为或者撤销该买卖行为的权利。本案中，周某为善意第三人，在狭义无权代理中，善意第三人享有催告权和撤销权。

第十章　诉讼时效、除斥期间与期限

一　单项选择题

1. 甲向乙借款 10 万元，借款期为 1 年。半年后，乙出国深造，3 年后回来，向甲要求还款，甲还款了。后甲听朋友说，该借款已经过了诉讼时效期间，遂要求乙返还。乙不返还，甲诉至法院，对甲的诉讼请求，人民法院应（　　）。

  A. 不予支持　　　　　　　　　　B. 予以支持
  C. 不予受理　　　　　　　　　　D. 支持一半

2. 诉讼时效期间届满，当事人丧失（　　）。

  A. 实体权利　　　　　　　　　　B. 胜诉权
  C. 起诉权　　　　　　　　　　　D. 起诉权和实体权利

3. 甲于 2004 年 5 月 12 日将小件包裹寄存乙保管处。5 月 14 日，该包裹被盗。5 月 25 日，甲提货时得知货物被盗。甲请求乙赔偿损失的诉讼时效期间至何时届满？（　　）

  A. 2005 年 5 月 14 日　　　　　B. 2005 年 5 月 25 日
  C. 2006 年 5 月 14 日　　　　　D. 2006 年 5 月 25 日

4. 诉讼时效中止后，从中止时效的原因消除之日起，诉讼时效期间（　　）。

  A. 重新计算　　　　　　　　　　B. 不再计算
  C. 继续计算　　　　　　　　　　D. 届满

5. 债务人向债权人表示同意延期履行拖欠的债务，这将在法律上引起（　　）。

  A. 诉讼时效的中止　　　　　　　B. 诉讼时效的中断
  C. 诉讼时效的延长　　　　　　　D. 诉讼时效的改变

6. 甲租用乙的房屋，半年后甲拒付租金，乙请求甲支付租金的诉讼时效为（　　）。

A. 1 年　　　　B. 2 年　　　　C. 6 个月　　　　D. 9 个月

7. 甲出售一批奶牛给乙，双方约定，甲于 1999 年 11 月 4 日在其养牛场向乙交付奶牛，乙于 1 个月后向甲付款。1 个月后，乙没有付款，而甲也忙于其他事务无暇顾及。2001 年 7 月 4 日甲因车祸受伤成了植物人，因对由谁担任其监护人发生争议，迟至 2001 年 8 月 4 日才确定了由丙担任甲之监护人。2002 年 2 月 3 日丙清理甲的财产时，发现尚有乙的欠款没有追回，遂向乙主张权利，因乙认为该债务诉讼时效期间已过不愿偿还发生纠纷。则依法，甲向乙请求偿还债务的诉讼时效期间至何日届满？（　　　）

A. 2000 年 12 月 4 日　　　　　　B. 2001 年 12 月 4 日

C. 2002 年 1 月 4 日　　　　　　　D. 2002 年 2 月 4 日

8. 1974 年 3 月 1 日晚张某被人打成重伤。经过长时间的访查，于 1993 年 6 月 30 日张某掌握确凿的证据证明将其打伤的是李某。这时，张某应在什么时候之前向李某提出要求赔偿的请求？（　　　）

A. 1994 年 3 月 1 日　　　　　　　B. 1994 年 6 月 30 日

C. 1995 年 6 月 30 日　　　　　　　D. 1995 年 3 月 1 日

二　多项选择题

1. 下列关于诉讼时效的表述中，正确的有（　　　）。

A. 诉讼时效是法律事实　　　　　B. 诉讼时效是法律事件

C. 诉讼时效具有强制性　　　　　D. 诉讼时效是事实行为

2. 村民甲将自己一辆旧车出售给村民乙，甲对乙说：如存在问题，可在半年之内提出请求。乙见该车外表新颖，非常喜爱，就答应了。8 个月后，乙在一次修车过程中，发现该车之发动机非约定之品牌，遂与甲发生纠纷。对此，下列说法中，正确的有（　　　）。

A. 时效期间已过，乙已丧失胜诉权

B. 时效期间未过，乙仍享有胜诉权

C. 时效期间已过，因乙已放弃时效利益

D. 时效期间未过，因乙未放弃时效利益

3. 引起诉讼时效中断的事由有（　　　）。

A. 不可抗力　　　　　　　　　　B. 起诉

C. 当事人一方提出要求　　　　　D. 义务人同意履行义务

4. 下列有关期间的立法表述中，属于除斥期间规定的有（　　）。

A. 限制民事行为能力人订立的合同中，相对人可以催告法定代理人在 1 个月内予以追认

B. 因重大误解订立合同的撤销权自债权人知道或者应当知道撤销事由之日起 1 年内行使

C. 赠与人的继承人对赠与的撤销权，自知道或者应当知道撤销原因之日起 6 个月内行使

D. 租赁期间不得超过 20 年，超过 20 年的，超过部分无效

5. 诉讼时效期间是（　　）。

A. 法定期间　　　　　　　　　　B. 约定期间

C. 可变期间　　　　　　　　　　D. 不变期间

6. 依照我国法律规定，下列各项中，诉讼时效期间为 1 年的有（　　）。

A. 身体受到伤害要求赔偿的

B. 出售质量不合格的商品未声明的

C. 延付或拒付租金的

D. 寄存财物被丢失或者损毁的

7. 1996 年 6 月 3 日，某甲向某丙借款 30 万元，由某丁作为保证人。某丁和某丙约定：只有在某甲于债务届满两年还不还款时，某丁才代为履行。1997 年 6 月 3 日，债务期限届满，某甲没有还款。到了 1999 年 8 月 4 日。某丙向某丁要求代为履行。某丁的一个律师朋友告诉某丁，该债务已经过了时效期间，不用还了。对此，下列说法中，正确的有（　　）。

A. 债务已经过了时效期间

B. 债务没有过时效期间

C. 时效期间应到 1999 年 6 月 3 日

D. 时效期间应到 2001 年 6 月 3 日

8. 甲于 1998 年 9 月 10 日向乙借款 1 万元，双方约定借款期限为 1 年。1 年后，甲没有还款，但表示将在 1 个月内还清款项，乙表示应允。对此，下列说法中，正确的有（　　）。

A. 乙请求甲还款的诉讼时效期间至 2001 年 9 月 10 日届满

B. 乙请求甲还款的诉讼时效期间至 2001 年 10 月 10 日届满

C. 甲在 1 个月内还款的表示引起时效期间的中断

D. 甲在 1 个月内还款的表示引起时效期间的延长

9. 甲于 4 月 1 日与乙签订买卖合同，双方约定，乙应在合同订立之日起 6 个月内交货，交货时甲付款。则关于合同履行期间的计算，下列说法中，正确的有（　　）。

A. 期间应从 4 月 1 日开始计算　　B. 期间应从 4 月 2 日开始计算

C. 期间至 10 月 1 日届满　　D. 期间至 10 月 4 日届满

三　名词解释

1. 取得时效　　2. 诉讼时效　　3. 除斥期间　　4. 期限　　5. 诉讼时效中止　　6. 诉讼时效中断

四　简答题

1. 简述诉讼时效制度的作用。
2. 简述诉讼时效中断的事由和效力。

五　论述题

试比较诉讼时效与除斥期间的异同。

六　案例分析题

1987 年 12 月，胡某所在单位决定派他到加拿大学习两年，因办离国手续一时钱不够用，遂向朋友张某借款 3 万元，并立字据约定胡某在出国时将钱还清。但胡某直到 1988 年 7 月 27 日出国，都一直没有还钱，此前张某虽然经常来看望胡某，但也对钱的事只字未提。胡某在国外两年与张某也有过联系，但都没有说钱的事。1990 年 8 月，胡某回国。1990 年 10 月 6 日张某因买房急需钱，找到胡某，胡某当即表示，全部钱款月底还清，并在原来的字据上对此作了注明。11 月 5 日，当张某再次来找胡某要钱时，胡某却称，他的一个律师朋友说他们之间的债务已超过 2 年的诉讼时效，可以不用还了！张某气愤不已，第二天就向法院提起了诉讼，要求胡某偿还 3 万元的本金和利息。

（1）胡某在 1990 年 10 月在字据上对月底还钱作注明的行为有何种效力？

（2）张某能否通过诉讼取回胡某欠他的钱？

参考答案

一 单项选择题

1. A 2. B 3. B 4. C 5. B 6. A 7. C 8. B

二 多项选择题

1. ABC 2. BD 3. BCD 4. ABC 5. AC 6. ABCD 7. BD 8. BC 9. BD

三 名词解释

1. 取得时效，是指占有他人财产，持续达到法定期限，即可依法取得该项财产权的时效。取得时效因其事实状态必须占有他人财产，又称占有时效。我国《民法通则》未规定取得时效制度。

2. 诉讼时效是指因不行使权利的事实状态持续经过法定期间，即依法发生权利不受法律保护的时效。外国一些立法例将诉讼时效称为消灭时效。

3. 除斥期间，又称预定期间，是指法律规定某种权利预定存在的期间，权利人在此期间不行使权利，预定期间届满，便发生该权利消灭的法律后果。

4. 期限，是指民事法律关系发生、变更和终止的时间，分为期间和期日。期间是指从时间的某一特定的点到另一特定的点所经过的时间。期日是指不可分割的一定时间。

5. 诉讼时效中止，是指在诉讼时效进行中，因一定的法定事由的发生而使权利人无法行使请求权，暂时停止计算诉讼时效期间。

6. 诉讼时效中断，是指在诉讼时效进行中，因一定的法定事由的发生致使已经进行的诉讼时效期间全部归于无效，诉讼时效期间重新计算。

四 简答题

1. 诉讼时效制度的作用有：（1）促使权利人行使权利。诉讼时效制度的作用之一在于促使权利人积极行使权利。权利人如不及时行使权利，就可能导致权利的丧失或不受法律保护，这就促使权利人在法定期间内行使权利，以维护自己的利益。（2）避免证据灭失。诉讼时效制度的作用之二在于避免证据灭失。一种事实状态长期存在，必致证据湮灭、证人死亡，此事实状态是否合法，殊难证明。实行时效制度，凡诉讼时效期间届满，即认为权利人丧失权利或不受法律保护，即以时效为证据的代用，避免当事人举证和人民法院调查证据的困难。

2. 诉讼时效中断，是指在诉讼时效进行中，因一定的法定事由的发生致使已经进行的诉讼时效期间全部归于无效，诉讼时效期间重新计算。

诉讼时效中断的法定事由包括：（1）权利人提起诉讼；（2）当事人一方提出请求；（3）义务人同意履行义务。

诉讼时效中断的效力：（1）对时效力，是指使中断事由发生前已经进行的诉讼时效全部归于无效，诉讼时效重新计算；（2）对人效力，即在多数人之债中，债权人向连带债务人中的一人起诉的，对其他债务人发生同样的效力。但连带债权人中的一人起诉的，对其他债权人不发生起诉的效力。

五 论述题

诉讼时效是指因不行使权利的事实状态持续经过法定期间，即依法发生权利不受法律保护的时效。外国一些立法例将诉讼时效称为消灭时效。除斥期间，又称预定期间，是指法律规定某种权利预定存在的期间，权利人在此期间不行使权利，预定期间届满，便发生该权利消灭的法律后果。

诉讼时效和除斥期间都是以一定的事实状态的存在和一定期间的经过为条件而发生一定的法律后果，都属于法律事件。其目的都在于督促权利人及时行使权利及维护法律秩序。但二者又有不同，其主要区别是：（1）构成要件不同。诉讼时效须同时具备两个要件，即法定期间的经过和权利人不行使权利的事实状态；除斥期间只需要一个要件，即法定期间经过。（2）适用对象不同。诉讼时效一般适用于债权请求权；除斥期间一般适用于为形成权，如取回权、放弃权、撤销权等。（3）法律效力不同。依《民法通则》的规定，诉讼时效届满后，实体权利本身并不因此而消灭；而除斥期间届满后，消灭的是实体权利本身。此外，时效利益不能预先抛弃，但对于已完成的时效利益，可以抛弃。超过诉讼时效期间，当事人自愿履行的，不受时效限制。抛弃诉讼时效利益的行为，可视为权利人权利的实现，而不是创设新的权利。至于除斥期间届满，权利人丧失了实体权利，抛弃利益的行为则可创设某种权利。（4）期间性质不同。诉讼时效期间是可变期间，诉讼时效期间可适用中断、中止、延长的规定；除斥期间是不变期间，不可适用中断、中止和延长的规定。

六 案例分析题

（1）胡某1990年10月在字据上的注明是放弃时效利益的行为，自行为之时起发生诉讼时效重新计算的法律后果。依《民法通则》第135条规定："向人民法院请求保护民事权利的诉讼时效期间为2年，法律另有规定的除外。"根据该规定，民事权利一般在2年后法院不再予以保护，权利人将丧失胜诉权。本案中，张某请求胡某还款的诉讼时效期间应自1988年7月28日起算，至1990年7月28日届满。但是，根据《民通意见》第171条，过了诉讼时效期间，义务人履行义务后，又以超过诉讼时效为由反悔的，不予支持。此处义务人履行义务不仅仅指义务人实际履行义务，也包括义务人对履行义务重新作出承诺。本案中，胡某1990年10月6日在字据上的注明即是一种重新承诺，其实质是债务人自愿放弃因诉讼时效期间经过而给他带来的利益，自行为时起诉讼时效期间重新计算。

（2）可以得到法院的支持。因胡某放弃时效利益，诉讼时效期间重新计算，张某对胡某的诉讼时效期间应至1992年10月6日届满。

第十一章　物权总论

一　单项选择题

1. 甲有祖传珍贵玉器一件，乙丙均欲购买之，甲先与乙达成协议，以 5 万元价格出售之，双方约定，次日交货付款。丙知晓后，当晚携款至甲处，欲以 6 万元价格购买之。甲欣然应允，并即交货付款。对此，下列表述中，正确的是（　　）。

A. 甲与丙的买卖合同无效　　　　B. 甲与乙的买卖合同无效

C. 乙可以请求丙交付该玉器　　　D. 乙可以请求甲承担违约责任

2. 下列民事权利中，不属于物权的是（　　）。

A. 典权　　　　　　　　　　　B. 抵押权

C. 隐私权　　　　　　　　　　D. 房屋所有权

3. 根据物权是否具有独立性不同，物权可以分为（　　）。

A. 主物权和从物权

B. 有期限物权和无期限物权

C. 动产物权、不动产物权和权利物权

D. 用益物权与担保物权

4. 甲将自己所有的一套书卖给乙，但甲还想留阅一段时间，遂又与乙达成协议，借阅该书 1 个月，乙表示应允。乙取得该套书所有权的交付方法为（　　）。

A. 简易交付　　　　　　　　　B. 占有改定

C. 指示交付　　　　　　　　　D. 拟制交付

二　多项选择题

1. 下列物权中，属于登记物权的有（　　）。

A. 房屋抵押权　　　　　　　B. 土地所有权

C. 城镇国有土地使用权　　　D. 留置权

2. 甲向乙借款，双方并且约定由甲提供轿车一辆设定抵押，但甲提出应在抵押合同中写明抵押权的存续期限为 3 年，乙表示同意。双方办理了抵押登记。登记部门告知甲乙，应每年到登记部门更新登记，否则，抵押权消灭。后因借款合同诉讼时效期间届满，乙主张行使抵押权时与甲发生纠纷。对此，下列说法中，不正确的有（　　　）。

A. 本案中抵押权的存续期间为 3 年

B. 本案中抵押权的存续期间为 1 年

C. 因借款合同诉讼时效期间届满，抵押权当然消灭

D. 抵押权可因借款合同得到履行而消灭

3. 甲和乙共有房屋三间，出租给丙开办商店。现丁要向戊借款 5 万元，在丁的要求下，征得乙的同意后，甲将其在上述三间房屋中的共有份额抵押给戊，并在通知丙后，到房屋管理局作了登记。对其中的法律关系，下列表述正确的是（　　　）。

A. 房屋抵押后，甲、乙与丙之间的租赁合同继续有效

B. 在以出卖共有份额的方式实现该抵押权时，如果乙与丙都愿意以同一价格购买，则应卖给乙

C. 在以出卖共有份额的方式实现该抵押权时，如果乙与丙都愿意以同一价格购买，则应卖给丙

D. 在以出卖共有份额的方式实现该抵押权时，甲、乙与丙之间的租赁合同即告终止

4. 下列属于法定孳息的有（　　　）。

A. 房屋租金　　　　　　　　B. 违约金

C. 贷款利息　　　　　　　　D. 合同价金

5. 财产所有权是一种（　　　）。

A. 自物权　　　　　　　　　B. 他物权

C. 完全物权　　　　　　　　D. 绝对权

6. 下列物权中，不属于法定动产物权的是（　　　）。

A. 抵押权　　　　　　　　　B. 质权

C. 留置权　　　　　　　　　D. 典权

7. 下列属于所有权的原始取得方法的有（　　　）。

A. 某甲误将某乙的一颗钻石加工成钻石戒指，某乙补偿某甲料钱、工钱后取得戒指的所有权

B. 国家取得无人继承又无人受遗赠的遗产所有权

C. 王某将左邻李某委托看管的一匹瘸腿马直接卖给右邻赵某，赵某因善意取得该马的所有权

D. 农民收割自家责任田中的庄稼，并因此取得收获物的所有权

8. 下列请求权中，属于物权请求权的有（　　）。

A. 妨碍排除请求权　　　　　B. 恢复原状请求权

C. 消除危险请求权　　　　　D. 侵权损害赔偿请求权

9. 李某与于某签订了房屋租赁合同，李某租用于某的房屋，合同履行期间，于某又将出租房屋出售给王某，王某因急需利用此房经营，要收回李某租用的房屋，那么，下述表述不正确的有（　　　）。

A. 李某与于某之间的租赁合同因出租房屋所有权变更而自动失效

B. 李某与王某之间的买卖合同因房屋承载租赁合同而无效

C. 因租赁合同期间未满，王某尚未取得房屋的所有权

D. 李某有权继续租赁承租的房屋直到租赁合同期满

10. 甲在某风景区兴建别墅，与其邻居乙约定，乙不得在别墅前兴建房屋，以免妨碍眺望。半年后，乙将其房屋出售给丙，丙欲拆除旧房，兴建大厦。对此，下列说法中不正确的有（　　　）。

A. 甲可以向乙提出异议，要求丙停工

B. 甲可以向丙提出异议，要求其停工

C. 甲可以与丙协商停工事宜

D. 甲可以依据债权协议向乙主张违约责任

三　名词解释

1. 物权　2. 物权的优先效力　3. 物上请求权　4. 公示原则　5. 公信原则

四　简答题

1. 简述物权的法律特征。

2. 如何认识物上请求权的性质？

3. 简述物权请求权与债权请求权的区别。

五　论述题

1. 试述物权法定主义。
2. 试论物权的优先效力。

六　案例分析题

王某有私房三间，经协商，王某以 5 万元的价格将房屋出售丁某，双方签订了买卖合同，丁某交付了价金。3 日后，李某了解到王某要出售私房，遂与王某协商，愿以 7 万元的价格购买王某的私房，王某同意，双方签订了房屋买卖合同，李某交付了 7 万元购房款，王某和李某到房产局办理了房屋产权过户手续，办妥过户手续后，王某找到丁某，告知房屋已出售给李某，并退回了丁某交付的购房款，丁某不同意，要求王某交付房屋，王某则以房屋已办理了过户手续为由拒绝交付房屋，丁某诉至法院，要求法院獬定王某和李某的房屋买卖合同无效，要求王募交付房屋给自己。

（1）本案涉及哪些法律关系？
（2）本案中，房屋所有权应由谁享有？为什么？

参考答案

一　单项选择题

1. D　2. C　3. A　5. B

二　多项选择题

1. ABC　2. ABC　3. AB　4. AC　5. ACD　6. ABD　7. ABCD　8. ABC　9. ABC
10. ABD

三　名词解释

1. 物权是权利人直接支配其标的物，并享受其利益的排他性权利。

2. 物权的优先效力是指在同一标的物，有数个利益相互矛盾、冲突的权利并存时，具有较强效力的权利排斥具有较弱效力的权利的现。物权的优先效力包括物权相互之间的优先效力和物权对于债权的优先效力。

3. 物上请求权是指物权的权利人在其利的实现遇到某种妨碍时，物权人有权对于构成妨碍其权利事由发生的人请求排除此等妨碍的权利。

4. 公示原则是指物权在变动时，必须将物权变动的事实通过一定的方法向社会公开，从而使第三人知道物权变动的情况。不动产物权以登记作为物权变动公示的方法；动产物权以交付作为物权变动公示的方法。交付和登记是物权公示的基本方法。

5. 公信原则是指一旦当事人变更物权时，依据法律的规定进行了公示，则即使依公示方法表现出来的物权不存在或存在瑕疵，但对于信赖该物权的存在并已从事了物权交易的人，法律仍然承认其具有与真实的物权存在相同的法律效果，以保护交易安全。

四 简答题

1. 物权的法律特征有：（1）物权是权利人直接支配物的权利；（2）物权是权利人直接享受物的利益的权利；（3）物权是排他性的权利。

2. 物上请求权是以物权为基础的一种独立的请求权。（1）物上请求权是请求权，是在物权受到妨碍时发生，是物权人请求权特定的人（妨碍物权的人）为特定行为（除去妨碍）的权利，为行为请求权。它不以对物权标的物的支配为内容，故不是物权本体。（2）物上请求权是物权的效用，它以恢复物权的支配状态为目的，在物权存续期间不断地发生。（3）物上请求权附属于物权，其命运与物权相同，即其发生、移转与消灭均从属于物权。

3. 物权请求权与债权请求权的区别有：（1）物权请求权是在物权的完满状态受到妨害或者可能受到妨害时，以恢复物权的完满状态为目的提出的请求权，是一种旨在保护物权的防卫性请求权。债权请求权一般是要求对方当事人为给付，而只有在对方当事人为给付的情况下，债权人的权利才能得到实现，因此，债权请求权是一种索求性请求权。（2）物权请求权并不需要法律的特别赋予，也无须根据一定的法律关系产生。因此，物权请求权不能转让。债权请求权的产生必须有法律上特别的原因，而且债权请求权可以转让。（3）物权请求权的效力优先于债权请求权的效力。（4）物权请求权原则上不考虑相对人是否有过错。

五　论述题

1. 物权法定主义是指在物权的创设上，由法律规定物权的种类和内容，不允许当事人依其意思设定与法律规定不同的物权。现代各国民法，就物权的创设大都采法定主义。

物权法定主义原则是在罗马法时就已经确定的原则。以后各国物权法均毫无例外地继承了罗马法中确定的这一原则，其原因主要是：

（1）整理旧物权类型的需要。近代物权法定主义原则是资本主义民法首先完全确立的，当时针对十分复杂的封建土地关系，为避免允许种种繁杂的权利登记而造成的混乱结果，使权利体系得以简明化，民法上需要对物权（主要是土地权利）的类型及内容作出明确规定。这样规定的更深层次的意旨在于一方面限制土地所有权的效力，不赋予所有权人任意设定他物权的权限，另一方面限制过多繁杂的权利对土地及其他财产所有权的束缚，从而赋予所有权以独占性、完全性。

（2）物尽其用的考虑。物权与社会经济有密切的联系，如果允许任意创设物权种类，对所有权设定种种的限制和负担，会影响对物的利用。以法律明确物权的种类和内容，尽量将切合现实的物权形式纳入物权法，建立能够满足社会经济关系的发展需要的、权利种类简明、效力明确的物权体系，有助于物的利用。

（3）保护交易安全的要求。物权具有排他性，通常会涉及第三人的利益，所以物权的存在及其变动应力求透明。如果允许当事人自由创设物权，不仅易于给第三人造成损害，而且还给物权的公示增加了困难，因为法律不可能对每一种当事人所创设的物权都提供一种相对应的公示方法。在物权的种类和内容法定化以后，便于物权的公示，以确保交易的安全和快捷。

按照物权法定主义原则的要求：（1）物权的种类不得创设，即不得创设法律未规定的新种类的物权。例如对于担保物权，虽然世界各国关于担保物权的种类很多，但在我国就只能依《担保法》及其他法律设定其认可的抵押权、质权、留置权等担保物权形式。（2）物权的内容不得创设，即不得创设与法律规定的内容不同的物权。例如，创设不移转占有的质权，即使名为质权，但由于与质权的法律规定的内容不同，故也是不允许的。

当事人如果违反物权法定主义原则的要求，其行为一般不发生物权效力，但法律也可以用明文规定的形式承认其一部分的效力。如规定典权的期限不能超过30年，但当事人关于典期的约定超过30年时，并非典权无效，而是可将典期缩短为 30 年。法律还可以对物权的内容规定一定的范围，当事人可以在这个范围内自由选择。例如地役权的内容当事人就可以根据法律规定的内容选择其中的一种或数种设定。

物权的种类和内容法定与债权不同。债权依合同自由原则，当事人在不违反法律和社会公共利益的范围内，可以创设任何种类的债权。法律也往往不限制合同的种类和内容，允许当事人协商确定合同的内容，并承认其效力。

2. 物权的优先效力是指在同一标的物上有数个利益相互矛盾、冲突的权利并存时，具有较强效力的权利排斥具有较弱效力的权利的现。物权的优先效力包括对内效力（物权相互之间的优先效力）和对外效力（物权对于债权的优先效力）。

（1）所谓对内的效力，又称物权相互之间的优先效力，是指多个物权在同一物上并存时，先设定的物权优于后设定的物权，物权相互间以成立时间的先后确定效力的强弱，本质上是对现存的、既得的物权的保护。因此任何人都必须尊重物权人对其物的支配范围，不得干涉物权人的权利的行使。这也包括在同一标的物上先后成立的物权只有在不侵入、不干涉先成立的物权的支配范围的条件下才能得以成立。这是一般的规则，其例外就是限制物权的效力优先于所有权，原因在于限制物权是根据所有人的意志设定的物上负担，起着限制所有权的作用。

（2）物权的对外效力是指物权与债权同时存在时，物权具有优先于债权的效力，主要表现在：第一，在同一标的物上，既有物权，又有债权时，物权有优先于债权的效力；第二，在债权人依破产程序或强制执行程序行使其债权时，作为债务财产的物上存在他人的物权时，该物权优先于一般债权人的债权，即在债务人的财产上没有担保物权时，担保物权人享有优先受偿权，这称为别除权。其优先性的原因在于物权是对物直接进行支配的权力，而债权则是请求债务人为一定行为或不为一定行为的权利，不能直接对物进行支配。两者在性质上的差异决定了物权相对于债权的优先性。

六 案例分析

（1）本案涉及两个法律关系：王某和丁某自房屋买卖合同关系，王某和李某的买卖合同关系。

（2）房屋所有权应归李某。本案诉争标物系房屋，房屋是不动产，根据法律规定，房屋所有权自办理产权过户登记手续之时起转移，如果仅仅交付房屋，但未办理产权过户手续，所有权不视为转移，房屋登记过户手续具有公示效力，对抗第三人。本案中，丁某虽与王某签订了书面买卖合同，并交付了购房款，但因未办理产权过户手续，因此，房屋所有权并未转归丁某，丁某与王某之间存在的是债权关系。相反，李某与王某办理了所有权过户手续，房屋所权移转归李某所有，李某与王某之间存在的物权关系，根据物权的优先效力，丁某不能主张李某与王某间的房屋买卖行为无效，因此，本案丁某要求法院确认王某与李某的买卖合同无效的主张不能得到支持，但丁某可以要求王某承担违约责任。

第十二章　所有权

一　单项选择题

1. 法院采取财产保全措施扣押当事人的财产，其对扣押财产的占有是（　　）。

   A. 善意占有　　　　　　　　　　B. 非法占有

   C. 合法占有　　　　　　　　　　D. 恶意占有

2. 财产所有人无权向第三人追索原物的情况是（　　）。

   A. 原物由合法占有人非法转让给善意第三人的

   B. 原物由合法占有人非法转让给恶意第三人的

   C. 原物由非法占有人非法转让给第三人，该第三人是善意、无偿取得的

   D. 第三人取得的财产是属于拾得物的

3. 所有人不明的埋藏物，所有权归（　　）。

   A. 发现人　　　　　　　　　　　B. 土地使用权人

   C. 国家　　　　　　　　　　　　D. 发现人和土地使用权人

4. 下列财产所有权取得方法中，属于继受取得的是（　　）。

   A. 添附　　　　　　　　　　　　B. 生产

   C. 继承　　　　　　　　　　　　D. 拾得遗失物

5. 下列现象中，不属于先占的是（　　）。

   A. 无人继承又无人受遗赠的遗产

   B. 从垃圾桶中捡得旧电视

   C. 回家途中拾得一撞树死亡的野兔

   D. 马路上拾得一块木头

6. 下列现象中，属于加工的是（　　）。

   A. 木窗安装在房屋上　　　　　　B. 大米与小米掺在一起做饭

C. 将他人的玉石雕刻成玉器　　　D. 啤酒中加入饮料

7. 甲和乙共有两间平房,因拆迁,双方发生争议,甲主张该房是按份共有财产,乙主张是共同共有财产,但双方都没有证据证明共有性质,法院应当认定该房为(　　)。

A. 按份共有　　　　　　　　　B. 收归国有

C. 甲个人所有　　　　　　　　D. 共同共有

8. 下列共有财产,可以进行实物分割的有　　(　　)。

A. 汽车　　　　　　　　　　　B. 粮食

C. 耕牛　　　　　　　　　　　D. 电视

9. 甲、乙、丙共有房屋一套,甲欲以 4000 元的价格转让自己的份额,丙表示不买,甲未通知乙转让之事。3 个月后,丁愿意购买,甲接受了丁的购房款,此时,丙、乙均要求以同一价格购买甲的份额,甲父也要购买,甲的份额应当转让给(　　)。

A. 乙与丙　　　B. 丁　　　　C. 乙　　　　D. 甲父

10. 李明盖房挖地基时,挖出一瓦罐,内有银元 5000 块及棉布一块,上写"为防日寇搜查,特埋此。王天明,1938 年 4 月 2 日"。王天明是王伟的爷爷,1938 年被日寇杀害。该银元(　　)。

A. 应归王伟所有　　　　　　　B. 应归国家所有

C. 应归李明所有　　　　　　　D. 应归李明、王伟共有

11. 中州公司依法取得某块土地建设用地使用权并办理报建审批手续后,开始了房屋建设并已经完成外装修。对此,下列哪一选项是正确的?(　　)

A. 中州公司因为享有建设用地使用权而取得房屋所有权

B. 中州公司因为事实行为而取得房屋所有权

C. 中州公司因为法律行为而取得房屋所有权

D. 中州公司尚未进行房屋登记,因此未取得房屋所有权

12. 依照我国法律,下列属于无主物的是(　　)。

A. 附合物　　　B. 抛弃物　　　C. 混合物　　　D. 加工物

13. 甲、乙、丙依次比邻而居。甲为修房屋向乙提出在院内堆放建材,乙不允许。甲随向丙提出在其院内堆放,丙要求付 200 元费,并提出不得超过 20 天,甲同意。修房过程中,甲搬运建材须从乙家门前经过,乙予以阻拦。对此,下列哪个说法不正确?(　　)

A. 乙无权拒绝甲在其院内堆放建材

B. 乙无权阻拦甲经过其门前搬运建材

C. 甲应依约向丙支付占地费

D. 若建材堆放时间超过 20 天，丙有权要求甲清理现场

14. 甲公司出卖一批钢材给乙公司，订立合同的日期是 2005 年 3 月 1 日，并在合同中注明"钢材所有权在乙公司支付完货款时才转移"。乙公司在 2005 年 3 月 5 日支付第一笔货款，甲公司按照合同规定于 3 月 10 日将木材运至乙公司，乙公司验收并接受木材，并于 3 月 15 日付清剩余的货款。这批钢材的所有权转移时间是（　　）。

A. 3 月 1 日　　　B. 3 月 5 日　　　C. 3 月 10 日　　　D. 3 月 15 日

15. 下列不属于收益行为的是（　　）。

A. 收取牛身体内部的牛黄

B. 采摘苹果树上成熟的苹果

C. "三资"企业中白领工人领取奖金

D. 股民通过买卖股票获取股息

二　多项选择题

1. 下列行为属于法律上的处分的是（　　）。

A. 将代别人保管的几箱苹果中即将发霉的一些卖掉

B. 向乞讨的流浪汉施舍饭食

C. 将年久失修的房屋自己加以修缮

D. 将得病的狗弃于荒野之中

2. 下列对他人之物的使用，不为侵权的有（　　）。

A. 未经许可而用别人的三轮车将突然晕厥的女友送到医院

B. 为翻盖房屋而使用邻居的宅基地搭脚手架

C. 明知为邻居家的材料加工成门窗安装在自家房子上

D. 租期已满而继续交房租，房东也未提异议

3. 甲擅自将乙借给他的手表出让给丙，下列表述，哪些是正确的？（　　）

A. 甲以自己的名义出让给丙，甲、丙之间的合同属于效力未定的合同

B. 甲以乙的名义出让给丙，甲、丙之间的行为属于无权代理行为

C. 丙因善意而取得该手表的所有权

D. 丙只能因乙的追认才能取得该手表的所有权

4. 处理相邻关系应遵循的原则是（　　）。

A. 有利生产　　　B. 方便生活　　　C. 团结互助　　　D. 公平合理

5. 甲欠乙 100 元，一天甲将 4 张面值 25 元的奖券拿给乙，说："本该给你钱的。这 4 张 25 元的奖券，1 年后可以兑现，利息比一般的存款高。"乙表示同意并收下了奖券。第二年 4 张奖券中的一张得了特等奖，奖金 1 万元。甲得知后，就立即找到乙，要用 100 元换回那 4 张奖券，乙不同意。下列说法中不正确的有（　　）。

A. 奖券的所有权归甲，奖金的所有权也归田

B. 奖券的所有权归乙，奖金的所有权也归乙

C. 奖券的所有权归甲，奖金的所有权归乙

D. 奖券的所有权归乙，奖金的所有权归甲

6. 下列选项中，不适用善意取得的动产是（　　）。

A. 采登记对抗主义的动产

B. 非以无记名有价证券表彰的债权

C. 法律禁止流通的物品

D. 遗失物和盗赃

7. 李某将一部手机丢失，孙某捡到后，托做手机旧货交易的朋友王某在旧货市场上卖，胡某买下该手机，后被李某发现，要求胡返还手机。对此，下列判断正确的是（　　）。

A. 胡某已经取得手机的所有权，理由是善意取得

B. 胡某没有取得手机的所有权，理由是手机为遗失物

C. 李某有权请求胡某返还手机

D. 李某只能请求孙某承担责任

8. 在下列民事关系中，哪些应按照相邻关系处理？（　　）

A. 甲在乙的房屋后挖菜窖，造成乙的房屋基础下沉，墙体裂缝引起纠纷

B. 甲新建的房屋滴水，滴在乙的房顶，引起纠纷

C. 甲村在河流上游修建拦河坝，使乙村水量剧减，引起纠纷

D. 甲家与乙家相邻，甲家的猫闯入乙家，打碎乙家的花瓶，引起纠纷

9. 下列哪些属于民法上的孳息（　　）。

A. 出租柜台所得租金　　　　　B. 果树上已成熟的果实

C. 动物腹中的胎儿　　　　　　D. 彩票中奖所得奖金

10. 土地所有人在其权利范围内享有排他的支配权，下列行为中，所有权人依

法不得请求排除的是（　　　）。

    A. 地铁公司在地下开凿地铁隧道　　B. 电力公司在地上架设输电线路

    C. 电信公司在地下铺设通信光缆　　D. 航空公司在地上通航飞机

11. 下列财产可作为公民个人财产所举客体的有（　　　）。

    A. 房屋　　　　　　B. 交通工具　　　　C. 土地　　　　　D. 林木

12. 从房屋的所有权形式上看，房屋的所有权形式有（　　　）。

    A. 法人所有　　　　　　　　　　　B. 单独所有

    C. 共有　　　　　　　　　　　　　D. 国家所有

13. 下列现象中，属于事实上处分的是（　　　）。

    A. 出售商品　　　　　　　　　　　B. 粮食被食用

    C. 赠送电视　　　　　　　　　　　D. 钢铁投入生产转化为汽车

14. 物被非所有人转让给第三人，下列中，所有人有权请求第三人返还原物的有（　　　）。

    A. 占有人根据所有人的意思取得对物的占有，该占有人将物非法转让给第三人，该第三人善意且有偿取得该物

    B. 占有人非根据所有人的意思取得对物的占有，该占有人将物非法转让给第三人，该第三人善意且有偿取得该物

    C. 占有人根据所有人的意思取得对物的占有，该占有人将物非法赠与善意第三人

    D. 小偷将偷来的赃物在公共市场上出售，第三人不知是赃物而购买

15. 吴某和李某共有一套房屋，所有权登记在吴某名下。2010 年 2 月 1 日，法院判决吴某和李某离婚，并且判决房屋归李某所有，但是并未办理房屋所有权变更登记。3 月 1 日，李某将该房屋出卖给张某，张某基于对判决书的信赖支付了 50 万元价款，并入住了该房屋。4 月 1 日，吴某又就该房屋和王某签订了买卖合同，王某在查阅了房屋登记簿确认房屋仍归吴某所有后，支付了 50 万元价款，并于 5 月 10 日办理了所有权变更登记手续。下列哪些选项是正确的？（　　　）

    A. 5 月 10 日前，吴某是房屋所有权人

    B. 2 月 1 日至 5 月 10 日，李某是房屋所有权人

    C. 3 月 1 日至 5 月 10 日，张某是房屋所有权人

    D. 5 月 10 日后，王某是房屋所有权人

三 名词解释

1. 所有权 2. 房屋的区分所有权 3. 相邻关系 4. 善意取得 5. 先占
6. 遗失物 7. 埋藏物 8. 隐藏物 9. 添附 10. 混合 11. 附合 12. 加工

四 简答题

1. 简述所有权的特征。
2. 简述所有权的权能。
3. 简述房屋区分所有的内容。

五 论述题

试述善意取得的构成条件。

六 案例分析题

1. 王某住一商住楼的二层，一层是街道办事处的房产，街道办事处将其作为退休工人的棋牌室，老人们天天在棋牌室打麻将，王某和孩子常在深夜被楼下的洗牌声惊醒，无法入睡，王某多次找办事处协商，要求其关闭棋牌室或限制晚上打麻将的时间，办事处则认为，打麻将是一项正常的娱乐活动，有益于老人的身心健康，拒绝了王某的要求。王某向法院起诉，要求限制打麻将时间。

（1）王某与街道办事处的关系是什么？

（2）王某的请求能否支持？

2. 王某盖房，雇用于某挖地基，一日，于某挖到一只古瓷瓶，后经文物鉴定机关鉴定，该瓷瓶属国家一级文物。王某认为该瓷瓶系在自己的宅基地下挖出，故瓷瓶应归自己所有。于某则认为，该瓷瓶系埋藏在地下的，是自己挖出的，应归自己所有。双方争执不下，后经第三人协商，双方达成书面协议：瓷瓶归王某、于某共同所有，因瓷瓶不能分割，于某将自己拥有的份额转让给王某，王某须在一个月内向于某支付转让款 5 万元。到期后，王某未支付转让款，于某诉至法院，要求王某按照协议约定支付转让款 5 万元。

该案如何处理?

参考答案

一 单项选择题

1. C 2. A 3. C 4. C5. A 6. C 7. D 8. B 9. C 10. A 11. B 12. B
13. A 14. D 15. C

二 多项选择题

1. ABD 2. ABD 3. ABC 4. ABCD 5. ACD 6. ABCD 7. AD 8. ABC
9. AD 10. ABCD 11. ABD 12. ABD 13. BD 14. BC 15. BD

三 名词解释

1. 所有权是财产所有人在法律规定的范围内,对属于他的财产享有的占有、使用、收益、处分的权利。所有权属于物权,即直接管领一定的物的排他性权利,与同属于民事权利的债权构成财产权的两个分类。

2. 房屋的区分所有权,是指根据使用功能,数人区分某一房屋而各专有其一部分,就专有部分享有单独所有权,并就该房屋及其附属物的共同部分,除另有约定的外,按其专有部分比例共有的房屋所有权。

3. 相邻关系是指不动产相邻各方在对各自所有的或占有的不动产行使所有权或使用权时.因相互间依法应给予方便或接受限制而发生的权利义务关系。从实质上说,相邻关系是相邻不动产的所有人或占有人行使其权利的一种延伸或限制,因此,相邻关系从权利上讲,又称为相邻权,即两个或两个以上相互毗邻的不动产所有人或使用人(占有人)之间,一方行使所有权或使用权时,享有要求另一方提供便和或接受限制的权利。

4. 善意取得又称即时取得,是指无权处分他人动产的让与人,不法将其占有的他人动产交付于受让人后,若受让人取得该动产时出于善意,即取得该动产所有权,原动产所有人不年写要求受让人返还。

5. 先占是指以所有的意思,先于他人占有无主的动产而取得其所有权的事实。

在我国，先占取得动产所有权只存在于两种情况：（1）依法对所有人抛弃的废弃物品的先占，依据《废弃物品回收条例》的规定，拾得人对拾得的废弃物品可依据先占取得所有权；（2）依习惯先占取徒所有权。

6. 遗失物是指他人丢失的动产。遗失物并不是无主物，也不是所有人抛弃的或因为他人的侵害而丢失的物，而是因所有人不慎所丢失的动产。

7. 埋藏物是指埋藏于土地之中且所有人不明的财产。

8. 隐藏物是指隐藏于他物之中，并且所有人不明的财产。

9. 添附是指不同所有人的财产或劳动成果合并在一起形成一种不能分离的新的财产，如果要恢复原状则在事实上不可能或者在经济上不合理。在这种情况下，就要确定这个新物的所有权的归属。添附包括混合、附合和加工三种形式。

10. 混合是指不同所有人的动产混杂合并在一起，对原物已经不能认别，且难以分离从而形成新的财产。

11. 附合是指不同所有人的财产密切结合在一起而形成新的财产，对原物虽然尚能辨明，但无法分离或分离后会大大降低新物的价值。

12. 加工是指一方使用他人的财产加工改造，形成具有更高价值的新财产。

四 简答题

1. 所有权的特征有：（1）所有权是绝对权。所有权不需要他人的积极行为，只要他人不加干预，所有人自己便能实现其所有权。所有权关系的义务主体是所有权人以外的一切人。（2）所有权具有排他性。所有权属于物权，具有排他的性质。所有权人有权排除他人对于其所有物的干涉，并且同一物上只能有一个所有权存在，而不能同时并存两个或两个以上的所有权。（3）所有权是一种最完全的权利。所有权是所有人对于其所有物进行一般的、全面的支配的最全面、最充分的物权，它不仅包括对于物的占有、使用、收益，还包括了对于物最终予以处分的权利。（4）所有权具有弹力性。当所有物上设定的其他权利消灭，所有权的负担除去的时候，所有权仍然恢复其圆满的状态。（5）所有权具有永久性。即所有权的存在不能预定其存续期间。

2. 所有权的权能有：（1）占有。即占有人对物的实际掌握、控制。所谓控制，可以是对物的直接把握，也可以是在自己力量范围内对物的控制。（2）使用。即指按照物的性能和用途对物加以利用，以满足生产、生活需要。使用是所有人的一项重要权能，拥有所有权的目的，在绝大多数情况下，正是为了对物或财产加以利用，以实现物或财产的使用价值，因此，对财产的使用在一定意义上是财产所有人的目的。（3）收益。即指利用物并获取一定的经济利益。所有权人取得其财产的收益，通常是对物或财产使用的结果，即使用自己的财产取得收益。（4）处分。即指所有人依法对物进行处置，从而决定物的命运。处分包括事实上的处分（实物形态上的处分）和法律上的处分（价值形态上的处分）。

3. 房屋区分所有的内容有：（1）专有部分。即数人区分一建筑物而各有的那一部分。以此专有部分为客体的区分所有权，为各区分所有人单独所有，在性质上与一般所有权并无不同。但此项专有部分与同一建筑物上其他专有部分有密切的关系，彼此休戚相关，具有共同的利益。因此区分所有人就专有部分的使用、收益、处分，不得违反各区分所有人的共同利益。（2）共有部分。即区分所有的建筑物及其附属物的共同部分，即专有部分之外的建筑物的其他部分。如建筑物的支柱、屋顶、外墙等基本构造部分，建筑物的楼梯、走廊、电梯、自来水管、贮水塔、消防设备、大门等公用部分。另外，还有仅为部分区分所有人所共有的部分，如各楼层间之楼板、房屋之间的隔墙。建筑物的共有部分，为相关区分所有人所共有，均不得分割。各区分所有人对共有部分，应按其目的加以使用。共有部分的修缮费以及其他负担，由各区分所有人按其所有部分的价值分担。

五　论述题

善意取得，又称即时取得，是指无权处分他人动产的让与人，不法将其占有的他人动产交付受让人后，若受让人取得该动产时出于善意，即取得该动产所有权，原动产所有人不得要求受让人返还。善意取得制度是为维护动产交易的安全而设计的。其构成要件包括：

（1）标的物须为动产。不动产的转让一般须经登记，因而不适用善意取得制度；善意取得的标的物仅限于动产，但以下几类动产不适用善意取得：第一，采登记对抗主义的动产：如船舶、航空器、机动车辆；第二，非以无记名有价证券表彰的债权；第三，法律禁止流通的物品，如毒品、淫秽物品等；第四，未分离的不动产的出产物是该不动产的组成部分，不能成为善意取得的标的；第五，依法被查封的财产；第六，遗失物和盗赃原则是不适用善意取得，但货币、票据、通过竞买方式和交易所方式取得的动产除外。

（2）受让人须基于交易行为而受让动产的占有。善意取得应以受让人取得受让动产的占有为要件。但是受让人的占有必须是通过交易行为而取得。若受让人不是因为交易行为而受让动产的占有时，即便受让人实际占有该动产，也不发生善意取得的效力。

（3）受让人取得动产时须为善意。即受让人在受让动产时不知道或不应当知道让与人无处分权。受让人事后知道出让人无处分权的，对善意取得没有影响。在交易时受让人以明显不合理的低价受让财产的，应认定受让人不具有善慈。

六 案例分析题

1. （1）王某住房与街道办事处的棋牌室是上下楼关系，是相邻的两处不动产，形成不动产相邻关系。

（2）打麻将虽是正当娱乐活动，但必须以不妨害他人为限。办事处将一楼作为棋牌室，又不限制打麻将的时间，深夜打麻将，洗牌声构成噪音污染，势必影响楼上王某休息，因此，办事处行使不动产权利，侵害了相邻方的并益，应当停止侵害行为，王某的诉讼请求应当支持。

2. （1）瓷瓶埋藏于地下，为于某挖得，此物系所有人不明的埋藏物瓷瓶虽埋藏在王某的宅基地下，因王某只是取得宅基地的使用权而非所有权，故瓷瓶的所有权并不归王某。（2）由一瓷瓶经鉴定为国家一级文物，按照有关法律，国家一级文物属于具有重大艺术、历史价值的文物，其所有权应属于国家，故瓷瓶的所有权属于国家。（3）瓷瓶所有权属于国家，王某、于某均不享有所有权，双方共有也就没有法律根据，据此，双方达成的共有协议，系属无权处分行为，该协议无效，由于协议无效，瓷瓶归国家，王某也不承担支付5万元对价的义务。

第十三章 共有

一 单项选择题

1. 甲、乙共同共有的房屋出租后，因年久失修山墙倒塌砸毁承租人丙的汽车，关于赔偿责任的承担，表述正确的是（   ）。

A. 甲、乙按照共有份额的比例承担赔偿责任

B. 甲、乙各按 50% 的比例承担责任

C. 甲承担赔偿责任

D. 甲、乙承担连带赔偿责任

2. 甲、乙、丙三人各出资 2000 元买一条船后，甲欲投资开商店，故想转让自己的份额，甲通知乙、丙后，乙表示愿出 1500 元买下甲的份额，丁知道后愿以 2000 元买下，丙即表示愿以 2000 元买下。根据法律规定，甲应将其份额卖给谁？（   ）

A. 乙   B. 丁

C. 丙   D. 丁或丙都可以

3. 甲、乙共有一间房屋，甲拥有 20% 的份额，乙拥有 80% 的份额，出租给丙住，合同尚未到期，现甲欲将自己的份额转让，则下列论述正确的是（   ）。

A. 乙有优先购买权，丙没有优先购买权

B. 丙有优先购买权，乙没有优先购买权

C. 乙、丙都有优先购买权，两人处于平等地位

D. 乙、丙都有优先购买权，乙的优先购买权优先于丙的优先购买权

4. 有关共有的性质，下列表述正确的是（   ）。

A. 共有是所有权的历史类型   B. 共有是所有权的权能

C. 共有是所有权的种类   D. 共有是所有权的联合

5. 在按份共有中，按份共有人的共有权及于（   ）。

A. 共有财产的全部　　　　　　　　B. 共有人的份额

C. 有约定时为共有人的份额　　　　D. 无约定时为共有财产的全部

6. 在按份共有中，对于共有财产所负税金，按份共有人应承担（　　）。

A. 连带责任　　　　　　　　　　　B. 按份责任

C. 连带责任或按份责任　　　　　　D. 连带责任和按份责任

7. 甲乙二人共有房屋一幢，甲长期在外地，由乙实际居住，并付给甲若干补偿。一日房屋地基不牢倒塌，对邻房造成一定损害。此（　　）。

A. 应由乙承担赔偿责任

B. 应由甲乙承担连带责任

C. 应由甲、乙分担责任，并由乙适当多担

D. 应由甲承担赔偿责任

8. 甲欲开一饭店，想请厨师乙加盟，说："你无需投资，店面、设备、资金都由我负责，你只负责厨房，利润分成你三我七。"乙欣然答应。饭店第一年盈利 10 万，二人合计后，决定用来扩大经营范围，开一家分号，于是未分成。翌年，饭店出现食物中毒事件，顾客索赔 20 万元，该责任（　　）。

A. 应由甲全部承担

B. 应首先由甲承担，不足部分方可由乙承担

C. 甲承担 14 万元，乙承担 6 万元

D. 应由甲、乙二人连带承担

9. 王某写信给其侄女王芳，表示要赠与 5000 元美金，王芳回信表示接受，但此款因故一直未实际给付。后王芳与李岩登记结婚，婚后第六个月接到王某的赠金 5000 元美金。该项钱款依法（　　）。

A. 应属于王芳的婚前个人财产

B. 应属于王芳与李岩的夫妻共同财产

C. 属于婚前取得，但归二人共有

D. 应视王某的意思而定其所有权之归属

10. 北林公司是某小区业主选聘的物业服务企业。关于业主与北林公司的权利义务，下列哪一选项是正确的？（　　）

A. 北林公司公开作出的服务承诺及制定的服务细则，不是物业服务合同的组成部分

B. 业主甲将房屋租给他人使用，约定由承租人交纳物业费，北林公司有权请求业主甲对该物业费的交纳承担连带责任

C. 业主乙拖欠半年物业服务费，北林公司要求业主委员会支付欠款，业主委员会无权拒绝

D. 业主丙出国进修两年返家，北林公司要求其补交两年的物业管理费，丙有权以两年未接受物业服务为由予以拒绝

二　多项选择题

1. 下列财产中，不属于家庭共有财产的是（　　　）。

A. 子女给付父母的赡养费　　　　B. 父母给付子女的抚养费

C. 父母赠给子女的财产　　　　　D. 继承取得的财产

2. 下列共有财产中，属于共同共有财产的是（　　　）。

A. 夫妻共同财产　　　　　　　　B. 家庭共有财产

C. 妻子婚前财产　　　　　　　　D. 甲乙丙共有的尚未分割的遗产

3. 甲与乙系继母子关系。甲的丈夫丙去世时留下甲、丙共同修建的房屋四间，但未进行析产和继承，而是由甲、乙共同居住。后来乙通过熟人关系，将四间房屋产权变更自己个人所有，并将房屋出售给善意的丁。正确的说法是（　　　）。

A. 乙的行为侵犯了甲对房屋的所有权

B. 乙的行为没有侵犯甲对房屋的所有权，而是在行使自己的所有权

C. 在析产和继承前，甲与乙对四间房屋共同共有

D. 在析产和继承前，甲与乙对四间房屋按份共有

4. 在对共有财产进行分割时，可以采用的分割方法为（　　　）。

A. 实物分割　　　　　　　　　　B. 变价分割

C. 作价补偿　　　　　　　　　　D. 上述选项都不对

5. 下列情况中成立共同共有关系的有（　　　）。

A. 小王和小张各出资 2 万元，准备合伙购买化肥在本村销售

B. 甲与邻居乙对两家的分界墙归属发生争议，甲主张按份共有，乙主张共同共有，双方均无证据

C. 甲将其经营的地毯厂折为 1000 股，卖给乙、丙各 200 股

D. 兄弟二人在共同生活期间购买的生活用品

6. 甲、乙、丙三人共有一辆拖拉机，农闲时往往有几个月搁置不用。乙、丙均想将拖拉机卖掉。甲外出之时，乙、丙二人就协商将拖拉机卖给了丁，卖得价款为甲留下一份，其他由乙、丙各自取走。甲回来后获悉此事，认为乙、丙未经

自己同意无权出卖拖拉机。乙、丙认为应该少数服从多数。对此，下列说法正确的有（　　　）。

A. 乙、丙的行为侵犯了甲的所有权

B. 乙、丙的行为侵犯了甲的优先购买权

C. 如果丁取得拖拉机并非善意，则甲可以主张该买卖无效

D. 若丁善意取得拖拉机的所有权，则乙、丙应赔偿给甲造成的损失

7. 下列各项属于夫妻共同财产的有（　　　）。

A. 婚姻关系存续期间，夫妻各自或共同劳动所得的收入和购置的财产

B. 财产系婚前财产或婚后财产无法查清的

C. 婚姻关系存续期间，复员、转业军人所得的复转费

D. 虽属婚前财产，但在共同生活中由双方共同长期使用、经营、管理的财产

8. 关于共有，下列哪些表述是正确的？（　　　）

A. 对于共有财产，部分共有人主张按份共有，部分共有人主张共同共有，如不能证明财产是按份共有的，应当认定为共同共有

B. 按份共有人对共有不动产或者动产享有的份额，没有约定或者约定不明确的，按照出资额确定；不能确定出资额的，视为等额享有

C. 夫或妻在处理夫妻共同财产上权利平等，因日常生活需要而处理夫妻共同财产的，任何一方均有权决定

D. 对共有物的分割，当事人没有约定或者约定不明确的，按份共有人可以随时请求分割，共同共有人在共有的基础丧失或者有重大理由需要分割时可以请求分割

三　名词解释

1. 共有　　2. 准共有　　3. 按份共有　　4. 共同共有

四　简答题

简述按份共有的特征。

五　论述题

试论建筑物区分所有与普通共有的区别。

六 案例分析题

2002 年，李某与张某出资购买了两辆东风牌汽车从事长途贩运，其中，李某出资 10 万元，张某出资 6 万元，双方约定：盈亏按照出资比例分担。2 年中，双方赢利均按约定比例作了分配。2005 年，李某乘张某外出之机，将一辆车以 9 万元的价格出售给王某，双方办理了车辆过户手续，张某回来后，不同意卖车，要求李某追回该车，李某则认为，自己当初出资 10 万元，可以买一辆多汽车，因而认为自己有权出售汽车，张某诉至法院，要求确认李某和王某的买卖行为无效。

（1）张某与李某之间对汽车形成何种关系？

（2）李某出卖汽车的行为是否有效？为什么？

（3）王某能否取得汽车的所有权？为什么？

参考答案

一 单项选择题

1. D 2. C 3. D 4. D 5. A 6. B 7. B 8. B 9. A 10. B

二 多项选择题

1. ABCD 2. ABD 3. AC 4. ABC 5. BD 6. ABCD 7. AB 8. BCD

三 名词解释

1. 共有是两个或两个以上的人（公民或法人）对同一项财产享有所有权。

2. 准共有是指两个或两个以上的人（公民或法人）共同享有所有权以外的财产权。

3. 按份共有亦称分别共有，是指两个或两个以上的人对同一项财产按照份额享有所有权。

4. 共同共有是指共有人对全部共有财产不分份额地享有平等的所有权。

四　简答题

按份共有的特征是：（1）各个共有人对于共有物按照份额享有所有权。（2）各个共有人按照各自的份额对共有物分享权利、分担义务。（3）各个共有人虽然拥有一定的份额，但共有人的权利并不仅限于共有物的某一部分上，而是及于共有物的全部。

五　论述题

如将一栋区分所有的建筑物视为一个整体，则其是被全体区分所有权人共同拥有，但这与普通共有不同。

（1）一栋建筑物可以由若干所有人按普通共有方式共同拥有，但这种共有并不将建筑物区分成不同部分而设定数个平行的所有权，普通共有的建筑物的所有权实际上只有一个。而区分所有的建筑物的所有权则是多个，即含有许多独立的普通所有权。

（2）当普通共有人之一占有使用共有建筑物的以部分时，他对该部分拥有的只是独立的使用权，而无独立的收益权和处分权。共有人之一只能处分其应有的份额，而不能处分共有建筑物的某一特定部分。区分所有权人对自己独自使用的部分拥有的是完全的所有权，他可以在法律或规约的限度内做自由地使用、收益和处分。

（3）朋友共同共有关系的成立和解体须经全体共有人的合意，其中一共有人对其应有份额的处分要经其他共有人的同意，且一般情况下其他共有人有优先购买权；区分所有人则有权独立行使处分权，并且一般没有法定的先买权限制。

（4）即使是按份共有也只是在价值上区分共有部分的应有份额外，还要在实物上区分各个专用部分。

六　案例分析题

（1）李某、张某合伙买车从事运输，对汽车形成共有关系。

（2）共有人之一处分共有财产，必须征得对方事前同意或事后追认，否则，处分行为无效。本案中，李某未经共有人张某同意擅自出售共有财产，其行为无效。

（3）由于王某基于善意购买了汽车，并且办理了产权过户手续，因此，王某合法取得了汽车的所有权，张某不能要求王某返还汽车，但张某可以要求李某承担赔偿责任。

第十四章　用益物权

一　单项选择题

1. 天外来客房地产开发公司于 1995 年 7 月 1 日以出让方式获得某市一块国有土地的使用权，使用年限为 40 年。经开发建成商品房后，1999 年 7 月 1 日将该宗房屋一并转让给富祥公司，富祥公司将其作为职工住宅分配给职工居住，职工李某于 2000 年 1 月 1 日搬入新居，此时李某对该土地的使用年限为（　　）。

A. 40 年　　　　　　　　　　B. 70 年

C. 35 年 6 个月　　　　　　　D. 36 年

2. 根据我国土地法，下列关于土地权利的表述，正确的是（　　）。

A. 城市市区的土地属于国家所有

B. 农村和城市郊区的土地属于集体所有

C. 宅基地属于农民个体所有

D. 自留地、自留山属于农民个体所有

3. 赵某将私房三间典与郑某，典价 5 万元。后郑某将该房租与陈某。郑某与陈某之间的租赁合同效力如何？（　　）

A. 无效，理由未经赵某同意

B. 有效，理由无须经赵某同意

C. 效力未定，理由郑某欠缺出租权

D. 无效，理由郑某未将该房出租的事实通知赵某

4. 下列对国有土地使用权的最长期限的说法不正确的是（　　）。

A. 居住用地 70 年

B. 工业用地 50 年

C. 教育、科技、文化、卫生、体育用地 50 年

D. 商业、旅游、娱乐用地 50 年

5. 下列权利中不属于用益物权的是（　　）。

A. 土地承包经营权　　　　　　　B. 抵押权

C. 土地使用权　　　　　　　　　D. 典权

6. 我国《民法通则》所明确规定的用益物权是（　　）。

A. 典权　　　　　　　　　　　　B. 地上权

C. 相邻权　　　　　　　　　　　D. 承包经营权

7. 下列权利不为典权人所享有的是（　　）。

A. 占有、使用、收益典物　　　　B. 出租典物

C. 转让典物　　　　　　　　　　D. 优先购买权

8. 在我国，用益物权（　　）。

A. 只能在动产上设立

B. 只能在不动产上设立

C. 可以在动产上设立

D. 既可以在动产上设立也可以在不动上设立

9. 国有土地使用权取得的方式有两种，它们是（　　）。

A. 出让方式和赠与方式　　　　　B. 出让方式和赠与方式

C. 赠与方式和划拨方式　　　　　D. 划拨方式和出让方式

10. 下列主体中，可以为宅基地使用权的权利主体的是（　　）。

A. 法人　　　　　　　　　　　　B. 村委会

C. 自然人　　　　　　　　　　　D. 村办企业

11. 下列财产中，能够成为典权客体能（　　）。

A. 家具　　　　B. 电视机　　　　C. 汽车　　　　D. 房屋

二　多项选择题

1. 国有土地使用权出让合同是（　　）。

A. 要式合同　　　　　　　　　　B. 双务合同

C. 有偿合同　　　　　　　　　　D. 实践性合同

2. 典权的消灭方式包括（　　）。

A. 回赎　　　　B. 作绝　　　　C. 别卖　　　　D. 混同

3. 地役权的属性包括（　　）。

A. 从属性　　　　B. 可分性　　　　C. 不可分性　　　　D. 独立性

4. 地役权的消灭的特殊原因包括（　　　）。

　　A. 土地灭失

　　B. 目的事实不能

　　C. 抛弃

　　D. 存续期间的届满

5. 依照我国现行土地承包法，发包方和承包方在承包期内的权利义务关系，说法正确的是（　　　）。

　　A. 承包方全家迁入小城镇落户的，发包方有权收回承包土地

　　B. 承包方全家迁入小城镇落户的，承包方有权保留其土地承包经营权

　　C. 承包方全家迁入设区的市转为非农业户口的，发包方有权收回承包的土地

　　D. 承包方全家迁入设区的市转为非农业户口的，承包方有权对其承包的土地依法进行流转

6. 依照我国土地承包法，关于承包期限，说法正确的是（　　　）。

　　A. 耕地的承包期为 30 年

　　B. 草地的承包期为 30 至 50 年

　　C. 林地的承包期为 30 至 70 年

　　D. 耕地、林地、草地的承包期均为 30 年

7. 依照我国土地承包法，承包方对取得的土地承包经营权享有流转的权利，该权利包括（　　　）。

　　A. 转包权　　　　B. 出租权　　　　C. 互换权　　　　D. 转让权

8. 依照我国土地承包法，不宜采取家庭承包的"四荒"农村土地，其土地承包经营权依法可采取哪些方式流转？（　　　）

　　A. 转让　　　　B. 出租　　　　C. 入股　　　　D. 抵押

9. 依照我国土地承包法，对于家庭承包取得的土地承包经营权，承包方欲行使流转的权利，下列表述正确的有（　　　）。

　　A. 采取转让方式流转的，应当经发包方同意

　　B. 采取互换方式流转的，应当经发包方同意

　　C. 采取出租方式流转的，应当报发包方备案

　　D. 采取转包方式流转的，应当报发包方备案

三　名词解释

1. 用益物权　　　2. 地上权　　　3. 地役权

四　简答题

1. 简述用益物权的法律特征。
2. 简述土地承包经营权的法律特征。

五　论述题

1. 试述地上权人的权利。
2. 试比较地役权与相邻关系。

六　案例分析题

山水公司通过划拨形式获得一块土地使用权用于建设厂房，项目批准后，山水公司为了提高收益，更改图纸，将厂房改建成写字楼，因资金不到位，山水公司与通达公司签订合作建房协议，约定：山水公司负责写字楼的建设施工，通达公司提供建设资金 5000 万元，写字楼建成后，双方各分得写字楼的一半面积。写字楼建成后，山水公司拒绝按照协议分配楼房面积，只同意退还同达公司的建楼款。通达公司诉至法院，要求山水公司履行协议。

本案如何处理？

参考答案

一　单项选择题

1. C　2. A　3. B　4. D　5. B　6. D　7. C　8. B　9. D　10. C　11. D

二　多项选择题

1. ABC　2. ABCD　3. AC　4. ABCD　5. BC　6. ABC　7. ABCD　8. ABCD
9. ACD

三　名词解释

1. 用益物权是对他人所有的物，在一定范围内进行占有、使用、收益、处分的他物权。

2. 地上权是因建筑物或其他工作物而使用国家或集体所有的土地的权利。

3. 地役权是以他人土地供自己土地便利而使用的权利。

四　简答题

1. 用益物权的法律特征有：（1）用益物权以对标的物的使用、收益其主要内容，并以对物的占有为前提。由此决定了用益物权的设立，以对标的物的占有为要件。也就是说，必须将标的物的占有（直接有）移转给用益物权人，由其在实体上支配标的物。否则，用益物权的目的就无法实现。

（2）益物权是他物权、限制物权和有期限物权。益物权是在他人所有物上设定的物权，是非所有人根据法律的规定或当事人的约定对他人所有物享有的使用、收益的权利。因而从其法律性质上讲，用益物权属于他物权。用益物权作为他物权，其客体是他人所有之物。它是所有人为了充分发挥物的效用，将所有权与其部分权能相分离，由用益物权人享有和行使对物的一定范围的使用、收益权能的结果。但是，用益物权的这种派生性并不影响用益物权作为一种独立的财产权的存在。用益物权是一种限制物权，它只是在一定方面支配标的物的权利，没有完全的支配权。用益物权还是一种有期限物权，它有一定的期限，在其存续期限届满时用益物权即当然归于消灭。

（3）用益物权是不动产物权。用益物权的标的物只限于不动产。

（4）用益物权主要是以民法为依据，但也有以特别法为依据的。在法律适用上应当首先适用特别法，只有在特别法无规定时，才适用民法。

2. 土地承包经营权的法律特征有：（1）承包经营权是存在于集体所有或国家所有的土地或森林、山岭、草原、荒地、滩涂、水面的权利。即承包经营权的标的，是集体所有或国家所有的土地或森林、山岭、草原、荒地、滩涂、水面，而不是其他财产。（2）承包经营是承包使用、收益集体所有或国家所有的土地或森林、山岭、草原、荒地、滩涂、水面的权利。承包人对于承包土地等生产资料有权独立进行占有、使用、收益，进行生产经营活动，并排除包括集体组织在内的任何组织或个人的非法干涉。但承包人并不取得承包土地或其他生产资料的全部收益的所有权。（3）承包经营权是为种植业、林业、畜牧业、渔业生产或其他生产经营项目而承包使用、收益集体所有或国家所有的土地等生产资料的权利。种植，不仅是指种植粮食、棉花、油料等作物，也包括树木、茶叶、蔬菜等。另外，在承包的土地或森林、山岭、草原、荒地、滩涂、水面经营林业、牧业、渔业等，都属承包经营权的范围。（4）承包经营权是有一定期限的权利。但应当根据从事承包经营事业的具体情况，确定承包经营的期限。

五　论述题

1. 地上权是因建筑物或其他工作物而使用国家或集体所有的土地的权利。地上权人的权利主要有：

（1）占有和使用土地。地上权就是为保存建筑物或其他工作物而使用土地的权利，因此使用土地是地上权人的最主要权利。地上权人对土地的使用权，应当在设定地上权的行为所限定的范围内进行。由于地上权为使用土地的物权，地上权人为实现其权利，自然以占有土地为前提。同时，地上权人也可以准用不动产相邻关系的规定。

（2）权利处分。地上权人可以处分其权利。这主要有以下几种情形：第一，转让。地上权人可以将其权利转让给他人，但合同另有约定不得转让的则不得转让。既然地上权是以保存建筑物或其他工作物为目的，则其必须与建筑物共命运，因此地上权人可以附随于其建筑物的处分而转让其处分权。在建筑物被出卖、赠与、继承时，地上权也随之转移。但是，在设定地上权时如果当事人对地上权的转让作了限制，则地上权人不得超出该限制转让其地上权。第二，抵押。地上权可以作为抵押权的标的物，此时，其地上的建筑或其他工作物也随之抵押。另外，当地上的建筑物或其他工作物抵押时，其使用范围内的地上权也随之抵押。第三，出租。地上权人可以作为出租人将地上权连同地上的建筑物或其他工作物租赁给他人使用并收取租金。在地上权出租后，地上权人（出租人）仍须向土地所有人履行义务。

但是，通过土地划拨取得的地上权，只有在下列几种情况下，才可以转让、抵押、出租：其一，土地使用者为公司、企业、其他经济组织和个人；其二，领有国有土地使用证；其三，具有地上建筑物、其他附着物合法的产权证明；其四，签订土地使用权出让合同，向当地市、县人民政府补交土地使用权出让金或者以转让、出租、抵押所获收益抵交土地使用权出让金。在其他情况下，通过划拨土地取得的地上权不得转让、出租、抵押。

（3）附属行为。地上权人可以在其地基范围内进行非保存建筑物或其他工作物的附属行为，如修筑围墙、种植花木、养殖等。

（4）取得地上建筑物或其他工作物的补偿。地上权人在土地上建造的建筑物或其他工作物以及其他附着物，其所有权应当属于地上权人。

2. 地役权是以他人土地供自己土地便利而使用的权利。

相邻关系是指不动产相邻各方在对各自所有的或占有的不动产行使所有权或使用权时，因相互间依法应给予方便或接受限制而发生的权利义务关系。从实质上说，相邻关系是相邻不动产的所有人或占有人行使其权利的一种延伸或限制，因此，相邻关系从权利上讲，又称为相邻权，即两个或两个以上相互毗邻的不动产所有人或使用人（占有人）之间，一方行使所有权或使用权时，享有要求另一方提供便和或接受限制的权利。

两者十分相似，都是设定在不动产上的权利，都是为解决相邻不动产的所有人和使用人之间因行使不动产所发生的权利限制和权利延伸问题。

两者也存在很大的区别：

（1）地役权为相邻不动产所有人或使用人基于合同关系而约定发生的所有权的扩张或限制；相邻关系为不动产所有权或使用权内容的当然扩张或限制，因法律的直接规定产生。

（2）地役权可以约定期限，也可以不约定期限，但不可以约定永久期限；相邻关系则伴随着毗邻不动产永久存在。

（3）相邻关系主要发生在相互毗邻的土地所有人或占有人之间；地役权则发生在土地所有人和使用人之间，不需要需役地和供役地相邻。

（4）相邻关系不是一项独立的民事权利，更不是一项独立的物权类型，属于对所有权的限制或扩张，与所有权共存，不可能单独取得或丧失，地役权是一项独立的民事权利，属于用益物权的一种。

（5）相邻权由于其法定性，不需要登记；地役权作为物权的一种，根据物权公示的原则，应当登记成立。

（6）相邻关系是法律对近邻不动产的利用所进行的最低限度调节，其对不动产所有权的限制于扩张程度较小；地役权作为当事人逾越法定的相邻关系限度而约定的权利义务关系，对土地所有权的限制于扩张的程度越大，是对土地利用所进行的较高程度的调节。

六　案例分析题

（1）山水公司的土地是划拨取得，只能用于公益，划拨土地非经批准，不得用于商业开发牟利，山水公司违反划拨地的用途未经批准改建写字楼，其写字楼是违章建筑。（2）由于写字楼是违章建筑，山水公司与通达公司合作建房协议的标的物即为不法，因此，合建协议无效，双方互相返还财产。

第十五章　担保物权

一　单项选择题

1. 有关留置权，说法正确的是（　　）。

A. 承运人为取得运费对承运的扶贫物资可行使留置权

B. 保管人为取得保管费对保管的救灾物资可行使留置权

C. 加工人为取得加工费对加工物可行使留置权

D. 财产的侵占人因对该财产支付了修理费，所有人未支付修理费的情况下，侵占人可行使留置权

2. 物权中，属于担保物权的是（　　）。

A. 留置权　　　　　　　　　　B. 典权

C. 土地承包权　　　　　　　　D. 国有土地使用权

3. 下列财产中，不得抵押的是（　　）。

A. 土地所有权　　　　　　　　B. 抵押人所有的房屋

C. 抵押人所有的机器　　　　　D. 在建工程

4. 下列关于抵押合同的形式，说法正确的是（　　）。

A. 抵押合同可以口头订立

B. 抵押合同必须书面订立

C. 抵押合同口头、书面订立均可

D. 抵押合同可以采用书面合同以外的其他方式订立

5. 以下列财产设定的抵押权中，协议生效的是（　　）。

A. 房屋　　　　B. 航空器　　　　C. 电视　　　　D. 车辆

6. 按照担保法的规定，下列合同中，可附最高额抵押合同的是（　　）。

A. 运输合同　　　B. 借款合同　　　C. 委托合同　　　D. 合伙合同

7. 根据担保法的规定，质权分为（　　）。

A. 动产质权和不动产质权　　　　B. 不动产质权和权利质权

C. 动产质权和权利质权　　　　　D. 不动产质权、动产质权和权利质权

8. 下列关于权利质权的表述，不正确的是（　　　）。

A. 汇票可质押　　　　　　　　　B. 提单可质押

C. 依法可转让的股票可以质押　　D. 公路渡口的收益权不可质押

9. 下列合同中，可以发生留置权的是（　　　）。

A. 合伙合同　　　　　　　　　　B. 买卖合同

C. 行纪合同　　　　　　　　　　D. 租赁合同

10. 下列关于留置权的说法，正确的是（　　　）。

A. 留置权是用益物权　　　　　　B. 留置权是约定担保物权

C. 留置权是自物权　　　　　　　D. 留置权是法定担保物权

11. 留置物所有人的财产被留置后，以该留置物为标的而向他人设定抵押权，关于受偿顺序的表述，正确的是（　　　）。

A. 留置权与抵押权同时受偿

B. 留置权优先于抵押权受偿

C. 抵押权优先于留置权受偿

D. 何者优先受偿，取决于抵押权是否办理了登记

12. 甲与乙签订借款合同，并与乙就自己的汽车出质给乙签订了字据，后甲未将该车按交付给乙，并将该车卖与了丙。后为此引起纠纷。下列选项正确的是（　　　）。

A. 丙不能取得该车的所有权，因为该车已质押给了乙

B. 丙能取得该车的所有权，但乙可依质权向丙进行追偿

C. 丙能取得该车的所有权，乙不能向丙要求返还该车

D. 甲与乙之间的质权合同生效

13. 甲因向乙借款将自己的汽车抵押与乙，并办理了抵押登记，后甲因向丙借款，又将自己的汽车出质给丙。现甲无力还款，对该车，乙欲行使抵押权，丙欲行使质权，并引起纠纷。下列说法正确的是（　　　）。

A. 乙的抵押权优于丙的质权受偿

B. 丙的质权优于乙的抵押权受偿

C. 乙的抵押权与丙的质权按比例同时受偿

D. 乙的抵押权与丙的质权谁先受偿应由他们抓阄决定

14. 甲向乙借款并将自己的房屋抵押给乙，双方在合同中约定，乙的债权在期

满后未受清偿时，该房屋的所有权为乙所有。下列表述正确的是（　　）。

A. 抵押合同无效

B. 抵押合同内容全部有效

C. 抵押合同为可撤销的合同

D. 抵押合同有效，但房屋所有权为乙所有的条款无效

二　多项选择题

1. 甲将一匹马租给乙，乙因向丙借款，又将该马出质给丙，因乙无力还款，丙欲对该马行使质权，遭甲反对，为此发生纠纷。下列说法正确的是（　　）。

A. 乙对该马享有出质权　　　　　　B. 丙对该马享有质权

C. 乙对该马不享有出质权　　　　　D. 丙对该马不享有质权

2. 下列权利中，可以设立质押的是（　　）。

A. 依法可以转让的商标专用权　　　B. 依法可以转让的股票

C. 债券　　　　　　　　　　　　　D. 公路桥梁等不动产收益权

3. 甲将自己的一批货物出质给乙，但乙将这批货物未放置在仓库里，而是放在露天，货物有毁坏灭失的可能，甲可以主张怎样的权利？（　　）

A. 有权要求将该批货物收回

B. 有权要求解除该质押关系

C. 有权要求提前清偿债权而返还质物

D. 有权要求将质物提存

4. 依我国《担保法》规定，选项所列合同中哪些合同债务人不履行债务的，债权人享有留置权？（　　）

A. 买卖合同　　　　　　　　　　　B. 租赁合同

C. 保管合同　　　　　　　　　　　D. 加工承揽合同

5. 2005年3月黄某将一幅价值6万元的名画送到某装裱店装裱，由于黄某未按期付给裱店费用。装裱店通知黄某应在30日内支付其应付的费用，但黄某仍未能按期交付，装裱店遂将画变价受偿，扣除了费用后，将其差额退还给黄某。下列说法正确的是（　　）。

A. 黄某与装裱店之间的合同系承揽合同

B. 装裱店对该画有留置权

C. 装裱店通知黄某支付费用的期限不符合法律规定

D. 装裱店通知黄某支付费用的期限符合法律规定

6. 根据我国担保法的规定，我国担保物权的类型包括（　　）。

A. 典权　　　　　B. 抵押权　　　　C. 质权　　　　　D. 留置权

7. 下列财产中，可以抵押的有（　　）。

A. 违章建筑物　　　　　　　B. 机关法人的公益性财产

C. 预购的房屋　　　　　　　D. 抵押人所有的汽车

8. 抵押权所担保的范围包括（　　）。

A. 原债权　　　　　　　　　B. 原债权的利息

C. 抵押权实现的费用　　　　D. 违约金或损害赔偿金

9. 根据担保法的规定，下列财产设立扣押时，必须办理登记的是（　　）。

A. 房屋　　　　　　　　B. 林木

C. 企业的设备　　　　　D. 船舶

10. 下列关于抵押人权利的表述，正确的是（　　）。

A. 抵押人享有对抵押物的占有权

B. 抵押人不享有对抵押物的处分权

C. 抵押人可以对抵押物设立多项抵押权

D. 抵押人对抵押物享有处分权

三　名词解释

1. 担保物权　　2. 抵押权　　3. 共同抵押　　4. 最高额抵押　　5. 财团抵押　　6. 质权　　7. 留置权

四　简答题

1. 简述担保物权的特征。

2. 简述动产质权人的权利。

五　论述题

试述留置权取得的条件。

六　案例分析题

1. 甲因经商向乙借款 15 万元，甲用自己使用了一年的富康轿车抵押，双方签订了抵押合同并办理了抵押登记。一天，甲开车与他人相撞，保险公司支付保险金 5 万元，因车受损，乙向甲提出了如下的请求：（1）甲提供新的担保物；（2）甲要将 5 万元提存；（3）请求甲提前还款。

案件诉讼到法院，乙的哪些请求不能成立？

2. 开元公司建设商住楼，建设中，因资金短缺，向银行贷款，双方签订的贷款协议约定：银行向开元公司贷款 2000 万元，开元公司以在建工程作抵押，到期不还，该在建工程归银行所有，充抵贷款。双方办理了抵押登记手续。同时，开元公司向大发公司借款 500 万元，开元公司以同一在建工程作抵押，为减少税费，双方签订了抵押借款合同，未办理抵押登记手续。后来开元公司向中原公司借款 300 万元，到期后，开元公司未能偿还上述三笔款项，除在建工程外又无其他财产，中原公司诉至法院，要求开元公司还款。银行和大发公司知道后，也起诉开元公司还款。银行认为，开元公司已约定，如不能偿还贷款，在建工程归银行所有充抵贷款。现还贷期已到，开元公司无力偿还，该在建工程应归银行所有。大发公司认为，开元公司也以在建工程作抵押从大发公司借款，该抵押有效，大发公司应当优先于中原公司受偿。

本案如何处理？

3. 冯某系养鸡专业户，为改建鸡舍和引进良种鸡需要资金 20 万元。冯某向陈某借款 10 万元，以自己的一套价值 10 万元的音响设备抵押，双方立有抵押字据，但未办理登记。冯某又向朱某借款 10 万元，以该音响设备质押，双方立有质押字据，并将音响设备交付朱某占有。冯某得款后，改造了鸡舍，且与县良种站签订了良种鸡引进合同。合同约定良种鸡款共计 2 万元，冯某预付定金 4000 元，违约金按合同总额的 10% 计算，冯某以销售肉鸡的款项偿还良种鸡的货款，合同没有明确约定合同的履行地点。后县良种站将良种鸡送交冯某，要求支付运费冯某拒绝。因发生不可抗力事件，冯某预计的收入落空，冯某因不能及时偿还借款和支付货款而与陈某、朱某及县良种站发生纠纷。诉至法院后，法院查证上述事实后又查明：朱某在占有该设备期间，不慎将该设备损坏，送蒋某修理，朱某无力交付蒋某的修理费 1 万，该设备现已被蒋某留置。

（1）冯某与陈某之间的抵押关系是否有效？为什么？

（2）冯某与朱某之间的质押关系是否有效？为什么？

（3）朱某与蒋某之间存在什么法律关系？

（4）陈某要求对该音响设备行使抵押权，朱某要求行使质押权，蒋某要求行使留置权，应由谁优先行使其权利？为什么？

参考答案

一　单项选择题

1. C　2. A　3. A　4. B　5. C　6. B　7. C　8. D　9. C　10. D　11. B　12. C
13. A　14. D

二　多项选择题

1. BC　2. ABCD　3. CD　4. CD　5. ABC　6. BCD　7. CD　8. ABCD　9. ABCD
10. ABCD

三　名词解释

1. 担保物权是与用益物权相对应的他物权，指的是为确保债权的实现而设定的、以直接取得或者支配特定财产的交换价值为内容的权利。

2. 抵押权是对于债务人或第三人不移转占有而供担保的不动产及其他财产，优先清偿其债权的权利。

3. 共同抵押是为同一债权就数个物设定的抵押。在共同抵押中，数个物并不是本身结合而视为一物，而是在担保同一债权的目的上互相结合担保债权。

4. 最高额抵押是对于将来发生的债权，预先确定一最高的限度设定的抵押权。

5. 财团抵押是将企业现有的财产，包括动产、不动产及其他权利视为一个整体，在其上成立的抵押权。

6. 质权是指为了担保债权的履行，债务人或第三人将其动产或权利移交债权人占有，当债务人不履行债务时，债权人有就其占有的财产优先受偿的权利。

7. 留置权是债权人按照合同约定占有债务人的财产，在债务人逾期不履行债务时，有留置该财产，并就该财产优先受偿的权利。

四 简答题

1. 担保物权的特征有：（1）担保物权以确保债务的履行为目的。担保物权的设立，是为了保证主债债务的履行，使得债权人对于担保财产享有优先受偿权，所以它是对主债权效力的加强和补充。（2）担保物权是在债务人或第三人的特定财产上设定的权利。担保物权的标的物，必须是特定物（抵押物可以为不动产、动产，质权、留置权则为动产），否则就无从由其价值中优先受清偿。（3）担保物权以支配担保物的价值为内容，属于物权的一种，与一般物权具有同一性质。所不同的是，一般物权以对标的物实体的占有、使用、收益、处分为目的，而担保物权则以标的物的价值确保债权的清偿为目的，以就标的物取得一定的价值为内容。（4）担保物权具有从属性和不可分性。其从属性，是指担保物权以主债的成立为前提，随主债的转移而转移，并随主债的消灭而消灭。其担保物权的不可分性，是指担保物权所担保的债权的债权人得就担保物的全部行使其权利。这体现在：债权一部分消灭，如清偿、让与，债权人仍就未清偿债权部分对担保物全部行使权利；担保物一部分灭失，残存部分仍担保债权全部；分期履行的债权，已届履行期的部分未履行时，债权人就全部担保物有优先受偿权；担保物权设定后，担保物价格上涨，债务人无权要求减少担保物，反之，担保物价格下跌，债务人也无提供补充担保的义务。

2. 动产质权，是以动产为其标的物的质权。动产质权人的权利包括：（1）占有质物。对质物的占有，既是质权的成立要件，也是质权的存续要件，质权人有权在债权受清偿前占有质物。（2）收取孳息。质权人有权收取质物的孳息，但质权合同另有约定的除外。质权人收取的孳息应当先充抵收取孳息的费用。（3）质权的保全。质物有损坏或价值明显减少的可能，足以危害质权人权利的，质权人可以要求出质人提供相应的担保。出质人不提供的，质权人可以拍卖或变卖质物，并与出质人协议，将拍卖或变卖所得的价款用于提前清偿所担保的债权，或向与出质人约定的第三人提存。（4）优先受偿，债务履行期届满，质权人未受清偿的，可以与出质人协议以质物折价，也可以依法拍卖、变卖质物。质物折价或拍卖、变卖以后，其价款超过债权数额的部分归出质人所有，不足部分由债务人清偿。

五　论述题

留置权的取得条件可以分为积极要件和消极要件。

（一）留置权取得的积极要件，是留置权的取得所应具有的事实。主要有以下几项：

（1）须债权人占有债务人的动产。留置权的目的，在于担保债的履行，因此享有留置权的应当是债权人。至于债权的发生原因，依《担保法》第84条的规定，因保管合同、运输合同、加工承揽合同发生的债权，债务人不履行债务的，债权人有留置权。留置权的取得，债权人须合法占有债务人的财产，其占有方式不论是直接占有还是间接占有均可。但单纯的持有，不为占有，故不能成立留置权。

（2）须债权已届清偿期。债权人虽占有债务人的动产，但在债权尚未届清偿期时，因此时尚不发生债务人不履行债务的问题，不发生留置权。只有在债权已届清偿期，债务人仍不履行债务时，债权人才可以留置债务人的动产。

（3）须债权的发生与该动产有牵连关系。债权人所占有的债务人的动产必须与其债权的发生有牵连关系，才有留置权可言。即债权与标的物的占有的取得是基于同一合同关系。在债权的发生与标的物的占有取得是因同一合同关系而发生，并且债务人不履行债务时，债权人有留置权。由于留置权所担保的债权与留置物有牵连关系，故而与留置权有牵连关系的债权，都在留置权所担保的范围之内，包括原债权、利息（包括迟延利息）、实行留置权的费用及因留置物的瑕疵给留置权人造成的损害赔偿请求权。而留置物的范围，除了留置物本身外，还包括其从物、孳息和代位物。

（二）留置权取得的消极条件：（1）对动产的占有不是因侵权行为取得。留置权的取得，以对债务人的动产的占有为前提，但其占有必须是合法占有。如果是因侵权行为占有他人的动产，不发生留置权。（2）对动产的留置不违反公共利益或善良风俗。对动产的留置如果违反公共利益或善良风俗，不得留置。（3）对动产的留置不得与债权人的义务相抵触。债权人留置债务人的动产如果与其所承担的义务相抵触时，亦不得为之。

六　案例分析题

1.（1）乙的第一项和第三项请求不能成立。根据《担保法》第51条第2款的规定，抵押人对抵押物价值减少无过错的，抵押权人只能在抵押人因损害而得到的赔偿范围内要求提供担保，抵押物价值未减少的部分，仍作为债权的担保。据此，乙的第一项请求不能成立。（2）根据《最高人民法院关于适用〈中华人民共和国担保法〉若干问题的解释》第80条第2款的规定，抵押物灭失、毁损或者被征用的情况下，抵押权所担保的债权未届清偿期的，抵押权人可以请求人民法院对保险金、赔偿金或补偿金等采取保全措施。据此，乙的第三项请求不能成立。

2. （1）按照担保法司法解释，在建工程可以设立抵押。（2）开元公司与银行的抵押进行了登记，故该抵押权有效成立，但由于双方在抵押合同中约定：开元公司到期不还贷款，该在建工程归银行所有。此为流质条款的约定，按照担保法，流质条款无效。银行因设定抵押享有优先受偿权，但不能直接将抵押物据为己有。（3）开元公司与大发公司签订了抵押合同，但因未进行登记，抵押物又是不动产，故该抵押权不成立，开元公司应与中元公司同等受偿，不存在先后问题。

3. （1）冯某与陈某之间的抵押关系有效。《担保法》第43条规定："当事人以其他财产抵押的，可以自愿办理抵押物登记，抵押合同自签订之日起生效。当事人未办理抵押物登记的，不得对抗第三人。"

（2）冯某与朱某之间质押关系有效。由于冯某与陈某之间的抵押合同未办理抵押物登记，抵押合同不得对抗第三人。《担保法》第64条规定："出质人与质权人应当以书面形式订立质押合同。质押合同自质物移交于质权人占有时生效。"由于冯某与朱某之间双方立有质押字据，并将该设备交与朱某占有，故质押关系有效。

（3）朱某与蒋某之间存在承揽合同关系（修理合同关系）和留置权法律关系。

（4）对该设备，应由蒋某优先行使其权。因为留置权是为了恢复标的物本身价值而发生的权利，在各担保权中应最优先。

第十六章 占有

一 单项选择题

1. 甲遗失一部相机，乙拾得后放在办公桌抽屉内，并张贴招领启事。丙盗走该相机，卖给了不知情的丁，丁出质于戊。对此，下列哪个说法不正确？（   ）

A. 乙对相机的占有属于无权占有　　B. 丙对相机的占有属于他主占有

C. 丁对相机的占有属于自主占有　　D. 戊对相机的占有属于直接占有

2. 承租人对承租物的占有属于（   ）。

A. 恶意占有　　　　　　　　　　B. 他主占有

C. 自主占有　　　　　　　　　　D. 善意占有

3. 下列占有人属于间接占有人的是（   ）。

A. 抵押权人　　　　　　　　　　B. 质权人

C. 出质人　　　　　　　　　　　D. 承租人

4. 以下哪个不属于占有（   ）。

A. 甲从乙处拿了一枝铅笔　　　　B. 丙从商店买了一部手机

C. 丙的电脑存放在小王家　　　　D. 丁帮小李拿包

二 多项选择题

1. 甲向乙借款 10000 元，并将自己的一台笔记本电脑出质给乙。乙在出质期间将电脑无偿借给丙使用。丁因丙欠钱不还，趁丙不注意拿走电脑并向丙声称以其抵债。下列正确的是（   ）。

A. 甲有权基于其所有权请求丁返还电脑

B. 乙有权基于其质权请求丁返还电脑

C. 丙有权基于其占有被侵害请求丁返还电脑

D. 丁有权主张以电脑抵偿丙对自己的债务

2. 以下属于善意占有的是（　　）。

A. 甲以为乙偷窃得来的电脑为甲所有而进行保管

B. 甲在雨天拿错雨衣但未发觉

C. 甲占有其抢劫来的电脑

D. 甲外出时因匆忙错拿别人的电脑

3. 质权人对质物的占有属于（　　）。

A. 自主占有　　　　　　　　　B. 有权占有

C. 他主占有　　　　　　　　　D. 无权占有

4. 能够因时效取得所有权的占有人可以是（　　）。

A. 自主占有人　　　　　　　　B. 他主占有人

C. 辅助占有人　　　　　　　　D. 公然占有人

5. 典权人对典物的占有属于（　　）。

A. 间接占有　　　　　　　　　B. 他主占有

C. 直接占有　　　　　　　　　D. 自主占有

三　名词解释

1. 占有　2. 自主占有　3. 他主占有　4. 直接占有　5. 间接占有　6. 有权占有　7. 无权占有　8. 善意占有　9. 恶意占有

四　简答题

1. 简述占有与所有权。

2. 简述善意占有与恶意占有的区别。

3. 简述占有与持有的区别。

参考答案

一　单项选择题

1. B　2. B　3. C　4. D

二　多项选择题

1. ABC　2. BD　3. BC　4. AD　5. BC

三　名词解释

1. 占有是对物在事实上的占领、控制。占有的标的以物为限，因而物之外的财产权（如专利权），只能成立准占有，而不能成立占有。

2. 自主占有是指以物属于自己所有（所有的意思）的占有。

3. 他主占有是指无所有的意思，仅于某种特定关系支配物的意思的占有。

4. 直接占有是指在事实上对物的占有。

5. 间接占有是指基于一定法律关系，对于事实上占有物的人（即直接占有人）有返还请求权，因而间接对物管领的占有。

6. 有权占有指有本权的占有。

7. 无权占有是指无本权的占有。

8. 善意占有是占有人不知其无占有的权利的占有。

9. 恶意占有是占有人知道其无占有的权利的占有。

四　简答题

1. 占有与所有权有如下区别：（1）占有为一种事实状态；所有权为物权。（2）占有是以实现有管领力为必要条件；所有权不以现实管领力为必要条件。（3）占有与所有权的标的物不一致，能成为占有的标的物不一定能成为所有权的标的物。（4）占有有直接占有和间接占有之分；所有权则无直接所有权和间接所有权之分。（5）所有权为支配权，所有权者亦享有占有权。但所有人可以在其物上设定用益物权，致使其在事实上不能支配标的物，而形成所以与占有分离的现象，这对其所有权存在并不构成影响，而是行使所有权的一种表现。占有则不同，占有一旦丧失事实上的管领力，则其占有丧失。

2. 善意占有是占有人不知其无占有的权利的占有。恶意占有是占有人知道其无占有的权利的占有。

善意占有与恶意占有的不同之处在于：一是在时效取得中，善意占有与恶意占有不同；二是动产的善意取得以善意占有为前提；三是占有人对回复请求人的权利义务因占有的善意恶意有所不同；四是善意占有与恶意占有人对于占有物的必孳息收取权的有无有所不同；五是占有物的支出的必要费用与有益费用因善意、恶意的不同而要求回复请求人返还的范围而有所不同。

3. 占有与持有，虽同为对于物有事实上的管领力，但二者为不同的概念。具有以下区别：一是占有有直接占有与间接占有之分，而持有则必须是直接；二是占有人在占有物上行使的权利，推定其合法有此权利，持有则无类似的推定；三是占有可以转移、继承、持有则否；四是因盗窃、强盗、抢夺、欺诈等而置于自己管领之下的物，属于持有非占有；五是绝对的违禁物不得为占有的标的物，但可以为持有的标的物。

第十七章　债的概述

一　单项选择题

1. 债务人根据特定事由，对抗债权人行使债权的权利是（　　）。

A. 支配权　　　　B. 请求权　　　　C. 形成权　　　　D. 抗辩权

2. 根据债的主体双方人数划分，债可分为（　　）。

A. 单一之债与多数人之债　　　　　B. 按份之债与连带之债

C. 简单之债与选择之债　　　　　　D. 主债和从债

3. 连带债务的债权人（　　）。

A. 只能向债务人中的一人或数人同时或先后请求其履行全部债务

B. 只能向全体债务人请求其履行全部债务

C. 只能向债务人中的一人或数人请求其履行部分债务

D. 可以向债务人中的一人或数人同时或先后请求其履行全部或部分债务

4. 从民事法律关系的主体上看，债的主体（　　）。

A. 双方都是不特定的

B. 债权人是特定的，债务人是不特定的

C. 债权人是不特定的，债务人是特定的

D. 双方都是特定的

5. 在下列哪种情形中，在当事人之间产生合同法律关系？（　　）

A. 甲拾得乙遗失的一块手表

B. 甲捐赠给乙图书馆一百本图书

C. 甲因踢球打碎乙家的玻璃

D. 甲鱼塘的鱼跳入乙鱼塘

6. 关于债权和请求权的说法，错误的是（　　）。

A. 债权和请求权有一定区别

B. 债权的请求权消失，债权仍可能存在

C. 债权和请求权一般不可分离

D. 债权和请求权其实就是一回事

7. 连带债务中一个债务人履行完全部债务之后，（   ）。

A. 连带债务消失，也不会产生新债

B. 债权人还可以向其他连带债务人请求履行

C. 连带之债消灭，该债务人对其他债务有追偿权

D. 以上都不对

8. 下列哪种义务属于主给付义务（   ）。

A. 买卖合同的买受人支付货款

B. 承揽合同的承揽人按照定作人的要保守秘密

C. 空调买卖合同的销售商交付必要的使用说明书

D. 医生手术不得在病人体内遗留纱布的义务

9. 债的标的为（   ）。

A. 特定行为

B. 特定行为、物

C. 特定行为、物、智力成果

D. 特定行为、物、智力成果及其他利益

二 多项选择题

1. 下列有关债权性质的说法，正确的是（   ）。

A. 债权为对世权   B. 债权为对人权

C. 债权为绝对权   D. 债权为相对权

2. 甲与某农机公司签订了一份购买一台东方红牌拖拉机的合同。甲即与某农机公司发生了债的关系，从性质上看，该债属于（   ）。

A. 法定之债   B. 单一之债

C. 简单之债   D. 选择之债

3. 债的关系的内容是指（   ）。

A. 债权人的权利   B. 物

C. 行为   D. 债务人的义务

4. 债权的效力有（   ）。

A. 请求力   B. 请求执行力

C. 依法自力实现   D. 保持力

5. 债的构成要素包括（   ）。

A. 债的主体   B. 债的标的

C. 债的规范   D. 债的内容

6. 在主债和从债的关系问题上，下列表达正确的有（   ）。

A. 从债的效力决定于主债的效力

B. 从债随主债的存在而存在

C. 从债随主债的终止而终止

D. 主债的变更对从债没有影响

三　名词解释

1. 债   2. 代位权

四　简答题

简述债的特征。

五　案例分析题

A、B、C 三人订立协议：三人各出资 1 万元共同买汽车从事货物运输，共同管理，按出资比例分利和承担亏损。三人依约出资买下一台卡车，由 A 驾驶，B、C 负责装卸货物，长期给前进公司运输货物。某日，A、B、C 三人酒后运送货物，途中 A 操作失当发生车祸，致使卡车毁坏，所运价值 6 万元的货物全部损失。前进公司向三人索赔时，B、C 称此车祸系 A 不慎驾驶所导致，因此发生的货物损失应由 A 承担全部赔偿责任；A 辩称该车系自己同 B、C 二人共同购置，因车祸引起的损失应由三人共同承担，故不同意承担全部赔偿责任。前进公司遂向人民法院起诉，要求 A、B、C 三人共同承担赔偿责任。

（1）A、B、C 三人系何种法律关系？理由是什么？

（2）前进公司遭受的损失应当由谁负责赔偿？根据何在？

参考答案

一　单项选择题

1. D　2. A　3. D　4. D　5. B　6. D　7. C　8. A　9. A

二　多项选择题

1. BD　2. BC　3. AD　4. ABD　5. ABD　6. ABC

三　名词解释

1. 债是指特定当事人之间可以请求一定给付的民事法律关系。《民法通则》第84条规定："债是按照合同的约定或者依照法律的规定，在当事人之间产生的特定的权利和义务关系。"近现代民法上债的概念不仅指债务，而且包括债权，所表示的是以债权债务为内容的民事法律关系。

2. 所谓代位权，是指当债务人怠于行使其对应第三人享有的权利而损害债权人的债权时，债权人为保全自己的债权，可以以自己的名义代为行使债务人的权利。

四　简答题

债的特征有：

（1）债为特定当事人之间的民事法律系。债的当事人为债权人和债务人，它们都特定的人。债权乃是一种对人的请求权，请求必须有对象才不至于落空，这就要求债务人必须特定。尤其是债权的实现一般须有债务人履行债务的积极行为，债务履行的结果是使债务人蒙受不利，因此，唯有与债权人有特别关系的特定之人，才能成为向债权人履行义务债务人。

（2）债是以特定行为（给付）为客体民事法律关系。债的客体是债权债务指向的对象。因债权是请求债务人为特定行为的权利，故债权指向的是该特定行为；因债务是应债权人的请求而为特定行为的义务，故债务指向也是该特定行为，所以，债的客体就是该特定行为（包括作为与不作为）。

（3）债是以请求债务人给付为内容的民事法律关系。在债的关系中，债权人有权请求债务人为给付，无权支配债务人的人身、行为，因而债以请求债务人给付为内容。而物权关系以物权人对物的直接支配为内容，人身权是支配人身利益的，知识产权则是支配智力创造成果，它们都不是以请求给付为内容。

（4）债是能够用货币衡量评价的财产法律关系。债的关系包含的债权、债务，都能用货币衡量评价，故债是财产法律关系。这一特征把债同人身权关系区别开来，后者不可用货币衡量评价。

五　案例分析题

（1）A、B、C三人系合伙法律关系。理由是三人共同出资、共同劳动、共同管理，按出资比例分红和承担风险，完全符合我国《民法通则》所规定的合伙法律关系的基本要求。

（2）前进公司遭受的损失应当由A、B、C三人共同负责赔偿。根据是：前进公司与A、B、C三人组成的合伙发生运输合同关系；A、B、C三人在共同运输过程中发生车祸致使前进公司货物受损，只能由A、B、C三人对赔偿前进公司损失承担连带责任。

第十八章　债的类型

一　单项选择题

1. 甲公司向乙公司订购一批电子产品，合同约定可以公路、铁路或航空方式运输。后由于乙公司所在省份发生大洪水，导致公路、铁路运输中断。由于航空成本太高，乙公司以不可抗力为由，要求延迟交货，则（　　）。

　A. 乙公司应通过空运运送该批产品

　B. 乙公司可以迟延交货

　C. 乙公司可以解除合同

　D. 乙公司可以要求甲公司支付多出的运费

2. 甲公司向银行贷款 1000 万元，乙公司和丙公司向银行分别出具担保函："在甲公司不按时偿还 1000 万元本息时，本公司承担保证责任。"关于乙公司和丙公司对银行的保证债务，下列哪一表述是正确的？（　　）

　A. 属于选择之债　　　　　　　B. 属于连带之债

　C. 属于按份之债　　　　　　　D. 属于多数人之债

二　多项选择题

1. 关于选择之债的选择权的行使，下列表述正确的是（　　）。

　A. 无约定，又无规定，由债权人行使

　B. 无约定，又无规定，由债务人行使

　C. 当事人约定的，应当依照当事人的约定

　D. 法律有规定的，应当依照法律规定

2. 甲乙二人系两个货币收藏爱好者，一日甲见乙家中有"袁大头"银元十枚及旧版人民币十张，遂向已提出，愿以 500 元人民币买两枚银元或两张旧版人民

币，乙同意甲。后甲遂向乙支付 500 元，二人的债权债务关系是（   ）。

    A. 特定之债   B. 货币之债

    C. 种类之债   D. 选择之债

三　名词解释

1. 按份之债　2. 连带之债　3 简单之债　4 选择之债

四　简答题

简述特定物之债和种类物之债的分类及其意义。

参考答案

一　单项选择题

1. A　2. B

二　多项选择题

1. BCD　2. CD

三　名词解释

1. 按份之债是指债的一方主体为多数，各自按照一定的份额享有权利或承担义务的债。债权主体一方为多数人，各债权人按一定份额分享权利的，为按份债权；债务主体一方为多数人，各债务人按一定份额分担义务的，为按份债务。按份之债为多数人之债的一种。

2. 连带之债是指债的主体一方为多数人，且多数人一方之间有连带关系的债。所谓连带关系，是指对于当事人中一人发生效力的事项对于其他当事人同样会发生效力。连带之债包括连带债权和连带债务。债权主体一方为多数人且有连带关系的，为连带债权；债务主体一方为多数人且有连带关系的，为连带债务。连带之债为多数人之债的一种。

3. 简单之债是指债的标的是单一的，当事人只能就该种标的履行并没有选择余地的债，所以又称不可选择之债。

4. 选择之债是相对于不可选择之债而言的，是指债的标的为两项以上，当事人可以从中选择其一来履行的债。

四　简答题

特定物之债和种类物之债，是根据债的标的物属性的不同而划分的。以特定物为标的物的债称为特定物之债；以种类物为标的物的债称为种类物之债。前者在债发生时，其标的物即已存在并已特定化；后者在债发生时，其标的物尚未特定化，甚至尚不存在，但当事人双方必须就债的标的物的种类、数量、质量、规格或型号等达成协议。

债的这种分类的法律意义在于：（1）特定物之债的履行，除非债务履行前标的物已灭失，债务人不得以其他标的代为履行，种类物之债不存在这个问题；（2）在法律规定或当事人约定的情况下，特定物之债的标的物所有权可自债成立之时发生转移，标的物意外灭失的风险亦随之转移；种类物之债的标的物所有权只能自交付之时起转移，其意外灭失的风险也将自交付之日起转移。

第十九章 债的履行

一 单项选择题

1. 甲与乙签订了一份大米买卖合同，甲为卖方，乙为买方。同时约定，甲将大米发货给丙，因为乙与丙签订了一份大米购销合同，乙为卖方，丙为买方。现甲发给丙的大米存在质量问题，为此，引起纠纷。丙应向（　　）。

    A. 甲追究违约责任　　　　　　　B. 乙追究违约责任

    C. 甲和乙追究违约责任　　　　　D. 甲或乙追究违约责任

2. 张某与王某签订一份货物买卖合同，张某为卖方，住在甲市，王某为买方，住在乙市。双方对履行地点没有约定，且不能通过习惯、合同性质确定，双方又不能达成补充协议。依法（　　）。

    A. 交付货币应在甲市，交付货物应在乙市

    B. 交付货物应在甲市，交付货币应在乙市

    C. 交付货币和货物均在甲市

    D. 交付货币和货物均在乙市

3. 合同生效后，当事人就质量、价款或者报酬、履行地点等内容没有约定或者约定不明确的，首选的措施是（　　）。

    A. 当事人就此补充协议　　　　　B. 按照合同目的确定

    C. 按照国家标准确定　　　　　　D. 按照交易习惯确定

4. 履行费用的负担不明确时，由哪一方承担？（　　）

    A. 由接受履行方承担　　　　　　B. 由履行义务方承担

    C. 由双方平均分摊　　　　　　　D. 由双方按比例分摊

5. 在交付不动产的买卖中，双方对履行点没有明确约定，应当在何处履行？（　　）

    A. 买方所在地　　　　　　　　　B. 卖方所在地

C. 不动产所在地　　　　　　　　D. 以上都可以

6. 甲向同村的乙买木材，当初没有说明价格，后来到了交货和付款时木材价格上涨，甲和乙对价格有异议相持不下，这时，价格应当按照（　　）。

A. 订立合同时履行地的市场价格确定 B. 订立合同时订立地的市场价格确定

C. 履行合同时订立地的市场价格确定 D. 履行合同时履行地的市场价格确定

7. 合同的履行方式不明确，后来当事一方也没有协商确定，应当如何履行？（　　）

A. 按照有利于债务人的方式　　　　B. 按照有利于债权人的方式

C. 按照有利于合同目的的方式　　　D. 按照有利于双方当事人的方式

8. 如果合同双方对债务的履行期限没有约定好，说法错误的是（　　）。

A. 债务人可以随时履行

B. 债权人可以随时请求履行

C. 既然没有约定时间，就可以在任何要求立即履行不得迟延

D. 合同任一方可以自行决定履行时间，然后通知对方给予适当准备时间

9. 张某和李某约定，张某向李某买 5 斤大米，由张某的儿子小张付款，后来小张拒李某付款，谁应当承担违约责任？（　　）

A. 张某　　　　　　　　　　　　B. 小张

C. 张某和小张各承担一半　　　　D. 张某和小张承担连带责任

10. 消费者在商场购买物品以后依法享有包换、包退和包修的权利，对包换、包退和包修的选择权一般应由谁行使？（　　）

A. 消费者　　　　　　　　　　　B. 商场

C. 消费者或者商场　　　　　　　D. 消费者和商场

二　多项选择题

1. 关于选择之债的选择权的行使，下列表述正确的是（　　）。

A. 当事人有约定的，应依照当事人约定

B. 法律有规定的，应依照法律规定

C. 无约定，又无规定，由债权人行使

D. 无约定，又无规定，由债务人行使

2. 甲和乙为丙的连带债务人，根据债的原理，下列表述正确的是（　　）。

A. 丙可将甲和乙作为共同被告提起诉讼

B. 丙可以只向甲提起诉讼，要求甲承担全部责任

C. 甲如承担了全部责任，享有对乙的追偿权

D. 丙不能只向甲提起诉讼，因为甲与乙是连带债务人

3. 在债的履行中，如果债的履行地点不明确时，依照法律规定，应分别下列不同情况，确定履行地点，即（　　）。

A. 给付货币的，在给付一方所在地履行

B. 给付货币的，在接受货币一方所在地履行

C. 交付不动产的，在不动产所在地履行

D. 其他标的，在接受给付一方的所在地履行

4. 关于履行的原则可以包括（　　）。

A. 适当履行原则　　　　　　　　B. 协作履行原则

C. 情事变更原则　　　　　　　　D. 经济合理原则

5. 甲公司分立成乙公司和丙公司，其债务人丁公司在未接到该分立通知的情况下可依法（　　）。

A. 中止履行债务　　　　　　　　B. 可将标的物提存

C. 可免除其债务　　　　　　　　D. 可不履行其债务

三　名词解释

1. 债的履行　　2. 代物清偿

四　简答题

简述代物清偿的要件。

五　论述题

试述选择之债的履行。

六　案例分析题

甲和乙订立了买卖香蕉的合同，约定甲向乙批发香蕉1000公斤，每公斤1元，

共计 1000 元货款。在本年度五月份交货付款。由甲将香蕉运至乙的冷藏库，运费由乙负担。到了 4 月，由于天气比往年都热，香蕉提前成熟。甲自家的冷藏库容纳不了全部香蕉，于是通知乙请求准备冷藏库，他要提前将香蕉交付。乙回复说他的冷藏库暂时没有空地方，不愿意现在就接收香蕉。过几天后甲看到香蕉部分腐烂，就租车将香蕉运至乙处。乙让甲查看乙的冷藏库，确实没有地方，双方都无法采取更好的措施，只有把香蕉放在外面。后香蕉大约损失了 200 公斤。甲要求乙负担部分损失，乙认为合同尚未到履行期限所以拒绝。

（1）本合同的履行期限是何时？

（2）乙是否应当承担部分损失？

参考答案

一　单项选择题

1. B　2. A　3. A　4. B　5. C　6. A　7. C　8. C　9. A　10. A

二　多项选择题

1. ABD　2. ABC　3. BC　4. ABCD　5. AB

三　名词解释

1. 债的履行是指债务人按照合同的约定或者依照法律的规定，全面地适当地完成自己所负义务的行为。

2. 代物清偿是指债权人受领他种给付以代原定给付而使债消灭的现象。

四　简答题

代物清偿的要件有：（1）必须有原债务存在；（2）必须以他种给付代替原定给付，两种给付在价值上可以有差额，但须双方当事人约定；（3）必须有双方当事人关于代物清偿的合意；（4）必须债权人等有受领权的人现实地受领给付。代物清偿具有消灭债的关系的效力。

五 论述题

答案：选择之债只有将其特定为简单之债，才能履行。选择之债特定的方法，有当事人之间订立合同、选择权的行使和不能履行等。

（1）选择之债通过合同而特定。选择之债是由当事人双方订立合同而形成，当然可由当事人双方另订合同将它转变为简单之债。这种使选择之债特定的合同，其主体局限于选择之债的双方当事人。

（2）选择之债通过选择而特定。选择之债通过当事人行使选择权而特定，选择权为形成权。选择权的归属，当事人有约定的，依其约定；法律有规定的，依照法律规定。在既无约定又无规定的情况下，选择权宜归债务人享有。因为在给付内容不确定时，其利益应归债务人，并且履行债务必须首先确定给付物。

选择权的行使，使选择之债特定，应确定地变更债的关系，除非对方当事人同意，选择权不允许附条件或附期限。

选择权的行使，应在当事人双方约定的期限内行使，无约定的，选择权人可以随时行使。

（3）选择之债因不能履行而特定。不能履行有自始不能与嗣后不能之分，选择之债数；给付全部自始不能的，选择之债无效，谈不上选择之债的履行问题；其中一种给付自始不能的，选择之债存在于其余的给付上，若仅剩一种给付，该债为简单之债。

选择之债的数种给付中的一种嗣后不能，且不可归责于双方当事人时，选择之债存在其余的给付之上。债务人有选择权的，有权就剩余的给付加以选择，无权选择嗣后不能的给付，因为这样会损害债权人的合法权益。债权人有选择权的，有权就剩余的给付加以选择，有权选择嗣后不能的给付。若因可归于债权的原因致嗣后不能（此时发生债的不能履行发生损害赔偿之债，债权人依法负侵权责任。若该不能系可归责于债务人的原因产生时，债权人有权选择该不能履行的给付，从而追究债务人的债务不履行责任。

债权人有选择权，且因可归责于他的原致选择之债的一种给付嗣后不能的，选择之存在于其余给付之上，债权人只能就此选择。

债务人有选择权，且因可归责于他的原因致选择之债的一种给付嗣后不能的，选择之债存在于其余的给付之上。若数种给付全部不能时，债务人应负损害赔偿责任。

六　案例分析题

（1）履行期限是本年度 5 月份。

（2）乙不应当承担责任。因为甲是提前履行，而乙没有地方储存是没有过错的，如果债务人有正当理由需要提前履行而提前履行对债权人没有损害的，债权人应当接受。但是在本案接受方有拒绝受领的合理理由。

第二十章 债的保全与担保

一 单项选择题

1. 甲公司向乙公司借款 150 万元，乙公司要求甲公司提供抵押，甲公司遂以本公司的豪华轿车进行抵押，并办理了抵押登记。该轿车价值 100 万元。乙公司还不放心，要求甲公司提供保证人，甲公司遂找丙公司作为保证人。保证担保未约定范围。有关保证人的保证责任论述正确的是（　　）。

A. 丙公司对 150 万元主债权承担保证责任

B. 丙公司对 100 万元主债权承担保证责任

C. 丙公司对 50 万元主债权承担保证责任

D. 丙公司无需承担保证责任

2. 债务人实施了有害债权的行为是债权人行使撤销权的成立的法律要件之一，下列哪些情形债权人不得行使撤销权？（　　）

A. 债务人以自己的财产为他人提供无偿担保

B. 债务人以超出市场价一倍的价格购买他人房屋

C. 债务人免除他人的债务的

D. 债务人以自己的财产为自己的债务提供担保

3. 1997 年甲借给乙 20 万元并签订了书面借款合同，丙公司为该借款合同提供连带保证，还款期限为两年；10 个月后，乙因资金紧缺又向甲借了 10 万元，约定欠款与前一笔借款同时还清。到期后，乙经几次催告还款，因无甲的音信，于是在债务到期后 6 个月内请求丙偿还所欠 30 万元债务，后乙、丙就还款数额发生纠纷，诉至法院。丙应该偿还的借款数额是（　　）。

A. 20 万元　　　B. 30 万元　　　C. 25 万元　　　D. 10 万元

4. 下列关于保证合同的叙述不正确的是（　　）。

A. 书面要式合同　　　　　　B. 有偿合同

C. 诺成合同　　　　　　　　　　D. 单务合同

5. 甲企业与乙企业对丙企业的债务同时提供保证担保，没有约定保证份额的，依法应承担（　　）。

A. 一般保证责任

B. 连带保证责任

C. 一般保证责任或连带保证责任

D. 一般保证责任和连带保证责任

6. 甲公司和乙公司汽车购销合同，总价为 1000 万元，依照《担保法》的规定，下列定的数额中，不符合法律规定的是（　　）。

A. 100 万元　　　　　　　　　　B. 150 万元

C. 300 万元　　　　　　　　　　D. 180 万元

7. 保证人求偿权的诉讼时效是（　　）。

A. 从保证责任履行完毕时起算 2 年

B. 从保证责任履行完毕时起算 1 年

C. 从主债务到期之日起 2 年

D. 从主债务到期之日起 1 年

8. 债权人行使撤销权撤销债务人与第三人之间的损害债权行为而取回的财产或者损害赔偿，债权人享有（　　）。

A. 优先受偿权

B. 与所有其他债权人一同平等受偿权

C. 与得知该撤销权行使后请求参与分配的债权人按债权份额受偿权

D. 对取回财产或损害赔偿额的所有权

9. 有关保证期限的下列表述中，正确的是（　　）。

A. 保证合同约定保证期限早于或等于主债务履行期限的，依照其约定

B. 保证合同约定保证期限早于或等于主债务履行期限的，视为没有约定，保证期间为主债务履行期限届满之日起 6 个月

C. 保证合同约定保证期限早于或等于主债务履行期限的，视为约定不明，保证期间为主债务履行期限届满之日起 1 年

D. 保证合同约定保证期限早于或等于主债务履行期限的，视为约定不明，保证期间为主债务履行期限届满之日起 2 年

10. 下列组织体中，绝对不具有作为保证人资格的是（　　）。

A. 某公司　　　　　　　　　　　B. 某出版社

C. 某合伙企业　　　　　　　　D. 某中学

11. 张某为某股份公司的董事长，其好友李某拟向银行贷款，张某便以该公司的名义为其提供保证担保。后因李某无力还款，引起纠纷。以下表述正确的是（　　　）。

A. 保证担保合同有效

B. 保证担保合同无效

C. 保证担保合同无效，该股份公司不承担任何责任

D. 保证担保合同无效，但张某应承担个人保证责任

12. 甲公司与乙公司均为生产性企业，甲公司向乙公司借款 200 万元，丙公司为此进行保证担保。后因甲公司无力还款而引起纠纷。以下表述正确的是（　　　）。

A. 甲公司与乙公司的借款合同有效，丙公司应承担保证责任

B. 甲公司与乙公司的借款合同无效，丙公司应承担保证责任

C. 甲公司与乙公司的借款合同无效，丙公司不承担保证责任

D. 甲公司与乙公司的借款合同有效，丙公司不承担保证责任

13. 某分公司未经授权为某企业的债务提供书面保证担保，因该公司无力偿还债务引起纠纷。下列说法正确的是（　　　）。

A. 某分公司对该债务承担一般保证责任

B. 某分公司对该债务承担连带保证责任

C. 某分公司对该债务不承担保证责任

D. 某分公司以自己的财产对该债务承担保证责任

14. 甲公司对乙公司享有 10 万元债权，乙公司对丙公司享有 20 万元债权。甲公司将其债权转让给丁公司并通知了乙公司，丙公司未经乙公司同意，将其债务转移给戊公司。如丁公司对戊公司提起代位权诉讼，戊公司下列哪一抗辩理由能够成立？（　　　）

A. 甲公司转让债权未获乙公司同意

B. 丙公司转移债务未经乙公司同意

C. 乙公司已经要求戊公司偿还债务

D. 乙公司、丙公司之间的债务纠纷有仲裁条款约束

二　多项选择题

1. 下列担保中，属于担保之债的是（　　　）。

A. 保证担保   B. 定金担保

C. 抵押担保   D. 质押担保

2. 下列哪种情形会导致保证人不承担保证责任？（   ）

A. 主合同当事人双方恶意串通，骗取保证人提供保证的

B. 主合同债权人采取欺诈、胁迫手段，保证人在违背真实意思的情况下提供保证的

C. 保证合同期间债权人移转债权而未经保证人书面同意的

D. 保证合同期间债务人移转债务而未经保证人书面同意的

3. 下列哪些人可以为保证合同中的债权人提供保证？（   ）

A. 具备完全行为能力和偿债能力的自然人

B. 公益性医院

C. 从事经营性活动的事业单位

D. 公立大学

4. 定金的效力表现在（   ）。

A. 当事人一方不履行合同或者拒绝履合同时，适用定金罚则

B. 当事人一方部分履行合同义务的，应按照不履行部分所占合同约定部分的比例适定金罚则

C. 因不可抗力而致使主合同不能履行的，不适用定金罚则

D. 在同一合同中既有违约金条款又有定金条款非违约方只能选择其一行使

5. 甲企业为乙企业向丙企业借款提供保证担保。甲、乙、丙均为生产性企业。后因乙企业不能还款而引起纠纷，以下表述正确的是（   ）。

A. 乙企业与丙企业之间的借款合同无效，保证人甲不承担保证责任

B. 乙企业与丙企业之间的借款合同有效，保证人甲应承担保证责任

C. 乙企业与丙企业之间的借款合同无效，保证人甲因过错应承担乙之债务的全部清偿责任

D. 乙企业与丙企业之间的借款合同无效，保证人甲因过错应承担乙之债务的1/3 清偿责任

6. 甲企业向乙银行贷款 500 万元，丙企业为此进行保证担保。后因甲企业未按银行规定的借款用途使用借款，银行解除了与甲企业之间的借款合同。对此，下列说法不正确的是（   ）。

A. 丙企业不承担保证责任，因为甲企业与乙银行之间的主合同已被解除

B. 丙企业应承担 500 万元的保证责任，因为保证合同为乙银行与丙企业之间

的合同

  C. 丙企业应承担甲企业不能清偿部分保证责任

  D. 丙企业只有存在过错的情况下才对乙银行承担保证责任

  7. 赵某欠孙某 10 万元，田某欠赵某 10 万元，赵某同时还欠周某和郑某 10 万元。孙某代替赵某对田某行使了代位权，要回了 10 万元。下列说法中不正确的是（ ）。

  A. 孙某不能以自己的名义行使代位权

  B. 在孙某代位权的诉讼中，赵某和田某均为被告

  C. 孙某行使代位权以后，周某和郑某可以孙某为被告主张债权的平等受偿

  D. 孙某行使代位权的诉讼费用，由赵某和田某承担

  8. 某分厂经总厂授权为甲企业的债务提供保证担保。因甲企业不能清偿到期债务而引起纠纷，对此，下列说法正确的是（ ）。

  A. 某分厂不承担保证责任，因为某分厂不具有保证人的资格

  B. 某分厂应承担保证责任，因为某分厂得到了总厂的授权

  C. 如若某分厂承担保证责任，应以其经营管理的财产首先承担保证责任

  D. 如若某分厂承担保证责任，只能以其经营管理的财产承担保证责任

  9. 甲对乙享有 2006 年 8 月 10 日到期的 6 万元债权，到期后乙无力清偿。乙对丙享有 5 万元债权，清偿期已届满 7 个月，但乙未对丙采取法律措施。乙对丁还享有 5 万元人身损害赔偿请求权。后乙去世，无其他遗产，遗嘱中将上述 10 万元的债权赠与戊。对此，下列哪些选项是正确的？（ ）

  A. 甲可向法院请求撤销乙的遗赠

  B. 在乙去世前，甲可直接向法院请求丙向自己清偿

  C. 在乙去世前，甲可直接向法院请求丁向自己清偿

  D. 如甲行使代位权胜诉，行使代位权的诉讼费用和其他费用都应该从乙财产中支付

三 名词解释

  1. 债的保全 2. 债权人的代位权 3. 债权人的撤销权 4. 反担保
5. 保证 6. 保证合同 7. 定金

四 简答题

1. 简述债权人代位权的含义。
2. 简述定金合同的成立要件。

五 论述题

1. 试述债权人代位权的成立要件。
2. 试述债权人撤销权的成立要件。

六 案例分析题

甲公司与乙公司于 2005 年 10 月签订一买卖钢材的合同，总价值 13 万元，并约定甲公司于 2005 年 12 月前交付货物，乙公司向甲公司支付了 2.5 万元的定金。合同签订后，钢材价格急剧上涨，甲公司受利益驱动，虽经乙公司多次催促，直至合同履行期满仍未交货。于是，乙公司要求甲公司返还定金。

（1）甲公司和乙公司约定的定金是否有效？

（2）乙公司可以向甲公司请求返还多少金额？

参考答案

一 单项选择题

1. A 2. D 3. A 4. B 5. B 6. C 7. A 8. C 9. B 10. D 11. B 12. C 13. C 14. B

二 多项选择题

1. AB 2. ABD 3. AC 4. ABCD 5. AD 6. ABD 7. ABCD 8. BC 9. AB

三　名词解释

1. 债的保全是指法律为防止因债务人的财产不当减少给债权人的债权带来危害，允许债权人代债务人之位向第三人行使债务人的权利，或者请求法院撤销债务人与第三人的民事行为的法律制度。

2. 债权人的代位权是指当债务人怠于行使其对第三人享有的到期债权而害及债权人的债权时，债权人为保全自己的债权，可以自己的名义代位行使债务人对第三人的权利之权。

3. 债权人的撤销权又称废罢诉权，是指债权人对于债务人所为的危害债权的行为，请求法院予以撤销的权利。

4. 反担保是指在商品贸易、工程承包和资金借贷等经济往来中，为了换取担保人提供保证、抵押或质押等担保方式由债务人或第三人向该担保人新设担保，该新设担保相对于原担保而言被称为反担保。

5. 保证是指第三人和债权人约定，当债务人不履行其债务时，该第三人按照约定履行债务或者承担责任的担保方式。

6. 保证合同是指保证人与债权人订立的在主债务人不履行其债务时，由保证人承担保证债务的协议。

7. 定金是指合同当事人为了确保合同的履行，依据法律规定或者当事人双方的约定，由当事人一方在合同订立时，或订立后、履行前，预先给付对方当事人的金钱或其他代替物。定金的效力表现为，当事人一方不履行合同或者拒绝履行合同时，适用定金罚则，即给付定金的一方不履行约定的债务的，无权要求返还定金；收受定金的一方不履行约定的债务的，应当双倍返还定金。

四　简答题

1. 债权人的代位权是指当债务人怠于行使其对第三人享有的到期债权而害及债权人的债权时，债权人为保全自己的债权，可以自己的名义代位行使债务人对第三人的权利之权。包含如下内容：（1）债权人的代位权是债权人以自己的名义，行使债务人权利的权利，所以不是代理权，不适用代理的规定；（2）债权人的代位权是债权人为保全债权而代位债务人行使其权利，而非扣押债务人财产的权利或就收取的财产有优先受偿权；（3）债权人的代位权，不是债权人对于债务人的请求权，而是法律赋予债权人为保全债权的一种救济权；（4）债权人的代位权是债权的一种法定权能，无论当事人是否约定，债权人都可以享有。

2. 定金合同的成立要件有：（1）定金合同是主合同的从合同，定金以主合同的有效成立为前提。主合同无效或被撤销时，定金合同亦无效；主合同因解除或其他原因消灭时，定金合同也消灭。

（2）定金的成立必须有书面定金合同。合同中必须明确写明"定金"字样。合同条款中，写明留置金、担保金、保证金、订约金、押金或订金等，未约定定金性质的，不按定金处理。

（3）定金合同为实践性合同。主合同可以是实践性的，也可以是诺成性的，但定金合同不仅需要当事人双方的意思表示一致，而且需要现实交付定金。定金合同从实际交付定金之日起生效。关于定金交付的时间，证约定金通常于主合同成立时交付，以确实起到证明合同成立的作用；违约定金既可以在主合同成立同时交付，也可以在主合同成立后、履行前交付，因为在这段期限内的任何时刻交付，其功效都是同样的。

（4）定金的标的，一般为金钱，少数情况下是其他代替物。之所以要求为金钱，是因为接受定金的当事人不履行债务时，必须双倍返还。定金的数额由当事人约定，但不得超过主合同标的额的20%。超过部分不按定金处理。当事人实际交付的定金数额多于或少于约定数额，视为变更定金合同。收受一方提出异议并拒绝接受定金的，定金合同不生效。

五 论述题

1. 债权人的代位权是指当债务人怠于行使其对第三人享有的到期债权而害及债权人的债权时，债权人为保全自己的债权，可以自己的名义代位行使债务人对第三人的权利之权。（1）债权人对债务人的债权合法。债权人对债务人存在有效债权，是债权人代位权行使的前提。（2）债务人对第三人享有合法债权。债务人对于第三人的合法债权，为债权人的代位权的标的。债权人的代位权涉及第三人的权利，若债务人享有的权利与第三人无涉，自不得成为代位权的行使对象。得代位行使的债务人的权利，必须是非专属于债务人本身的权利，专属于债务人本身的权利不得为债权人代位行使。（3）债务人怠于行使其权利。所谓怠于行使其权利，是指应行使并且能行使而不行使其权利。所谓应行使，是指若不于其时行使，则权利将有消灭或丧失的可能。所谓能行使，是指不存在行使权利的任何障碍，债务人在客观上有能力行使其权利。所谓不行使，即消极地不作为，至于是否出于债务人的过错，其原因如何，都在所不问。（4）债务人已陷于迟延。在债务人迟延履行以前，债权人的债权能否实现，难以预料，若在这种情形下允许债权人行使代位权，则对于债务人的干预实属过分。反之，若债务人已陷于迟延，而怠于行使其权利，且又无资力清偿其债务，则债权人的债权已经有不能实现的现实危险，此时已发生保全债权的必要。所以，代位权应以债务人陷于迟延为成立要件。（5）有保全债权的必要。所谓必要，是指债权人的债权有不能依债的内容获得满足的危险，因而有代位行使债务人的权利以便实现债权的必要。具体地说，对不特定债权及金钱债权，应以债务人陷入无资力为必要；对特定债权及其他与债务人资力无关的债权，则不以债务人陷入无资力为必要。例如，甲购买乙的 A 物，未受领时甲便转卖于丙，若甲怠于向乙行使交付请求权，则丙的债权将无法实现，所以，丙不问甲有无资力均可代位请求乙交付 A 物。

2. 债权人的撤销权又称废罢诉权，是指债权人对于债务人所为的危害债权的行为，请求法院予以撤销的权利。债权人的撤销权的成立要件，因债务人所为的行为系无偿行为抑或有偿行为而有不同。在无偿行为场合，只需具备客观要件；而在有偿行为的情况下，则必须同时具备客观要件与主观要件。

客观要件包括以下三个：（1）须有债务人的行为。所谓债务人的行为，按《合同法》第 74 条第 1 款规定，是指债务人所为的民事法律行为，包括放弃其到期债权，无偿转让财产和以明显不合理的低价转让财产。如债务人放弃或者延展其到期债权，以致不能清偿其债务，对债权人造成损害的；债务人无偿转让财产，对债权人造成损害的；债务人放弃其未到期债权，又无其他财产清偿到期债务，可能影响债权人实现其债权；债务人以自己的财产设定担保，对债权人造成损害的；债务人以明显不合理的低价转让财产或者以明显不合理的高价收购他人财产，且受让人或者出让人明知或者应当知道该行为已经或者可能损害债权人的利益等。

（2）债务人的行为有害债权。所谓有害债权，是指债务人减少其清偿资力，不能使债权人依债权本旨得到满足。债务人减少清偿资力包括两种情况：一为减少积极财产；二为增加消极财产。

（3）债务人的行为必须以财产为标的。债务人的行为，非以财产为标的者不得予以撤销。所谓以财产为标的的行为，是指财产上受直接影响的行为。

主观要件包括：在有偿行为场合，债权人撤销权的成立以债务人有恶意为要件。依《合同法》第 74 条第 1 款的规定，对债务人以明显不合理的低价转让财产对债权人造成损害的，行使撤销权要求以受让人知情为要件。因为无偿行为的撤销，仅使受益人失去无偿所得的利益，并未损害其固有利益，于是法律应首先保护受危害的债权人的利益。在有偿行为中，债务人的恶意，为债权人撤销的成立要件；受益人的恶意，为债权人撤销权的行使要件。如果仅有债务人的恶意而受益人为善意时，不得撤销他们之间的民事法律行为。

（1）债务人的恶意。债务人的恶意，以行为时为准。行为时不知，而后为恶意的，不成立诈害行为。其不知是否出于过失，在所不问。诈害行为由债务人的代理人实施的，其恶意的有无，就代理人的主观状态加以判断。债务人虽有恶意，但事实上未发生有害于债权人的结果时，不成立撤销权。

（2）受益人的恶意。受益人，又称取得人，是指基于债务人的行为而取得利益的人。他通常为同债务人发生民事法律行为的相对人，但在为第三人利益的合同中，受益人为该第三人。受益人的恶意，是指第三人在取得一定财产或取得一定财产利益时，已经知道债务人所为的行为有害于债权人的债权，也就是说已经认识到了该行为对债权损害的事实，至于受益人是否具有故意损害债权人的意图，或是否曾与债务人恶意串通，不在考虑之列。

六　案例分析题

（1）甲、乙两公司约定的定金 2.5 万元合法有效。据我国《担保法》有关规定，当事人可以约定一方向对方给付定金作为债权的担保，定金的数量由当事人约定，但不得超过主合同标的额的 20%。在本案中，甲、乙两公司在签订买卖钢材的合同中可约定定金作为担保，且约定定金的金额为 2.5 万元，未超过主合同标的 13 万元的 20%，故合法有效。

（2）乙公司可以请求甲公司返还 5 万元定金。《担保法》第 89 条规定："当事人可以约定一方向对方给付定金作为债权的担保。债务人履行债务后，定金应当抵作价款或收回。给付定金的一方不履行约定的债务的，无权要求返还定金；收受定金的一方不履行约定债务的，应当双倍返还定金。"在本案中，甲公司收受乙公司定金 2.5 万元后，不履行约定的义务。因此应双倍返还乙公司定金 5 万元。

第二十一章 债的转移与消灭

一 单项选择题

1. 有关债的转移的说法，不正确的是（　　）。

A. 债的转移是债的主体发生变更

B. 债的转移包括债权让与和债务承担两种类型

C. 债的转移使债内容的统一性发生变化

D. 债的转移不同于债的变更，前者是债的主体发生变更，后者是债的内容发生变更

2. 下列哪一项是可转让的债权？（　　）

A. 雇佣合同关系产生的债权

B. 专为特定人利益而存在的债权

C. 最高额的抵押担保的主合同债权

D. 借款合同中的债权

3. 债权让与后债权人须履行登记手续的债权为（　　）。

A. 转让火车票　　　　　　　　B. 票据背书

C. 转让电影票　　　　　　　　D. 记名股票转让

4. 甲公司与乙公司合并为一个公司，公司名称仍为甲公司。乙公司丁公司的债权和戊公司的债务由甲公司承受，这种债的变更在法律上被称为（　　）。

A. 债权债务的概括承受　　　　B. 债务转移

C. 混同　　　　　　　　　　　D. 债权让与

5. 下列哪一当事人的主债务可以代为清偿？（　　）

A. 技术服务合同中提供服务的债务

B. 雇佣合同受雇佣者

C. 买卖合同的买方

D. 加工承揽合同中的承揽人

6. 甲和乙签订了一项加工合同,由甲负责加工乙的西服套装,加工费为 1000 元。甲欠乙 1000 元钱。问下列哪种情形甲的债权可以和乙的债权抵销?( )

A. 乙的债权尚未到清偿期而甲的债权已到期,乙提议抵销的

B. 乙的债权尚未到清偿期而甲的债权已到期,甲提议抵销的

C. 乙的债权已逾诉讼时效,甲的债权未逾诉讼时效,乙提议抵销的

D. 甲的债权已逾诉讼时效,乙的债权未逾诉讼时效,甲提议抵销的

7. 债务人将标的物提存后,标的物毁损、灭失的风险由谁承担?( )

A. 债务人   B. 债权人

C. 提存部门   D. 债务人和债权人共同承担

8. 下列关于免除的说法,不正确的是( )。

A. 免除是债权人抛弃债权的意思表示

B. 免除是无因行为

C. 免除是处分行为

D. 免除需取得债务人的同意

9. 债务人提存标的物的,债务人和债权人的合同权利义务关系何时终止?( )

A. 提存机关公告   B. 提存有效成立

C. 债权人知道提存   D. 债务人提出提存申请

10. 甲对乙享有 100 万元的合同债权,该债权具有可转让性。甲将其债权转让与丙,则( )。

A. 如甲未取得乙的同意,甲与丙之间的债权转让协议无效

B. 如甲未通知乙,则甲与丙之间的债权转让协议无效

C. 如甲未通知乙,该债权转让协议有效,但对乙不发生效力

D. 如甲未通知乙,该债权转让协议有效,对甲乙丙均发生效力

二 多项选择题

1. 甲是乙的债务人,甲欲将自己的债务转由丙承担,其应满足的条件是( )。

A. 该债务具有可转让性   B. 达成了有效的转让协议

C. 通知了债权人   D. 取得了债权人的同意

2. 有关法定抵销权，下列说法正确的是（　　）。

A. 抵销权为请求权，满足法定抵销的条件即可

B. 抵销权为形成权，满足法定抵销的条件即可

C. 抵销权为形成权，不得附条件和附期限

D. 抵销权为形成权，可附条件和附期限

3. 债务人将该债的标的物提存以后，则（　　）。

A. 标的物的所有权转移给债权人

B. 标的物灭失的风险转移给债权人

C. 标的物所产生的孳息转移给债权人

D. 标的物的保管费用转由债权人承担

4. 债权让与的特征是（　　）。

A. 让与债权具有非要式性　　　　　B. 债权让与具有无因性

C. 债权让与是处分行为　　　　　　D. 债权让与是有偿行为

5. 下列行为属于债务承担的是（　　）。

A. 经债权人同意，债务人将债务全部移转给第三人的

B. 债权人和债务人约定由第三人向债权人履行合同的

C. 债务人不脱离债的关系，第三人加入后与债务人承担连带责任的

D. 债权人和债务人约定由债务人向第三人履行合同的

6. 在下列哪些情况下债务人可以提存?（　　）

A. 债权人下落不明

B. 债权人无正当理由迟延受领

C. 债权人死亡而未确定继承人

D. 债权人丧失行为能力，尚未确定监护人

7. 债的消灭的原因有（　　）。

A. 清偿　　　　　B. 提存　　　　　C. 抵销　　　　　D. 混同

8. 甲公司向乙银行贷款 100 万元，得到贷款后不久，甲公司因业务重组分立为丙、丁公司，丙、丁协议：对乙银行债务由丁公司承担。该协议通知了乙银行，乙银行未予答复。后因丁公司不能承担全部债务而发生纠纷。下列说法不正确的是（　　）。

A. 乙银行只能要求丁公司承担该债务，因为协议内容通知了乙银行

B. 乙银行有权要求丙、丁公司承担连带债务

C. 乙银行只能要求丙、丁公司各承担 50% 的债务

D. 丙、丁关于债务承担的协议是有效协议，但对乙银行不具有效力

9. 甲企业因欠乙企业 50 万元货款，遂将对丙企业的 50 万元的债权转让给乙企业，并通知了丙企业。因丙企业到期无力支付乙企业的 50 万元款项引起纠纷。下列说法正确的是（　　）。

A. 甲企业与乙企业的债权转让协议无效，因为未取得丙企业的同意

B. 甲企业与乙企业的债权转让协议有效，因为债权转让协议不以取得债务人的同意为要件

C. 乙企业因丙企业的无力支付可向甲企业请求支付，因为甲企业对丙企业的清偿能力负有保证义务

D. 乙企业因丙企业的无力支付不得向甲企业请求支付，因为甲企业已脱离了原债权债务关系

10. 甲向乙借款 300 万元于 2008 年 12 月 30 日到期，丁提供保证担保，丁仅对乙承担保证责任。后乙从甲处购买价值 50 万元的货物，双方约定 2009 年 1 月 1 日付款。2008 年 10 月 1 日，乙将债权让与丙，并于同月 15 日通知甲，但未告知丁。对此，下列哪些选项是正确的？（　　）

A. 2008 年 10 月 1 日债权让与在乙丙之间生效

B. 2008 年 10 月 15 日债权让与对甲生效

C. 2008 年 10 月 15 日甲可向丙主张抵销 50 万元

D. 2008 年 10 月 15 日后丁的保证债务继续有效

三　名词解释

1. 债的转移　　2. 债权让与　　3. 债务承担　　4. 抵销　　5. 提存

四　简答题

1. 简述债权让与的法律特征。
2. 简述债务承担的条件。
3. 简述代为清偿的条件。

五　论述题

试述债权让与的条件。

六　案例分析题

1. 2004 年 10 月，小张将自己的一套住房出租给了小王，租期为 3 年，租金每月 2000 元，按季度支付。2005 年 10 月小张因病住院，为了不影响租金的收取，于是小张决定将自己的租金债权转让给小赵，并通知了小王，租金向小赵支付。此时，小赵因欠小王 6000 元并且已经到期。

（1）如果小张没有将债权让与通知小王，债权让与能否发生法律效力？为什么？

（2）小王可否以第四季度的租金抵销小赵的金钱债权？为什么？

（3）如果小王到期没有支付租金，谁可以请求小王承担违约责任？为什么？

2. 老李的儿子病重住进了医院，眼看着自己欠邻居老王的 1 万块钱就要到期了，但他由于经营不善，根本没有钱还债，并且自己的儿子生病还等着用钱。一天，他的表姐赵某来看他，老李把情况一说，赵某表示愿意替老李还了这笔债务，并与老李签定了债务承担协议。但是并没有征得老王的同意。

（1）债务承担协议有效吗？为什么？

（2）如果老王同意的，但是事实上赵某并没有清偿到期债务的，老王须向谁主张违约责任？请说明理由。

3. 张某和李某订有大米买卖合同，合同订立后，张某就交付了大米货款，约定 5 天之内来提货。但是，5 天后，仍不见张某来。后在报纸上看到张某的亲属登的寻人启事，李某找到张某的亲属要求其提货，张某的家属拒绝提货，于是其到当地的公证机关，申请提存这批大米。提存机关认为大米不宜保存，因此要求李某把大米变卖后提存大米的价金。李某把大米变卖后，扣除了保管费用后的余款向当地公证部门提存。

（1）李某的提存行为符合法律吗？为什么？

（2）提存期间的利息归谁？为什么？

（3）如果 5 年后张某仍不出现的，提存的现金的所有权人是谁？为什么？

参考答案

一　单项选择题

1. C　2. D　3. D　4. A　5. C　6. A　7. B　8. D　9. B　10. C

二 多项选择题

1. ABD 2. BC 3. ABCD 4. ABC 5. AC 6. ABCD 7. ABCD 8. AC 9. BD
10. AB

三 名词解释

1. 债的转移是指债的主体发生变更，即由新的债权人、债务人代替原债权人、债务人，而债的内容保持同一性的一种法律制度。

2. 债权让与是指不改变债的关系的内容，债权人将其债权移转于第三人享有的法律事实。其中的债权人称为转让人，第三人称作受让人。

3. 债务承担是指在不改变债的内容的前提下，债权人、债务人通过与第三人订立转让债务的协议，将债务全部或部分地移转给第三人承担的法律事实。

4. 抵销是指二人互负债务时，各以其债权充当债务之清偿，而使其债务与对方的债务在对等额内相互消灭。

5. 提存是指由于债权人的原因而无法向其交付合同标的物时，债务人将该标的物交给提存部门而消灭合同的制度。

四 简答题

1. 债权让与的法律特征为：（1）债权让与具有非要式性。债权人与第三人就让与债权意思表示一致，债权让与合同即告成立。除法律、行政法规规定应当办理批准、登记手续的以外，无须履行特别的合同形式。（2）债权让与具有无因性。债权让与是基于各种各样原因而产生的，可能基于买卖、赠与，也可能是代物清偿，但不论其原因为何及其有效与否，对于债权让与合同的效力并无直接影响。这就是债权让与的无因性。该无因性，其目的在于保障债权流转的安全性，以及善意受让人的利益。（3）债权让与是处分行为。债权让与是将债权作为一项财产进行处分，所以要求让与人就该债权必须具有处分权限和处分能力。无处分权人让与他人债权的，除非经债权人追认，其行为无效。同时，除无记名债权外不适用善意取得制度，即从无处分权人处受让债权时，不能因其善意而取得该债权。

2. 债务承担的条件有：（1）须存在有效的债务。债务自始无效或者承担时已经消灭的，即使当事人就此订有债务承担合同，也不发生效力。但就不完全的债务，仍然可以成立债务承担。但若债务其后被撤销或者解除，则债务承担合同自始无效。对于撤销权或者解除权的行使，在免责的债务承担中，承担债务的第三人即有权行使。而在并存的债务承担中，只有原债务人才可以行使撤销权或者解除权。（2）被移转的债务应具有可移转性。以下债务不具有可移转性：第一，性质上不可移转的债务。它是指与特定债务人的人身具有密切联系的债务，需要债务人亲自履行，因而不得移转。第二，当事人特别约定不能移转的债务。第三，不作为义务，只能由特定债的关系当事人承担，而不能移转给他人。（3）第三人须与债权人或者债务人就债务的移转达成合意。该意思表示一致就是一个合同，名为债务承担合同，其订立及效力应适用《合同法》总则关于合同订立的规定和民法关于意思表示的规定。（4）债务承担须经债权人同意。在第三人与债务人订立债务承担合同时，则必须经债权人同意。第三人与债务人订立并存的债务承担合同，不必征得债权人的同意，但应通知债权人。自通知始并存的债务承担对债权人生效。关于债权人同意的方式，明示或者默示均可。

3. 代位清偿的条件是：（1）依债的性质，可以由第三人代为清偿。但下列情形不得代为清偿：不作为债务；以债务人本身的特别技能、技术为内容的债务；因债权人与债务人之间的特别信任关系所生的债务等。（2）债权人与债务人之间无不得由第三人代为清偿的约定，但该约定必须在代为清偿前为之，否则无效。（3）债权人没有拒绝代为清偿的特别理由。如果代为清偿违背社会公共利益或社会公德或诚实信用原则，对债权人、债务人或社会有不利的影响；或代为清偿违背其他强行性规范时，债权人就有权拒绝受领代为清偿，不发生清偿的效力。（4）代为清偿的第三人必须有为债务人清偿的意思。在这点上，代为清偿与债务承担不同：第一，若为清偿人之错误，误信为自己债务而为清偿时，不成立代为清偿。第二，连带债务人等不构成代为清偿。

五　论述题

债权让与是指不改变债的关系的内容，债权人将其债权移转于第三人享有的法律事实。其中的债权人称为转让人，第三人称作受让人。债权让与一般应具备以下条件：

（1）须存在有效的债权。以不存在或者无效的债权让与他人，或者以已经消灭的债权让与他人，都将因标的不存在或者标的不能而导致债权让与合同无效，让与人对受让人因此而产生的损失，应负赔偿责任。

（2）被让与的债权须具有可让与性。以下三类债权不得转让：第一，根据合同性质不得转让的合同债权。主要包括：基于个人信任关系而发生的债权；专为特定债权人利益而存在的债权；不作为债权；属于从权利的债权。第二，按照当事人的约定不得转让的债权。第三，依照法律规定不得转让的债权。

（3）让与人与受让人须就债权的转让达成协议，并且不得违背法律的有关规定。当事人就债权转让的意思表示，应在自主自愿的基础上达成一致。因一方当事人欺诈、胁迫等行为致使对方当事人陷于意思表示不自由而为债权让与或受让行为时，债权让与合同的效力将会受到影响。债权让与合同为可撤销的合同的，撤销权人可以行使撤销权。转让合同被撤销后，受让人已经受领的利益，应该向让与人返还。转让合同如果存在《合同法》规定的合同无效的原因时，该转让合同当然不发生法律效力。

六　案例分析题

1.（1）不能发生法律效力。因为债权人转让债权的，应当通知债务人。未经通知的，给转让对债务人不发生法律效力。

（2）可以。因为根据法定抵销的要件，双方互负的债务标的物为同种类及品质，并且给付的性质可以抵销，自动债权放弃期限利益的，可以抵销。

小王的债务虽然没有到期，但是小王抛弃期限利益主张抵销的，应该尊重当事人的意思。

（3）小赵。因为债权全部让与的，让与人即原债权人退出债的关系，受让人成为新的债权人。在本案中，小赵为债权让与的受让人，为新的债权人，因此，他可以向小王主张违约责任。

2.（1）无效。因为债务人与第三人签订债务、承担合同的，须债权人的同意才生效。否则对债权人不发生任何效力。

（2）赵某。债务承担取得债权人同意后，债务承担生效，第三人成为新的债务人，债权人可以向债务承担人主张债权，如果债务承担人不履行债务的，须承担违约责任。

3.（1）符合法律，因为在债务人下落不明，而财产保管人拒绝受领债务履行的，债务人可以提存标的物。

（2）归张某。因为，提存的效力相当于给付，债务人提存后，标的物的所有权为债权人。根据合同法的规定，提存期间提存物的孳息归债权人所有，利息属于提存款的法定孳息，因此应归张某。

（3）归国家所有。因为，根据《合同法》，债权人领取提存物的权利在 5 年内不行使而消灭，提存物扣除提存费用后归国家所有。

第二十二章　合同概述

一　单项选择题

1. 下列协议中，属于我国《合同法》调整范围的是（　　）。

A. 离婚协议　　　　　　　　　B. 收养子女协议

C. 人身保险协议　　　　　　　D. 转移监护权的协议

2. 下列各项中，绝对不能作为合同当事人的是（　　）。

A. 某 8 岁幼童　　　　　　　　B. 某县人民政府

C. 某合伙企业　　　　　　　　D. 某高校法律系

3. 合同之债与侵权行为之债的主要区别在于（　　）。

A. 合同之债是约定之债，侵权行为之债是法定之债

B. 合同之债和侵权之债适用不同的归责原则

C. 合同之债是社会财富分配的途径，而侵权之债则不然

D. 侵权之债是救济被害人的权利，而合同之债是达到一种利益变动

4. 赠与合同是（　　）。

A. 双务合同　　　　　　　　　B. 有偿合同

C. 涉他合同　　　　　　　　　D. 有名合同

5. 下列哪一项不是发生在双务合同中特有的抗辩权？（　　）

A. 不安抗辩权　　　　　　　　B. 同时履行抗辩权

C. 先诉抗辩权　　　　　　　　D. 先履行抗辩权

6. 在格式合同中，提供合同的当事人未提请相对人注意免责的条款的，该免责条款（　　）。

A. 应当有效　　　　　　　　　B. 无效

C. 可能有效　　　　　　　　　D. 效力待定

7. 下列属于涉他合同的是（　　）。

A. 赠与合同   B. 人寿保险合同

C. 委托合同   D. 居间合同

8. 要式合同是指（　　　）。

A. 须符合特定格式才能生效的合同

B. 须交付标的物后才能成立的合同

C. 当事人为重复使用而事先拟好条款的合同

D. 依一定方式订立才能有效成立的合同

9. 利他合同是指（　　　）。

A. 为他人利益订立的合同称为利他合同

B. 是由第三人向债权人为给付的合同

C. 是与自己合同相对应的合同类型

D. 是有利于债权人利益的合同

10. 下列合同中，属于实践性合同的是（　　　）。

A. 买卖合同   B. 承揽合同

C. 委托合同   D. 自然人之间的借款合同

二　多项选择题

1. 下列关于无名合同的叙述正确的是（　　　）。

A. 无名合同得自由创设，法律不加限制

B. 无名合同是法律未规定其内容和名称，由当事人自由创设的合同

C. 在无名合同发生纠纷时，参照最相类似的有名合同的条款处理

D. 无名合同不得违反公共秩序、善良风俗

2. 下列哪些合同既是有偿合同又是要式合同？（　　　）

A. 房屋买卖合同   B. 技术转让合同

C. 保证合同   D. 借用合同

3. 我国合同法对格式条款的特别限制有（　　　）。

A. 免责条款的提示和说明义务   B. 非格式条款的优先效力

C. 有利于相对人解释原则   D. 不可排除法定条款的效力

4. 下列合同中，属于诺成性合同的是（　　　）。

A. 定金合同   B. 买卖合同

C. 技术开发合同   D. 自然人之间的借贷合同

三 名词解释

1. 合同 2. 双务合同 3. 单务合同 4. 有偿合同 5. 无偿合同 6. 诺成性合同 7. 实践性合同 8. 要式合同 9. 不要式合同

四 简答题

1. 简述区分双务合同与单务合同的法律意义。
2. 简述区分有偿合同与无偿合同的法律意义。
3. 简述区分诺成性合同与实践性合同的法律意义。

五 案例分析题

某工厂欲向某机械公司定做电机一台，双方经协商后，机械公司拿出事先准备好的公司的买卖合同，表示如果该工厂对合同中的拟订条款同意可以在该合同上签字，该合同上写明：除电机本身的质量问题外，如果某工厂购买的电机由于该工厂职工的操作问题给其人身造成伤害的，本机械公司对此不承担任何责任。如果机械公司由于其他公司供货迟延的原因而不能在约定期限内完成指定的工作的，免除违约责任。

（1）本案中的合同是什么性质的合同？
（2）机械公司提供的合同中约定的条款合法吗？为什么？

参考答案

一 单项选择题

1. C 2. D 3. A 4. D 5. C 6. B 7. B 8. D 9. A 10. D

二 多项选择题

1. BCD 2. AB 3. ABCD 4. BC

三　名词解释

1. 合同是平等主体之间设立、变更、终止民事权利义务关系的协议。

2. 双务合同是双方当事人互负对待给付义务的合同，即一方当事人之所以负给付义务，在于取得对待给付。

3. 单务合同是仅有一方当事人负给付义务的合同。

4. 有偿合同是指当事人一方享有合同规定的权益，必向对方当事人偿付相应代价的合同。

5. 无偿合同是指当事人一方享有合同规定的权益，不必向对方当事人偿付相应代价的合同。

6. 诺成性合同是指当事人各方的意思表示一致即成立的合同。

7. 实践性合同又称要物合同，是指除双方当事人的意思表示一致以外，尚须交付标的物或完成其他给付才能成立的合同。

8. 要式合同是指法律要求必须具备一定的形式的合同。

9. 不要式合同是指法律不要求必须具备一定的形式的合同。

四　简答题

1. 区分双务合同与单务合同的法律意义是：（1）双务合同适用同时履行抗辩规则，而单务合同则不然。（2）双务合同因不可归责于双方当事人的原因而不能履行时，发生风险负担问题。而在单务合同中，因不可归责于双方当事人的原因而不能履行时，风险一律由债务人负担，不发生双务合同中的复杂问题。（3）在双务合同中，当事人一方违约时，另一方若已履行合同，则可以请求强制违约方实际履行或承担其他违约责任，条件具备时还可以解除合同；解除合同并溯及既往时，另一方有权请求违约方返还受领的给付。而单务合同不发生这种后果。

2. 区分有偿合同与无偿合同的法律意义是：（1）责任的轻重不同。在无偿合同中，债务人所负的注意义务程度较低；在有偿合同中，则较高。（2）主体要求不同。订立有偿合同的当事人原则上应为完全民事行为能力人，限制民事行为能力人非经其法定代理人同意不得订立重大的有偿合同。对纯获利益的无偿合同，如接受赠与等，限制民事行为能力人和无民事行为能力人即使未取得法定代理人的同意，也可以订立，但在负返还原物的无偿合同中，仍然须取得法定代理人的同意。（3）可否行使撤销权不同。如果债务人将其财产无偿转让给第三人，严重减少债务人的责任财产，害及债权人的债权，则债权人可以直接请求撤销该无偿行为。但对于有偿的并且非明显低价的处分行为，只有在债务人及其第三人在实施交易行为时有害于债权人的恶意时，债权人方可行使撤销权。（4）有无返还义务不同。如果无权处分人通过有偿合同将财物转让给第三人，第三人若为善意时，一般不负返还原物的义务；若通过无偿合同将财物转让给第三人，在原物存在时，第三人负返还原物的义务。

3. 区分诺成性合同与实践性合同的法律意义在于，二者成立的要件与当事人义务的确定不同。所谓合同成立的要件不同，是指诺成性合同仅以合意为成立要件，而实践性合同以合意和交付标的物或完成其他给付为成立要件。所谓当事人义务的确定不同，是指在诺成性合同中交付标的物或完成其他给付系当事人的给付义务，违反该义务便产生违约责任；而在实践性合同中交付标的物或完成其他给付，不是当事人的给付义务，只是先合同义务，违反它不产生违约责任，可构成缔约过失责任。

五 案例分析题

（1）格式合同。

（2）不合法。根据合同法对格式合同条款的限制，在格式合同中不可排除法定条款的效力。法律直接规定合同当事人的权利义务的，提供格式条款的一方免除其责任、加重对方责任、排除对方主要权利的，该条款无效。此外，提供格式条款的一方有对免责条款的提示和说明义务。免责条款是指格式合同中免除或者限制格式合同拟订人责任的条款，由于免责条款对相对人不利，所以法律特别要求拟订人在缔约时，要以合理的方式提请相对人注意，并在相对人的要求下解释该条款的含义，在书面合同中需要对该条款做醒目的标示。

第二十三章 合同的订立

一 单项选择题

1. 以下关于要约的说法，不正确的是（　　　）。

A. 要约是意思表示

B. 要约与要约邀请是同一含义

C. 要约的内容须具体确定

D. 要约应表明相对人承诺即受其拘束

2. 甲公司与乙公司签订了一份书面合同，甲公司签字、盖章后邮寄给乙公司签字、盖章。则该合同成立的时间应为（　　　）。

A. 甲、乙公司达成合意时

B. 甲公司签字、盖章时

C. 乙公司收到甲公司签字、盖章的合同时

D. 乙公司签字、盖章时

3. 甲公司因建楼急需水泥，遂向乙水泥厂发函，称："我公司愿购贵厂神龙型水泥 100 吨，单价 500 元/吨，货到付款。"第二天乙水泥厂即向甲公司发出货物。下列说法正确的是（　　　）。

A. 甲公司发函的行为是要约邀请

B. 乙公司发货的行为不构成承诺，因为承诺须以通知的方式发出

C. 乙公司发货行为构成承诺，货物到达甲公司时承诺生效

D. 乙公司发货行为构成承诺，货物发出时承诺生效

4. 下列意思表示属于要约的是（　　　）。

A. 商品广告

B. 招标书

C. 迟到的承诺

D. 拍卖人的报价

5. 根据合同法，要约在何时生效？（　　　）

A. 要约人发出要约时　　　　　　　B. 要约到达受要约人时

C. 受要约人了解要约内容时　　　　D. 要约人拟订要约内容时

6. 某日，甲在路上遇见乙，问乙是否愿意以 3000 元购买其饲养的一头耕牛，乙未答复。次日，打电话给甲表示同意以 3000 元的价格购买，此时甲告知该牛已以相同价钱卖于丙。问次日乙在电话中表示愿意以 3000 元的价格购买该耕牛的意思表示为（　　）。

A. 承诺　　　　　　　　　　　　　B. 要约

C. 要约邀请　　　　　　　　　　　D. 确认买卖合同

7. 下列哪一项不属于要约邀请？（　　）

A. 寄送的价目表　　　　　　　　　B. 拍卖公告

C. 商贩的沿街叫卖　　　　　　　　D. 商业广告

8. 一般地，在以要约承诺方式订立的合同，合同从何时生效成立？（　　）

A. 要约到达受要约人时　　　　　　B. 受要约人发出承诺时

C. 要约人发出承诺时　　　　　　　D. 承诺到达要约人时

9. 王某是甲公司的法定代表人，以甲公司名义向乙公司发出书面要约，愿以 10 万元价格出售甲公司的一块清代翡翠。王某在函件发出后 2 小时意外死亡，乙公司回函表示愿意以该价格购买。甲公司新任法定代表人以王某死亡，且未经董事会同意为由拒绝。关于该要约，下列哪一表述是正确的？（　　）

A. 无效　　　　　B. 效力待定　　　　　C. 可撤销　　　　　D. 有效

10. 竞买人以报价方式向拍卖人所作的应买的意思表示，在法律性质上属于（　　）。

A. 要约邀请

B. 要约

C. 对拍卖人拍卖公告的承诺

D. 订立合同的确认

二　多项选择题

1. 合同的解释原则（　　）。

A. 文义解释　　　　　　　　　　　B. 整体解释

C. 合同目的解释　　　　　　　　　D. 诚实信用和交易惯例解释

2. 甲地 A 公司向乙地 B 房地产开发商购买坐落于丙地的房产一座，双方对履行地未有约定。则以下说法正确的是（　　　）。

    A. 合同成立，A 公司履行地为丙地

    B. 合同成立，A 公司履行地为乙地

    C. 合同成立，B 公司履行地为甲地

    D. 合同成立，B 公司履行地为丙地

3. 当事人若对质量、价款等内容没有约定或约定不明确，则（　　　）。

    A. 合同不成立

    B. 合同成立，当事人对此可协议补充

    C. 合同成立，对该部分内容，若法律有规定，一般应依规定

    D. 合同成立，若当事人无法达成协议，可依交易习惯确定

4. 书面合同成立的地点（　　　）。

    A. 以双方在合同上共同签字盖章的地点为合同的成立地

    B. 以最后一方在合同上签字盖章的地点为合同成立地

    C. 以合同中写明的合同签订地为合同成立的地点

    D. 以要约人收到承诺的地点为合同成立地点

5. 要约的要件包括（　　　）。

    A. 要约须向特定人作出

    B. 要约须具备订立合同的必要条款

    C. 要约须是受相对人承诺拘束的意思表示

    D. 要约须是相对人负有承诺义务的意思表示

6. 要约失效的情况包括（　　　）。

    A. 承诺期限的经过　　　　　　　　B. 拒绝要约

    C. 要约的撤销　　　　　　　　　　D. 反要约

7. 下列关于要约撤销的说法，正确的是（　　　）。

    A. 要约撤销是指对尚未生效的要约阻止其生效的意思表示

    B. 要约的撤销是指对于已经生效但未被承诺的要约消灭其效力的意思表示

    C. 要约一经生效不得撤销

    D. 已获承诺的要约不得撤销

8. 合同当事人对下列合同条款约定不明的，依照合同法，不影响合同成立的条款是（　　　）。

    A. 标的条款　　　　　　　　　　　B. 质量条款

    C. 价款条款　　　　　　　　　　　D. 履行地点条款

三 名词解释

1. 要约　　2. 要约邀请　　3. 承诺

四 简答题

1. 简述要约应具备的要件。
2. 简述承诺应具备的要件。

五 案例分析题

1. 2009 年 4 月 1 日，某建筑公司为买进一批水泥，分别向甲水泥厂和乙水泥厂发出了信函，内容如下：我公司急需某型号水泥 100 吨，如果你厂有货，请来函告知，具体价格面议。甲水泥厂收到该信后，给建筑公司回了一封信，内容是：你公司所需的某型号水泥我厂有现货，每吨的价格 600 元，如果需要的话，请先预付货款 1 万元，余款货到后支付。如果我厂在 4 月 10 日没有收到贵公司的回信的，即表示你公司同意我厂提出的条件，我厂将径直发货至你公司。建筑公司收到甲水泥厂的回信后，认为甲水泥厂提供的货款支付方式可以接受，但是希望每吨价格为 550 元，于是，向甲水泥厂发出了第二封信，内容是：我公司愿意和你厂达成这笔交易，但每吨价格能否为 550 元，货款支付方式我公司都接受，但是希望你厂能送货上门，并在本月 15 日之前给予答复。建筑公司 4 月 10 收到乙厂报价信函，内容为：我厂有你公司需要的水泥，价格为 450 元，如果同意购买，请在 4 月 20 日之前给予答复。建筑公司认为乙水泥厂的价格合理，于是 4 月 12 日向乙厂发出表示同意乙厂的条件的信函。

（1）哪些信件属于要约？为什么？

（2）建筑公司发给甲水泥厂和乙水泥厂的信函在合同法上被称为什么？

（3）如果建筑公司未能在 4 月 10 日给甲水泥厂回信的，该买卖合同是否成立？为什么？

（4）如果甲水泥厂收到建筑公司的信后，积极备货，并准备了与送货有关的事宜，但是没有在建筑公司规定的时间内给予答复的。建筑公司以已与乙厂订立了买卖合同为由，拒绝与之订立合同的。甲水泥厂是否有权要求建筑公司赔偿损失？为什么？

（5）如果甲水泥厂在 4 月 15 日给予建筑公司答复，表示同意的，可建筑公司发给甲水泥厂表示不购买该厂的水泥的信函于 4 月 16 日到达甲水泥厂的，甲水泥厂与建筑公司是否成立，建筑公司可否以发出拒绝的信函为由否认合同的成立？请说明理由。

（6）如果建筑公司发给乙厂的信由于邮局的原因而没能在 4 月 20 日送达给乙厂的，乙厂并没有表示是否接受这封迟到的信函。建筑公司和乙厂的买卖合同是否成立？请说明理由。

2. 甲决定将自己的一套房屋出卖，与乙协商后，达成了一致协议，签订了房屋买卖合同，合同中约定：甲将自己所有的房屋卖给乙，房价是 20 万元，乙于 2000 年 1 月 1 日将全部房款交给甲，一个星期内，办理过户手续。在此期间，乙可以暂时居住甲的房屋。但是二人都没有在合同上签字或者盖章，于是双方约定先不签订正式合同，而于 2008 年 1 月 1 日乙交付房款时再签订。后房价上涨，甲反悔，二人诉至法院。

该房屋买卖合同是否成立？为什么？

参考答案

一　单项选择题

1. B　2. D　3. D　4. C　5. B　6. B　7. C　8. D　9. B　10. B

二　多项选择题

1. ABCD　2. BD　3. BCD　4. ABCD　5. ABC　6. ABCD　7. BD　8. BCD

三　名词解释

1. 要约是一方当事人以缔结合同为目的，向对方当事人提出合同条件，希望对方当事人接受的意思表示。

2. 要约邀请也称要约劝诱、要约引诱，是指邀请他人向自己作要约的意思表示。

3. 承诺是受约人作出的同意要约以成立合同的意思表示。

四　简答题

1. 要约应具备的要件有：

（1）要约必须是特定人所为的意思表示。只有要约人是特定的人，受约人才能对之承诺。因此，要约人必须是特定人。所谓特定人，是指能为外界客观确定的人。

（2）要约必须向相对人发生。要约必须经过相对人的承诺才能成立合同，因此，要约必须是要约人向相对人发出的意思表示。相对人一般为特定的人，但在特殊情况下，对不特定的人作出又无碍要约所达目的时，相对人亦可为不特定人。

（3）要约必须具有缔结合同的目的。要约必须以缔结合同为目的，是否以缔结合同为目的，是要约与要约邀请的主要区别。要约邀请的目的不是订立合同，而是邀请对方当事人向其为要约的意思表示。

（4）要约的内容必须具体确定和完整。即要约的内容必须明确，而非含糊不清；要约的内容必须具有合同的条件，至少是主要条件，得因受约人的承诺而使合同成立。

（5）要约必须表明要约人在得到承话时即受其约束的意旨，也就是说，要约人必须向受约人表明，要约一经受约人同意，合同即告成立，要约人就要受到约束。

2. 承诺应具备的要件有：

（1）承诺必须由受约人作出。要约和承诺是一种相对人的行为，只有受约人享有承诺的资格，因此，承诺须由受约人作出。受约人为特定人时，承诺由该特定人作出；受约人为不特定人时，承诺由该不特定人中的任何人作出。受约人的代理人可代为承诺。受约人以外的第三人即使知晓要约内容并作出同意的意思表示，也不以承诺论。

（2）承诺必须向要约人作出。受约人承诺的目的在于同要约人订立合同，故承诺只有向要约人作出才有意义。向要约人的代理人作出承诺的有同样的意义。在要约人死亡，合同不需要约人亲自履行的情况下，受约人可以向要约人的继承人作出承诺。

（3）承诺的内容应当与要约内容一致。承诺是受约人愿意按照要约的内容与要约人订立合同的意思表示，所以欲取得成立合同的法律效果，承诺就必须在内容上与要约的内容一致。如果受约人在承诺中对要约的内容加以扩张、限制或变更，便不构成承诺，而应视为对要约拒绝而构成反要约。有关合同标的、数量、质量、价格或者报酬、履行期限、履行地点和方式、违约责任和解决争议的方法等变更，构成对要约的实质性变更，不为承诺，而为新要约。

（4）承诺必须在要约的存续期间内作出。要约在其存续期间内才有效力，一旦受约人承诺便可成立合同的效力，因此承诺必须在此期间内作出。

五　案例分析题

1.（1）在本案例中，甲水泥厂向建筑公司发出的信函、建筑公司发给甲水泥厂的第二封信、乙厂发给建筑公司的信为要约，因为根据合同法，要约是以订立合同为目的而由相对人受领的意思表示。以上信件符合要约的要件。

（2）要约邀请。

（3）买卖合同不成立，因为要约的意思表示对受要约人的效力是：要约到达受要约人后，受要约人没有在要约人规定的期限内承诺的义务，同时也没有告知要约人其是否承诺的义务，要约对受要约人的效力是赋予受要约人承诺的权利。要约人在要约中表示如果不在规定期限内答复的合同成立的意思表示对受要约人没有拘束力。

（4）不可以请求赔偿。因为甲厂向建筑公司发出要约后，建筑公司并没有承诺，而是向甲厂发出了反要约，而甲厂没有在规定时间内给予答复的，尽管积极备货，并准备了与送货有关的事宜，但是这些行为并不是承诺，因此买卖合同不成立。而且建筑公司的要约并没有使甲厂产生了要约不可撤销的信赖，因此甲厂的损失不能要求建筑公司赔偿。

（5）不能否认合同成立。因为甲水泥厂给予建筑公司的答复是对要约的承诺，买卖合同已经有效成立。建筑公司发给甲水泥厂表示不购买该厂的水泥的信函为撤销要约的意思表示，撤销要约的意思表示应该在承诺发出之前到达受要约人，而于4月16日到达甲水泥厂时承诺已经发出，因此该表示并不能阻却合同成立的效力。

（6）买卖合同成立。承诺的迟延是未迟发而迟到的承诺。承诺的迟延，要约人负有及时通知的义务，如果要约人对于迟延的承诺怠于通知，承诺视为未迟到，合同成立。本案例中，建筑公司在4月12日发出承诺，按正常情况应该能在要约规定的时间内到达，但是由于邮局的原因承诺迟延，而乙公司并没有履行通知义务，因此买卖合同成立。

2. 该房屋买卖合同并没有成立。因为根据合同法的规定，房屋买卖合同属于书面要式合同，从当事人签订买卖合同并在买卖合同上签字或者盖章之日起合同成立。虽然当事人之间有口头的协议，但是在买卖合同正式签订之前，该买卖合同不存在。

第二十四章　双务合同履行中的抗辩权

一　单项选择题

1. 甲、乙签订一份煤炭买卖合同，双方约定：甲卖给乙 1000 吨煤炭，单价为 900 元/吨。双方就履行顺序未作约定。甲已向乙供应了 500 吨煤炭，现向乙提出付款请求，则乙（　　）。

    A. 不得主张同时履行抗辩，须给付全部价款

    B. 就已给付的 500 吨煤炭的价款不得主张同时履行抗辩，就未给付部分则可

    C. 得就全部价款主张同时履行抗辩

    D. 得主张甲履行不完全从而解除合同

2. 同时履行抗辩权的效力在于（　　）。

    A. 永久地阻止对方请求权的效力

    B. 暂时地阻止对方请求权的效力

    C. 消灭对方的实体请求权

    D. 消灭对方的诉权

3. 甲与乙订立合同，双方约定：甲应于 2005 年 9 月 1 日向乙交付货物，乙则应于 9 月 8 日向甲支付货款。8 月底，甲发现乙经营状况严重恶化，并有确切证据可以证明。则在 9 月 1 日到来后，甲（　　）。

    A. 须按约定支付货物，但可以请求乙提供相应担保

    B. 须交付货物，但乙须先交付部分货物

    C. 须按约定交付货物，如乙不付款可追究其违约责任

    D. 有权拒绝交货，除非乙提供了相应担保

4. 某剧院为增加其票房收入，与某当红歌星李某签订演出合同。双方约定，剧院应于 12 月 31 日向李某支付出场费 2 万元，李某则须于元旦晚上为该剧院举办的联欢会演唱歌曲。12 月 30 日，李某喉咙发炎，医生诊断须立即手术，预计住院

10 天。则剧院（　　　）。

　　A. 不得解除合同，也不得中止履行

　　B. 不得解除合同，但可中止履行

　　C. 既可解除合同，又可中止履行

　　D. 可解除合同，但不得中止履行

　　5. 在一份买卖合同中，甲是买方，乙是卖方。甲乙哪种行为属于双方违约？（　　　）

　　A. 甲乙双方约定于同日履行义务，甲带款提货时，因乙没有交货，甲拒绝付款

　　B. 甲乙双方约定甲先付款，乙再交货。甲没有按时付款，乙拒绝到期交货

　　C. 甲乙双方约定甲先付款，乙再交货。甲仅支付部分货款，乙所交货物存在质量缺陷

　　D. 甲乙双方约定甲先付款，乙再交货。甲支付了 40% 贷款，乙也交付了 40% 的货物

　　6. 甲公司与乙公司签订买卖合同。合同约定甲公司先交货。交货前，甲公司派人调查乙公司的偿债能力，有确切材料证明乙公司负债累累，根本不能按时支付货款。甲公司遂暂时不向乙公司交货。甲公司的行为是（　　　）。

　　A. 违约行为　　　　　　　　　　B. 行使同时履行抗辩权

　　C. 行使先诉抗辩权　　　　　　　D. 行使不安抗辩权

　　7. 同时履行抗辩权和先履行抗辩权的最大不同点是（　　　）。

　　A. 双方就同一双务合同有无约定履行的顺序

　　B. 是否有难为给付的情况

　　C. 是否要提供担保

　　D. 可否请求对方当事人先为履行

　　8. 甲、乙双方互负债务，没有先后履行顺序，一方在对方履行之前有权拒绝其履行要求，一方在对方履行债务不符合约定时有权拒绝其相应的履行要求。这在我国合同法理论上称作（　　　）。

　　A. 先履行抗辩权　　　　　　　　B. 先诉抗辩权

　　C. 同时履行抗辩权　　　　　　　D. 不安抗辩权

　　9. 甲和乙订立一份家具定购合同，约定由甲在 5 月份支付乙 100 万元预付货款，再由乙在 8 月向甲公司提供家具 2000 套。合同订立以后甲因为资金周转困难，没有按期支付预付货款。到了 8 月份，甲要求乙提供家具，乙拒绝提供。双方发生

纠纷。乙的行为是（　　　）。

  A. 行使不安抗辩权   B. 行使同时履行抗辩权

  C. 行使先履行抗辩权   D. 违约行为

  10. 下列哪个不是不安抗辩权的适用事由？（　　　）

  A. 对方经营状况严重恶化

  B. 听说对方商业信誉下降

  C. 转移财产、抽逃资金，以逃避债务

  D. 丧失履行债务能力

  11. 当先履行一方行使不安抗辩权时，对所提出的对方丧失履行债务能力的举证责任分配给哪一方？（　　　）

  A. 行使抗辩权一方

  B. 被提出有丧失履行能力事由的一方

  C. 双方都可以

  D. 由法官随机指定

  12. 甲和乙签订了买卖冰箱的合同，合同规定甲供应冰箱 30 台，乙付给甲共计 3.9 万元。供方于 12 月 30 日之前发货，一次交清货到付款，如有违约要交 5% 的违约金。后来 12 月 30 日甲交货之前就向乙索要货款，乙拒绝。因此甲拒绝交货。甲的行为是（　　　）。

  A. 行使同时履行抗辩权   B. 行使不安抗辩权

  C. 违约行为   D. 行使先履行抗辩权

二　多项选择题

  1. 甲将自己所有的熊猫牌随身听交乙修理，双方就履行期无约定，乙修好后，甲请求乙交付，此时乙得主张（　　　）。

  A. 同时履行抗辩权   B. 不安抗辩权

  C. 后履行抗辩权   D. 留置权

  2. 下列有关双务合同抗辩权的说法，正确的是（　　　）。

  A. 双务合同抗辩权包括同时履行抗辩权、先履行抗辩权和不安抗辩权

  B. 双务合同抗辩权的行使，将导致合同的消灭

  C. 双务合同抗辩权是一时的抗辩权、延缓的抗辩权

  D. 同时履行抗辩权可以适用于连带之债

3. 甲公司向乙公司订购一批彩电，双方在合同中未约定双方的履行顺序，则（ ）。

A. 应由乙公司先交付冰箱，甲公司再付款

B. 应由甲公司先付款，乙公司再交付冰箱

C. 甲公司在乙公司交付冰箱前有权拒绝其付款要求

D. 甲公司应在收到货物的同时付款

4. 应当先履行债务的当事人，有确切证据证明对方有下列情况之一的，可以中止履行。（ ）

A. 经营状况严重恶化   B. 转移财产逃避债务

C. 丧失商业信誉   D. 抽逃资金

5. 有先履行义务的当事人认为对方有法定可以中止履行的情形，中止履行之后做法正确的是（ ）。

A. 及时通知对方本方中止履行

B. 对方提供适当担保时恢复履行

C. 对方在合理期限内未恢复履行能力并且未提供适当担保的，本方可以解除合同

D. 立刻解除合同

6. 同时履行抗辩权、不安抗辩权和先履行抗辩权在效力上哪些地方相似？（ ）

A. 阻却对方要求本方履行的请求权

B. 不消灭对方的请求权

C. 中止本方履行

D. 消灭对方的请求权

三 名词解释

1. 同时履行抗辩权   2. 不安抗辩权   3. 先履行抗辩权

四 简答题

1. 简述同时履行抗辩权的构成要件。

2. 简述不安抗辩权的成立条件。

五 案例分析题

甲公司拥有一套价值 1000 万元的机械设备，该公司董事长与乙公司签订了一份机械设备转让合同，规定甲公司于 1 月 31 日前交货，乙公司在交货后 10 天内付清款项 950 万元。在交货日前，甲公司发现乙公司经营状况恶化。通知乙公司中止交货并要求乙公司提供担保；乙公司予以拒绝。又过了 1 个月乙公司的经营状况进一步恶化，甲公司提出解除合同。乙公司遂向法院起诉。法院查明：（1）甲公司股东会决议规定，对机械设备的处置应经股东会特别决议。（2）甲公司的机械设备原由丙公司保管，保管期限至 1 月 31 日，保管费 50 万元。2 月 5 日，甲公司将机械设备提走，并约定 10 天内付保管费，如果 10 天内不付保管费，丙公司可对该机械设备行使留置权，甲公司一直不交付保管费，现丙公司要求对该机械设备行使留置权。

（1）甲公司与乙公司之间转让机械设备的合同是否有效？为什么？

（2）甲公司中止履行的理由能否成立？为什么？

（3）甲公司能否解除合同？为什么？

（4）丙公司能否行使留置权？为什么？

参考答案

一 单项选择题

1. B 2. B 3. D 4. C 5. C 6. D 7. A 8. C 9. C 10. B 11. A 12. C

二 多项选择题

1. AD 2. ACD 3. CD 4. ABCD 5. ABC 6. ABC

三 名词解释

1. 同时履行抗辩权是指双务合同的当事人在无先后履行顺序时，一方在对方未对待给付以前，可拒绝履行自己的债务之权。

2. 不安抗辩权是双务合同中有先为给付义务的当事人一方，因他方当事人的财产显著减少或经营状况恶化而有难为对待给付的情形时，在他方未对待给付或提供担保前，有拒绝自己给付的抗辩权。

3. 先履行抗辩权是指在有先后给付顺序的双务合同中，后给付一方当事人在他方当事人给付前，有拒绝自己给付的抗辩权。

四　简答题

1. 同时履行抗辩权的构成要件为：（1）须由同一双务合同互负债务。如果双方当事人的债务不是基于同一双务合同而发生，即使在事实上有密切关系，也不得主张同时履行抗辩权。（2）须双方互负的债务均已届清偿期。如果一方当事人负有先履行的义务，就不由同时履行抗辩权制度管辖，而让位于不安抗辩权。（3）须对方未履行债务或未提出履行债务。原告向被告请求履行债务时，须自己已为履行或提出履行，否则，被告可行使同时履行抗辩权，拒绝履行自己的债务。（4）须对方的对待给付是可能履行的。对方当事人的对待给付已不可能时，因同时履行的目的已不可能达到，不发生同时履行抗辩权问题，由合同解除制度解决。

2. 不安抗辩权的成立条件有：（1）一方有先为给付的义务。只有负有先行给付义务的当事人，才能行使该项抗辩权。（2）有难为给付之状况。在履行期届至时，当事人有下列四种状况之一的，相对人即可行使不安抗辩权：第一，经营状况严重恶化；第二，有转移财产、抽逃资金，逃避债务行为的；第三，丧失商业信誉的；第四，有丧失或者可能丧失履行债务能力的其他情况的。（3）他方未提供担保。于上述情形，若他方之债务有担保或虽无担保但他方提出同时履行的，当事人之预期债权并无预料不到的危害，故不安抗辩权不成立。

五　案例分析题

（1）甲公司与乙公司之间转让机械设备的合同有效。法人的法定代表人超越权限订立的合同，除相对人知道或者应当知道其超越权限的以外，该代表行为有效。

（2）甲公司中止履行的理由成立。应当先履行债务的当事人，有确切证据证明对方经营状况恶化的，可以中止履行。

（3）甲公司可以解除合同。当事人依法中止履行后，对方在合理期限内未恢复履行能力并且未提供适当担保的，中止履行的一方可以解除合同。

（4）丙公司不能行使留置权，因为丙公司已经丧失了对机械设备的占有。

第二十五章　合同的变更与解除

一　单项选择题

1. 债权让与在让与人与受让人间须满足何种要件方可发生效力?(　　)

A. 双方达成让与合意

B. 将双方的让与合意通知债务人

C. 双方达成合意,并经债务人同意

D. 双方达成合意,经债务人同意且不得牟利

2. 甲将其收藏的一幅齐白石遗画卖给乙,价金 5 万元。甲将价金债权转让给丙并通知了乙。履行期届至前,该画灭失。则乙(　　)。

A. 得对甲主张解除合同,并拒绝丙的给付

B. 得对甲主张解除合同,但不得拒绝丙的给付请求

C. 不得解除与甲之间的合同,并不得拒绝丙的给付请求

D. 不得解除与甲之间的合同,但得拒绝丙的给付请求

3. 甲将对乙享有的 8000 元债权转让给丙,后乙陷于破产,丙仅分得 1000 元债权,丙能否就未获清偿的 7000 元债权,可否向甲请求给付?(　　)

A. 能,因为债权让与后,原债权人即成为债务人的保证人

B. 能,因为对转让的债权让与人须负瑕疵担保责任

C. 不能,因为对转让的债权让与人无须负瑕疵担保责任

D. 不能,因为债权人对债务人的履行能力不负担保责任

4. 甲乙签订一买卖合同,约定由甲方向乙方购买一批钢材,交货期限为 2005 年 5 月 10 日。甲方使用该钢材建造房屋,预计开工时间为 2005 年 12 月 1 日。出现下列哪种情况,甲方可单方解除合同?(　　)

A. 乙方正在进行某项技术改造,无法按期发货,需延期 3 个月

B. 乙方因一场意外火灾,暂时无法发货,需延期 3 个月

C. 乙方迟延交货，经催告在合理期限内仍未履行

D. 乙方正在办理与丙公司的合并事宜，无暇顾及该合同的履行，需延期 3 个月

5. 凡发生下列情况之一的，允许解除合同。（　　　）

A. 法定代表人变更

B. 当事人一方发生合并、分立

C. 由于不可抗力致使合同不能履行

D. 作为当事人一方的公民死亡或作为当事人一方的法人终止

6. 位于 A 市的甲工厂与位于 B 市的乙公司之间签订一份买卖合同，约定甲通过铁路交货。对于该合同而言，以下事件中属于不可抗力的是（　　　）。

A. 甲的生产设备出现故障，致使不能按时

B. 丙地发生地震，致使甲的原料供应出现困难

C. 因甲的产品供不应求，厂领导发布文件要求产品只供应本市内客户的需要

D. AB 之间的铁路线被山洪冲毁，致使甲不能按时交货

7. 合同解除的法律效力是（　　　）。

A. 合同被解除后，该合同成为无效合同

B. 解除合同一定会产生溯及力

C. 解除合同后不能再要求赔偿损失

D. 解除合同后，尚未履行的债务不需要继续履行

8. 合同解除后，下面哪个说法不正确？（　　　）

A. 合同中结算和清理条款的效力终止

B. 合同已经履行的，根据履行情况和合同性质，当事人可以要求恢复原状、采取其他补救措施

C. 合同尚未履行的，终止履行

D. 当事人有权要求赔偿损失

9. 一方以欺诈或胁迫手段或乘人之危，使对方在违背真实意思的情况下订立合同，谁可以请求变更？（　　　）

A. 受害方　　　　　　　　　　B. 施害方

C. 双方都可以　　　　　　　　D. 法院或仲裁机构

10. 单方解除合同要依据法定或事先约定的原因，这种解除权属于（　　　）。

A. 支配权　　　　　　　　　　B. 请求权

C. 形成权　　　　　　　　　　D. 物权

二 多项选择题

1. 甲公司与乙商场签订一份月饼买卖合同，约定甲于农历 2005 年 8 月 12 日前向乙交付月饼若干。则下列表述中正确的是（　　）。

A. 若甲公司所在地发生地震致合同不能履行，则甲得解除合同

B. 若甲公司所在地发生地震，致甲须推迟 1 个月交货，则乙得解除合同

C. 若甲公司所在地发生地震，致甲只能如期交付 60% 的月饼，则乙得解除合同

D. 若甲公司迟延至 8 月 15 日尚未交货，则乙得解除合同并要求赔偿损失

2. 合同当事人一方违约时，对方当事人可以同时适用的补救方式是（　　）。

A. 实际履行与解除合同　　　　　B. 赔偿损失与解除合同

C. 违约金与定金　　　　　　　　D. 赔偿损失与实际履行

3. 关于解除权的行使，说法正确的是（　　）。

A. 法律规定或者当事人约定解除权行使期限，期限届满当事人不行使的，该权利消灭

B. 法律没有规定或者当事人没有约定解除权行使期限，经对方催告后在合理期限内不行使的，该权利消灭

C. 主张解除合同的，应当通知对方

D. 对方有异议的，可以请求人民法院或者仲裁机构确认解除合同的效力

4. 以下哪些情况可以成为法定解除的条件？（　　）

A. 不可抗力使合同目的不能实现

B. 债务人迟延履行，债权人可以立即解除合同

C. 在买卖特定物的合同里，卖方在履行期到来之前将该特定物卖给他人

D. 对方有违约行为使合同目的不能实现

5. 合同变更的原因可以是下列哪几个？（　　）

A. 因重大误解订立合同

B. 订立合同时显失公平

C. 当事人达成协议变更协议

D. 一方当事人因为受胁迫、欺诈而与对方订立合同

6. 合同由于重大误解或者显失公平时，一方当事人可以（　　）。

A. 请求法院变更合同但不得撤销

B. 自行解除合同

C. 请求法院变更合同

D. 请求法院撤销合同

7. 甲与乙签订一份机器买卖合同，甲为卖方，乙为买方。甲如期供货，机器如期供货经验收，机器表面存在油漆剥落的情况，但机器质量不存在任何质量问题，对此以下表述错误的有（　　）。

A. 乙可以请求撤销合同　　　　　　B. 乙可以请求解除合同

C. 乙可以向甲主张违约责任　　　　D. 上述三项乙均可以行使

8. 甲与乙签订一份租赁合同将自己的房屋租乙使用，但同时约定，如甲的女儿毕业回本市工作，将解除合同。甲的女儿已回本市工作，因房租行情下跌，甲未解除合同，现乙主张解除合同，为此引起纠纷。对此，下列说法正确的是（　　）。

A. 本合同的解除权应由甲行使

B. 本合同的解除权甲乙均有权行使

C. 本合同的解除权因未约定由谁行使，可由双方协商补充约定

D. 本合同的解除权因未约定由谁行使，可由法院裁定由谁行使

9. 甲与乙签订了一份一年期的运输合同，合同履行到第八个月，因甲的车辆出现问题而解除合同，对此，托运人乙的下列请求，人民法院予以支持的有（　　）。

A. 请求恢复原状

B. 请求赔偿损失

C. 请求返还预付的全部运费

D. 请求返还预付的尚未承运的货物的运费

10. 在下列哪些情况下，合同当事人一方享有合同解除权？（　　）

A. 合同当事人事后协商解除合同

B. 合同中约定的解除条件已经出现

C. 不可抗力致使合同目的不能实现

D. 迟延履行经催告在合理期限内仍未履行

三　名词解释

1. 合同变更　　　2. 合同解除

四 简答题

简述合同解除的特征。

五 案例分析题

1. 甲银行与乙公司签订了一份借款合同，合同总金额为 50 万元，年利息为 11%，借款期限为 3 年，首期付款 10 万元。1 年后，甲银行发现乙公司生产的产品无销路，全公司处于停工状态，中止第二期借款，要求乙公司提供保证人后再予第二期借款，乙公司因在规定期限内未提供合格的保证人，甲银行单方宣布解除与乙公司之间的借款合同，为此，双方发生纠纷。

（1）甲银行发现乙公司产品无销路后的行为在合同法理论上被称为？

（2）甲银行的中止借款并解除合同的行为是否具有法定理由？为什么？

2. 甲、乙两公司拟签订一项货物买卖合同，甲为卖方，乙为买方，标的物为 A 种货物。在签订合同时甲要求丙公司为乙付款提供保证，当乙不能付款时，由丙连带承担偿付货款的责任。考虑到乙经营情况良好，丙同意提供保证并与甲签订了书面保证合同。甲、乙两公司的货物买卖合同签订后，甲以不能全部提供合同标的物为由，与乙协商将标的物改为 B 种货物。甲、乙双方达成改变合同标的物协议，未经丙同意。甲在约定的供货时间内仍然不能提供全部 B 种货物。甲未经乙同意，与丁公司达成协议，不足部分的 B 种货物由丁向乙提供。甲、丁向乙提供了全部货物，但超过了甲、乙约定的供货期限。乙虽接受了货物，但以甲、丁未按期履行供货义务为由，行使后履行抗辩权，拒绝履行付款义务。甲遂诉至人民法院，请求判令丙偿还货款。

（1）甲、乙双方达成的改变标的物的协议是否有效，其造成的后果是什么？

（2）甲、丁两公司达成的提供货物协议是否有效，为什么？

（3）乙行使先履行抗辩权是否合法，为什么？

参考答案

一 单项选择题

1. A 2. A 3. D 4. C 5. C 6. D 7. D 8. A 9. A 10. C

二 多项选择题

1. ABD 2. BD 3. ABCD 4. ACD 5. ABCD 6. CD 7. ABD 8. BCD 9. BD 10. BCD

三 名词解释

1. 合同变更是指在合同有效成立后，合同当事人不变，仅改变合同的权利义务。

2. 合同解除是指在合同有效成立以后，当解除的条件具备时，因当事人一方或双方的意思表示，使合同关系自始或仅向将来消灭的行为。

四 简答题

合同解除的特征有：（1）以有效成立的合同为标的。这是与合同无效、撤销、履行等制度的不同之处。合同无效不以有效成立的合同为标的；合同的撤销，其标的也是欠缺有效要件的合同，而非完全有效成立的合同；合同的履行是使合同目的得以实现的前提，与解除合同，提前消灭合同效力有根本不同。

（2）合同解除必须具备解除条件。合同已经成立，就具有法律效力，当事人必须严格遵守合同的效力，不得擅自解除。只有符合法律规定的条件，才允许解除合同。不具备解除条件而解除合同，便是违约，产生违约责任，不发生解除的效果。

（3）合同解除原则上必须有解除行为。解除合同的条件具备时，合同并不必然解除，要解除合同，一般需要解除行为。解除行为是当事人的行为，包括适用情事变更原则时的行为，由法院根据具体情况而裁决的，不需要具体行为。解除行为有两种类型：一是当事人双方协商同意；一是解除权人作出解除的意思表示。

（4）解除的效果是使合同关系消灭。

五 案例分析题

1.（1）不安抗辩权。

（2）具有法定理由，甲银行有确切证据证明乙公司经营状况严重恶化且要求对方提供担保，对方未能如期提供担保，甲银行便可单方面宣布解除合同。

2.（1）甲、乙达成的改变标的物的协议有效。造成了主合同的变更，未经保证人丙公司书面同意，丙不再承担保证责任。

（2）甲、丁两公司达成的提供货物协议对乙方无效。甲公司应当经乙公司同意，才可以将其合同义务转移给丁公司。乙公司有权拒绝丁公司向其履行，同时有权要求甲公司履行义务并承担不履行或迟延履行合同的法律责任。

（3）乙行使先履行抗辩权不合法。因为乙在甲、丁未履行其到期供货义务时未行使抗辩权，在丁向其提供货物时也接受了货物，可视为乙认为甲、丁完全履行了合同义务。乙的先履行抗辩权消灭。

第二十六章　缔约过失责任与违约责任

一　单项选择题

1. 甲向乙出售房屋，约定甲应于 10 月 20 日前向乙交付房屋并办理产权登记，乙应于 10 月 21 日前付款。10 月 18 日，甲又将该房屋出售于丙，双方并办理了产权登记，但未交付房屋。根据《合同法》，在 10 月 20 日前乙（　　）。

A. 不得向甲主张违约责任，因为履行期没有届满，不构成违约

B. 不得向甲主张违约责任，因为房屋所有权尚未移转，甲仍得履行

C. 得向甲主张缔约过失责任，因为合同因标的不能而无效

D. 得向甲主张默示预期违约的责任

2. 甲与乙签订合同，约定由丙向乙履行债务，现丙履行债务的行为不合约定，则乙应向谁请求承担违约责任？（　　）

A. 甲　　　　　　　B. 丙　　　　　　　C. 甲和丙　　　　　　D. 甲或丙

3. 甲、乙订立一份买卖某名贵花瓶的合同，履行期届满后，甲未交付该花瓶。后发生地震，该花瓶灭失。该风险责任应如何承担？（　　）

A. 甲　　　　　　　B. 乙　　　　　　　C. 甲和乙　　　　　　D. 甲或乙

4. 李某自某商场购得某电饭锅，后因质量问题电饭锅爆炸，炸伤李某。根据《合同法》，李某可请求商场承担何种民事责任？（　　）

A. 合同有效成立后　　　　　　B. 合同履行完毕后

C. 合同成立前的缔约过程中　　D. 并没有时间上的特殊要求

6. 下列哪一种情况商场须承担缔约过失责任？（　　）

A. 甲故意隐瞒手表的内在瑕疵而将该手表卖与乙，乙发现后撤销了该手表买卖合同，乙因此遭受路费损失及误工损失 100 元

B. 商场出售的商品不合格，顾客要求退货

C. 商场的保安人员怀疑某女士盗窃商场内出售的货物，而对该女士非法搜身

D. 顾客要购买摆放在商场橱窗内的展看品，而商场以该展示品不出售而给以拒绝的

7. 合同因履行不能可以采取的救济方式不包括（　　）。

A. 损害赔偿　　　　　　　　B. 给付违约金

C. 强制履行　　　　　　　　D. 定金罚则

8. 甲、乙同为儿童玩具生产商。六一儿童节前夕，丙与甲商谈进货事宜。乙知道后向丙提出更优惠条件，并指使丁假借订货与甲接洽，报价高于丙以阻止甲与丙签约。丙经比较与乙签约，丁随即终止与甲的谈判，甲因此遭受损失。对此，下列哪个说法是正确的？（　　）

A. 乙应对甲承担缔约过失责任

B. 丙应对甲承担缔约过失责任

C. 丁应对甲承担缔约过失责任

D. 乙、丙、丁无须对甲承担缔约过失责任

9. 下列各项不属于债务人违约的行为（　　）。

A. 无正当理由拒绝履行的时候的

B. 履行的时间、地点、数量不符合合同约定

C. 债权人迟延受领

D. 主观的履行不能

10. 甲乙公司在合同中约定的违约金是 3000 元，后因甲公司违约行为给乙公司造成的损失为 7000 元，乙公司可向甲公司请求支付的违约金最多为（　　）。

A. 3000 元

B. 7000 元

C. 5000 元

D. 无须支付违约金，仅可要求损害赔偿

二　多项选择题

1. 缔约过失责任的适用范围包括（　　）。

A. 恶意磋商致合同不成立

B. 隐瞒重大事项或提供虚假情况

C. 违反保密义务之过失

D. 违反诚实信用的其他缔约时过失行为

2. 违约行为的类型包括（　　）。

A. 履行不能　　　　　　　　　B. 履行迟延

C. 履行不当　　　　　　　　　D. 履行拒绝

3. 甲乙签订一合同，约定甲向乙供应苹果 5 万斤，甲负责代办托运。甲委托丙运输，丙将其中 3 万斤苹果按期送达，另外 2 万斤苹果因内运输任务太忙而逾期送达，且苹果因此而部分霉烂。根据上述案情，下列说法哪些是正确的？（　　）

A. 乙的损失应由丙承担

B. 乙的损失应由甲承担

C. 乙的损失应由甲丙负连带责任

D. 甲承担了乙的损失后有权向丙追偿

4. 甲公司向乙公司购买一批家具，现履行期尚未开始，但乙公司明确表示因技术人员流失，该批家具无法制造，甲公司依法可采取何种救济手段以最大限度保护自己利益？（　　）

A. 行使合同解除权

B. 行使不安抗辩权

C. 行使合同撤销权

D. 向乙公司主张违约责任，要求赔偿损失

三　名词解释

1. 缔约过失责任　　2. 违约责任　　3. 违约金

四　简答题

1. 简述缔约过失责任与违约责任的区别。
2. 简述缔约过失责任与侵权责任的区别。
3. 简述违约责任的特征。

五　案例分析题

1. 王某珍藏了一套新中国成立后首次发行的邮票。2005 年 1 月 1 日，王某因

准备去美国照顾年迈的母亲，决定出卖这套邮票，底价是5万元。公民李某是个邮票迷，得知这个消息后，马上找到王某，表示愿意出7万元的价格购买，在此期间，又有若干人表示愿意购买这套邮票。王某对李某说，他不会把邮票卖给其他人而只想卖给李某，因为他相信李某是真正的邮票爱好者，他表示，如果李某在一个星期内能交付7万元钱，他当场就与李某签订书面合同并交付该套邮票，钱物两讫决不反悔。李某回到家后，由于时间紧促而手头没有太多的现金，于是以低于市场价格变卖了汽车和家中贵重的金银首饰等贵重物品，并卖掉了自己保存已久的一套明代的桃木书桌，3天后，李某拿着7万元钱去找王某。王某已经把邮票卖给了另外一个人，并表示自己另外还有同一版本的邮票一套，但是出卖的价格10万元。

（1）李某可否以他与王某磋商在先为由而主张王某与邮票买者的买卖合同无效？并要求王某与自己订立买卖合同？请说明理由。

（2）李某对因时间紧促而低于市场价格出卖的物品的差价可否要求王某赔偿？

2. 2007年1月20日，某建筑公司向某钢铁厂购买了钢材2000吨，每吨价款1000元，并签订了一份钢材买卖合同。合同中约定由钢材厂于5月20日和10月30日分两批将2000吨钢材送到该建筑公司在甲地的施工现场，货到后一个星期之内，该建筑公司支付货款。5月20日，该钢材厂将1000吨钢材运到了该建筑公司在乙地的施工现场。建筑公司多次与该钢材厂协商，要求其将1000吨钢材按合同中的约定运到甲地的施工现场，而此时，甲地的施工现场因其未能按期送货而导致工期推迟，损失了4万元。而钢材厂认为自己已经按合同中的约定履行了交付钢材的义务，而且乙地的施工现场也属于甲建筑公司，因此不同意支付额外的运输费再将该批钢材运至甲地，并要求该建筑公司支付该批钢材的货款100万元。而建筑公司认为钢材厂不按合同履行，因此拒绝支付货款。10月30日，钢材厂将另外1000吨的钢材运送到该建筑公司在甲地的施工现场，而此时市场的钢材价格大幅降价，建筑公司以钢材厂不守信用为由拒绝受领。于是，建筑公司与钢材厂发生纠纷，双方均认为对方违约而诉至人民法院。

（1）钢材厂将第一批1000吨的钢材运到建筑公司在乙地的施工现场，是否应承担违约责任？建筑公司损失的4万元应当由谁负责？请说明理由。

（2）建筑公司可否以钢材厂违约在先为由而拒绝受领第二批钢材？该行为是否构成了违约？为什么？

参考答案

一 单项选择题

1. D 2. A 3. A 4. D 5. C 6. A 7. C 8. C 9. C 10. B

二 多项选择题

1. ABCD 2. ABCD 3. BD 4. AD

三 名词解释

1. 缔约过失责任是指在合同缔结过程中，一方当事人违反了以诚实信用原则为基础的先契约义务，造成了另一方当事人的损害，因此应承担的法律后果。

2. 违约责任是指当事人不履行合同债务而依法应当承担的法律责任。

3. 违约金是指由当事人约定的或者法律直接规定的，在一方违约后向对方支付的一定数额的货币或代表一定价值的财物。

四 简答题

1. 缔约过失责任与违约责任的区别有：

（1）两种责任产生的前提不同。缔约过失责任产生的依据是合同法的具体规定，而不是一份有效成立的合同。无论合同是否有效成立或存在，只要符合合同法规定的要件，就要追究缔约过失责任；而违约责任则是因违反有效成立的合同而产生，它以合同关系的存在为前提。如果没有合同关系的存在，就无从谈起违约责任。

（2）可否由当事人进行约定不同。违约责任的当事人可以约定承担责任的方式、责任的范围以及免责条件及免责事由；缔约过失责任属于法定责任，不能由当事人约定。

（3）责任形式不同。违约责任的形式多种多样，如赔偿损害、支付违约金、实际履行等。根据《民法通则》及《合同法》的规定，缔约过失责任的责任形式只有一种，即损害赔偿。违约责任的损害赔偿范围既包括因违约而造成的实际损害，也包括期待利益的损害。因此，期待利益损害赔偿的结果使受害人达到了与合同已经履行一样的状态。缔约过失责任的损害赔偿范围只包括信赖利益，对信赖利益的保护旨在使

非违约方因相信合同成立而支出的各种必要费用得到返还或赔偿，从而使当事人处于合同磋商前的状态。

（4）有无限制不同。《合同法》第 113 条第 1 款规定："当事人一方不履行合同义务或者履行合同义务不符合约定，给对方造成损失的，损失赔偿额应当相当于因违约所造成的损失，包括合同履行后可以获得的利益，但不得超过违反合同一方订立合同时预见到或者应当预见到的因违反合同可能造成的损失。"《合同法》对违约责任作此限制的目的在于鼓励交易。但《合同法》对缔约过失责任却无此限制。

2. 缔约过失责任与侵权责任的区别有：

（1）责任前提不同。缔约过失责任发生于为缔约而进行接触的当事人之间，双方并在以缔结合同为目的的活动中，产生了一定的信赖关系。侵权责任的发生则不需要当事人之间存在任何关系，侵权人与受害人只有在侵权行为发生时才产生了侵权损害赔偿关系。所以侵权责任不存在缔约过失责任所要求的前提与基础。

（2）违反的义务的性质不同。缔约过失责任是因为违反了依据诚信原则产生的先契约义务，如通知、保护、协力、保密等义务而产生，这些先契约义务独立于合同之外。侵权行为违反的则是不得侵犯他人的人身和财产的一般义务。

（3）构成要件不同。缔约过失责任的成立在主观上必须有过失；而某些侵权责任则不以过失为要件，如《民法通则》规定的特殊的侵权责任。

3. 违约责任的特征有：

（1）违约责任是不履行或不适当履行合同债务所引起的法律后果。这一特征包含了两层含义：第一，违约责任的成立以有效合同的存在为前提；第二，违约责任的成立是当事人违反合同约定义务的结果。

（2）违约责任具有相对性。即违约责任仅仅发生于特定的当事人之间，合同关系以外的人不承担违约责任，合同当事人也不对合同关系以外的第三人负违约责任。

（3）违约责任可以由当事人在法律规定的范围内约定。作为法律责任的一种，违约责任当然具有强制性。但在具有强制性的同时，还具有一定程度的任意性，法律允许当事人在一定的范围内事先对违约责任作出约定。如《合同法》第 114

条第1款规定："当事人可以约定一方违约时应当根据违约情况向对方支付一定数额的违约金，也可以约定因违约产生的损失赔偿额的计算方法。"

（4）违约责任是一种财产责任。违约责任作为合同债务的转化形式，与合同债务在经济利益方面具有同一性，所以违约责任是一种财产责任。

五　案例分析题

1.（1）李某不能以他与王某磋商在前而主张该买卖合同无效。李某向王某发出要约，虽然王某向李某表示他愿意把邮票卖给李某，但是并没有承诺，因此，李某和王某之间并不存在买卖合同关系，因此该邮票虽然为特定物，但是所有权并没有转移给李某。王某为邮票的所有人，因此他对邮票有处分权，可以选择买方而与之订立买卖合同，而且，该买卖合同符合合同有效的要件，并且已经交付给了买受人，买受人成了邮票的所有权人。根据我国合同法的理论，合同是当事人意思表示一致的结果，任何一方不得强迫他方与自己订立合同，而是应该在平等自愿的前提下，协商订立。因此，李某无权要求王某与自己订立合同。

（2）可以要求王某赔偿。根据我国《合同法》第42条的规定，当事人在订立合同过程中有下列情形的，给对方造成损失的，应当承担损害赔偿责任：（1）假借订立合同，恶意进行磋商；（2）故意隐瞒与订立合同有关的重要事实或者提供虚假情况的；（3）有其他违背诚实信用原则的行为。在本案中，王某表示愿意把邮票卖给李某，并答应如果他在一个星期内交付7万元的话，就将邮票卖给他，但是，后来，又说只能以10万元的价格出卖。实际上该行为是为了多卖3万元，违反了诚实信用原则，并且给李某造成了经济损失。因此，王某须承担缔约过失责任，赔偿李某对因时间紧促而低于市场价格出卖的物品的差价。

2.（1）该钢材厂将第一批1000吨的钢材运到建筑公司在乙地的施工现场，违反了合同中关于合同履行地点的约定，应承担违约责任。买卖合同有效成立后，当事人应当按照买卖合同的约定，全面履行合同义务，以实现合同的目的。债务人没有完全按照合同内容所为的履行，包括履行的数量、品种、履行的地点等，为瑕疵履行，应承担违约责任。在本案中，双方当事人约定的合同履行地为该建筑公司在甲地的施工现场，而钢材厂没有按照合同的约定交付，因此属于瑕疵履行，因此应承担违约责任。根话我国合同法，当事人一方不履行合同义务或者履行合同义务不符合约定的，应当承担继续履行、采取补救措施或者损害赔偿等违约责任。钢材厂由于未按约定履行而给建筑公司造成工期推迟的损失，应当由该钢材厂承担。

（2）建筑公司不能以钢材厂违约在先为由而拒绝受领第二批钢材，根据合同法的规定，债权人负有在债务人交付合同标的物时的受领义务。在本案中，钢材厂在交付第二批钢材时完全符合合同约定，因此，建筑公司在没有正当理由的情况下不能拒绝受领，否则应当承担违约责任。

第二十七章　各种合同

一　单项选择题

1. 5月10日，赵某将其自有耕牛借给邻居吴某使用两个星期。5月14日，吴某向赵某提出想买下这头牛，双方商定了价格，并约定5天后交付价款。5月17日，该牛被雷击致死。对于该牛死亡的损失，应由谁承担？（　　）

A. 赵某，因为在5月14日该牛并未交付

B. 吴某，因为在5月14日该牛已交付于吴某

C. 赵某，因为吴某尚未支付价款，该牛仍属赵某所有

D. 吴某和赵某各负担一半损失

2. 某商场为促销商品，在家电柜台贴出醒目标语："本商场家电一律试用期30天，期满后满意请付款。"李某于5月10日从该商场抱回一台彩电。期满后李某退回该彩电，商场要求支付使用费100元。为此双方发生纠纷。则以下说法正确的是（　　）。

A. 李某应支付使用费，理由是不当得利

B. 李某不支付使用费，理由是未约定使用费

C. 李某应支付彩电平均寿命的使用费

D. 李某是否支付使用费，须由他与商场抓阄决定

3. 凭样品买卖的买受人不知道样品有隐蔽瑕疵，出卖人交付的标的物与样品相同，则根据《合同法》，买受人得主张（　　）。

A. 出卖人承担违约责任

B. 不得为任何主张，因为出卖人的给付符合双方约定

C. 合同无效，但出卖人应负缔约过失责任

D. 不得为任何主张，因为合同无效

4. 专利权转让合同中，转让的专利权被宣告无效或者撤销时，转让金是否得

返还，说法错误的是（　　）。

A. 除非明显有违公平原则的，受让人不得请求让与人返还出让金

B. 如果让与人有恶意的，应当部分或者全部返还让与金

C. 因让与人恶意而造成受让人受有损失的，让与人应当予以赔偿

D. 受让人得请求让与人返还出让金，无论让与人善意与否

5. 在某民政部门举办的赈灾义演会上，某公司当众宣布向该部门设立的救灾基金会赠与 200 万元。事后，该公司捐赠款项迟迟未能到位。根据《合同法》，下列说法正确的是（　　）。

A. 赠与合同是要物合同，在款项到位之前，合同并未成立，公司无付款义务

B. 公司的允诺仅具有道德拘束力

C. 该赠与合同已经生效，但在权利移转前，公司可任意撤销赠与

D. 该赠与合同已生效且公司不得任意撤销，救灾基金会得要求公司付款

6. 甲、乙均系自然人，甲向乙借款 5 万元，双方约定年利率为 10%，借期 1 年，乙预先扣下 0.5 万元利息。借款期满后，甲应返还乙（　　）元。

A. 4.95 万元

B. 4.5 万元

C. 5 万元

D. 5.5 万元

7. 甲乙均为生产性企业，甲向乙借款 20 万元，期限 2 年，年利率为 20%，双方未订立书面协议。后因甲不能还款引起纠纷。以下说法正确的是（　　）。

A. 甲与乙之间的合同有效，甲应当按照合同约定返还本金和利息

B. 甲与乙之间的合同无效，因为甲与乙之间的合同未采用书面形式

C. 甲与乙之间的合同无效，因为乙不具有出借人的资格

D. 甲与乙之间的合同无效，因为双方约定的利率与人民银行发布的利率不符

8. 租赁合同租赁期限 6 个月以上的，应采用书面形式，若未采用，则（　　）。

A. 合同不能成立

B. 视为期限为 6 个月

C. 视为期限 20 年

D. 视为不定期租赁

9. 甲租赁乙的房屋居住，在租赁期间发生地震，房屋倒塌，已不适于居住，房屋倒塌砸毁甲的家具、电器数件。则甲（　　）。

A. 应承担房屋毁损的责任

B. 得解除租赁合同，但不得请求损害赔偿

C. 得解除租赁合同，并请求损害赔偿

D. 不得解除租赁合同，但得请求损害赔偿

10. 甲乙双方签订一份合同，合同约定：甲方按照乙方要求自丙处购买某型号设备，该设备由甲方所有，交乙方使用，乙方支付租金。则该合同性质为（ ）。

    A. 租赁合同   B. 融资租赁合同

    C. 买卖合同   D. 无名合同

11. 在融资租赁合同中，承租人占有租赁物期间，租赁物造成第三人人身伤害或财产损害的，应由（ ）承担责任。

    A. 承租人   B. 出租人

    C. 出租人和承租人连带   D. 出租人和承租人按份

12. 甲百货公司和乙服装厂签订一份服装加工合同，由甲方负责提供样品，乙方提供面料并根据样品进行加工，4月10日交货。4月8日，乙服装厂因经营不善，资不抵债，陷于破产。请问，该批加工的服装能否作为破产财产？（ ）

    A. 能，因为乙享有所有权

    B. 能，但甲对其享有别除权

    C. 不能，因为甲享有所有权

    D. 该批服装的一半可以作为破产财产，因为甲乙共有

13. 甲欲装修其房屋，与乙装修公司签订装修合同。双方约定，甲应于5月1日前负责腾出房屋。但5月1日甲未腾出房屋，则乙可以（ ）。

    A. 自行腾出房屋，且腾屋费用由甲承担

    B. 自行腾出房屋，但腾屋费用由乙承担

    C. 径行解除合同

    D. 催告甲在合理期限腾屋，逾期不腾，得解除合同

14. 让与人甲和受让人乙签订了排他性的专利实施许可合同后，甲又与丙签订了书面专利实施许可合同。请从下面的选项中选出正确的一项。（ ）

    A. 因专利转让合同为法定要式合同，甲丙签订的合同为书面合同，因此有效

    B. 甲并未违反了甲乙之间的专利实施许可合同，不应承担违约责任

    C. 甲无权再向第三方转让该项技术的使用权，因此甲丙合同无效

    D. 如果丙为善意，则甲丙之间的技术实施许可合同有效

15. 在货物运输合同中，货物毁损、灭失的赔偿额当事人既无约定又不能补充协议的，应以何地的市场价格计算？（ ）

    A. 订立合同时货物发运地

    B. 订立合同时货物到达地

C. 交付或者应当交付时货物发运地

D. 交付或者应当交付时货物到达地

16. 甲厂与乙运输公司签订货物运输合同，但货物在运输过程中因不可抗力灭失，则乙能否要求甲支付运费？（   ）

A. 能

B. 不能

C. 可要求甲支付一半运费

D. 根据公平原则，可要求甲适当支付运费

17. 甲、乙系好朋友，甲因事需出国两年。出国前，甲将一批名贵药材交乙并嘱乙妥善保管。乙将其与自己的贵重物品放在一起。两年后甲归国，打开药品发现已发霉变质。经查系当地雨水过多，天气潮湿所致。对甲的损失乙应否负责？（   ）

A. 乙不应负责

B. 乙应负责

C. 甲、乙应平均分担责任

D. 乙只应赔偿甲通常药材的价值

18. 甲乙系好朋友，甲给乙500元钱，委托其代买随身听一部。在公共汽车上500元钱被小偷偷走。则500元钱的损失应由谁负担？（   ）

A. 甲

B. 乙

C. 甲、乙平均分担

D. 乙承担大部分，甲适当分担

19. 居间人未促成合同成立的，对居间人为此支付的费用及约定的报酬应如何处理？（   ）

A. 居间人既有权要求委托人支付其垫付的费用，又有权要求委托人支付约定的报酬

B. 居间人既无权要求委托人支付其垫付的费用，又无权要求委托人支付约定的报酬

C. 居间人无权要求委托人支付其垫付的费用，但有权要求委托人支付约定的报酬

D. 居间人有权要求委托人支付其垫付的费用，但无权要求委托人支付约定的报酬

20. 甲、乙两公司合作开发一种新产品，分别指派丙和丁从事科研工作。双方就专利申请权没有约定。产品研制成功后，如果要申请专利，专利申请权应属于（　　）。

    A. 甲和乙共有　　　　　　　　　　B. 丙和丁共有

    C. 甲、乙中先提出申请方　　　　　D. 丙、丁中先提出申请方

21. 甲单位接受乙单位委托完成一项发明创造，双方就专利申请权的归属没有约定。该合同在性质上属于（　　）。

    A. 技术开发合同　　　　　　　　　B. 承揽合同

    C. 委托合同　　　　　　　　　　　D. 买卖合同

22. 某工厂与某研究所订立了一份节能热水器技术转让合同，合同未约定后续技术成果的分享办法。1 年后，该研究所对原有技术进行改造，研制出高效节能热水器。对于该项技术，某工厂享有何种权利？（　　）

    A. 某工厂可以有偿使用该项技术　　B. 某工厂可以无偿使用该项技术

    C. 某工厂对该项技术有优先受让权　D. 某工厂对该项技术无任何权利

23. 技术开发合同中的风险是指（　　）。

    A. 技术开发合同中的开发人丧失了开发能力

    B. 当事人在履行合同中出现了纠纷

    C. 出现无法克服的技术困难而导致研究开发全部或部分失败

    D. 一方拒绝履行合同

24. 依据《合同法》，赠与财产存在瑕疵造成损害的，赠与人（　　）。

    A. 一般不承担责任　　　　　　　　B. 一般应承担责任

    C. 一般应承担主要责任　　　　　　D. 一般承担补偿责任

25. 依据《合同法》，在租赁合同中，租赁物的维修义务应（　　）。

    A. 由出租人承担　　　　　　　　　B. 由承租人承担

    C. 主要由出租人承担　　　　　　　D. 主要由承租人承担

26. 甲委托乙为他开发一项技术，该合同订立后，乙未经甲同意，将技术开发工作的一部分交由丙完成（　　）。

    A. 乙的行为违反了技术开发合同，应承担违约责任

    B. 如果丙具备了该项技术能力，则乙无须承担违约责任，反之则不然

    C. 无论甲同意与否，乙均有权将其合同义务的一部或者全部交由第三人完成

    D. 以上均不正确

27. 如果技术合同以损害他人技术成果或者垄断技术为目的，违反阻碍技术进

步原则的，该合同（　　　）。

　　A. 当然有效　　　　　　　　　　B. 无效

　　C. 可撤销　　　　　　　　　　　D. 效力待定

28. 关于财产租赁的转租问题，下列判断正确的是（　　　）。

　　A. 承租人在租期内不能将租赁物转租给第三人

　　B. 承租人在租期内可以将租赁物转租给第三人，应将转租租金与承租租金的差额交给出租人

　　C. 承租人在租期内可以将租赁物转租给第三人，但必须事先征得出租人的同意

　　D. 经出租人同意转租的，第三人就租赁物向出租人负责

29. 甲公司与乙公司签订一份技术开发合同，未约定技术秘密成果的归属。甲公司按约支付了研究开发经费和报酬后，乙公司交付了全部技术成果资料。后甲公司在未告知乙公司的情况下，以普通使用许可的方式许可丙公司使用该技术，乙公司在未告知甲公司的情况下，以独占使用许可的方式许可丁公司使用该技术。下列哪一说法是正确的？（　　　）

　　A. 该技术成果的使用权仅属于甲公司

　　B. 该技术成果的转让权仅属于乙公司

　　C. 甲公司与丙公司签订的许可使用合同无效

　　D. 乙公司与丁公司签订的许可使用合同无效

30. 甲购买一批货物，约定于某日去提货，后来因没找到车而未能提货。当晚由于邻近的工厂发生火灾烧毁了出卖人的仓库，该货物被烧。应如何确定损失的承担？（　　　）

　　A. 出卖人，因为货物是在其控制之下

　　B. 出卖人，因为货物所有权没有转移

　　C. 买受人，因为他未能按时提货

　　D. 双方分担，因为谁都没有过错

31. 甲乙均为自然人，甲为办工厂向乙借款1万元，没有约定利息。2年后，甲赚了很多钱归还借款时，乙要求其支付1000元利息，为此双方发生争议。甲应否支付利息？（　　　）

　　A. 甲不必支付利息

　　B. 甲应按照当地民间利率支付利息

　　C. 甲应按照银行存款利率支付利息

D. 甲应在不超过银行存款利率四倍的范围内支付利息

32. 甲于某年1月租住乙一套房屋，租期为1年，乙外出打工。1年到了，乙并未作任何表示。次年3月乙归来，要求甲立即搬出。下列选项哪个是正确的？（　　）

A. 双方没有续订合同，租赁关系消灭

B. 次年1—3月，双方存在无偿合同关系

C. 次年1月起，原合同应视为续订1年

D. 次年1月起，该合同转变为不定期租赁

33. 技术开发合同所完成的发明创造、专利申请权，当事人未有约定的，该权利属于（　　）。

A. 委托人　　　　　　　　　B. 开发人

C. 委托人和开发人共有　　　D. 委托人或开发人

34. 关于建设工程合同说法正确的是（　　）。

A. 建设工程合同实际就是施工合同

B. 建设工程合同可以采用任何形式

C. 建设工程的招标投标活动，应当依照有关法律的规定公开、公平、公正进行

D. 建设工程不实行监理制度的，可以不订立委托监理合同

35. 甲公司欲购买一批货物，委托乙提供媒介服务。甲公司和有关当事人对乙提供媒介服务的费用承担问题没有约定，后又不能协商确定。在此情况下，对乙提供媒介服务的费用应按下列哪个选项确定？（　　）

A. 甲公司应当向乙预付提供媒介服务的费用

B. 在乙促成合同成立时，甲公司应当承担其提供媒介服务的费用

C. 在乙未促成合同成立时，应当由乙自己承担提供媒介服务的费用

D. 在乙促成合同成立时，应当由乙自己承担提供媒介服务的费用

36. 依据《合同法》，无偿保管人对保管物灭失（　　）。

A. 只要有过失就要承担赔偿责任

B. 只有重大过失及故意，才承担赔偿责任

C. 绝不承担赔偿责任

D. 均应承担赔偿责任

37. 对于在运输过程中发生旅客伤亡的赔偿责任的确定，说法错误的是（　　）。

A. 伤亡如果是因旅客自身健康原因造成的，承运人不承担损害赔偿责任

B. 承运人如能证明伤亡是旅客自己的故意造成的，则不承担损害赔偿责任

C. 承运人如能证明伤亡是旅客自己的重大过失造成的，则不承担损害赔偿责任

D. 承运人对无票旅客一律不承担损害赔偿责任

38. 对仓储物的下列说法，错误的是（　　）。

A. 保管人发现仓储物有损坏危及其他仓储物的安全的，应当催告存货人作出必要的处置

B. 保管人发现仓储物有损坏危及其他仓储物的安全的，即使在非紧急情况下，保管人也可以自行作出必要的处置

C. 储存期间，因保管人保管不善造成仓储物毁损、灭失的，保管人应当承担损害赔偿责任

D. 因仓储物的性质、包装不符合约定造成仓储物变质、损坏的，保管人不承担损害赔偿责任

39. 甲委托乙购买一批货物，乙以自己的名义与某公司签订了买卖合同，在订合同的过程中，乙告诉某公司他与甲之间的代理买卖关系，那么对于此买卖合同，以下说法正确的是（　　）。

A. 乙以自己的名义订立合同，所以能由乙享有该合同权利，承担义务

B. 乙受甲委托签订合同，应以甲的名义，此合同无效

C. 甲对该合同直接享有权利、承担义务

D. 该买卖合同是以乙名义签订的，如果乙违约，某公司只能向乙主张权利

二　多项选择题

1. 在租赁合同，有关租赁物的维修义务，说法正确的是（　　）。

A. 当事人可约定承租人负维修义务

B. 若当事人无约定，维修义务由出租人承担

C. 若当事人无约定，维修义务由承租人承担

D. 若出租人不履行维修义务，承租人不得自行维修

2. 甲、乙签订房屋租赁合同，甲为出租人，乙为承租人。现乙欲将房屋转租，对此，下列说法中正确的是（　　）。

A. 乙应事先征得甲的同意

B. 乙不必征得甲的同意

C. 转租合同生效后，承租人退出租赁关系

D. 转租合同生效后，转承租人对租赁物造成损失，承租人仍应负赔偿责任

3. 在仓储合同中，存货人或仓单持有人提取仓储物的时间与仓储费增减的关系是（　　）。

A. 逾期提取仓储物，仓储人得加收仓储费

B. 逾期提取仓储物，仓储人不得加收仓储费

C. 提前提取仓储物，仓储人得不减收仓储费

D. 提前提取仓储物，仓储人须减收仓储费

4. 甲、乙、丙、丁四位旅客均购买了某航班的机票。在机场，他们被告知飞机将推迟2个小时起飞。四人非常着急，纷纷向机场提出了自己的要求。以下要求中能够得到《合同法》支持的是（　　）。

A. 甲要求改乘其他班次

B. 乙要求退票

C. 丙称因飞机延误致其失去一重要的订约机会，要求机场赔偿因订约所可能得到的利益

D. 丁要求降低价款

5. 执行政府定价的合同在履行中遇价格变动的，正确的处理方式是（　　）。

A. 逾期交付标的物的，遇价格上涨时，按原价格执行

B. 逾期提取标的物的，遇价格下降时，按原价格执行

C. 逾期付款的，遇价格上涨时，按原价格执行

D. 逾期付款的，遇价格下降时，按原价格执行

6. 下列几份借款合同，双方对支付利息的期限和还款期限均无约定，事后亦不能达成补充协议，依照合同法的规定，借款人义务应当如何履行？（　　）

A. 合同一的约定借款期限为6个月，则应当在返还借款时一并支付利息

B. 合同二的约定借款期限为1年，则应当每满6个月时支付一次利息

C. 合同三的约定借款期限为30个月，则应当分别在满12个月、24个月和30个月时支付利息

D. 合同四是自然人之间的借款合同，对支付利息没有约定，借款人可以不支付利息

7. 甲向乙购买一台精密仪器，合同中未定检验期。精密仪器运回后经检验未发现质量有问题，于是投入使用。至第4年，精密仪器出现故障，经过仔细检查发

现仪器关键部位有质量瑕疵。按照该精密仪器的说明书，其质量保证期为 5 年。下列说法哪些是错误的？（　　）

A. 买受人在合理期限内未通知出卖人标的物质量不合格，故标的物质量应视为合格

B. 买受人在收到标的物之日起 2 年内未通知出卖人标的物有瑕疵，故标的物质量应视为合格

C. 该精密仪器有质量保证期 5 年的规定，故出卖人仍应承担责任

D. 买受人当时没有检查出质量问题，出卖人不应再承担责任

8. 技术秘密转让合同的效力（　　）。

A. 让与人负有按照合同约定提供技术资料，进行技术指导的义务

B. 让与人有保证技术的实用性、可靠性，承担合同约定的保密义务

C. 受让人须在合同约定的范围内使用技术

D. 受让人有按照合同约定支付使用费和承担合同约定的保密义务

9. 委托开发合同的研究开发人的主要义务是（　　）。

A. 亲为义务

B. 合理使用研究开发费用的义务

C. 按期完成开发研究工作交付研究成果提供有关技术资料

D. 除另有约定外不得向第三人提供该技术成果

10. 根据我国合同法规定，下列合同中，属于承揽合同的是（　　）。

A. 加工合同　　　　　　　　B. 定作合同

C. 勘察设计合同　　　　　　D. 修理合同

11. 以下合同属于双务合同的是（　　）。

A. 租赁合同　　　　　　　　B. 赠与合同

C. 承揽合同　　　　　　　　D. 买卖合同

12. 在承揽工作期间，下列哪种做法是不正确的？（　　）

A. 承揽工作需要定作人协助的，定作人有协助的义务

B. 定作人不履行协助义务致使工作不能完成的，承揽人可以催告定作人在合理期限内履行义务

C. 定作人不履行协助义务致使承揽工作不能完成，定作人要承担责任但承揽人不可以顺延履行期限

D. 定作人逾期不履行协助义务的，承揽人可以解除合同

13. 在承揽合同中，定作物和原材料意外灭失的风险责任，应当由谁承

担？（　　）

A. 在合同履行期间内定作物意外灭失的，由承揽人承担风险，承揽人丧失报酬请求权

B. 在合同履行期间内原材料意外灭失的，由原材料所有人承担风险

C. 在合同履行期间内原材料意外灭失的，如果原材料由承揽人提供，由定作人付款，除法律或合同另有规定外，由定作人承担风险

D. 因定作人的原因迟延接受定作物的，迟延期间定作物意外灭失的风险由定作人承担

14. 关于建设工程合同的发包与承包，下列做法哪些符合《合同法》的规定？（　　）

A. 禁止分包单位将其承包的工程再分包，建设工程主体结构的施工必须由承包人自行完成

B. 总承包人经发包人同意，可以将自己承包的部分工作交由第三人完成

C. 第三人就其完成的工作成果与总承包人向发包人承担连带责任

D. 承包人不得将其承包的全部建设工程转包给第三人

15. 丁某将其所有的房屋出租给方某，方某将该房屋转租给唐某。下列哪些表述是正确的？（　　）

A. 丁某在租期内基于房屋所有权可以对方某主张返还请求权，方某可以基于其与丁某的合法的租赁关系主张抗辩权

B. 方某未经丁某同意将房屋转租，并已实际交付给唐某租用，则丁某无权请求唐某返还房屋

C. 如丁某与方某的租赁合同约定，方某未经丁某同意将房屋转租，丁某有权解除租赁合同，则在合同解除后，其有权请求唐某返还房屋

D. 如丁某与方某的租赁合同约定，方某未经丁某同意将房屋转租，丁某有权解除租赁合同，则在合同解除后，在丁某向唐某请求返还房屋时，唐某可以基于与方某的租赁关系进行有效的抗辩

16. 下列甲与乙签订的哪些合同有效？（　　）

A. 甲与乙签订商铺租赁合同，约定待办理公证后合同生效。双方未办理合同公证，甲交付商铺后，乙支付了第1个月的租金

B. 甲与乙签署股权转让协议，约定甲将其对丙公司享有的90%股权转让给乙，乙支付1亿元股权受让款。但此前甲已将该股权转让给丁

C. 甲与乙签订相机买卖合同，相机尚未交付，也未付款。后甲又就出卖该相

机与丙签订买卖合同

D. 甲将商铺出租给丙后，将该商铺出卖给乙，但未通知丙

17. 关于保管合同和仓储合同，下列哪些说法是错误的？（　　）

A. 二者都是有偿合同

B. 二者都是实践性合同

C. 寄存人和存货人均有权随时提取保管物或仓储物而无须承担责任

D. 因保管人保管不善造成保管物或仓储物毁损、灭失的，保管人承担严格责任

18. 甲乙丙三人合作开发一项技术，合同中未约定权利归属。该项技术开发完成后，甲、丙想要申请专利，而乙主张通过商业秘密来保护。对此，下列哪些选项是错误的？（　　）

A. 甲、丙不得申请专利

B. 甲、丙可申请专利，申请批准后专利权归甲、乙、丙共有

C. 甲、丙可申请专利，申请批准后专利权归甲、丙所有，乙有免费实施的权利

D. 甲、丙不得申请专利，但乙应向甲、丙支付补偿费

三　名词解释

1. 买卖合同　2. 凭样品买卖　3. 试用买卖　4. 买回　5. 赠与合同　6. 租赁合同　7. 融资租赁合同　8. 承揽合同　9. 仓储合同　10. 委托合同　11. 行纪合同　12. 居间合同　13. 技术开发合同

四　简答题

1. 简述买卖合同的特征。

2. 简述出卖人的主要义务。

3. 简述出租人的主要义务。

4. 简述融资租赁合同的特征。

5. 简述承揽人的主要义务。

6. 简述委托合同中受托人的主要义务。

7. 简述行纪人的主要义务。

8. 简述技术转让合同中让与人的主要义务。

五 案例分析题

1. 甲和乙厂订立一份买卖汽车的合同，约定由工厂在 7 月底将一部卡车交付给甲，价款 2.87 万元，甲交付定金 5000 元，交车后半个月内余款付清。合同还约定，如果工厂晚交车，每天扣除车款 100 元，同样如甲晚交款，则每天应多交 100元；一方有其他违约情形，应向对方支付违约金 6000 元。合同订立后，工厂未能在 7 月底交付卡车。8 月 1 日，送卡车途中因遇路滑车翻倒受损，返回工厂进行了修理，于 8 月 10 日交付给甲。1 个月后，甲开车发现卡车有毛病，经检查发现发动机经过大修，甲要求退还卡车，并要求工厂双倍返还定金，支付 6000 元违约金，赔偿因其不能履行对第三人的运输合同而造成的经营收入损失 3000 元。工厂则提出汽车没有办理过户手续，合同无效，双方只需返还财产。

（1）汽车买卖合同是否有效？

（2）卡车受损，损失应由谁承担？

（3）甲能否要求退车？

（4）甲能否请求工厂支付违约金并双倍返还定金？

（5）甲能否请求工厂赔偿经营损失？

（6）甲能否同时请求工厂支付 6000 元违约金和支付每天 100 元的迟延履行违约金？

2. 2000 年 10 月 1 日村民甲、乙二人从北方汽车市场买了一辆二手卡车，准备一块儿跑长途货运业务。二人各出资人民币 3 万元。同年 12 月，甲驾驶这辆汽车外出联系业务时，遇到丙，丙表示愿意出资人民币 8 万元购买此车，甲随即卡车卖给了丙，并办理了过户手续，事后，甲把卖车一事告知乙，乙要求分得一半款项。丙买到此车后年底又将这辆卡车以人民币 9 万元转手卖给丁。二人约定，买卖合同签订时，卡车即归丁所有，再由丁将车租给丙使用，租期为 1 年，租金 1.5 万元，二人签订协议后，到有关部门办理了登记过户手续。丁把车租赁给丙使用期间，由于运输缺乏货源，于是丙准备自己备货，遂向银行贷款人民币 5 万元，丙把那辆卡车作为抵押物向银行设定抵押，双方签订了抵押协议，但没有进行抵押登记。2001 年 11 月丁把该车以人民币 10 万元的价格卖给了戊。12 月丁以租期届满为由，要求丙归还卡车，丙得知丁把车卖给戊，遂不愿归还卡车，主张以人民币 9 万元买回此车，丁不同意，于是发生了纠纷。

（1）甲、乙对卡车是什么财产关系？

（2）甲、丙的汽车买卖合同是否有效？为什么？

（3）丙、丁约定买卖合同签订时，卡车即归丁所有，该约定是否有效？为什么？

（4）丙与银行的抵押合同能否生效？为什么？

（5）丙主张买回卡车的主张能否得到支持？为什么？

（6）直到纠纷发生时，该卡车所有权归谁享有？为什么？

3. 甲钢铁厂向乙电机厂订购了一台东方 999 型电机，双方约定：由乙方代办托运，交某铁路分局承运，运费由乙方先行支付，待甲方收到电机支付货款时一并结清。乙电机厂按合同约定将电机交某铁路分局承运，但一直未付运费。后甲钢铁厂又将一批进口的铁矿砂交某铁路分局承运。在甲方运输车队去取该批货物时，某铁路分局扣住不给，要甲方付清运费再运走。押运员向某铁路分局管理员出示了运费付讫的单据，管理员说，不是这笔钱，上次托运电机，货已经拿走好几个月了，运费到现在还未付清，我们要行使留置权。

（1）本案涉及几种民事法律关系？

（2）在货运合同中，托运人不履行债务，承运人能否行使留置权？

（3）在本案中，某铁路分局能否行使留置权？

（4）本案电机运费的支付人是谁？

4. 甲工厂要在半山坡上修建一个工程，和乙建筑公司订立承揽合同，约定由乙公司自己提供材料，报酬和材料费用在工程完成一半时和完工后分两次付清。后来工程进行到约一半的时候，因为突然发生山体滑坡使得已经完成的部分工程毁损。此时，乙公司要求甲工厂按照合同约定在工程中期付部分款项，认为按照《合同法》，如果甲厂拒绝就构成违约，乙公司可以中止修建工程。甲工厂拒绝支付，乙公司宣布解除合同。

（1）甲工厂是否应当付款？

（2）乙公司提出解除合同是否合法？

（3）本案应当如何处理？

5. 甲制造厂和乙模型生产厂过去长期合作，由乙为甲加工模型。在合作中，由甲提供坯料，每件坯料加工出两个模型，每个模型的加工费为 4 元。在加工过程中，乙公司的一些技术工人发现有的坯料尺寸稍长，经过仔细加工实际上每件可出三个模型。因此，在签订新一年的合作合同时乙提出将"甲厂送料加工"改为"乙厂购料加工承揽"，甲方同意。双方签订的合同约定乙购买甲厂坯料 10 万件，每件 20 元, 共计 200 万元; 乙向甲交付成品每个 14 元, 货款到年终一起算清。年终结算时, 乙向甲交付了 25 万个模型, 甲仍以每个成品 4 元计, 付给乙 100 万元。乙认为, 按每个成品 14 元计, 甲应付 350 万元, 扣除坏料款 200 万元, 甲实际应付 150 万元。双方争执不下, 乙即诉至法院要求甲付清余款。

（1）本案中, 甲乙新订立的合同是什么合同? 是加工还是定作?

（2）乙的诉讼请求应否支持?

（3）乙可否有留置权?

（4）如果乙交付的产品不符合质量要求, 甲可以有什么要求?

6. A 原是甲公司销售经理, 2001 年 3 月, A 辞职开办 B 公司, 甲公司一批机床存放在 B 公司的厂房内。2001 年 7 月 1 日, A 委托乙公司以乙公司名义销售这些机床, 价格定为 60 万元人民币, 并说明乙公司如同意, 应在一个星期之内给予答复。乙公司因以前和 A 做过多次生意遂表示同意。A 将一份载有上述内容、由 A 自己签字、以甲公司为委托方的合同邮寄给乙公司。乙公司 7 月 7 日收到该合同文本签字盖章后, 于 7 月 15 日寄给 A。A 于 7 月 17 日收到该合同文本后, 于 7 月 18 日告知乙公司, 该批机床由于保养不当可能有的零部件存在问题, 同日将机床发送给乙公司。乙公司 7 月 26 日收到该批机床后, 即与丙公司签订了价格为 50 万元人民币的买卖合同, 并于 7 月 30 日将该批机床交付给丙公司。

（1）A 委托乙公司销售机床的行为属于何种性质?

（2）A 以甲公司的名义与乙公司签订的是什么合同?

（3）A 以甲公司的名义与乙公司签订的合同于何时生效?

（4）对乙公司以 50 万元价格将该批机床出卖给丙公司的行为是否合法, 效力如何?

7. 2000 年 9 月 5 日, 甲市康康养牛场向乙农场购买了 600 吨草料, 作为养牛场的储备饲料。草料每吨 50 元, 总价款 3 万元。后养牛场发现无处存放, 双方商定由农场代为保管该批草料, 并签订了仓储合同。合同约定, 农场负责保证草料完好, 不得发生短量和变质, 第二年 1 月 5 日到养牛场交货, 养牛场预交保管费 2000 元, 交货后再付 2000 元。合同生效后农场将草料堆好, 顶部用薄膜盖住, 并用绳子捆好, 安全经过风季、雪季, 也没有发生被盗现象。第二年 1 月 5 日农场按合同规定将草料运至养牛场, 但过秤后发现稻草缺少 60 吨, 价值 3000 元, 双方为此发生争执。养牛场发现草料短量后, 要求农场按合同约定赔偿短少部分草料的价款。认定从农场要么承担买卖合同少交货物的责任, 要么承担仓储合同的违约责任。而农场则多次声明, 草料已得完好保管, 没有发生丢失、变质现象。养牛场坚持让农场赔偿 60 吨草料的价款 3000 元，并拒绝交付剩余的保管费。遭到农场拒绝后，养牛场向人民法院起诉，要求农场赔偿。后经法院调查得知：短少的 60 吨草料，系因货物自身性质所造成。

（1）农场应否赔偿缺少 60 吨草料的价款？理由是什么？

（2）对于养牛场要求农场承担的责任有何看法？

（3）养牛场不交保管费，农场可否行使留置权？

8. 甲公司委派业务员张某去乙公司采购大蒜，张某持盖章空白合同书以及采购大蒜授权委托书前往乙公司。

甲、乙公司于 2010 年 3 月 1 日签订大蒜买卖合同，约定由乙公司代办托运，货交承运人丙公司后即视为完成交付。大蒜总价款为 100 万元，货交丙公司后甲公司付 50 万元货款，货到甲公司后再付清余款 50 万元。双方还约定，甲公司向乙公司交付的 50 万元货款中包含定金 20 万元，如任何一方违约，需向守约方赔付违约金 30 万元。

张某发现乙公司尚有部分绿豆要出售，认为时值绿豆销售旺季，遂于 2010 年 3 月 1 日擅自决定与乙公司再签订一份绿豆买卖合同，总价款为 100 万元，仍由乙公司代办托运，货交丙公司后即视为完成交付。其他条款与大蒜买卖合同的约定相同。

2010 年 4 月 1 日，乙公司按照约定将大蒜和绿豆交给丙公司，甲公司将 50 万元大蒜货款和 50 万元绿豆货款汇付给乙公司。按照托运合同，丙公司应在十天内将大蒜和绿豆运至甲公司。

2010 年 4 月 5 日，甲、丁公司签订以 120 万元价格转卖大蒜的合同。4 月 7 日因大蒜价格大涨，甲公司又以 150 万元价格将大蒜卖给戊公司，并指示丙公司将大蒜运交戊公司。4 月 8 日，丙公司运送大蒜过程中，因山洪暴发大蒜全部毁损。戊公司因未收到货物拒不付款，甲公司因未收到戊公司货款拒绝支付乙公司大蒜尾款 50 万元。

后绿豆行情暴涨，丙公司以自己名义按 130 万元价格将绿豆转卖给不知情的己公司，并迅即交付，但尚未收取货款。甲公司得知后，拒绝追认丙公司行为，要求己公司返还绿豆。

（1）大蒜运至丙公司时，所有权归谁？为什么？

（2）甲公司与丁、戊公司签订的转卖大蒜的合同的效力如何？为什么？

（3）大蒜在运往戊公司途中毁损的风险由谁承担？为什么？

（4）甲公司能否以未收到戊公司的大蒜货款为由，拒绝向乙公司支付尾款？

为什么?

(5) 乙公司未收到甲公司的大蒜尾款,可否同时要求甲公司承担定金责任和违约金责任?为什么?

(6) 甲公司与乙公司签订的绿豆买卖合同效力如何?为什么?

(7) 丙公司将绿豆转卖给己公司的行为法律效力如何?为什么?

(8) 甲公司是否有权要求己公司返还绿豆?为什么?

参考答案

一　单项选择题

1. B　2. B　3. A　4. D　5. D　6. A　7. C　8. D　9. D　10. B　11. A　12. A 13. D　14. C　15. D　16. B　17. A　18. A　19. D　20. A21. A　22. D　23. C　24. A 25. A　26. A　27. B　28. C　29. D　30. C　31. A　32. D　33. B　34. C　35. D 36. B　37. D　38. B　39. C　40. C

二　多项选择题

1. AB　2. AD　3. AC　4. AD　5. ABD　6. ACD　7. ABD　8. ABCD　9. ABCD 10. ABD　11. ACD　12. CD　13. ABCD　14. ABCD　15. AC　16. ACD　17. ABCD 18. BCD

三　名词解释

1. 买卖合同是出卖人转移标的物的所有权于买受人,买受人支付价款的合同。

2. 凭样品买卖又称货样买卖、样品买卖,是指以约定的样品来决定标的物质量的买卖。

3. 试用买卖又称试验买卖,是指以买受人认可标的物为条件的买卖。

4. 买回是指出卖人在合同中保留买回其出卖的标的物的权利而向买受人为再买回的意思表示的买卖。买卖合同中有买回条款的买卖合同,出卖人得行使其买回权而将已出卖给买受人的标的物买回。

5. 赠与合同是赠与人将自己的财产无偿地给予受赠人,受赠人表示接受赠与的合同。

6. 租赁合同是出租人将租赁物交付承租人使用、收益，承租人支付租金的合同。

7. 融资租赁合同是承租人选定出卖人和租赁物，出租人买得该物并交付承租人，承租人支付价金并根据约定享有返还租赁物或取得租赁物所有权之选择权的合同。

8. 承揽合同是指当事人一方按他方的特别要求完成一定工作，并将工作成果交付他方，他方按约定接受工作成果并给付酬金的合同。

9. 仓储合同又称仓储保管合同，是指依存货人与保管人的约定，保管人有偿为存货人储存和保管物品的合同。

10. 委托合同是委托人和受托人约定，由受托人处理委托人事务的合同。

11. 行纪合同是指行纪人以自己的名义为委托人从事贸易活动，委托人支付报酬的合同。

12. 居间合同是居间人向委托人报告订立合同的机会或者提供订立合同的媒介服务，委托人支付报酬的合同。

13. 技术开发合同是指当事人之间就新技术、新产品、新工艺和新材料及其系统的研究开发所订立的合同。技术开发合同包括委托开发合同和合作开发合同。委托开发合同是当事人一方即委托人委托另一方当事人即研究开发新技术成果的合同。合作开发合同是当事人各方共同进行新技术成果的研究开发的合同。

四　简答题

1. 买卖合同的特征有：（1）买卖合同是出卖人转移财产所有权的合同。买受人订立合同的根本目的在于取得标的物的所有权。出卖人须移转标的物所有权，这是买卖合同与当事人一方应交付财物另一方的其他合同（如租赁合同、借用合同、保管合同）的主要区别。（2）买卖合同是买受人支付价款的合同。出卖人出卖标的物以取得价款为目的，买受人须向出卖人支付价款方能取得标的物的所有权，支付价款是转移所有权的对待给付。买卖合同的这一特征区别于其他转移标的物的所有权的合同（如赠与合同、互易合同）。(3) 买卖合同为诺成性合同、有偿合同、双务合同、不要式合同、要因合同。买卖合同自买卖双方就关于标的物、价款等有关事项意思表示一致时即可成立，并不以标的物的实际交付为成立要件，一般也无须以特定方式作成，因而买卖合同为诺成性合同、不要式合同。买卖合同的出卖人负有转移标的物所有权的义务，买受人负有支付价款的义务，双方的义务有对价关系，因此买卖合同属于双务合同、有偿合同。买卖合同以一方取得标的物的所有权及另一方取得价款为原因，若无此原因则不能成立，因而买卖合同属于要因合同。

2. 出卖人的主要义务有：（1）交付标的物。交付标的物，是出买人的首要义务，也是买卖最重要的合同目的。标的物之交付，既可现实交付，也可拟制交付，前者指实际移转标的物的占有，后者则指以提单、仓单、所有权证书等的交付代替物的交付。标的物在出卖前已经被买受人占有的，合同生效的时间，即为交付的时间。买卖标的物为动产的，交付期限、地点和方式由当事人约定，无约定的，依《合同法》第61条规定的协商或补充依据交易习惯等履行，还不能确定的，则以第62条规定强行性规则履行。对于不动产交易，因需登记，故通常以不动产所在地为履行地，其权利移转方式须遵循物权法的规定。（2）转移标的物所有权。出卖人不仅要交物还要交物的所有权。只有将所有权移转给买受人，出卖人才能获得对价。买卖标的物为动产的，如无特别约定，所有权在交付时移转，交付可以实物交付或交付提取标的物的凭证，出卖人应同时将与标的物有关的证明、资料等一并交与买受人；标的物为不动产的，出卖人除交付外，还须协助买受人办理不动产权利移转登记，以登记完毕买受人取得权利证书为不动产所有权移转。（3）瑕疵担保责任。出卖人对其所转让的财产负权利瑕疵及物的瑕疵的担保责任。第一，标的物权利瑕疵担保。是出卖人就其所移转的标的物有担保其不受他人追夺以及不存在未告知的权利负担的义务。权利瑕疵，是出卖人未告知标的物无处分权或于标的物上设定负担。但是，买受人在订立合同时知道或应当知道第三人对标的物享有权利的，出卖人得免除责任。第二，物的瑕疵担保。标的物瑕疵担保，是出卖人就其所交付的标的物应保证其符合法定或者约定的品质。标的物欠缺法定或者约定品质的，称为物的瑕疵。依其被发现的难易程度，区分为表面瑕疵和隐蔽瑕疵。确定物的瑕疵标准，合同有约定的，依合同约定；无约定或者约定不明的，应按国家质量或行业标准；没有国家标准或行业标准的，则依通常标准或符合合同目的的特定标准。

3. 出租人的主要义务有：（1）交付租赁物的义务。出租人应依照合同的约定的时间和方式交付租赁物。租赁物交付，仅限于现实交付，不可拟制交付。（2）继续性保持租赁物合于使用收益状态的义务。租赁合同是继续性合同，在其存续期间，出租人有继续保持租赁物的法定或者约定品质的义务，使租赁物合于约定的使用收益状态。倘发生品质降低而害及承租人使用收益或其他权利时，则应维护修缮，恢复原状。因修理租赁物而影响承租人使用、收益的，出租人应相应减少租金或者延长租期，但按约定或习惯应由承租人修理，或租赁物的损坏因承租人过错所致的除外。（3）瑕疵担保义务。当租赁物有瑕疵或存在权利瑕疵致承租人不能依约使用收益时，承租人有权解除合同，承租人因此受损失的，出租人应负赔偿责任，但承租人于订约时明知有权利瑕疵的除外。

4. 融资租赁合同的特征有：（1）与买卖合同不同，融资租赁合同的出卖人是向承租人履行交付标的物和瑕疵担保义务，而不是向买受人（出租人）履行义务，即承租人享有买受人的权利但不承担买受人的义务；（2）与租赁合同不同，融资租赁合同的出租人不负担租赁物的维修与瑕疵担保义务，但承租人要向出租人履行交付租金义务；（3）根据约定以及支付的价金数额，融资租赁合同的承租人有取得租赁物之所有权或返还租赁物的选择权，即如果承租人支付的是租赁物的对价，就可以取得租赁物之所有权，如果支付的仅是租金，则于合同期间届满时将租赁物返还出租人；（4）融资租赁合同应采取书面方式订立，该合同的内容，根据《合同法》第238条的规定，应包括"租赁物名称、数量、规格、技术性能、检验方法、租赁期限、租金构成及其支付期限和方式、币种、租赁期间届满租赁物的归属等条款"。

5. 承揽人的主要义务有：（1）按约定完成工作。承揽人应按合同约定的时间、方式、数量、质量完成交付的工作。这是承揽人的首要义务，也是其获取酬金应付出的对价利益。承揽人应以自己的设备、技术和劳力亲自完成约定的工作，未经定作人同意，承揽人不得将承揽的主要工作交由第三人完成。承揽人将辅助工作交第三人完成，或依约定将主要工作交由第三人完成的，承揽人就第三人的完成的工作对定作人负责。（2）提供或接受原材料。完成定作所需的原材料，可依约定由承揽人提供或由定作方提供。承揽人提供原材料的，应按约定选购并接受定作人检验；定作人提供的，承揽人应及时检验，妥善保管，并不得更换材料。（3）及时通知和保密义务。对于定作人提供的原材料如不符合约定的，或定作人提供的图纸、技术要求不合理的，应及时通知定作人。对于完成的工作，定作人要求保密的，承揽人应保守秘密，不得留存复制品或技术资料。（4）接受监督检验。承揽人在完成工作时，应接受定作人的必要的监督和检验，以保证工作适合定作人的要求。但定作人不得因监督检验妨碍承揽人的正常工作。（5）交付工作成果。承揽人完成的工作果，要及时交付给定作人，并提交与工作成果相关的技术资料、质量证明等文件。但在定作人未按约定给付报酬或材料价款时，除非有相反的约定，承揽人得行使留置权，留置工作成果。（6）对工作成果的瑕疵担保义务。承揽人对交付的工作成果应符合约定的质量，承揽人对已交付工作成果的隐蔽瑕疵及该瑕疵所造成的损害承担责任。交付的工作成果有隐蔽瑕疵，验收时用通常方法或约定的方法不能发现，验收后在使用过程中暴露或致承揽人或第三人受损害的，承揽人应按合同约定或法律的规定，承担损害赔偿责任。

6. 委托合同中委托人的主要义务有：（1）依委托人指示处理事务。受托人应当在委托人授权范围内依诚信原则处理所受托之事务。无论是委托人特别授权，还是概括授权，受托人都应当遵循诚实信用原则处理事务，不得擅自改动或曲解委托人的指示。只有在情况紧急难以与委托人联系时，为了委托人的利益可变更委任人的指示。（2）报告义务。在处理事务过程中，受托人应当随时向委任人报告事务处理的进展情况、存在的问题等，以使委托人及时了解情况。事务处理完毕后，应当向委托人报告委托事务结果。（3）交付财产义务。受托人因处理委任事务所收受的物品、金钱及其他财产，应当交还给委托人。这些财产既包含第三人支付的财产，也包括委托人为处理事务之需而借给受托人使用的财产。（4）谨慎注意义务。受托人处理委托事务，应尽必要的注意义务，但该义务在有偿和无偿委托有所区分。在有偿委托合同，受托人负善良管理人之注意义务，因违反此义务有过失的，负损害赔偿责任；在无偿委托，受托人应负与处理自己的事务同一注意义务，因怠于该注意义务有重大过失的，承担赔偿损失的责任。（5）披露义务。在间接委托中，因受托人是以自己的名义为委任人处理事务，在处理事务遇有障碍时，为了实现委托人的介入权和第三人的选择权，受托人负有披露义务。第一，向委任人披露第三人。在因第三人的原因使受托人不能对委托人履行义务时，受托人应当向委任人披露第三人，使委托人得以行使受托人对第三人的权利。但以第三人缔约时知道是委托就不订立合同的除外。第二，向第三人披露委任人。在因委托人的原因使受托人不能对第三人履行义务时，受托人应当向第三人披露委托人，使第三人取得向受托人或委托人行使请求权的选择权。

7. 行纪人的主要义务有：（1）依指示为行纪行为。行纪人要按照委托人的指示完成行纪行为，并应当尽自己的注意，以使委托人的利益不受或少受损失。委托人对于价格有特别指示的，行纪人不得违反；高于指定价格买入或低于指定价格卖出，应经委托人允诺，未经允诺，该差额由行纪人自己负担。（2）负担行纪费用。行纪人对于在处理行纪事务中发生的费用，如无特别约定的，由自己承担。（3）妥善保管委托物。对占有的委托物，负有妥善保管义务，未经注意义务致委托物毁损灭失的，负损害赔偿责任。（4）委托物处置的义务。委托物品，有瑕疵或者不宜久存的，经委托人同意可以处分，不能及时取得联系，为了委托人的利益，行纪人有合理处分权。

8. 技术转让合同中让与人的主要义务有：（1）对转让的技术的瑕疵担保责任。让与人应当保证所提供的技术完整、无误、有效，能够达到约定的目标。让与人所转让的技术若存在权利瑕疵或质量瑕疵，让与人应承担责任。（2）按照约定转让技术。专利申请权转让合同，让与人应当将特定的发明创造申请专利的权利转让给受让人，并依合同的约定，提供申请专利或实施发明创造所需的技术情报和资料，使受让人能够足以了解该项技术。专利权转让合同的让与人应依合同的约定办理专利权转移手续，并交付与转让专利技术有关的技术资料，向受让人提供必要的技术指导。专利实施许可合同的让与人应当按照约定许可受让人实施专利，交付与实施专利有关的技术资料，提供必要的技术指导。技术秘密成果转让合同的让与人应按照合同约定提供技术资料，进行技术指导，保证技术的实用性、可靠性，承担合同约定的保密义务。

五 案例分析题

1. （1）汽车买卖合同有效。未办理过户手续汽车所有权未移转，不影响合同效力。

（2）卡车受损，损失应由工厂承担。因为卡车受损时尚未交付，风险未移转。

（3）能。双方对汽车质量没有明确约定，该汽车的质量应该符合通常标准。

（4）不能。合同法规定当事人在合同中既约定了违约金，又约定了定金的，只能选择执行其中之一。

（5）能。工厂违约应对所造成的损失，包括间接损失负赔偿责任。但该责任应在工厂能够预见的范围内。

（6）可以。两种违约金的性质不同，可以同时适用。

2. （1）甲、乙对卡车是按份共有关系。

（2）有效。因为甲擅自处分共有财产，该合同初为效力待定合同，后经乙默认而得补正，转为有效合同。

（3）有效。合同当事人可以自由约定买卖合同标的物所有权转移的时间。

（4）不能生效。一是因为丙无权以他人所有之物设立抵押，二是因为未办理抵押登记。

（5）不能。因为承租人行使优先购买权应以同等价格为条件。

（6）归丁所有。因为丁尚未将卡车交付给戊，卡车所有权并未转移。

3.（1）甲与乙之间的电机买卖合同关系；甲与乙之间的委托关系；甲与铁路分局之间的电机运输合同关系和铁矿砂运输合同关系。

（2）可以。

（3）不能。留置权的行使须留置财产与债权有牵连关系。

（4）乙电机厂。合同约定。

4.（1）甲工厂不应当付款，因为乙公司并没有完成一半工程，本案因为意外灭失的工程由乙自己承担风险。

（2）乙公司没有法定的解除理由，因为甲工厂没有违约行为。

（3）乙公司应当继续履行合同。

5.（1）承揽合同中的定作合同。

（2）本案中应当支持乙的诉讼请求，首先合同中已经对工作的性质有所改变，而甲也事实上接受了乙用节省用料的方法生产出的 25 万个模型并有付款行为，表明了它承认合同数量的变更。应当把余款付清。

（3）对甲厂未付款的部分应有留置权。

（4）可要求按质论价、赔偿损失等。

6.（1）无权代理行为。表见代理行为。

（2）行纪合同。

（3）7 月 17 日。

（4）由于乙公司以低于指定的价格将该批机床出卖，因而应得到委托人同意。

7.（1）仓储人对存货人交给的货物已经进行安全储存，本案草料减少 60 吨，是在自然损耗的范围之内，为草料自身性质所致，所以仓储人在证明此点后可以不承担责任，不赔偿因此而造成的经济损失。

（2）养牛场混淆了两个独立的合同。双方的买卖合同已经都履行完毕，不存在任何问题。这时候农场交货是出于保管货物的义务交货而不是履行买卖合同的义务交货。双方的纠纷和买卖合同无关。

（3）没有留置权，因为草料已经交付给养牛场。

8.（1）甲公司。因为大蒜是动产，除合同有特别约定外，以交付作为其所有权转移的标志。甲公司和乙公司约定，大蒜交给丙公司时视为完成交付，故此时甲公司是大蒜所有权人。

（2）有效。大蒜在交付之前，甲公司仍有所有权，享有处分权，出卖人就同一标的物订立的多重买卖合同，合同的效力相互之间是不排斥的。

（3）戊公司承担。在途货物的买卖，自买卖合同签订之日起，标的物意外毁损灭失的风险由买方承担。故大蒜毁损灭失的风险由买方戊公司承担。

（4）不能。因为合同具有相对性，甲乙公司是大蒜购销合同的当事人，甲公司不能因为第三人戊公司的原因拒付尾款。

（5）不能。因为甲公司和乙公司大蒜购销合同中既约定定金又约定违约金，乙公司只能选择适用违约金或者定金。

（6）有效。因为甲公司通过向乙公司支付 50 万元绿豆货款的行为，表示其已对张某无权代理行为进行了追认。

（7）无效。丙公司的转卖行为属无权处分（效力待定）行为，因为甲公司拒绝追认丙公司行为。

（8）无权。因为己公司构成善意取得。

第二十八章　无因管理之债

一　单项选择题

1. 下列哪个可以构成无因管理?(　　)

A. 甲把抢劫得到的财物放于院子里后逃亡,同院的乙帮助其看管、藏匿

B. 甲的朋友来看望甲但甲不在家,邻人乙帮助招呼客人

C. 甲不在家,甲的老母不慎摔伤,乙带其去医院并垫付医药费

D. 他人慕名请甲写书法作品,后甲生病,其学生乙模仿师父笔迹完成作品

2. 下列属于无因管理的是(　　)。

A. 学雷锋义务劳动

B. 下雪后在公路上扫雪

C. 看到行人被车撞到主动送至医院救治

D. 把邻居家的鸽子当成自家的进行饲养

3. 下列关于无因管理说法,不正确的是(　　)。

A. 无因管理的成立要有为他人谋利之意

B. 管理人因管理本人事务而受的损失可以要求本人赔偿

C. 必须要有本人委托授权才能办理的事项不能成为无因管理的事项

D. 管理他人事务必须要在客观上为他人谋得利益

4. 根据无因管理的成立要件,下列哪个不构成无因管理?(　　)

A. 主动为外出的邻居加固危房,防止被雨水冲倒

B. 为避免自家房屋受损而修理邻居家的房子

C. 看到走失的牛带回家饲养,并贴出招领启事

D. 受委托看孩子,孩子病了送到医院

二　多项选择题

1. 甲在路边看到一头走失的牛,将其牵回喂养。牛主乙找到甲,要求甲还牛。

甲认为谁捡到的牛就是谁的，要求乙付 3000 元赎回牛。乙拒绝。下列说法正确的是（　　）。

    A. 甲饲养牛的行为构成无因管理

    B. 甲拒还牛构成侵权行为

    C. 甲无权要求乙偿付喂养牛的费用

    D. 甲有权要求乙偿付喂养牛的费用

  2. 下列选项中，哪些构成无因管理之债？（　　）

    A. 甲见乙一人干农活，主动帮助。后甲的手因为干活受伤，花去医药费 500 元，甲请求乙支付医药费

    B. 甲见乙扛着东西走路很辛苦，就在后帮甲推。乙不小心手一松劲撞伤甲，甲花去医药费 200 元请求乙支付医药费。

    C. 甲在晚上突然放鞭炮，使邻居惊吓成病花去 200 元看病。邻居请求他支付医药费

    D. 甲将乙丢失的羊牵回家中，乙向甲索要，甲要求乙支付草料费 200 元

  3. 甲父子都出去经商家里空无一人。邻居乙得知最近要连降大雨，见甲家无人，房子又年久失修难以经受袭击，就雇瓦工对甲的房子进行了加固，共花费了 650 元。但倾盆大雨来临甲的房子还是倒塌了。下列表述正确的有（　　）。

    A. 乙所做的行为是无因管理

    B. 乙所做的行为是受托行为

    C. 乙有权请求甲父子偿还所支出的费用

    D. 乙无权请求甲父子偿还所支出的费用

  4. 下列事项不能构成无因管理的管理事务的是（　　）。

    A. 公益慈善事业

    B. 违法的事项

    C. 和本人人身权利相关必须由本人完成的事项

    D. 不作为的事项

三　简答题

简述无因管理之债的效力。

四　论述题

论述无因管理的成立要件。

五　案例分析题

1. 甲经营村里的果园，园内种植了大量的水果。后甲因劳累过度而卧床不起。其子女都不在本地工作。此时果实都成熟了，甲的好友乙便担负起照管果园的任务，还雇了十几个村民将果子都采摘下来出卖，获得收益1万元。其中，要交给村里的费用是1000元，乙雇工采果、卖果所支付劳务费及其他必要费用1000元。同时甲却病重身亡，卖果子所得的钱就一直放在乙家。后甲的子女回来要求乙归还这笔钱，乙觉得如果自己不帮助甲的话甲将分文没有，所以要求甲的子女分1/3钱给他，为此引起纠纷。

（1）乙的行为在民法上属于何种性质？为什么？

（2）乙的请求应否支持？为什么？

2. 甲、乙两家是邻居，乙常年在外地做生意，家里没人，平时极少回家也没有个规律。2000年夏天该地区连降暴雨。甲看到乙的房屋年久失修，恐怕难以抵御暴风雨的侵袭，便叫上家里的人用自家的材料为乙加固房屋。在加固房屋时，甲意外从房上摔下，把脚摔伤，花去医药费500元。后来到了过春节的时候乙回家，甲立即将加修房屋的情况和自己受伤的情况告诉了乙，要求乙支付加固房屋的费用400余元和自己的医药费500元。乙则说这房子早就不想要了，正考虑重新盖新房，暴雨冲垮房屋也没关系，他并没有请甲帮忙，是甲自己愿意干，摔伤也不是因为他的缘故，钱也只能由甲自己出。于是双方发生纠纷。

（1）甲为乙加固房屋的行为是什么性质的行为？

（2）加固房屋的费用和甲的医药费应由谁负担？为什么？

3. 公民王某承包村里的鱼塘，经过精心饲养经营，收成看好，就在鱼要大量出塘上市之际，王某不幸溺塘而死，而其两个儿子都在外地工作，无力照管鱼塘。王某的同村好友李某便主动担负起照管鱼塘的任务，并组织人员将鱼打捞上市出卖，获得收益4万元，其中，应向村里上缴1万元，李某组织人员打捞出卖鱼所花费劳务费及其他必要费用共计2000元费用。现李某要求王某的继承人支付2000元费用，并要平分所剩2.8万元款项。

（1）公民李某的行为属于什么性质？

（2）李某的要求是否合法？

4. 刘某，以放牧为生，某日突然发现自己的牛群里多了一头大黄公牛，周围的人也无人询问此牛。刘某遂将该牛放在自己的牛群里一起放养。几天后，该牛失足掉到山谷里摔死了。刘某卖牛肉得款 1200 元。刘某卖完牛肉就与邻居王某说，我暂时代为保管卖牛肉款。但回到家后，被其妻子大骂一通，说有便宜还不会捡，真是个笨蛋。遂改变自己的主张，用卖牛所得钱款为自己的妻子购买了一条项链。但是失主李某终于找到刘某，要求刘某返还卖牛肉款。刘某首先分辩，牛是自己的，后来又认为牛又不是他偷的，也不是拣的，而是自己跑来的合法，合理合法，拒不返还。李某只好诉到法院，要求刘某返还卖牛肉所得 1200 元。

（1）刘某卖牛肉的行为是什么性质的行为？

（2）刘某拒不返还卖牛肉款的行为是什么性质的行为？

（3）法院是否应支持李某的诉讼请求？

参考答案

一　单项选择题

1. C　2. C　3. D　4. D

二　多项选择题

1. ABD　2. ABD　3. AC　4. ABCD

三　简答题

无因管理是指无法定或约定义务，而为他人管理事务或提供服务的行为。无因管理之债的效力为：

（1）管理人之义务。包括：第一，主给付义务。管理人的主给付义务是对他人事务的适当管理。第二，从给付义务。从给付义务，包括：一是通知义务，管理人在管理事务开始后。应尽可能及时通知本人，听取本人的意见，是否要继续管理，除非情况急迫外，在本人有指示时，应听候本人指示管理；二是报告义务，在管理事务终止时，应向本人报告管理的情况和管理的结果；三是结算义务，因管理事务收取的物品、金钱及其孳息等应交还本人，管理人以自己的名义为本人取得的权利或利益应移转给本人，如为自己的利益使用本人钱财的，应支付利息。（2）管理人之权利。包括：第一，费用的偿还请求权。管理人为管理事务支出的必要费用，得请求本人偿还。管理人请求本人偿还的必要费用包括两部分：一是管理人在事务管理中直接支出的费用；一是管理人在事务管理中受到的损失。第二，清偿所负债务的请求权。管理人因管理事务而负担的债务，得请求本人代为清偿。第三，损害赔偿请求权。管理人因管理事务而受损害的，得请求损害赔偿。（3）损害赔偿。管理人未尽管理义务，导致本人损害的，通常负重大过失赔偿责任。即管理人符合管理事务的一般要求，只是管理方式不当，给本人造成损失的，有重大过失的，负损害赔偿责任，属于一般过失的，应免除或减轻管理人的损害赔偿责任。

四　论述题

无因管理是指无法定或约定义务，而为他人管理事务或提供服务的行为。无因管理的成立要件为：

（1）管理他人事务。管理他人事务，就是对他人的事务进行管理或为他人提供服务。无因管理之事务，可以是财产事务，也可以是非财产事务。所谓管理，是对事务的照看、料理等，该管理行为可以是法律行为，也可以是事实行为。但下列事务的管理除外：第一，违法的或者违背社会公德的行为。第二，不足以发生民事法律后果的、纯粹道义上的、宗教上的，或者其他一般性的生活事务。第三，单纯的不作为行为。第四，依照法律规定需由本人实施，或经本人授权才能实施的行为。（2）有为他人利益的意思。即管理人有使管理事务所生利益归属他人的意思，该意思属事实上的意思，而非效力上的意思，故无需表示，该意思称管理意思。管理意思是成立无因管理的主观要件。管理人是否为他人谋利益而管理的，应由管理人负举证责任。是否为他人利益，应以客观上是否使他人受益为准。管理人将他人事务当做自己事务进行管理的，如构成不当得利，可按不当得利之债处理；如构成对他人事务的不法干涉和侵犯的，按侵权行为处理。（3）无法律上的原因。指管理人对事务的管理，不负有法定或约定的义务。但在履行法定或约定义务时，超出义务范围管理事务的，仍可成立无因管理。管理人有无管理他人事务的义务，应以管理人管理时的客观事实而定，而不能以管理人主观的判断为标准。

五 案例分析题

1. （1）无因管理。

（2）要求分钱的请求不能支持，因为无因管理人无权保留管理事务得到的利益，他只能要求继承人支付管理费用 1000 元。剩余的应全部返还。

2. （1）甲为钱已加固房屋的行为属无因管理行为。无因管理是指没有法定的或约定的义务，为避免他人利益受损失而进行的管理或服务的行为。本案中甲为避免乙的房屋倒塌而为乙加固房屋，符合无因管理的构成条件，所以，甲的行为是无因管理行为。

（2）加固房屋的费用和甲的医药费应由乙承担。《民法通则》第 93 条规定："没有法定的或约定的义务为避免他人利益受损失进行管理或者服务的有权要求受益人偿付由此而支付的必要费用。"《关于贯彻执行（中华人民共和国民法通则）若干问题的意见》也规定："《民法通则》第 93 条规定的管理人或者服务人可以要求受益人偿付的必要费用，包括在管理或者服务中直接支出的费用，以及在该活动中受到的实际损失。"甲加固房屋的 400 元钱是在管理中直接支出的费用，500 元钱医药费是在该活动中受到的损失。

3. （1）李某的行为属于无因管理。无因管理是没有法定或者约定的义务，为避免他人利益受损失而进行管理或服务的行为。在本案中，李某在王某死后其鱼塘无人照管的情况下，为了王某的利益，主动为其管理，应认定为无因管理。

（2）李某要求支付 2000 元费用应予支持，平分 2.8 万元余款的要求不予支持。《民法通则》第 93 条规定："没有法定或约定的义务，为避免他人利益受损失进行管理或服务的，有权要求受益人偿付由此而支付的必要费。"可见，2000 元费用系李某组织人打捞出卖鱼所付的必要费用，应得到偿付。而李某要求 2.8 万元余款的要求无法律依据，不应支持。

4. （1）刘某卖牛肉的行为属于无因管理。无因管理是指没有法定或约定的义务而为他人管理事务。本案中，刘某见自己牛群里多出一头牛后，替为放养，在牛摔死之后又将牛肉卖掉，并对自己的邻居王某说，自己将暂时代为保管卖牛肉款，意即在牛的主人到来之时，他将返还所得的利益，是为替牛主人代管理事务的无因管理行为。

（2）刘某拒不返还卖牛肉款的行为是侵权行为。侵权行为是不法侵害他人合法权益行为。本案中，刘某拒绝返还卖牛肉款，侵害了牛的主人的财产权益，构成侵权，应承担相应的法律责任。

（3）法院应支持李某的诉讼请求。《民法通则》第117条第1款规定：侵占国家的、集体的财产或者他人财产的，应当返还财产，不能返还财产的，应当折价赔偿。在本案中，刘某应将卖牛肉所得1200元返还给财产被侵占的牛的主人。

第二十九章　不当得利之债

一　单项选择题

1. 关于不当得利的性质，下列说法正确的是（　　）。

A. 属于表意行为

B. 属于民事行为

C. 属于事件

D. 属于民事法律行为

2. 潘某的一头牛走失，被刘某发现。刘某将牛牵回家关进自己家的牛棚，准备第二天再寻找失主。但当晚牛棚倒塌，将牛压死，刘某将牛肉出售，得款 200 元。将牛皮出售，得款 50 元。因请人屠宰及销售牛肉，花去费用 50 元。在此情况下，下列说法中哪些是正确的？（　　）

A. 潘某有权要求刘某赔偿损失

B. 潘某有权要求刘某偿还卖牛肉款 200 元

C. 潘某有权要求刘某返还牛肉、牛皮款 250 元

D. 潘某有权要求刘某返还该牛的正常价款 1000 元

3. 甲公司和乙公司签订了小麦买卖合同，甲公司在入库后发现乙公司多交付了 10 吨小麦，甲公司多收的 10 吨小麦在法律上被称为（　　）。

A. 意外事件

B. 无因管理

C. 不当得利

D. 善意取得

4. 下列事实中，发生不当得利的事实有（　　）。

A. 养子女给其生父母的赡养费

B. 甲公司利用乙公司倒掉的废煤渣制作建筑材料

C. 给付因赌博而欠的钱款

D. 售货员找零时多找给顾客的钱

5. 下列哪一情形不产生不当得利之债？（　　）

A. 甲向乙借款 10 万元，1 年后根据约定偿还本息 15 万元

B. 甲不知诉讼时效已过，向债权人乙清偿债务

C. 甲久别归家，误把乙的鸡当成自家的吃掉

D. 甲雇用的装修工人，误把邻居乙的装修材料用于甲的房屋装修

6. 不当得利成立的条件之一是利益取得人取得财产上的利益，下列哪种情况不属于该条件？（   ）

A. 财产的实际增加   B. 财产的观念增加

C. 财产的积极增加   D. 财产的消极增加

二　多项选择题

1. 下列事实中属于不当得利之债有（   ）。

A. 拾得他人财产

B. 保管人出卖被保管人的物品而获利

C. 利用抛弃的物品作成新的装饰品

D. 银行因错误多付给取款人的款项

2. 下列选项中，不能发生不当得利的有（   ）。

A. 给付因赌博而欠的钱

B. 顾客多付售货员的贷款

C. 债务人清偿未到期的债务

D. 养子女给其生父母的赡养费

3. 返还不当得利的利益包括（   ）。

A. 原物   B. 原物所生的孳息

C. 利用不当得利投资取得的利益   D. 利用不当得利赌博取得的利益

4. 下列属于非给付不当得利的有（   ）。

A. 基于受益人的行为发生的不当得利

B. 基于第三人的行为发生的不当得利

C. 基于受害人的行为发生的不当得利

D. 履行不存在的债务

5. 因不当得利，在受损人与受益人之间产生如下效力（   ）。

A. 受益人返还原物

B. 受益人无法返还原物的，应折价返还

C. 原物所生的孳息，也应一并返还

D. 原物不存在的，善意受益人应赔偿

三　简答题

1. 比较不当得利之债与侵权行为之债。
2. 简述不当得利之债的效力。

四　论述题

论述不当得利的成立要件。

五　案例分析题

甲与乙系同事，乙为公司经理。某日，公司被盗，乙个人被盗现金 1 万元。甲怀疑是其熟人丙所为，因丙曾到公司来找过甲。甲担心被乙开除，私下约见乙，声明现金并非其所偷，但可以由其支付乙 1 万元了结此事，并要求乙不声张此事。乙同意，甲支付乙钱，乙未将此事报告公安。后丙因另一案被捕，供认本案的事实。公安知道甲乙之间私下给付款项后，对甲进行审问，排除甲为同案犯的可能。甲遂以不当得利为由要求乙返还所得款项。乙认为所得款项合法，不同意返还。甲诉至法院。根据案例回答下列问题：

（1）本案中，乙是否构成不当得利？
（2）本案该如何处理？

参考答案

一　单项选择题

1. C　2. B　3. C　4. D　5. B　6. B

二　多项选择题

1. ABD　2. ACD　3. AB　4. ABC　5. ABC

三 简答题

1. 二者的区别表现为：（1）当事人是否获利不同。在不当得利之债中，一方必然从对方获得了利益；侵权行为之债中，侵权人在致人损害的同时，可能从对方获利，也可能没有获利。

（2）发生原因不同。侵权行为一般是违法行为的结果，侵权人主观上有过错；不当得利则是由于一方或双方的误解，或因第三人或其他客观原因发生。

（3）法律后果不同。不当得利之债在主观上无过错，故债的履行仅是返还不当得利而已；侵权行为之债中，债的履行要赔偿受害人的损失。

2. 一定的事实一旦符合不当得利成立要件，即在当事人间发生不当得利之债权债务关系，利益取得人负有返还利益的义务，利益所有人享有请求返还的权利。但在返还利益的范围上，善意恶意有所不同。（1）善意受益人返还义务。受益人于取得利益时，不知道自己取得利益无合法根据的，为善意受益人。在此情况下，若受损人的损失大于受益人取得的利益，则受益人返还的利益仅以现存利益为限，如利益不存在，受益人不负返还义务。受益人受有的利益大于受损人的损失时，受益人返还的利益范围以受损人受到的损失为准。（2）恶意受益人返还义务。取得利益时明知无合法根据的受益人，为恶意受益人。法律对恶意取得的利益，不予保护，故恶意受益人不论所受利益是否存在，一概要将所受利益返还，该利益不存在时，不得免除或减轻返还义务。如果取得利益时为善意，但事后为恶意，受益人负恶意返还义务以恶意发生时存在的利益为准。（3）第三人返还义务。善意受益人所受利益因无偿让与第三人，其因利益不存在而获得减免返还义务时，第三人负返还该利益的义务。

四 论述题

不当得利是指没有法律上的根据，使他人受损而取得的利益。

不当得利的构成要件为：（1）取得财产上的利益。即取得财产上的利益，指因一定的事实使总财产有所增加或避免减少。所取得财产利益，在形态上，包括财产的积极增加，也包括财产的消极增加，即财产应减少而未减少。取得财产利益，可以是行为，包括受益人的行为，受害人的行为，甚至第三人的行为；也可以是自然事实。（2）致他人受损失。即因一定的事实发生，使利益所有人的财产总额减少，恰与利益取得人的财产状况相反。在受损失的形态上，与取得的利益相对应，包括既存的财产的减少，或可增加的财产未增加两种形态。（3）取得之利益与所受损失间有因果关系。即受损失是取得利益所致，两者之间有因果关系，取得利益是因，受损失是果。（4）没有法律上的根据。即取得利益无法律上根据，若有法律上的根据，纵使相对人受损失，也不构成不当得利了。无法律上的根据，包括自始无根据及取得利益是有根据，但尔后该根据被消灭两种形态。没有法律上根据之"法律"，不仅指民法、商法等私法，也包括公法。

五　案例分析题

（1）构成不当得利。依《民法通则》第 92 条规定，没有合法根据，取得不当利益，造成他人损失的，应当将所取得的不当利益返还给受损失的人。本案中，乙取得款项的依据虽然存在，但该协议的内容违反法律，该协议无效，故乙依据该协议取得的款项没有合法根据，所以构成不当得利。

（2）乙应返还甲所得的款项。根据《民法通则》第 61 条的规定，民事行为被确认无效或被撤销后，当事人因该行为取得的财产应当退还给受损失的一方。本案中，因甲乙之间的协议无效，乙取得的利益失去法律依据，构成不当得利，甲乙之间因不当得利而产生不当得利之债，对此，甲对乙享有利益返还请求权，因此乙从甲取得的 1 万元款项应返还给甲。

第三十章　继承权概述

一　单项选择题

1. 甲在其儿子因病死亡后一直由其儿媳妇乙照顾，2005 年甲因病去世，乙也作为第一顺序法定继承人继承了甲的遗产，乙根据（　　）取得了法定继承权。

A. 血缘关系　　　　　　　　　B. 扶养关系

C. 拟制血缘关系　　　　　　　D. 婚姻关系

2. 赵某生有 3 个儿女，赵某于 2000 年 3 月逝世，其二儿子赵田在遗产处理前 2 个月内既没有说放弃继承遗产也没有说要继承父亲的遗产，则对赵田的行为视为（　　）。

A. 丧失继承权　　　　　　　　B. 自动放弃继承

C. 接受继承　　　　　　　　　D. 继承权因除斥期间已过而消灭

3. 某甲与其父某乙素来关系不好，某甲经常惹某乙生气以至于某乙多次说其死后甲不能继承自己的财产，而甲亦多次对外人宣扬自己绝对不会要父亲的财产。2001 年 11 月，乙因车祸身亡。则甲有无继承其父遗产的权利？（　　）

A. 乙的口头表明无效，甲口头放弃其继承权的行为也无效，甲仍有继承其父遗产的权利

B. 因乙多次表明甲在其死后不能继承自己的财产，所以甲无权继承乙的遗产

C. 因甲多次对外人宣扬自己绝对不会要父亲的财产，视为他已经将其继承权抛弃

D. 以上说法都不对

4. 下列人员中，是基于扶养关系而享有继承权的是（　　）。

A. 养子女对养父母享有继承权　　B. 继子女对生父母享有继承权

C. 继子女对继父母享有继承权　　D. 生子女对生父母享有继承权

5. 甲生前立遗嘱将一件古玩赠给乙，甲死后乙表示接受遗赠，在遗产分割前

乙死亡，则应如何处理该古玩？（　　）

    A. 该古玩由甲子女继承

    B. 该古玩由乙子女继承

    C. 将古玩出售，由甲、乙子女共同继承价款

    D. 如甲子女同意，可让乙子女继承

    6. 下列哪一行为可引起放弃继承权的后果？（　　）

    A. 张某口头放弃继承权，本人承认

    B. 王某在遗产分割后放弃继承权

    C. 李某以不再赡养父母为前提，书面表示放弃其对父母的继承权

    D. 赵某与父亲共同发表书面声明断绝父子关系

二　多项选择题

    1. 张某生前共有四个儿女甲、乙、丙、丁，在下列情况中，哪些人丧失了继承权？（　　）

    A. 甲过失致张某死亡　　　　　B. 乙为争夺遗产而杀害甲

    C. 丙遗弃张某　　　　　　　　D. 丁虐待张某但情节轻微

    2. 下列对继承权的放弃的说法，正确的是（　　）。

    A. 继承权的放弃，须以明示的方式作出

    B. 放弃继承权的意思表示也可以默示的方式作出

    C. 继承权的放弃是一种单方法律行为

    D. 继承权放弃的效力溯及自继承开始之时

    3. 我国继承法的基本原则有（　　）。

    A. 保护公民合法财产继承权的原则

    B. 继承权平等原则

    C. 权利义务相一致原则

    D. 养老育幼、互助互济原则

    4. 甲是一个体户，因经营不善，欠贷款 7000 元，病逝后，留下一些杂货和一间住房，价值约 5000 元。甲有一个儿子乙。下列哪些说法是错误的？（　　）

    A. 乙有权继承甲的遗产 5000 元，不承担偿还贷款 7000 元的义务

    B. 乙可以放弃继承权，不承担偿还贷款 7000 元的义务

    C. 乙应当继承甲的遗产 5000 元，并偿还贷款 7000 元

D. 乙有权继承甲的遗产 5000 元，但应偿还贷款 5000 元

5. 继承权平等原则主要体现在以下哪几个方面？（　　　）。

A. 养子女与亲生子女继承权平等

B. 非婚生子女与婚生子女继承权平等

C. 儿媳与女婿在继承上权利平等

D. 同一顺序的继承人继承遗产的权利平等

6. 刘某生前有两个儿子和一个女儿，2005 年以前三人先后成家。刘某的妻子和父母都已先于刘某去世。刘某的大儿子生活比较富裕，但不孝顺；女儿远嫁他乡，生活上不便照顾刘某；刘某不得已一直与二儿子一起生活，二儿子也对其极其照顾。那么刘某去世后其遗产应如何分割？（　　　）

A. 由于大儿子不孝顺，所以应由二儿子与刘某的女儿平分

B. 首先由三人协商，按他们的协议处理

C. 如果三人协商不成，则大儿子应当少分

D. 如果三人协商不成，则二儿子应当多分

三　名词解释

1. 继承权　　　2. 继承权的放弃

四　简答题

简述继承权丧失的法定理由。

五　案例分析题

丁磊幼年丧父，与母亲共同生活，1990 年承包了村里的鱼塘 50 亩，很快富裕起来并于 1995 年建了一栋五层楼的新房，价值约 10 万元。不久母亲过世。2000 年，丁磊经人介绍与本村李兰结婚，婚后不久，丁磊不幸病逝，此时李兰已怀孕。办理丧事后，丁磊之弟与李兰发生争议，动手打了李，并说李是克星，过门没几天就克死丈夫。李兰及娘家人气愤不过，将丁磊的弟弟打成重伤。李兰也因故意伤害罪被判处有期徒刑 3 年。但考虑到李兰身怀有孕决定监外执行。这时，李兰生了一子，但出生后不几天夭折。丁磊的弟弟认为李兰已不是丁家的人了。因此要

赶走李兰占有丁磊所建的房，李兰认为自己虽与丁磊结婚时间不长，但毕竟是丁磊之妻，故这栋房应归自己所有。双方争执不下，诉诸法院。

（1）李兰被判处有期徒刑后，是否仍享有继承权？为什么？

（2）出生后几天又夭折的婴儿是否享有继承权？为什么？

参考答案

一　单项选择题

1. B　2. C　3. A　4. C　5. B　6. B

二　多项选择题

1. BC　2. ACD　3. ABCD　4. AC　5. ABCD　6. BCD

三　名词解释

1. 继承权是自然人依照被继承人生前所立的合法有效的遗嘱或者法律的规定承受被继承人遗产的权利。继承与继承权是两个既有联系又有区别的概念：继承是指将被继承人的遗产依法转移给其一定范围近亲属所有的法律制度；继承权则是继承人继承被继承人遗产的权利。

2. 继承权的放弃是指继承权人在继承开始后遗产分割前，作出的放弃继承被继承人遗产的意思表示。

四　简答题

继承权丧失的法定理由有：（1）故意杀害被继承人的。（2）为争夺遗产而杀害其他继承人的。（3）遗弃被继承人的，或者虐待被继承人情节严重的。（4）伪造、篡改或者销毁遗嘱，情节严重的。伪造遗嘱是继承人以被继承人的名义制造假遗嘱的行为；篡改遗嘱是继承人更改被继承人所立遗嘱的内容的行为；销毁遗嘱是将被继承人所立的遗嘱完全毁灭的行为。

五　案例分析题

（1）李兰能享有继承权。李兰虽受到刑事处分，但不符合《继承法》第 7 条规定的任何一项丧失继承权的情况。

（2）新生婴儿应享有继承权。民事权利能力是法律赋予公民终生享有的资格，始于出生，终于死亡。只要出生时是活体，就具有民事权利能力，当然也就享有继承权。所以，虽然本案中新生婴儿只活了几天，仍具有民事权利能力，仍有权继承为他保留的应继承份额。

第三十一章　法定继承

一　单项选择题

1. 下列对法定继承的表述中，错误的是（　　　）。

A. 法定继承是遗嘱继承的补充

B. 法定继承是对遗嘱继承的限制

C. 只要存在法定继承人就排除遗嘱继承的适用

D. 有关继承人、继承顺序、遗产分配原则的规定具有强行性

2. 甲系文物收藏家，未结婚，无子女，只有一哥哥丙，乙是其好友。甲在其生前立有遗嘱，言明死后将一幅清代古画赠与乙。2000 年 1 月，乙意外死亡，同年 2 月甲死亡，同年 3 月丙亦死亡，本案应如何处理？（　　）

A. 该幅古画由乙的继承人继承，其余财产由丙的继承人继承

B. 该幅古画及其余财产都由丙的继承人继承

C. 该幅古画及其余财产都归国家或集体所有

D. 该幅古画归国家或集体所有，其余财产由丙的继承人继承

3. 王某的儿子王甲先于王某死亡，下列哪些人有代位继承的权利？（　　　）

A. 王甲的配偶　　　　　　　　B. 王甲的儿子

C. 王甲的姐姐　　　　　　　　D. 王甲的弟弟

4. 李某死亡时，遗产由其母甲、妻乙和两个孩子丙、丁继承，当时乙已经怀孕，为胎儿保留继承份额 8000 元。胎儿出生 10 小时后死亡，这 8000 元应当如何处理？（　　）

A. 由乙继承　　　　　　　　　B. 应由甲继承

C. 由丙、丁继承　　　　　　　D. 由甲、乙、丙、丁继承

5. 吴某与其儿子在外出做生意时因车祸同时遇难。吴某的妻子早已亡故，家中只有女儿和儿媳，吴某与其儿子各有遗产 2 万元。则吴某的女儿与儿媳各应继承

多少遗产？（　　）

    A. 女儿 3 万元，儿媳 1 万元　　　B. 各 2 万元

    C. 女儿 1 万元，儿媳 3 万元　　　D. 以上答案都不对

二　多项选择题

1. 石某于 2005 年 10 月外出旅游，在坐飞机回家途中因飞机失事而死亡，按我国法律的规定，其留下的遗产应由下列（　　）继承。

    A. 石某的父母　　　　　　　　B. 石某的儿子

    C. 石某的兄弟　　　　　　　　D. 石某生前赡养的岳父

2. 甲因与其妻感情不和，已经分居半年，正在闹离婚，一日，甲暴病身亡，未留遗嘱，甲有下列继承人，其遗产 10 万元，应由谁继承？（　　）

    A. 其子乙　　　B. 其父丙　　　C. 其妻丁　　　D. 其弟戊

3. 郭大爷女儿五年前病故，留下一子甲。女婿乙一直与郭大爷共同生活，尽了主要赡养义务。郭大爷继子丙虽然与其无扶养关系，但也不时从外地回来探望。郭大爷还有一丧失劳动能力的养子丁。郭大爷病故，关于其遗产的继承，下列哪些选项是正确的？（　　）

    A. 甲为第一顺序继承人　　　　B. 乙在分配财产时，可多分

    C. 丙无权继承遗产　　　　　　D. 分配遗产时应该对丁予以照顾

4. 继承法上对被继承人享有继承权的子女包括（　　）。

    A. 被继承人的婚生子女　　　　B. 养子女

    C. 有扶养关系的继子女　　　　D. 被继承人的非婚生子女

三　名词解释

1. 法定继承　　2. 代位继承　　3. 转继承

四　简答题

1. 简述法定继承的特征。

2. 简述代位继承与转继承的区别。

3. 简述遗产继承的顺序与份额。

五 案例分析题

赵伟光系某公司经理，其妻王某长期病休在家，夫妇二人生有一子一女，儿子赵宏于1990年与本厂职工王英结婚，婚后生有一子赵小刚。赵宏于1992年因车祸丧生。女儿赵娟未婚，与父母同住。赵伟光因工作关系经常出差，1995年于某南方城市结识当地女青年钱某，次年钱某为赵伟光生一子赵扬，赵扬一直随同母亲生活。1999年5月赵伟光因车祸意外死亡，经查，有现金10万元，银行存款10万元，赵伟光生前没有遗嘱，现其家人因继承份额发生纠纷。

（1）钱某提出赵扬为赵伟光的亲生儿子，亦有权继承赵伟光的遗产份额，她的主张是否成立，为什么？

（2）赵宏的妻子主张代位继承赵宏的应继份额，她的主张是否成立？

参考答案

一 单项选择题

1. C 2. B 3. B 4. A 5. C

二 多项选择题

1. AB 2. ABC 3. ABCD 4. ABCD

三 名词解释

1. 法定继承是指由法律直接规定继承人的范围、继承顺序、继承人继承遗产的份额及遗产分配原则的一种继承方式。

2. 代位继承是指在法定继承中，被继承人的子女先于被继承人死亡时，由被继承人的子女的晚辈直系血亲代位继承其应继份额的法律制度。

3. 转继承是指继承人在继承开始后，遗产分割前死亡，其应继承的遗产份额转由他的合法继承人继承的制度。

四　简答题

1. 法定继承的特征有：（1）法定继承是遗嘱继承的补充。法定继承和遗嘱继承是两种不同的继承方式。在我国，法定继承是自然人继承遗产的主要方式。但是，在效力上，法定继承的效力低于遗嘱继承，只有在不适用遗嘱继承时才适用法定继承。（2）法定继承是对遗嘱继承的限制。遗嘱继承中，立遗嘱人不能违反法律的规定，如遗嘱人在遗嘱中必须为缺乏劳动能力又没有生活来源的人保留必要的遗产份额。因此，虽然遗嘱继承优先于法定继承而适用，但法定继承构成对遗嘱继承的限制。（3）继承人与被继承人之间具有一定的人身关系。法定继承权的取得根据，是被继承人与继承人之间存在婚姻关系、血缘关系或扶养关系。（4）法定继承中有关继承人、继承顺序、遗产分配原则的规定具有强行性。这些规定属于强制性规范，除被继承人生前以遗嘱方式改变外，其他任何单位、组织和个人均无权变更。

2. 代位继承与转继承的区别是：（1）继承人死亡的时间不同。代位继承是继承人先于被继承人死亡；转继承是继承人后于被继承人死亡。（2）继承发生的根据不同。代位继承是基于继承人先于被继承人死亡的事实而发生，它是一个间接的继承；转继承是基于继承人后于被继承人死亡的事实而发生，它是两个相连的直接继承。（3）继承发生的范围不同。代位继承只发生于法定继承之中；转继承则发生在法定继承和遗嘱继承之中。（4）继承的主体不同。代位继承的继承人必须是原继承人的晚辈直系血亲；转继承的继承人既可以是被继承人的法定继承人，也可以是他的遗嘱继承人，不管与被继承人之间是否有血缘关系，都可以按照法定继承人的顺序进行继承。

3. 继承的顺序：（1）继承开始后，有遗赠扶养协议的，按照协议办理；（2）没有遗赠扶养协议但是有遗嘱的，按照遗嘱继承或者遗赠办理；（3）既没有遗赠扶养协议，又没有遗嘱的，按照法定继承办理。

法定继承遗产按照下列顺序继承：（1）继承开始后，由第一顺序继承人继承，第二顺序继承人不继承。（2）没有第一顺序继承人继承的，由第二顺序继承人继承。第一顺序继承人：配偶、子女、父母。第二顺序继承人：兄弟姐妹、祖父母、外祖父母。以上所说的子女，包括婚生子女、非婚生子女、养子女和有扶养关系的继子女。以上所说的父母，包括生父母、养父母和有扶养关系的继父母。以上所说的兄弟姐妹，包括同父母的兄弟姐妹、同父异母或者同母异父的兄弟姐妹、养兄弟姐妹、有扶养关系的继兄弟姐妹。丧偶儿媳对公、婆,丧偶女婿对岳父、岳母,尽了主要赡养义务的,作为第一顺序继承人。被继承人的子女先于被继承人死亡的,由被继承人的子女的晚辈直系血亲代位继承。代位继承人一般只能继承他的父亲或者母亲有权继承的遗产份额。

继承的份额分配:(1)继承权男女平等。同一顺序继承人继承遗产的份额,一般应当均等。(2)对生活有特殊困难的缺乏劳动能力的继承人,分配遗产时,应当予以照顾。(3)对被继承人尽了主要扶养义务或者与被继承人共同生活的继承人,分配遗产时,可以多分。有扶养能力和有扶养条件的继承人,不尽扶养义务的,分配遗产时,应当不分或者少分。(4)继承人协商同意的,也可以不均等。(5)对继承人以外的依靠被继承人扶养的缺乏劳动能力又没有生活来源的人,或者继承人以外的对被继承人扶养较多的人,可以分配给他们适当的遗产。

五 案例分析题

(1)钱某的主张成立,赵扬有权继承赵伟光的遗产。根据《继承法》的规定,被继承人的子女为第一顺序继承人。子女包括婚生子女、非婚生子女、养子女和有抚养关系的继子女。因此,虽然钱某并不是赵伟光的合法妻子,但赵扬属于钱某与赵伟光的非婚生子女,在遗产继承上享有与婚生子女同等的权利与义务,有权继承父亲的合法财产。

(2)赵宏的妻子王英提出其代位继承的主张没有法律依据,不能成立。但赵宏的儿子赵小刚有权代位继承赵宏的应继份额。根据《继承法》第11条规定,被继承人的子女先于被继承人死亡的,由被继承人的子女的晚辈直系血亲代位继承,代位继承人一般只能继承他的父亲或母亲有权继承的遗产份额。因此,王英作为赵宏的妻子,并不是赵宏的晚辈直系血亲,不符合代位继承的条件,应由其儿子代位继承,王英只在赵小刚成年之前对其继承的财产享有代管权。

第三十二章　遗嘱继承、遗赠与遗赠扶养协议

一　单项选择题

1. 孙某生前有多份遗嘱，按时间先后顺序为自书、公证、代书、口头遗嘱，则孙某死后，应按何种遗嘱执行？（　　）

A. 自书遗嘱　　　　B. 代书遗嘱　　　　C. 公证遗嘱　　　　D. 口头遗嘱

2. 遗嘱应给（　　）保留必要的遗产份额。

A. 法定继承人

B. 被继承人的父母

C. 缺乏劳动能力又没有生活来源的继承人

D. 配偶

3. 确定遗嘱人有无遗嘱能力，应当以什么时间为准？（　　）

A. 遗嘱生效时　　　　　　　　B. 遗产分割时

C. 遗嘱执行时　　　　　　　　D. 遗嘱设立时

4. 以下遗嘱中能撤销公证遗嘱的是（　　）。

A. 自书遗嘱　　　　B. 代书遗嘱　　　　C. 公证遗嘱　　　　D. 录音遗嘱

5. 确定继承人是否为缺乏劳动能力又没有生活来源的人，应当以下述时间的情况为准（　　）。

A. 遗嘱生效时　　　　　　　　B. 遗产分割时

C. 遗嘱执行时　　　　　　　　D. 遗嘱设立时

6. 遗嘱继承人先于遗嘱人死亡的，遗嘱中指定由该继承人继承的遗产份额应当由下列人员继承（　　）。

A. 其他遗嘱继承人　　　　　　B. 该遗嘱继承人的法定继承人

C. 该遗嘱人的法定继承人　　　D. 由人民法院决定

7. 卢某15岁时出于好奇，写下一份遗嘱，放入抽屉内。以后便将遗嘱忘得一

干二净。19 岁时由于车祸，卢某去世，家人在整理其遗物时发现了这份遗嘱。这份遗嘱的效力如何？（　　）

A. 有效　　　　　　　　　　　B. 无效

C. 部分有效　　　　　　　　　D. 部分无效

8. 梁某已八十多岁，老伴和子女都已过世，年老体弱，欲立一份遗赠扶养协议，死后将三间房屋送给在生活和经济上照顾自己的人。梁某的外孙子女、侄子、侄女及干儿子都争着要做扶养人。这些人中谁不应作遗赠扶养协议的扶养人？（　　）

A. 外孙子女　　　B. 侄子　　　C. 侄女　　　D. 干儿子

9. 甲与乙签订协议，约定甲将其房屋赠与乙，乙承担甲生养死葬的义务。后乙拒绝扶养甲，并将房屋擅自用作经营活动，甲遂诉至法院要求乙返还房屋。下列哪项正确？（　　）

A. 该协议是附条件的赠与合同　　　B. 该协议在甲死亡后发生法律效力

C. 法院应判决乙向甲返还房屋　　　D. 法院应判决乙取得房屋所有权

二　多项选择题

1. 下列遗嘱形式中，属于我国继承法所规定的是（　　）。

A. 公证遗嘱　　　　　　　　　B. 口头遗嘱

C. 代书遗嘱　　　　　　　　　D. 自书遗嘱

2. 钟某的父亲刚刚去世，留有不动产、现金、汽车、股票等财产，并立有公证遗嘱一份。钟某有兄弟姐妹共五人，为此钟某特地向某律师咨询继承一事，律师在下列解答中正确的有（　　）。

A. 公证遗嘱在我国法律规定的各种遗嘱形式中效力最高

B. 我国的遗嘱继承人须在法定继承人中选择

C. 若钟某不是遗嘱中指定的继承人，他只能和其他兄弟姐妹共同继承遗嘱中没有处分的财产

D. 遗嘱不得取消缺乏劳动能力又没有生活来源的继承人的继承权

3. 宋某生前立有一份遗嘱，在遗嘱中写着以下内容，哪些符合法律规定？（　　）

A. 将自己的一幅古画赠给好友李某

B. 自己所有的房屋由妻子继承

C. 将自己 50% 的存款捐赠给希望工程

D. 将他人寄存的钢琴由女儿继承

4. 王某因心脏病突发去世，弥留之际留下口头遗嘱，在场人员有：护士甲、值班医生乙、其长子丙、其次子的合伙人丁。上述人员中可作为遗嘱见证人的是（   ）。

A. 甲 　　　　　　B. 乙 　　　　　　C. 丙 　　　　　　D. 丁

5. 陈某想立一份遗嘱，不知立了遗嘱之后能否更改和撤销，如果你是律师，下列说法中错误的有（   ）。

A. 遗嘱的变更与撤销须依法定方式由遗嘱人亲自为之

B. 陈某生前不能将遗嘱中涉及的财产送给别人

C. 公证遗嘱的变更或撤销只能采用公证的方式为之

D. 陈某不能撕毁该遗嘱

6. 甲有一子一女，二人请了保姆乙照顾甲。甲为感谢乙，自书遗嘱，表示其三间房屋由两个子女平分，所有现金赠给乙。后甲又立下书面遗嘱将全部现金分给子女。不久甲去世，下列哪些选项是错误的？（   ）

A. 甲的前一份遗嘱无效 　　　　　　B. 甲的后一份遗嘱无效

C. 所有现金应归甲的子女所有 　　　D. 所有现金应归乙所有

7. 下列遗嘱中无效的有哪些？（   ）

A. 甲在精神发作的状态下设立的口头遗嘱

B. 李某的长子乙对李某谎称其弟丙想杀害父亲夺取遗产，李某随即把全部遗产遗嘱由乙继承

C. 丁为获得遗产，伪造其父的遗嘱

D. 戊借其父昏迷之际，修改了其父的遗嘱

三　名词解释

1. 遗嘱继承　2. 遗嘱　3. 遗赠　4. 遗赠扶养协议　5. 代书遗嘱

四　简答题

1. 简述遗嘱的有效要件。

2. 简述遗赠与遗嘱继承的区别。

五　案例分析题

1. 叶广胜为某村村民，老伴去世早，独自将两个儿子抚养成人。大儿子叶军高中毕业后，去南方打工并在当地结婚，与家中来往甚少。小儿子叶伟在家务农，结婚后与年事已高的父亲同住。因考虑到大儿子经济条件较好，小儿子夫妇又如此孝顺，叶老汉于 1995 年写下一份遗嘱，自己的三间瓦房及存款 5000 元，于其死后全部由小儿子叶伟继承。到 1997 年，叶伟夫妻经朋友介绍去省城当临时工，并暂定居省城。叶老汉在一次中风后因无力照顾自己起居，遂与村委会签订协议：由村里负责叶老汉的生养死葬，叶老汉死后，其所有的三间瓦房归村委会所有。此后村里专门派人照顾他。两年后，叶老汉病死，村里为其办理了丧事。在办理丧事时发现叶老汉留有 1 万元的存折。后村委会依约定占有了他的三间房屋。叶老汉的两个儿子提出异议。

（1）叶老汉生前所立遗嘱和所签订的遗赠扶养协议效力如何？叶老汉的三间房屋应归谁所有？

（2）叶老汉的 10000 元存款应如何处理？

2. 萧大海与李秀英夫妻收养萧湘为子。萧大海生病期间，曾立下遗嘱：全部财产由其妻李秀英继承。萧大海病重，怕妻子无经济收入，生活无人照管，临死前又将李秀英、萧湘和萧大海的两位兄弟叫到病房里立下口头遗嘱：全部房屋、财产归养子萧湘，但萧湘必须赡养其养母，按月给养母生活费直到养母去世。萧大海病故后，萧湘继承了全部财产并按月给养母生活费。萧湘结婚后，母子关系恶化，萧湘停付生活费，并不让养母在家居住。李秀英诉至法院，要求：①解除收养关系；②萧湘每月支付生活费；③按第一次遗嘱内容继承遗产。

（1）收养关系能否解除？

（2）第二次遗嘱的效力如何？

（3）如何处理本案？

参考答案

一　单项选择题

1. C　2. C　3. D　4. C　5. A　6. C　7. B　8. A　9. C

二　多项选择题

1. ABCD　2. ABCD　3. ABC　4. AB　5. BD　6. ABD　7. ABCD

三　名词解释

1. 遗嘱继承是指继承人按照被继承人所立合法有效的遗嘱继承其遗产的一种继承方式。

2. 遗嘱是自然人生前按照法律的规定处分自己的财产及安排与此有关事务并于死亡后发生法律效力的单方民事行为。

3. 遗赠是指自然人以遗嘱的方式将其个人财产赠给国家、集体或者法定继承人以外的人，而于遗赠人死亡后才发生法律效力的民事法律行为。

4. 遗赠扶养协议是受扶养的自然人与扶养人之间关于扶养人承担受扶养人的生养死葬的义务，受扶养人将财产遗赠给扶养人的协议。

5. 代书遗嘱，是指由遗嘱人口述，请别人代为书写的遗嘱。代书遗嘱时必须有两个以上见证人在场见证，由其中一人代书，注明年、月、日，代书人、其他见证人和遗嘱人都必须在遗嘱上签名盖章。

四　简答题

1. 合法有效的遗嘱，必须具备以下条件：（1）遗嘱人立遗嘱时必须具有遗嘱能力。（2）遗嘱必须是遗嘱人的真实意思表示。（3）遗嘱内容必须合法。（4）遗嘱的形式符合法律规定的形式要件。我国《继承法》规定的遗嘱的形式有：公证遗嘱、自书遗嘱、代书遗嘱、录音遗嘱、口头遗嘱等。下列遗嘱无效：无民事行为能力人或者限制民事行为能力人所立的遗嘱；受胁迫、欺骗所立的遗嘱；伪造的遗嘱；遗嘱被篡改的，篡改的内容无效。（5）遗嘱没有对缺乏劳动能力又没有生活来源的继承人保留必要的遗产份额的，对应当保留的必要份额的处分无效。如果遗嘱人未保留缺乏劳动能力又没有生活来源的继承人的遗产份额，遗产处理时，应当为该继承人留下必要的遗产，所剩余的部分，才可参照遗嘱确定的分配原则处理。（6）遗嘱人以遗嘱处分不属于自己财产的，遗嘱的这部分内容无效。

遗嘱处分的财产范围，限于遗嘱人个人所有的合法财产。

2. 遗赠与遗嘱继承的区别是：（1）权利主体范围不同。在遗赠中，遗赠权的主体只能是国家、集体或法定继承人以外的人；而在遗嘱继承中，遗嘱继承权的主体只能是法定继承人范围以内的人。（2）权利客体范围不同。受遗赠权的客体只是遗产中的财产权利，而不包括财产义务。遗嘱继承权的客体是遗产，既包括被继承人生前的财产权利，也包括被继承人生前的财产义务。（3）权利行使方式不同。受遗赠人接受遗赠的，应于法定期间内作出接受遗赠的明示的意思表示。在遗嘱继承中，遗嘱继承人放弃继承的，应当在继承开始后遗产处理前，作出放弃继承的明确表示，没有表示的，视为接受继承。（4）权利人取得遗产的方式不同。受遗赠人无权直接参与遗产分配，而只能从遗嘱执行人或者法定继承人处取得遗产；遗嘱继承人有权直接参与遗产的分配。

五　案例分析题

1.（1）叶老汉的生前所立遗嘱部分有效。其和村委会所签订的遗赠扶养协议具有法律效力。叶老汉所立的遗嘱在前，其与村委会签订的遗赠扶养协议在后，村委会依照遗赠扶养协议履行了自己的义务，因此，遗赠扶养协议具有法律效力。而叶老汉所立的遗嘱和其与村委会所签订的遗赠扶养协议在对遗产的处理上存在一定的冲突。《继承法》第5条规定，继承开始后，按法定继承办理，有遗嘱的，按照遗嘱继承或者遗赠办理；有遗赠扶养协议的，按照协议办理。因此遗赠扶养协议的效力高于遗嘱，叶老汉对其所有三间房屋的前后两次处分行为，应以其与村委会所签的遗赠扶养协议为准，其生前遗嘱中由叶伟继承其三间房屋的部分无效。但遗赠扶养协议并未涉及存款，因此对存款的遗嘱处分仍然具有法律效力。

（2）叶老汉的10000元存款应由长子叶军继承2500元，小儿子叶伟继承7500元。因为叶老汉生前遗嘱中关于5000元存款由叶伟继承的部分仍然有效，因此这5000元应按遗嘱继承办理，由叶伟继承。对遗嘱及遗赠扶养协议均没有涉及的5000元，按法定继承办理。叶军和叶伟作为叶老汉的法定继承人，应平均分配这部分遗产。

2.（1）根据《收养法》第22条的规定，该收养关系可以解除。

（2）第一次遗嘱处分了夫妻共同财产，内容不合法，而且已被第二次遗嘱否定。不能生效。第二次遗嘱是附义务（附条件）的遗嘱，义务不履行即不应生效，应取消萧湘按该遗嘱继承遗产的权利，而且该遗嘱的内容违法，侵犯了李秀英的夫妻共同财产权。

（3）处理：第一，两次遗嘱均不生效；第二，收养关系解除；第三，先分割夫妻共同财产，萧大海的遗产按法定继承由李秀英、萧湘继承；第四，收养关系解除后，根据《收养法》第 30 条规定，萧湘仍有给付李秀英生活费的义务。

第三十三章　遗产的处理

一　单项选择题

1. 杜某夫妇共有存款 10000 元，家里有杜某刚领的工资 600 元和其妻的工资 400 元。杜某死亡后，其遗产有（　　）。

A. 5400 元　　　　B. 5500 元　　　　C. 5600 元　　　　D. 10600 元

2. 为胎儿保留的被继承人的遗产份额，如胎儿出生后死亡的，该份额应如何处理？（　　）

A. 由胎儿的继承人继承

B. 由被继承人的继承人继承

C. 由胎儿的继承人和被继承人的继承人共同继承

D. 由胎儿的继承人和被继承人的继承人协商处理继承

3. 公民甲生前与公民乙依法签订有遗赠扶养协议，后又立有遗嘱，二者内容相抵触，继承开始后，对甲的遗产应如何处理？（　　）

A. 法定继承　　　　　　　　B. 遗嘱继承

C. 遗赠扶养协议　　　　　　D. 遗嘱继承或遗赠扶养协议

4. 甲乙为夫妻，父母双亡，膝下无子，甲只有一弟，无其他近亲属；乙无近亲属。甲乙因同坐一次飞机遇事而亡。经查，甲乙有共同财产 20 万元，则该 20 万元中（　　）。

A. 全部由甲弟继承　　　　　B. 全部归国家所有

C. 10 万元由甲弟继承　　　　D. 10 万元归国家所有

5. 甲死亡，其遗产由其妻乙和父母丙丁继承。当时乙正怀孕，为胎儿保留遗产份额 3 万元。胎儿出生时是死体，这 3 万元应如何处理？（　　）

A. 由乙、丙、丁继承，均分

B. 由乙继承 1/2，丙、丁继承 1/2

C. 由乙继承全部

D. 由丙、丁继承全部

6. 1999 年 5 月 4 日甲病逝，5 月 7 日安葬完毕，5 月 8 日继承人一起确定甲的遗产，5 月 9 日继承人之间确定继承的比例，5 月 10 日遗产分割完毕。请问继承是从哪一天开始的？（　　）

　　A. 5 月 4 日　　　B. 5 月 7 日　　　C. 5 月 8 日　　　D. 5 月 10 日

7. 李某于 1994 年 3 月 1 日离家出走后音信全无，李某之妻余某于 1999 年 5 月 1 日向法院申请宣告死亡，2000 年 7 月 1 日法院作出宣告李某死亡的判决（判决中未确定李某的死亡日期），2000 年 7 月 4 日余某收到判决书。继承李某的财产应从哪一天开始？（　　）

　　A. 1994 年 3 月 1 日　　　　　　B. 1999 年 5 月 1 日

　　C. 2000 年 7 月 1 日　　　　　　D. 2000 年 7 月 4 日

8. 甲与妻乙携 5 岁的女儿丙和 70 岁的老父丁一起去春游，不幸四人在乘坐缆车时坠入山谷无一生还，又无法确定他们死亡的先后顺序，如果他们都有继承人，推定谁先死亡？（　　）

　　A. 甲　　　　　B. 乙　　　　　C. 丙　　　　　D. 丁

9. 甲有二子乙丙，甲与 1996 年立下遗嘱将其全部财产留给乙，甲于 2004 年 4 月死亡。经查，甲立遗嘱时乙 17 岁，丙 14 岁，现乙、丙均已工作，甲的遗产应如何处理？（　　）

　　A. 乙丙各得二分之一

　　B. 乙获得三分之二，并获得三分之一

　　C. 乙获得全部遗产

　　D. 丙获得全部遗产

10. 2010 年 6 月 4 日甲出车祸死亡，6 月 7 日安葬完毕，6 月 8 日继承人一起确定甲的遗产范围和继承人之间的继承比例，6 月 10 日遗产分割完毕。继承从哪天开始？（　　）

　　A. 6 月 4 日　　　B. 6 月 7 日　　　C. 6 月 8 日　　　D. 6 月 10 日

二　多项选择题

1. 赵某于 2005 年 12 月 8 日因意外而死亡，则下列哪些权利义务和财产不能列入遗产？（　　）

A. 赵某与某一音乐厅订立的演出合同中所负演出义务

B. 赵某的邻居张某所欠赵某 1 万元

C. 赵某某一小说的版税

D. 好友甲寄存于赵某家的古董花瓶

2. 继承开始的时间具有何种法律意义？（　　）

A. 依继承开始的时间确定法定继承人的范围

B. 依继承开始的时间确定遗产范围

C. 确定遗产的权利归属

D. 确定遗嘱效力及确定继承人的应继份额

3. 甲生前租住三居室住房一套，另有存款 5 万元，2000 年其因公致残，单位发给其家属 5 万元抚恤金。2001 年甲因车祸死亡，保险公司按其在保险单所填写受益人为其儿子乙，将 5 万元保险金交给乙。甲的遗产不包括（　　）。

　　A. 住房　　　　　B. 存款　　　　　C. 保险金　　　　　D. 抚恤金

4. 村民张某死后留有房屋 6 间，水牛 2 头，张某有妻张乙，两个孩子张丙和张丁，其祖父仍健在。对其遗产继承，下列说法中，正确的是（　　）。

A. 房屋 6 间由张乙分得 3 间、张丙、张丁和其祖父各 1 间

B. 房屋 6 间由张乙分得 4 间，张丙和张丁各 1 间

C. 在遗产没有分割之前，各继承人对遗产的权利为共同共有

D. 对水牛的分割应采取变价分割或作价补偿，而不宜采用实物分割的方式

5. 甲在遗嘱中立下以下内容，哪些符合法律的规定？（　　）

A. 甲所有的范围归女儿继承

B. 甲生前所著书的版权由儿子享有

C. 甲的藏书赠给好友乙

D. 甲的存款全部捐赠给希望工程

三　名词解释

1. 遗产　　　　2. 遗产的分割

四　简答题

1. 简述遗产的特征。

2. 认定遗产应注意哪些问题？

五　案例分析题

张富与妻子在农村务农，独生儿子张利志已婚，与妻子杨静及小孙子小宝住在城里。1998 年 2 月，恰逢农闲时节，张利志夫妇经商议，决定开车把父母从乡下接来小住数月，顺便也可帮忙照看小宝。不料在返乡途中，因刚拿到驾照的张利志缺乏经验，不慎将车开下悬崖，他人发现时三人全部丧生。张富夫妇听到消息后，伤心欲绝。于是草草变卖了张利志夫妇留有的全部财产加上存款合计 40000 元。现杨静惟一的姐姐杨宁提出，她也是杨静的继承人，要求继承部分遗产。

（1）请问如何确定本案当事人的死亡顺序？
（2）此案遗产应做如何处理？

参考答案

一　单项选择题

1. B　2. A　3. C　4. C　5. A　6. A　7. C　8. D　9. C　10. A

二　多项选择题

1. AD　2. ABCD　3. ACD　4. BCD　5. ABCD

三　名词解释

1. 遗产系自然人死亡时遗留的个人合法财产。
2. 遗产的分割，是指共同继承人之间按照各继承人应继承的份额分配遗产的行为。

四　简答题

1. 遗产的特征有：（1）遗产是自然人死亡时遗留的财产。只能以被继承人死亡时所遗留的财产状况来确定其遗产的范围，被继承人死亡之前的财产不为遗产，不发生继承。（2）遗产是自然人死亡时遗留的个人财产。遗产在范围上具有限定性，只有在被继承人生前属于被继承人个人所有的财产，才能成为遗产。虽为被继承人生前所有的财产，但具有人身专属性的，也不为遗产。（3）遗产是自然人死亡时遗留的合法财产。（4）遗产是自然人死亡时遗留的全部财产权利和财产义务。继承人对遗产的继承既包括对遗产权利的享有，也包括对遗产义务的承担。单遗产只包括财产权利和财产义务，而不包括人身权利和人身义务。

2. 认定遗产应注意区分：（1）遗产与共同共有财产。继承开始后，应当注意区分：①遗产与夫妻共有财产。②遗产与家庭共有财产。当家庭成员死亡时，应区分死亡家庭成员的遗产与家庭共有财产。③被继承人生前所欠的个人债务和整个家庭所欠的共同债务。（2）遗产与承包经营的财产。被继承人生前承包经营的财产，如土地、林地、企业等，不属于遗产，不能继承，但继承人享有优先承包权。承包经营的收益，属于遗产。（3）遗产与基于特定身份享有的财产。基于特定身份享有的财产包括：①复员、转业军人等的资助金、复员费、转业费、医疗费。上述费用在复员、转业军人死亡时尚存的，应作为遗产。②因公伤残职工、革命残废军人的抚恤费。当因公伤残职工、革命残废军人死亡，已经领取的尚未用完的抚恤费可以作为遗产。但是，他们领取抚恤费的权利，不能作为遗产。③职工因公死亡、革命军人牺牲后对其家属的抚恤金。这种抚恤金是对死者家属的抚慰和经济补偿，由受抚慰者本人享有，不能作为死者的遗产。④被继承人生前投保而于其死亡时给付的保险金。被继承人生前和保险公司签订的人身保险合同，如果在合同中投保人已指定了受益人，被保险人死亡后，则由合同所指定的受益人取得保险金并享有所有权。保险金因死者生前不享有所有权，故不能作为死者的遗产。如果没有指定受益人，则被保险人死亡后，给付的保险金可作为死者的遗产。

五　案例分析题

（1）根据最高人民法院关于贯彻执行《继承法》若干问题的意见第二条的规

定，相互有继承关系的几个人在同一事件中死亡，如不能确定死亡先后时间的，推定没有继承人的人先死亡。死亡人各自都有继承人的，如几个死亡人辈分不同，推定长辈先死亡；几个死亡人辈分相同，推定同时死亡，彼此不发生继承，由他们各自的继承人分别继承。本案中，死亡的三人都有各自的继承人，但辈分不同，则应推定长辈先死，辈分相同的人同时死亡，即张利志与杨静同时死亡，彼此不发生继承。而小宝作为晚辈被推定为后死。

（2）因推定张利志与杨静同时死亡，彼此不发生继承，他们的遗产应由他们各自的继承人继承。即张利志的遗产由他的父母和儿子小宝作为第一顺序继承人继承。而杨静没有其他的第一顺序继承人，她的全部遗产由儿子小宝继承。而小宝虽也在车祸中丧生，但被推定为后死，在他死后，因为已没有第一顺序继承人，也没有其他的第二顺序继承人，他的遗产则由他的祖父母作为第二顺序继承人全部继承。至于杨静的姐姐杨宁，因她只是杨静的第二顺序继承人，在杨静已有第一顺序继承人的情况下，她没有继承遗产的资格。

第三十四章　人身权概述

一　单项选择题

1. 下列关于人身权的表述，正确的是（　　）。

A. 人身权是财产权

B. 人身权是民事主体在人格关系和身份关系上所体现的权利

C. 人身权不含有任何财产内容

D. 人身权可以与人身分离

2. 下列权利中，属于民法上的人身权的是（　　）。

A. 就业权　　　　B. 相邻权　　　　C. 肖像权　　　　D. 劳动权

3. 下列关于人身权的表述，正确的是（　　）。

A. 权利的财产性　　　　　　　B. 权利的可以转让性

C. 权利的相对性　　　　　　　D. 权利的法定性

4. 下列人身权中，可以依法转让的是（　　）。

A. 法人的名称权　　　　　　　B. 自然人的身体权

C. 自然人的姓名权　　　　　　D. 自然人的名誉权

5. 在人身权的权能中，不属于人身权的普遍权能的是（　　）。

A. 控制权　　　　　　　　　　B. 利用权

C. 人身利益处分权　　　　　　D. 有限转让权

6. 按照依存的社会关系的不同，人身权分为（　　）。

A. 人格权和身份权　　　　　　B. 人格权和就业权

C. 身份权和选举权　　　　　　D. 身份权和亲属权

二　多项选择题

1. 下列人身权中是《民法通则》中明文规定的为（　　）。

A. 生命健康权 　　　　　　　B. 姓名权

C. 肖像权 　　　　　　　D. 名誉权

2.《民法通则》中明文规定法人享有的人身权包括（　　　）。

A. 名称权 　　　B. 名誉权 　　　C. 隐私权 　　　D. 荣誉权

3. 人身权的权能包括（　　　）。

A. 控制权 　　　　　　　B. 利用权

C. 有限转让权 　　　　　　D. 人身利益处分权

4. 按照《民法通则》的规定，（　　　）享有名称权。

A. 公民 　　　　　　　B. 法人

C. 个体工商户 　　　　　　D. 个人合伙

5. 甲将乙所画的画中的署名刮去，盖上自己的印章，并将画悬挂于自己厅堂。则甲侵害了乙的（　　　）。

A. 名誉权 　　　B. 署名权 　　　C. 财产权 　　　D. 人身权

6. 我国民法对人身权的保护方法最常用的有（　　　）。

A. 罚款 　　　　　　　B. 恢复名誉

C. 赔礼道歉 　　　　　　D. 赔偿损失

三　简答题

1. 简述人身权的法律特征。

2. 简述人身权的种类。

参考答案

一　单项选择题

1. B　2. C　3. D　4. A　5. D　6. A

二　多项选择题

1. ABCD　2. ABD　3. ABCD　4. BCD　5. BD　6. BCD

三 简答题

1. 人身权是指民事主体依法享有的，与其人身不可分离而又没有直接财产内容的民事权利。其法律特征有：（1）权利的非财产性。人身权是一种没有直接财产内容的权利，以民事主体的人格利益和身份利益为客体，它不具有经济学上的价值，对它只能从观念上作出评价。（2）权利的不可转让性。人身权与特定的人身紧密相联。人身权与民事主体不可分离决定了人身权的不可转让性，除法律有特别规定之外，人身权不得以任何形式转让、继承。但是，企业名称权可依法转让。（3）权利的绝对性。人身权的权利主体是特定的，特定主体的人身权无须借助任何人的行为就可以由权利人自身实现。人身权的义务主体是不特定的，权利人之外的任何人都负有不得侵害权利人所享有的各种人身权的义务。（4）权利的支配性。人身权的权利主体可以基于人身权直接支配其人格利益或者身份利益，而无须对方当事人特定的行为，由此决定了人身权具有支配性。

2. 人身权可以分为人格权和身份权。人格权一般包括：身体权、健康权、生命权、姓名权或名称权、肖像权、名誉权、隐私权、自由权、贞操权、信用权和婚姻自主权；身份权一般包括：配偶权、亲权、亲属权、荣誉权。

第三十五章　人格权

一　单项选择题

1. 下面民事权利中，不属于人格权的是（　　）。

A. 名誉权　　　　B. 健康权　　　　C. 荣誉权　　　　D. 自由权

2. 自然人最基本的人格权是（　　）。

A. 自由权　　　　B. 健康权　　　　C. 名誉权　　　　D. 生命权

3. 下列表述，不属于人格权特征的是（　　）。

A. 以身份利益为客体　　　　　　B. 权利的固有性

C. 以保障人的自由和尊严为权利主旨　D. 以人格利益为客体

4. 下列表述中，不属于一般人格权的是（　　）。

A. 人格独立　　　　　　　　　　B. 隐私权

C. 人格自由　　　　　　　　　　D. 人格尊严

5. 下列权利中，不属于具体人格权的是（　　）。

A. 名誉权　　　　　　　　　　　B. 健康权

C. 肖像权　　　　　　　　　　　D. 人格尊严

6. 私法上的自由权不包括（　　）。

A. 言论自由权　　　　　　　　　B. 人身自由权

C. 婚姻自由权　　　　　　　　　D. 契约自由权

7. 甲到乙医院做隆鼻手术效果很好。乙为了宣传，分别在美容前后对甲的鼻子进行拍照（仅见鼻子和嘴部），未经甲同意将照片发布到丙网站的广告中，介绍该照片时使用甲的真实姓名。丙网站在收到甲的异议后立即作了删除。下列哪一说法是正确的？（　　）

A. 乙医院和丙网站侵犯了甲的姓名权，应承担连带赔偿责任

B. 乙医院和丙网站侵犯了甲的姓名权，应承担按份赔偿责任

C. 乙医院侵犯了甲的姓名权

D. 乙医院和丙网站侵犯了甲的姓名权和肖像权，但丙网站可免于承担赔偿责任

8. 下列关于肖像权的表述，正确的是（　　）。

A. 肖像权是自然人专有的民事权利

B. 肖像权所体现的基本利益是财产利益

C. 肖像权不体现物质利益

D. 肖像权的客体肖像具有不可再生性

9. 下列行为中，不属于侵害他人隐私权的行为是（　　）。

A. 收集他人的个人信息

B. 偷看某人的病例

C. 为缉拿罪犯，公安局公布犯罪分子的自然情况

D. 非法窥视他人私生活

10. 小李到照相馆照艺术照，照相馆翻拍了小李的底片，并卖给个体户张某作挂历用，而张某将底片又卖给某广告公司做广告。本案中，侵犯小李肖像权的是（　　）。

A. 照相馆，不包括张某

B. 照相馆、张某、广告公司

C. 张某和广告公司，不包括照相馆

D. 广告公司和照相馆，不包括张某

二　多项选择题

1. 下列属于人格权的有（　　）。

A. 隐私权　　　　　　　　　B. 自由权

C. 姓名权　　　　　　　　　D. 婚姻自主权

2. 下列人格权中，只能为自然人享有的是（　　）。

A. 隐私权　　B. 名称权　　C. 肖像权　　D. 姓名权

3. 下列关于人格权自然属性的表述，正确的是（　　）。

A. 人格权伴随着特定的民事主体存在

B. 民事主体享有的人格权与身共生

C. 人格尊严不能剥夺

D. 人格权不能转让和抛弃

4. 下列主体中，可以转让自己名称的是（　　）。

A. 国有企业法人 　　　　　　　　B. 集体企业法人

C. 个人合伙企业 　　　　　　　　D. 外商投资企业

5. 下列现象中，不构成侵害名誉权的行为是（　　）。

A. 侮辱行为 　　　　　　　　　　B. 报道犯罪事实

C. 正当行使权利 　　　　　　　　D. 诽谤行为

6. 下列情形中，属于合理使用肖像权的是（　　）。

A. 新闻报道中合理使用领导人的肖像

B. 公安机关为缉拿犯罪分子在报刊上使用犯罪分子的肖像

C. 为宣传植树活动使用植树者的肖像

D. 寻人启事上使用失踪者的肖像

7. 隐私权的内容有（　　）。

A. 个人生活安宁权 　　　　　　　B. 个人生活信息的控制权

C. 个人生活信息的保密权 　　　　D. 个人通信秘密权

8. 周某将拍摄了其结婚仪式的彩色胶卷底片交给乙彩扩店冲印，并预交了冲印费。周某于约定日期去取相片，彩扩店告知：因失火，其相片连同底片均被焚烧。周某非常痛苦，诉至法院要求赔偿胶卷费、冲印费及精神损失费。下列哪些是正确的？（　　）

A. 彩扩店侵害了周某的财产权和肖像权

B. 彩扩店的行为构成违约行为和侵权行为

C. 彩扩店应当赔偿胶卷费并返还冲印费

D. 周某的精神损失赔偿请求应当得到支持

9. 张某旅游时抱着当地一个小女孩拍摄一张照片，并将照片放在自己的博客中，后来发现该照片被用在某杂志的封面，并配以"母女情深"的文字说明。张某并未结婚，朋友看到后纷纷询问张某，熟人对此也议论纷纷，张某深受困扰。下列说法正确的是（　　）

A. 杂志社侵害张某的肖像权

B. 杂志社侵害张某的名誉权

C. 杂志社侵害张某的隐私权

D. 张某有权向杂志社要求精神损害赔偿

10. 某影楼与甲约定："影楼为甲免费拍写真集，甲允许影楼使用其中一张照片作为影楼的橱窗广告。"后甲发现自己的照片被用在一种性药品广告上。经查，制药公司是从该影楼花 500 元买到该照片的。下列说法正确的是（   ）。

    A. 影楼侵害甲的肖像权

    B. 影楼享有甲写真照片的版权

    C. 影楼的行为构成违约

    D. 制药公司的行为侵害甲的隐私权

三　名词解释

1. 人格权　2. 生命权　3. 健康权　4. 身体权　5. 姓名权　6. 肖像权　7. 名誉权　8. 自由权　9. 隐私权

四　简答题

1. 简述姓名权的内容。

2. 简述肖像权的内容。

3. 简述名誉权的内容。

五　案例分析题

甲租用新婚夫妇乙丙一间空房居住，甲出于对夫妇生活的好奇，在墙上凿一小孔，用摄像机摄下乙丙夫妇二人的亲昵行为。甲的行为被发现后，妻子丙精神受到打击，从此对夫妻生活失去兴趣。丈夫乙气愤之极，将甲告上法院，诉精神赔偿 5 万元。

（1）本案中，甲侵犯了乙丙夫妇的什么权利？

（2）法院应如何处理？

参考答案

一　单项选择题

1. C　2. D　3. A　4. B　5. D　6. A　7. C　8. A　9. C　10. B

二 多项选择题

1..ABCD 2.ACD 3.ABCD 4.ABCD 5.BC 6.ABCD 7.ABCD 8.BCD
9.AB 10.ABC

三 名词解释

1.人格权是指法律赋予民事主体为维护自己的生存和尊严所必须具备的人身权利。

2.生命权是指自然人维持生命和保护生命安全利益的权利。

3.健康权是指自然人以其身体外部组织的完整和身体内部生理机能的健全，使肌体生理机能正常运作和功能完善发挥，从而维持人体生命活动为内容的人格权。

4.身体权是指自然人保护其身体完整，并支配其肢体、器官和其他身体组织的人格权利。

5.姓名权是指自然人决定，使用和变更自己姓名的权利。

6.肖像权是指自然人对自己肖像享有的再现、使用并排斥他人侵害的权利。

7.名誉权是指民事主体对自己在社会生活中所获社会评价享有不可侵犯的权利。名誉是社会对自然人、法人的品德、才干、信誉等在社会生活中所获得的社会评价。

8.自由权是指民事主体在法律规定的范围内，依照自身意志进行活动而不受他人干涉、约束的权利。

9.隐私权是指自然人依法享有的保持私人生活安宁和私人生活信息不被知悉、披露的权利。

四 简答题

1.姓名权包括：（1）姓名决定权。自然人有权决定自己的姓名，别名、笔名、艺名等人身符号。既可以随父姓，也可以随母姓，还可以选择使用父母姓氏之外的其他姓，其他任何人无权干涉。（2）姓名使用权。姓名使用权是自然人使用自己姓名的权利。姓名权是一种绝对权利，自然人对自己的姓名享有专用权，任何人无权阻止其使用自己的姓名。另外，在通常情况下，自然人对使用自己正式姓名、笔名或艺名有选择权，但在法律对使用姓名有特殊规定的，应从其规定。(3) 姓名变更权。姓名变更权是指自然人依照有关规定改变自己正式姓名的权利。自然人变更姓名必须按照一定的程序办理，并在户籍登记机关办理姓名变更手续。

2. 肖像权包括：(1) 肖像制作权。肖像制作权，即肖像再现权，它是指自然人对自己个人形象享有的通过造型艺术或其他形式进行再现的权利。(2) 肖像使用权。肖像使用权，是指自然人在法定范围内对自己肖像使用的权利，包括自己使用的权利和允许他人使用的权利，允许他人部分使用的权利或全部使用的权利，允许他人有

偿使用的权利或无偿使用的权利，以及允许他人在何时、何地、何种场合使用的权利。未经肖像权人同意，他人不得使用其肖像。(3) 维护肖像完整权。肖像权人有权维护自己肖像的完整性，有禁止他人玷污、涂抹、修改、损毁自己肖像的权利，也享有禁止他人摆放、展出自己受毁损肖像的权利。

3. 名誉权包括：(1) 名誉保有权。民事主体对于自己的名誉有充分的保有权，这种权利包括保持自己的名誉不降低、不丧失，在知悉自己的名誉不佳时，有权利凭借自己的实际行动来改进这种状态，他人不得干预。(2) 名誉维护权。名誉维护权是指名誉权人对他人侵害自己名誉的行为，可以寻求司法保护，既可以要求司法机关对侵权人施以民事制裁，也可以要求司法机关责令侵权人赔偿自己遭受的损失。(3) 名誉利益支配权。名誉权人对名誉权所体现的利益有支配权。民事主体可以利用自己良好的名誉与他人进行广泛的交往，使自己获得更好的社会效益和更大的经济效益，同时，名誉权人也可以不使用自己的名誉，但名誉权人不得将名誉利益任意抛弃、转让，更不能由继承人继承。

五　案例分析题

(1) 本案中，甲侵犯乙丙夫妇的隐私权。甲租用乙丙的房屋，在墙上凿洞窥看丙摄录乙丙的亲密行为，甲的这种过错行为，对乙丙造成很大的损失，是一种侵犯乙丙隐私权的行为。

(2) 法院应支持乙的诉讼请求。我国《侵权责任法》中已经明确规定了侵犯隐私权的侵权责任。因此，乙要求甲赔偿精神损失，法院应予以支持。

第三十六章　身份权

一　单项选择题

1. 下列权利中，不属于身份权的是（　　）。

A. 亲权　　　　　B. 亲属权　　　　C. 名誉权　　　　D. 荣誉权

2. 下列不属于荣誉权内容的是（　　）。

A. 荣誉保持权　　　　　　　　B. 荣誉利用权

C. 荣誉消灭权　　　　　　　　D. 荣誉获得权

3. 荣誉权的主体不可以是（　　）。

A. 国家　　　　　B. 法人　　　　C. 自然人　　　　D. 其他组织

二　多项选择题

1. 下列关于身份的表述，正确的是（　　）。

A. 身份是一种法定化的社会地位

B. 身份不表现为某种利益

C. 身份同时蕴含着义务和责任

D. 身份是民事主体在某种社会关系中的所排的位阶

2. 下列关于身份权的表述，正确的是（　　）。

A. 身份权是民事主体因具有某种特定身份而依法享有的权利

B. 并非每一个民事主体都毫无例外地享有身份权

C. 不一定所有的身份权都是终身享有的权利

D. 身份权是一种民事主体约定的权利

3. 关于荣誉权的表述，不正确的是（　　）。

A. 荣誉权是身份权　　　　　　　　　B. 荣誉权就是名誉权

C. 荣誉权是自然人专有的权利 　　　 D. 荣誉权是人格权

4. 下列民事权利中，不属于身份权的是（　　）。

A. 名誉权 　　　 B. 姓名权 　　　 C. 亲权 　　　 D. 生命权

5. 王某一生未婚，他能享有的身份权是（　　）。

A. 配偶权 　　　 B. 亲属权 　　　 C. 荣誉权 　　　 D. 著作署名权

三　名词解释

1. 亲权　　 2. 荣誉权　　 3. 身份　　 4. 身份权　　 5. 亲属权

四　简答题

试比较身份权与人格权。

参考答案

一　单项选择题

1. C　 2. C　 3. A

二　多项选择题

1. ACD　 2. ABC　 3. BCD　 4. ABD　 5. BCD

三　名词解释

1. 亲权是父母对未成年子女的人身进行管教及对其财产予以保护的权利。《民法通则》没有规定亲权制度。亲权制度旨在保护未成年子女的利益。

2. 荣誉权是指自然人、法人或其他组织获得、保持、利用荣誉并享有其所生利益的权利。

3. 身份是民事主体在亲属关系以及其他非亲属的社会关系中所处的稳定地位，以及由该种地位所产生的与其自身不可分离，并受法律保护的利益。

4. 身份权是民事主体基于某种特定的身份而依法享有的一种民事权利。

5. 亲属权是指除配偶关系、父母子女关系以外基于其他亲属之间的身份利益而产生的权利。

四 简答题

身份权与人格权的相同之处有：（1）都为专属权；（2）都为支配权；（3）都不具有直接的财产性。

二者的不同之处：（1）二者的法律作用不同。身份权旨在维护自然人、法人及其他组织的特定血缘、亲属、社会地位形成的人与人之间的权利义务关系；人格权旨在维护自然人、法人及其他组织的法律人格，实现人之所以为人的法律效果；（2）人格权是民事主体所固有的权利而且为民事主体存续期间所必备，身份权是基于一定身份关系形成的身体利益，以身份的存续为权利存续的前提；（3）二者的客体不同。人格权的客体是人格利益，身份权的客体是身份利益。

第三十七章　侵权责任概述

一　单项选择题

1 在侵权责任与违约责任竞合的情况下，我国法律规定，当事人（　　）。

A. 只能选择违约请求权起诉

B. 只能选择侵权请求权起诉

C. 可以在侵权请求权与违约请求权中选择一个起诉

D. 不必选择，可以同时以侵权请求权与违约请求权起诉

2. 某杂志为扩大销量，精心炮制了某著名影星甲的一段绯闻，给甲带来了极大的精神痛苦。甲将某杂志告到法院，以下责任方式不适用该案的是（　　）。

A. 赔偿损失　　　　　　　　　　　B. 消除影响、恢复名誉

C. 赔礼道歉　　　　　　　　　　　D. 排除妨碍

3. 经营者提供商品或者服务有欺诈行为的，适用（　　）。

A. 全部赔偿原则　　　　　　　　　B. 惩罚性赔偿原则

C. 衡平原则　　　　　　　　　　　D. 限定赔偿原则

4. 下列权利受到侵害不能获得精神损害赔偿的是（　　）。

A. 名称权　　　B. 姓名权　　　C. 名誉权　　　D. 身体权

5. 关于返还财产的表述，不正确的是（　　）。

A. 返还财产发生在非法占有他人财产的场合

B. 返还的财产应当包括原物和孳息

C. 返还财产方式的适用须以原物仍然存在为限

D. 返还财产只限于返还原物

6. 权损害赔偿的原则不包括（　　）。

A. 全面赔偿原则　　　　　　　　　B. 考虑当事人经济状况原则

C. 平均分担原则　　　　　　　　　D. 衡平原则

7. 加害人不能提出的侵权责任的抗辩事由是（　　）。

A. 无经济收入来源　　　　　　　B. 紧急避险

C. 不可抗力　　　　　　　　　　D. 依法执行职务

8. 王某被李某的惊马踏伤，向李某诉请损害赔偿。王某不需举证证明的是（　　）。

A. 自己所受的损失　　　　　　　B. 侵权事实

C. 李某的过错　　　　　　　　　D. 侵权事实与损失之间有因果关系

二　多项选择题

1. 依传统民法原理，侵权行为的对象包括（　　）。

A. 物权　　　　B. 名誉权　　　　C. 债权　　　　D. 知识产权

2. 下列行为中，不属于不作为侵权行为的是（　　）。

A. 诽谤他人名誉　　　　　　　　B. 假冒他人姓名

C. 假冒他企业名称　　　　　　　D. 偷掉下水井盖致过路人损害

3. 下列行为中，属于特殊侵权行为的是（　　）。

A. 履行职务致人损害　　　　　　B. 故意伤害致人损害

C. 地面施工致人损害　　　　　　D. 污染环境致人损害

4. 下列对侵权行为与债的关系的表述，正确的是（　　）。

A. 大陆法系民法典将侵权行为作为债的发生根据之一

B. 《民法通则》将侵权行为与债分开规定

C. 英美法系也将侵权行为作为债的发生根据之一

D. 英美法系没有债的概念，侵权行为法是独立的法律制度

5. 某甲与某乙因为口角而互殴，某甲将某乙打成重伤并致残，丧失了劳动能力。则某乙可以向某甲要求赔偿（　　）。

A. 医疗费　　　　　　　　　　　B. 误工费

C. 与医疗有关的交通费　　　　　D. 残废用具费

6. 下列行为中，不认为具有违法性的是（　　）。

A. 适当的私力救济行为　　　　　B. 职务授权行为

C. 正当防卫行为　　　　　　　　D. 紧急避险行为

7. 某企业职工王某外出催收企业债务期间，被债务人甲企业的保安打成重伤致残，并丧失劳动能力，不得已提前退休。企业特给王某发放了抚恤金1万元，退休金5万

元。王某将甲企业诉至法院，下述甲企业提出的要求不能得到支持的是（　　　）。

A. 对法庭决定的损害赔偿额应当减免 1 万元

B. 对法庭决定的损害赔偿额应当减免 5 万元

C. 对法庭决定的损害赔偿额应当减免 6 万元

D. 不应对甲企业适用惩罚性赔偿

三　名词解释

1. 侵权责任　　2. 过失相抵规则　　3. 损益相抵规则

四　简答题

1. 简述侵权责任与违约责任的区别。
2. 简述侵权损害赔偿的原则。

五　案例分析题

2010 年 5 月 5 日，某市公交车司机孙某驾驶公共汽车在正常拐弯时，突然发现前面不远处李某驾驶一辆出租车违章迎面驶来，眼看一场惨重的车祸就要发生，孙某见状眼疾手快，急忙转动方向盘，往右一拐，驶进人行道，车祸是避免了，却把在人行道上行走的郭某撞伤。郭某经医院治疗，花去医疗费 3 万元。事后，郭某找到市公交公司，要求赔偿医疗费以及其他各项损失共计 5 万元。公交公司则认为损害是由李某违章驾驶一手造成的，责任在于李某，而李某则称，自己只是违反了交通法规，应由交通法规及《治安管理处罚条例》来处理，对郭某损失不负责任。三方争执不下，郭某诉至法院。

（1）本案孙某的行为是否构成紧急避险

（2）本案的责任应如何承担？

参考答案

一　单项选择题

1. C　2. D　3. B　4. A　5. D　6. C　7. A　8. C

二 多项选择题

1. ABD　2. ABC　3. ACD　4. ABD　5. ABCD　6. ABCD　7. ABC

三 名词解释

1. 侵权责任是指民事主体因实施侵权行为而应承担的民事法律后果。

2. 过失相抵规则是指受害人对损害的发生或扩大也有过失时，可以适当减轻或免除加害人的赔偿责任的法律规则。

3. 损益相抵规则是指受害人基于同一原因受到损害并且受有利益，在决定损害赔偿额时，将所受利益从全部损害额中抵销的法律规则。

四 简答题

1. 侵权责任与违约责任的区别体现为：（1）归责原则不同。侵权责任一般采过错责任原则，在法律有特殊规定的情况下，采无过错责任原则，在法律没有明确规定而当事人双方又无过错，依公平观念，也可采公平责任原则。违约责任一般采无过错责任原则，在法律有明确规定的情况下，采过错责任原则。（2）构成要件不同。侵权责任，行为人主观上是否有过错，因其适用的归责原则不同而有所不同，但一定要有损害后果的存在，无损害无侵权。在违约责任中，损害后果不一定是承担责任的要件，如定金罚则。（3）举证责任不同。在侵权责任中，一般侵权行为的受害人，有义务就加害人是否有过错负举证责任。而在违约责任中，违约方只有证明具有法定或约定的免责事由时才能免责。（4）免责条件不同。在侵权责任中，免责条件只能是法定的。在违约责任中，除了法定的免责条件外，合同当事人还可以事先约定不承担民事责任的情况，但当事人不得预先约定免除故意或重大过失的责任。（5）责任形式不同。侵权责任的形式包括停止侵害、返还财产、恢复原状、赔礼道歉、消除影响、恢复名誉、赔偿损失等。侵权责任既包括财产责任，也包括非财产责任。违约责任的形式主要有强制实际履行、支付违约金、赔偿损失等。违约责任主要是财产责任。（6）损害赔偿的范围不同。在侵权责任中，损害赔偿的范围不限于财产损害，而且包括人身损害及其他损害。在违约责任中，损害赔偿的范围限于财产损害。

2. 侵权损害赔偿的原则有：（1）全面赔偿原则。全面赔偿原则，是指不论加害人在主观上是出于故意还是过失，也不管加害人是否受到刑事、行政制裁，都应根据法律向受害人进行全部的赔偿。全面赔偿原则确定的赔偿范围，不仅包括受害人实际遭受的直接损失，还包括间接损失；不仅包括财产和人身损失，还包括精神损失；不仅包括补偿性损失，还应包括惩罚性赔偿。惩罚性赔偿主要适用故意侵权行为造成的损害。（2）考虑当事人经济状况的原则。侵权损害赔偿在确定赔偿数额时，还应当考虑当事人的经济状况，特别是加害人的经济状况。（3）衡平原则。衡平原则，是指加害人对侵权事实的发生没有过错或者双方当事人对侵权事实的发生均无过错的情况下，应当由双方当事人公平、合理地分担损失。

五　案例分析题

（1）构成紧急避险。紧急避险，是指为了保障公共利益、本人和他人的合法权益，在紧急危险、迫不得已的情况下而实施的以损害较小的合法权益来保护较大的合法权益的行为。本案中孙某的行为构成紧急避险。孙某驾车驶进人行道是在情况紧急，马上就要发生车祸的情势下，迫不得已而实施的，而且以撞伤郭某的较小损害来挽救一起两车相撞、车毁人亡的重大交通事故。因此，孙某的行为符合紧急避险的构

成要件。

（2）本案的责任应由出租车司机李某一人来负担。根据《民法通则》第129条的规定，人为原因引起的紧急避险造成的损害，应由引起险情的人承担赔偿责任。本案李某是引起险情的人，当然应由李某来承担郭某的一切损失赔偿责任。

第三十八章　侵权行为的归责原则

一　单项选择题

1. 一般侵权行为适用的归责原则是（　　）。

A. 过错责任原则　　　　　　　　B. 公平责任原则

C. 无过错责任原则　　　　　　　D. 严格责任原则

2. 下列选项中，不适用无过错责任原则的是（　　）。

A. 高速运输工具造成的损害　　　B. 剧毒产品生产造成的损害

C. 成年人打架斗殴造成的损害　　D. 核原料生产造成的损害

3. 下列关于公平责任原则的表述，错误的是（　　）。

A. 公平责任原则主要适用当事人无过错的情况

B. 公平责任原则的适用以公平观念为基础

C. 公平责任原则适用的结果限于对直接财产损失的赔偿

D. 公平责任原则既适用于侵权，也适用于违约

4. "过错推定"本质上属于（　　）。

A. 无过错责任原则　　　　　　　B. 过错责任原则

C. 公平责任原则　　　　　　　　D. 结果责任原则

5. 赵某在公共汽车上不慎踩到售票员而与之发生口角，售票员在赵某下车后指着他大喊"打小偷"赵某因此被数名行人扑倒在地致伤。对此应由谁承担责任？（　　）

A. 售票员　　　　　　　　　　　B. 公交公司

C. 售票员和动手的行人　　　　　D. 公交公司和动手的行人

6. 甲是乙公司的司机，在驾车送货的途中，因超速行驶将横穿马路的丙撞伤。下列说法正确的是（　　）。

A. 甲应赔偿丙遭受的全部损失　　B. 丙应自行承担全部损失

C. 甲和丙共同对损害结果承担责任　D. 甲和乙公司共同承担责任

二　多项选择题

1. 侵权行为的归责原则包括（　　　）。

A. 公平责任原则　　　　　　　　B. 过错责任原则

C. 加害原则　　　　　　　　　　D. 无过错责任原则

2. 下列对过错责任原则的表述，正确的有（　　　）。

A. 不以过错为责任构成要件

B. 以过错为责任构成要件

C. 它贯彻的是"举证责任倒置"的原则

D. 以过错为确定责任范围的依据

3. 无过错责任原则适用的领域是（　　　）。

A. 高速运输工具造成的损害

B. 环境污染引起的损害

C. 从事高空、高压作业给他人造成的损害

D. 原子能、核放射引起的损害

4. 依照我国法律，无过错责任原则适用于下列哪些侵权行为（　　　）。

A. 高度危险作业造成的损害赔偿

B. 环境污染造成的损害

C. 地上建筑物及其他设施造成的他人损害

D. 产品缺陷致人损害

5. 关于过错推定的表述，正确的是（　　　）。

A. 受害人对加害人的过错不负举证责任

B. 受害人对加害人的过错负举证责任

C. 采取举证责任倒置的方法

D. 采取谁主张谁举证的方法

三　名词解释

1. 过错责任原则　　2. 无过错责任原则　　3. 公平责任原则

四 简答题

简述过错推定责任原则。

五 论述题

试述我国《侵权责任法》所采取的归责原则体系。

参考答案

一 单项选择题

1. A   2. C   3. D   4. B   5. C   6. D

二 多项选择题

1. ABD   2. BD   3. ABCD   4. ABD   5. AC

三 名词解释

1. 过错责任原则是指以行为人主观上的过错行为承担民事责任的基本条件的一项归责原则。依照过错责任原则，在具备其他侵权要件的情况下，行为人有过错就承担民事责任，无过错则不承担民事责任。

2. 无过错责任原则是指行为人没有过错造成他人损害时也应当依法承担民事责任的归责原则。承担无过错责任不是根据行为人的过错，而是根据损害的客观存在和行为人的行为与损害之间的因果关系。学理上，无过错责任又称为"客观责任"、"危险责任"。

3. 公平责任原则是指当事人双方对造成损害均无过错，而法律又没有规定适用无过错责任的情况下，根据当事人双方的财产状况和其他情况，由加害人对受害人的财产损失给予适当补偿的归责原则。

四　简答题

过错推定是过错责任原则适用的一种特殊情况，是指受害人如能证明其所受的损害是由行为人所造成的，而行为人不能证明自己对造成的损害没有过错，则法律上就推定其有过错并就此损害承担侵权责任。过错推定较之一般的过错责任，更有利于保护受害人的利益，因此它将过错的举证责任转移给了侵害人，从而减轻了受害人的举证责任。过错推定是在众多的工业事故造成受害人损害而又不能通过过错责任得以补救的情况下产生的，是介于过错责任和无过错责任之间的一种中间责任形式。

五　论述题

我国《侵权责任法》所采取的归责一种体系包括过错责任原则和无过错责任原则。

（1）过错责任原则是指以行为人主观上的过错行为承担民事责任的基本条件的一项归责原则。依照过错责任原则，在具备其他侵权要件的情况下，行为人有过错就承担民事责任，无过错则不承担民事责任。过错责任原则是侵权行为法的一般归责原则，具有广泛的适用性，在侵权行为的归责体系中居于核心地位。

（2）无过错责任原则是指行为人没有过错造成他人损害时也应当依法承担民事责任的归责原则。承担无过错责任不是根据行为人的过错，而是根据损害的客观存在和行为人的行为与损害之间的因果关系。学理上，无过错责任又称为"客观责任"、"危险责任"。无过错责任原则与过错责任原则不同，它不以过错作为归责原则。它是随着由于难以克服的工业技术缺陷引起的工业事故、交通事故频繁发生，受害人很难证明行为人主观上存在过错，如果按照过错责任原则，受害人无法得以赔偿，有失公平，因此，无过错责任原则应运而生。

第三十九章　一般侵权行为的构成要件

一　单项选择题

1. 抢劫犯乙持枪拒捕，被民警甲开枪击中持枪的手臂，下列哪种说法是正确的？（　　）

A. 民警甲的行为侵害了乙的生命健康权，因为有损害事实的存在

B. 民警甲的行为侵害了乙的生命健康权，因为乙所受损害与甲的行为有因果关系

C. 民警甲的行为不是侵权行为，因为其行为不具违法性，不符合侵权行为的构成要件

D. 民警甲的行为侵害了乙的生命健康权，因为甲是故意开枪，对乙的损害有过错

2. 某日，宋某驾车出游，途中见前面的车辆速度渐缓，遂与前一辆车于相距5米左右之距离减速缓行，不想其后梁某因超速行车，来不及刹车，撞向宋某的车，导致宋某的车也往前撞向陈某的车，造成陈某的车严重损坏。为此，宋某特向律师咨询，如果你是律师，你将如何正确回答？（　　）

A. 宋某的行为不构成侵权行为，其行为虽造成了陈某的损害，但在主观上没有过错

B. 宋某的行为构成侵权行为，因为是宋某的车撞了陈某的车而造成车严重损坏

C. 宋某对陈某进行赔偿后，可以向梁某追偿

D. 陈某的损失只能由宋某赔偿，梁某对此不承担责任，因为梁某直接撞的是宋某的车

3. 甲骑自行车上班，在一拐弯处，甲未减速，将一行人乙撞倒在地，但乙爬了起来，毫发无伤，拍了拍身上灰便走了。则甲的行为是否是侵权行为？（　　）

A. 甲的行为是侵权行为，因为他将乙撞倒在地

B. 甲的行为不是侵权行为，因为甲的行为没有造成乙损害，无损害则无责任

C. 甲的行为是侵权行为，因为他骑车拐弯未减速，违反了相关的交通法规

D. 以上说法都不对

4. 下列对一般侵权行为构成要件的表述，正确的是（   ）。

A. 行为人虽然没有造成损害，也应该承担民事责任，以示惩戒

B. 损害事实的存在不包括精神损害，因为精神损害是无形的

C. 损害事实与损害行为之间只要存在因果关系，加害人就无例外的应承担侵权责任

D. 过错分为故意和过失两种形态

二　多项选择题

1. 一般侵权行为的构成要件包括（   ）。

A. 行为的违法性

B. 损害事实的存在

C. 行为人主观上有过错

D. 违法行为与损害后果之间有因果关系

2. 在我国的司法实践中，通常将违法行为造成的损害分为（   ）。

A. 财产损害

B. 人身伤亡

C. 公民生命健康权以外的人格权损害

D. 精神损害

3. 对"相当因果关系"应当如何认定？（   ）

A. 根据事件发生的先后顺序来认定

B. 根据条件与结果的关系来认定

C. 根据事件的客观性来认定

D. 根据实质要素的补充检验来认定

4. 下列对过错的表述，正确的是（   ）。

A. 过错只有过失一种形态，过错等于过失

B. 过错分为故意与过失两种基本形态

C. 将故意区分直接故意与间接故意在民事责任的认定中一般没有实际意义

D. 过失可以进一步分为重大过失、具体轻过失和抽象轻过失

5. 李某 19 岁就读于某大学，无经济收入。某日李某在一家餐馆就餐时，因与服务员发生矛盾，一气之下将餐馆的玻璃窗打破。对此以下说法不正确的是（　　）。

A. 李某的行为符合一般侵权行为的构成要件，应依法承担相应民事责任

B. 李某没有经济收入，不应当承担责任

C. 该餐馆的损失应由李某的父母进行垫付

D. 李某与服务员分担餐馆的损失

6. 甲见乙追打丙即上前制止，乙将甲打伤。对于甲受到的伤害，应由谁承担责任？（　　）

A. 由丙承担责任

B. 由乙承担责任

C. 若乙无力承担，由甲自行承担

D. 若乙无力承担，由丙给予适当的补偿

7. 张某为泄私愤将同村村民石某打伤住院，石某在住院期间被查出已是晚期肺癌，不久即死在医院。则以下说法正确的是？（　　）

A. 张某对石某之死不应当承担责任，因为石某因晚期肺癌而死亡，张某的行为与石某之死之间没有因果关系

B. 张某对石某之死应当承担责任，因为是其导致石某受伤住院，而石某是在医院死亡的

C. 张某对石某受伤住院不应承担责任，因为石某已经死亡，补偿已没有意义

D. 张某对石某之伤应承担民事责任，因为石某之伤与张某的行为之间存在因果关系

三　名词解释

侵权行为的构成要件

四　简答题

1. 简述侵权责任的构成要件与归责原则。

2. 简述一般侵权行为的构成要件。

五　论述题

论述侵权责任构成要件中的因果关系。

参考答案

一　单项选择题

1. C　2. A　3. B　4. D

二　多项选择题

1. ABCD　2. ABCD　3. ABCD　4. BCD　5. BD　6. BD　7. AD

三　名词解释

侵权行为的构成要件，是指侵权行为人承担侵权责任所应当具备的条件。行为人实施侵害他人合法权益的行为，只有符合一定的条件，行为人才能承担侵权责任。

四　简答题

1. 在侵权行为法中，侵权责任的归责原则所要解决的是侵权责任应当由谁承担的问题，而构成要件所要解决的是在什么情况下才承担侵权责任的问题。可见，侵权责任的构成要件与归责原则是两个密切联系的制度。一方面，侵权责任的归责原则是构成要件的前提和基础。侵权责任的归责原则是确定侵权责任的一般归责，只有明确了侵权责任的归责原则，才能运用侵权责任的构成要件，正确分析行为人是否应承担责任。例如，适用过错责任归责原则确定侵权责任的，就应当按照过错责任的要求确定其构成要件；而适用无过错责任原则确定侵权责任的，就应当按照法律关于该种责任的规定确定其构成要件。另一方面，侵权责任的构成要件是归责原则的具体体现。由于侵权责任的归责原则确定责任由谁承担，因此，归责原则的因素也必然是构成要件所要求的。侵权责任的构成要件中最核心的要求，实质上就是归责原则。可以说，侵权责任的构成要件是归责原则的具体体现。

2. 侵权行为的构成要件，是指侵权行为人承担侵权责任所应当具备的条件。行为人实施侵害他人合法权益的行为，只有符合一定的条件，行为人才能承担侵权责任。其构成要件包括：（1）行为的违法性。行为的违法性，是指行为人的行为违反了民事法律规范，不为法律所认可。这是承担民事责任的首要条件。行为是否违法，是法律对行为人行为的客观评价。这里的"违法"，即包括形式上的违法，即对法律明确规定的禁止性规范或命令性规范的违反，也包括实质上的违法，即对立法精神或立法原则的违反，但对法律未予规范的社会道德或善良风尚的违反，不在"违法"之列。但下列行为除外：第一，职务授权行为；第二，正当防卫行为；第三，紧急避险行为；第四，在正式体育竞技中给他人带来损害的行为。（2）损害事实的存在。损害，是指因一定的行为或者事件使他人受法律保护的财产、人身或者其他权利遭受不利益的一种事实状态。（3）违法行为与损害事实有因果关系。因果关系，是指自然和社会生活中，客观现象之间存在的一种内在的联系。要确定某个行为人对某个损害结果是否承担民事责任，就必须确定该损害结果与该行为人的违法行为之间是否有因果关系。（4）违法行为人主观上有过错。民法上的过错，是指违法行为对其实施某种行为及其损害结果的发生所持的一种心理状态，包括故意和过失两种形式。故意，是指行为人明知自己的行为可能产生某种损害果，而仍然希望或放任这种损害结果发生的心理状态。希望的心理状态是直接故意，放任的心理状态是间接故意。过失，是指行为人对自己行为的结果应当预见而没有预见，或已经预见却轻信能够避免的心理状态。应当预见而没有预见是无认识的过失或疏忽大意的过失，已经预见却轻能够避免是有认识过失或过于自信的过失。

五　论述题

侵权责任中的因果关系是侵权责任构成要件的重要要件，因此，正确认识该因果关系非常重要。

因果关系，是指在自然界和社会中，各个客观现象的出现，在一定条件下必然是另一种已存在的现象的基础，前一现象称为原因，后一现象称为结果。现代民法在因果关系问题上采用"两分法"，即首先确定行为人的行为或依法由他人负责的事件是否在事实上属于造成损害发生的原因；其次，在确定已构成事实原因的行为或事件是否在法律上成为应对该损失负责的原因。

侵权责任从损害后果出发寻找造成损害的原因具有逆反性的特定。因果关系是行为人承担民事责任的一个必要条件，但不能认为只要有因果关系行为人就要承担责任，只要符合侵权责任的构成要件，行为人才能承担责任。

在分析确定因果关系时，应注意如下问题：（1）必须正确认识因果关系的时间顺序问题。造成损害的原因总在损害结果之前，如果某一行为发生在损害之后，应把其排除在因果关系的认定之外。（2）必须明确因果关系的客观性和必然性。不可凭主观臆断认定因果关系。（3）必须正确认识因果关系表现形式的多样性。其多样性表现为一因一果、一因多果、多因多果。（4）必须把原因和条件区分开。原因是对结果其决定作用的，并与结果有内在的必然的联系；条件虽然对结果的发生有一定的影响，但这种影响和作用不是决定性的，他与结果的联系并非是必然的。（5）必须分析主要原因和次要原因。主要原因是对结果发生起主要的决定作用的原因，次要原因是对结果的发生不起主要的决定作用的原因。

因果关系的证明，应根据"谁主张，谁举证"的诉讼原则，一般情况下由原告承担。

第四十章　侵害财产权与人身权的行为与责任

一　单项选择题

1. 一住店客人未付房钱即要离开旅馆去车站，旅馆服务员见状揪住他不让走，并打报警电话。客人说："你不让我走还限制我自由，我要告你们旅馆，耽误了乘火车要你们赔偿。"旅馆这样做的性质应如何认定？（　　）

A. 属于侵权，系侵害人身自由权

B. 属于侵权，系积极侵害债权

C. 不属于侵权，是行使抗辩权之行为

D. 不属于侵权，是自助行为

2. 送奶人员将王某订的牛奶放入其邻居张某家的奶箱中，张某不明所以，取而饮之。张某行为的性质应如何认定？（　　）

A. 不构成侵权行为，但构成无权代理

B. 构成侵权行为，侵害了王某对牛奶的所有权

C. 并无不当

D. 构成不当得利

3. 甲身患梅毒，于 2001 年 10 月 4 日挟持女青年孙某逼迫其拍裸照，并将其强奸，后甲将孙某的裸照于社会上公开散发。2001 年 12 月，孙某被检查了也患有梅毒。则在以下孙某的权利中，甲没有侵犯的是（　　）。

A. 荣誉权　　　　B. 健康权　　　　C. 性自由权　　　　D. 隐私权

4. 李某到某一家照相馆去照相，几天后，李某去取照片时，照相馆只给了冲洗的照片，而未将底片给李某。照相馆称店内早已贴有告示：本店照相一律不给底片。李某则认为照相馆扣留底片，侵犯了他的肖像权。据查，该照相馆从未使用过该底片。如果你是一名律师，你将如何认定？（　　）

A. 照相馆已经贴有告示，照相馆不构成侵权行为

B. 照相馆的告示无效，侵犯了李某对底片的所有权

C. 照相馆侵犯了李某的肖像权

D. 以上说法都不对

二 多项选择题

1. 甲、乙两餐馆在同一街上，相距不过 50 米。甲餐馆由于有特色，服务又好，顾客盈门。而乙餐馆的就餐环境较差，门可罗雀。为此，乙餐馆的老板特叫了几个人在社会上散布说甲餐馆财务混乱，在外面欠了很多债，导致甲餐馆的供货商纷纷退货，给其造成了极大损失。对乙餐馆老板的行为没有侵犯甲餐馆的何种权利？（　　）

    A. 经营自主权   B. 信用权

    C. 荣誉权   D. 名称权

2. 朱某驾驶摩托车抢了田某放在自行车车框内的手提包，包内有现金 500 元，身份证一张。后由于朱某与田某有几分相像，为逃避追捕，朱某以田某的身份生活了半年，于 2005 年 12 月被公安机关抓获。则朱某侵犯了田某的（　　）。

    A. 名誉权

    B. 荣誉权

    C. 对现金、手提包、身份证的所有权

    D. 身份权

3. 甲、乙两厂同是保暖内衣的生产厂家，2001 年秋冬季保暖内衣热销，使得原料供应紧张。甲厂得知乙厂让丙运输公司运输原料，为在竞争中取得优势，甲厂派人在丙运输原料的途中制造交通事故，致使丙不能将原料按时运到乙厂，乙厂不能及时出货，造成了严重损失。则以下说法正确的是（　　）。

    A. 甲的行为构成对乙厂的不正当竞争行

    B. 甲的行为构成对丙厂的侵权行为

    C. 甲的行为构成对乙厂的侵权行为

    D. 甲的行为不构成侵权行为，但应受道德谴责

4. 陈某撰写学术论文须引用资料，为避免侵犯他人的著作权，陈某就有关问题向某律师咨询。该律师的下列意见中哪些是可以采纳的？（　　）

    A. 不管如何引用，都是侵犯他人的著作权

    B. 引用他人已发表或未发表的作品都不构成侵权

C. 只介绍、评论或为了说明某问题而引用作品不构成侵权

D. 只要不构成自己作品的主要部分，将资料全文引用，也不构成侵权

5. 甲借用朋友乙的自行车数月。期间，甲因急需用钱，向同事丙借 200 元，并将自行车质押给丙，但丙不知此自行车非甲所有。后甲逾期未偿还债务，丙即变卖该自行车实现债权。以下认定正确的是（　　）。

A. 甲侵犯了乙对自行车的所有权，其对自行车无处分权

B. 甲、丙应共同赔偿乙的损失

C. 因甲对自行车无处分权，且质权不适用善意取得，故该质权设定无效

D. 因丙不知甲无处分权，故适用善意取得，质权设定有效

6. 甲女委托乙公司为其拍摄一套艺术照。不久，甲女发现丙网站有其多张半裸照片，受到众人嘲讽和指责。经查，乙公司未经甲女同意将其照片上传到公司网站做宣传，丁男下载后将甲女头部移植至他人半裸照片，上传到丙网站。下列哪些说法是正确的？（　　）

A. 乙公司侵犯了甲女的肖像权

B. 丁男侵犯了乙公司的著作权

C. 丁男侵犯了甲女的名誉权

D. 甲女有权主张精神损害赔偿

三　简答题

简述侵害生命权和健康权所引起的损害事实的范围。

四　案例分析题

2009 年 3 月底，江某（被告，女，25 岁）为能赶上参加其男友即李某（被告，男，28 岁）所在单位的分房，因未达法定婚龄，不能办理婚姻登记手续，于是，谎称其身份证已丢失，以购买进口药品需用某市居民身份证为借口，向张某（一告，女，28 岁）借用身份证。随后，江某假冒张之名到其单位开出婚姻登记介绍信，并拿张某所在地的公共户口簿，与李某一起到区政局办理了结婚登记手续。同年 6 月，江某再次冒用张某名义到其单位办理其他手续时被发现。张某遂向有关部门反映要求撤销有关结婚证明，宣告该婚姻无效。区民政局于同年 11 月确认此婚姻关系无效，撤销了张某和李某的结婚登记，收回了结婚证。张某为此向某市

区人民法院提起诉讼，称由于姓名被冒用，承受了强大的社会压力和精神打击，要求被告江赔偿损失 5000 元，并登报向其赔礼道歉。被告未作答辩。

（1）江某的行为是否侵犯了原告的姓名权？为什么？

（2）张某的诉讼要求是否应予支持？

参考答案

一 单项选择题

1. D 2. D 3. A 4. B

二 多项选择题

1. ACD 2. ACD 3. AB 4. CD 5. AD 6. ABCD

三 简答题

侵害生命权的行为，损害事实包括：（1）生命丧失；（2）生命丧失导致死者亲属或他人财产损失，包括为抢救受害人所支出的费用、安葬死者所指出的费用；（3）死者生前扶养的人的扶养来源丧失；（4）死者近亲属的精神损害。

侵害健康权的行为，损害事实包括：（1）健康受损的事实。表现为自然人的身体外部组织的完整性或内部生理机能的健全性、或生理机能的正常运作或功能正常发挥以及生命活动的正常维持等受到损害。（2）因健康受损导致财产受损的事实。包括受害人因医治伤病、回复健康所支出的必要费用，也包括因健康受损而致的其他方面的财产损失。（3）精神受损的事实。这种损失，主要指受害人本人因健康受损而产生的精神痛苦，但不以直接受害人的精神损失为限。

四 案例分析题

（1）江某的行为侵害了原告张某的姓名权。姓名权是公民依法享有的决定、使用、改变自己姓名并排除他人侵害的权利。《民法通则》第 99 条规定，公民享有姓名权，有权决定、使用、和依照规定改变自己的姓名，禁止他人干涉、盗用、假冒。本案中，江某为达到领取结婚证、参加单位分房的目的，利用原告身份证，假冒原告姓名到有关单位办理结婚登记手续，已构成对原告姓名权的侵犯。

（2）被告假冒他人姓名进行结婚登记的行为，直接侵害了原告的姓名权。同时，由于原告被他人冒名登记结婚，致使其承受了强大的社会压力和精神打击。因此，原告诉请被告登报赔礼道歉及赔偿损失的要求，应予支持。

第四十一章　共同侵权行为与侵权责任

一　单项选择题

1. 关于共同过错的说法，不正确的是（　　）。

A. 共同过错可以是共同故意

B. 共同过错可以是共同过失

C. 共同过错可以是故意与过失的混合

D. 共同过错不能是故意和过失的混合

2. 共同加害人应对受害人承担（　　）。

A. 连带责任
B. 按份责任

C. 公平责任
D. 均担责任

3. 甲酒后驾车，乙超速驾车，两车相撞，使一正常走路的路人丙受伤住院。则丙受伤的责任如何承担？（　　）

A. 甲、乙称两车相撞致丙受伤并没有事先商量，所以两人不承担连带责任

B. 应由甲、乙、丙三人各自平均分担

C. 应由甲、乙两人承担连带责任

D. 以上说法都不对

4. 某日，刘某与好友任某一起外出用猎枪打猎，忽见前面丛林中有一灰影闪动，二人同时举枪射击，不想击中的是在山中采蘑菇的农民。据查，该农民只被击中一枪，刘、任二人的猎枪为同一型号，无法辨别是谁的枪击中了农民。若你是该农民聘请的律师，以下认定哪个是正确的？（　　）

A. 因为无法辨别加害人是谁，所以刘、任二人不承担责任

B. 刘、任二人已构成共同危险行为，应当承担连带责任

C. 刘、任各自承担相应责任

D. 应由林业局承担责任

5. 吴某与王某均已成年，由于二人都喜好赌博，于赌场中结识，后结拜为异姓兄弟。吴某在某工厂轧钢车间工作，因吴某常常上班迟到，车间主任甲经常批评吴某。吴某认为车间主任与他过不去。某日，吴王二人一起喝酒，吴某某叫王某帮他出口气，并给王某一把刀。王某趁酒劲，冲到甲的家里将甲刺伤。下列说法错误的是（　　）。

A. 吴某的行为是共同侵权行为中教唆行为和帮助行为

B. 吴王二人对此应当承担连带责任

C. 吴王二人对此存在共同过错

D. 吴某并未实际参与伤人，只是提供了工具，承担次要责任，王某承担主要责任

二　多项选择题

1. 下列对共同加害行为的说法，正确的是（　　）。

A. 侵权主体为两人以上

B. 两个以上的侵权行为具有关联性

C. 各加害人具有共同过错

D. 损害结果具有单一性

2. 以下对共同危险行为的说法，正确的是（　　）。

A. 两个或两个以上的行为人实施了共同危险行为

B. 各行为人主观上须有共同的故意

C. 各行为人的危险行为均有可能是造成损害结果的行为

D. 共同危险行为造成损害结果的发生

3. 帮助行为与被帮助行为构成共同侵权行为的要件有（　　）。

A. 帮助者与被帮助者分别实施了帮助行为和加害行为

B. 帮助者与被帮助者之间主观上存在共同过错

C. 帮助者与被帮助者之间须具有相应民事行为能力

D. 被帮助者并未实施该侵权行为，则不成立共同侵权

4. 关于教唆行为，下列职权的有（　　）。

A. 教唆行为采取的是积极的作为方式

B. 教唆者主观上大多是故意的

C. 教唆的内容是教唆他人接受教唆意图，并实施特定的侵权行为

D. 教唆行为与被教唆者的加害行为可以改成共同侵权

三　名词解释

1. 共同加害行为　　　2. 共同危险行为

四　简答题

简述共同危险行为的特征。

五　论述题

论述共同加害行为。

六　案例分析题

2007年7月1日晚9点，某市赵某驾驶一辆前进牌大卡车在经过一个十字路口时，与刘某驾驶的一辆夏利牌出租汽车相撞，刘某驾驶的汽车被撞翻到路边，正巧高某路过，来不及躲避，被压在车下，结果高某的右臂被压断。经过交通局认定，此次交通事故的原因如下：赵某、刘某都违反交通规则，车速超过了正常标准；高某行走在人行道内，并无违章现象。高某经住院治疗，共花去医疗费等费用共计2万元，而且，右臂残废已不可避免，对以后的自己和家人的生活造成重大困难。为此，高某起诉到人民法院，要求赵某、刘某负连带赔偿责任，支付全部医疗费及今后的生活补助费。

（1）赵某、刘某是否构成共同侵权？

（2）本案高某的损失应由谁承担责任，怎样承担？

参考答案

一　单项选择题

1. D　2. A　3. C　4. B　5. D

二 多项选择题

1. ABCD 2. ACD 3. ABC 4. ABCD

三 名词解释

1. 共同加害行为是指两个或两个以上的行为人基于共同的故意或过失侵犯他人合法权益而造成损害的行为。

2. 共同危险行为又称准共同侵权行为，是指两个或两个以上的行为人共同实施了危险行为，并造成实际损害，但不能判明损害是行为人中的哪一个造成的一种侵权行为。

四 简答题

共同危险行为的特征有：（1）两个或两个以上行为人实施了共同危险行为。即两个以上行为人的行为在客观上都有危及他人财产和人身的可能。（2）共同危险行为造成了损害结果的发生。（3）各行为人的危险行为均有可能是造成损害结果的行为。在共同危险行为中，各行为人的危险行为都有可能是造成损害发生的行为，但都不能证明该损害不是自己行为造成的，从而构成共同危险行为。也就是说，实际造成损害发生的只是各行为人中的其中一人或一部分人，而不是全部的行为人，但是，由于他们不能提供出有力的证据证明损害不是他们的危险行为引起的，因而，认定他们的行为与损害结果有关，应当承担民事责任。（4）各行为人主观上具有共同的过错。各行为人主观上具有共同过错，是其承担共同危险行为责任的又一个条件。这里的共同过错，是指行为人对其危险行为存在所具有的共同过错。这种过错，通常称为共同过失，而不是具有意思联络的共同故意。因这种共同过失而使各行为人的危险行为密切相联，一旦损害发生，且不能证明谁是加害人时，即可推定各行为人对损害的发生具有共同的过错。

五 论述题

共同加害行为是指两个或两个以上的行为人基于共同的故意或过失侵犯他人合法权益而造成损害的行为。

共同加害行为具有下列特征：（1）主体要件：侵权主体为两人以上。共同加害行为的主体为两人或两人以上，可以是自然人，也可以是法人。（2）客观要件：两个以上的侵权行为具有关联性。在共同加害行为中，各侵权人实施加害行为指向的是同一对象，是他们的共同侵权行为造成了损害结果。也就是说，各侵权人的行为都是造成损害的原因，他们的行为具有关联性。（3）主观要件：各加害行为人具有共同过错。各加害人具有共同过错。过错可以是共同故意，也可以是共同过失，还可以是故意与过失的混合。（4）结果要件：损害结果具有同一性。共同加害人实施的是两个或多个侵权行为，但造成的是同一损害结果，该损害结果是不可分的。

共同加害行为较之单一侵权行为其加害人主观恶性更大，所造成的损害也更为严重，各国民法都规定共同加害人对损害结果要承担连带责任。受害人有选择全部或部分加害人请求其赔偿全部或部分损失的权利；加害人中的任何一人或数人都有义务向受害人赔偿全部损失，如其中一人或数人赔偿了全部损失，则免除其他加害人的赔偿责任。共同加害人的连带责任是一种法定责任，不因加害人内部的约定而改变，同时，受害人也无权免除部分共同侵权人的责任，因为连带责任不是按份责任，每个责任人都有可能承担全部责任，故不能免除其中一部分人的责任。而让另外的责任人承担全部或剩余的责任，否则，对另外的责任人不公平，也没用连带责任的存在意义。

六　案例分析题

（1）赵某、刘某的行为已经构成共同侵权。共同侵权行为分为共同加害行为和共同危险行为，共同加害行为是指两个或两个以上的行为人基于共同的故意和过失，共同实施损害行为致使他人人身和财产受损。共同危险行为是指两个或两个以上的行为人共同实施了侵害他人的危险行为造成了损害后果，但不能准确判断谁为加害人的情况。本案中，赵某、刘某的行为构成共同侵权行为中的共同加害行为。因为，赵某、刘某违反交通规则，均存在过失，且该过失行为造成高某的损害。

（2）赵某、刘某应对高某的损失承担连带责任。《侵权责任法》第8条规定："二人以共同实施侵权行为，造成他人损害的，应当承担连带责任。"本案中，赵某、刘某的行为构成共同侵权，故应对高某的损失承担连带赔偿责任。赵某、刘对高某的损失承担连带责任以后，应根据他们各自过错的大小以及对损害结果发生的作用不同，在其内部进行责任分配。

第四十二章　各类侵权责任

一　单项选择题

1. 职务侵权行为的主体不能是（　　）。

A. 法院　　　　　　　　　　　B. 工商局

C. 检察院工作人员　　　　　　D. 医院医生

2. 下列人员中，因产品缺陷造成损害的受害人不能直接对其提出请求的是
（　　）。

A. 产品的运输者　　　　　　　B. 产品的销售者

C. 产品的制造者和销售者　　　D. 产品的制造者

3. 产品缺陷致人损害不包括（　　）。

A. 人身损害

B. 缺陷产品以外的其他财产损害

C. 单纯的缺陷产品自身的损害

D. 基于人身伤害产生的精神损害

4. 下列作业中，不属于高度危险作业的是（　　）。

A. 自行车队训练造成路人死亡　　B. 飞机操作失误致人伤害

C. 放射性物质外溢致人伤害　　　D. 爆竹厂爆竹爆炸炸伤路人

5. 下列选项中，不属于饲养的动物致人损害的是（　　）。

A. 李家的公鸡啄伤儿童的眼睛

B. 张家的狗咬伤路人

C. 王家的马踢伤儿童

D. 野猪吃掉田里的麦苗

6. 地面施工致人损害的发生地不能是（　　）。

A. 公共场所　　　　　　　　　B. 道旁

C. 自家庭院　　　　　　　　　D. 通道

7. 下列关于被监护人致人损害责任的构成要件的表述，不正确的是（　　）。

A. 须是无民事行为能力人

B. 须是限制民事行为能力人

C. 加害行为造成了实际的损害后果

D. 完全民事行为能力人指使无民事行为能力人

8. 甲与乙离婚后，9 岁的丙随父亲甲生活。甲因外出经商，委托好友丁代为看护，但并未约定如丙造成损害的，应如何承担责任。一日丁酒醉，丙偷跑出玩耍，损坏小卖店电视一台。此责任应由谁承担？（　　）

A. 甲承担　　　　　　　　　B. 丁承担

C. 甲与丁共同承担　　　　　　D. 甲、乙、丁共同承担

9. 精神病患者甲在妻子乙的陪伴下外出散步，由于受到小孩丙的挑逗，向丙追打。甲妻乙虽尽力阻止，但甲仍将丙打伤住院。丙的治疗费用应由谁承担？（　　）

A. 由甲妻乙承担全部责任

B. 由甲妻乙承担责任，但可适当减轻责任

C. 由甲妻乙与丙的父母承担

D. 由丙的父母承担

10. 甲广告公司在某汽车站台上方悬挂一块广告宣传牌，因年久失修已严重锈蚀。一日狂风大作，广告牌掉下，将在站台上候车的乙砸伤。乙受到的损害应由谁承担责任？（　　）

A. 乙自行承担

B. 甲公司与乙分担

C. 主要由乙承担，甲公司可以给予适当补偿

D. 甲公司承担

11. 大华商场委托飞达广告公司制作了一块宣传企业形象的广告牌，并由飞达公司负责安装在商场外墙。某日风大，广告牌被吹落砸伤过路行人郑某。经查，广告牌的安装质量有问题。关于郑某的损失，下列正确的是（　　）。

A. 大华商场承担赔偿责任，飞达公司承担补充赔偿责任

B. 飞达公司承担赔偿责任，大华商场承担补充赔偿责任

C. 大华商场承担赔偿责任，但其有权向飞达公司追偿

D. 飞达公司承担赔偿责任，大华商场不承担责任

12. 甲搬家公司指派员工郭某位徐某搬家，郭某担心人手不够，请同乡蒙某帮忙。搬家途中，因郭某忘记拴上车厢挡板，蒙某从车上坠地受伤。下列正确的是（　　）。

A. 应由郭某承担赔偿责任

B. 应由甲公司承担赔偿责任

C. 应由甲公司和郭某承担连带责任

D. 应由甲公司和徐某承担连带责任

二　多项选择题

1. 某甲（成年人）教唆并帮助乙实施了对丙的侵权行为。则下列说法中正确的有（　　）。

A. 若乙为完全民事行为能力人，则甲乙作为共同侵权人，应对丙各自承担应负的责任

B. 若乙为完全民事行为能力人，则甲乙作为共同侵权人，应对丙承担连带赔偿责任

C. 若乙为限制民事行为能力人，则甲乙构成共同侵权，甲对丙的损害甲承担主要责任

D. 若乙为无民事行为能力人，则甲与乙的监护人应对丙遭受的损害承担连带赔偿责任

2. A厂是一家专门生产冻鱼的食品厂，该冻鱼由B运输公司负责运输，由C超市负责销售。2001年6月，B将一批冻鱼运给C，由于冷藏车冷藏设备损坏，造成部分冻鱼变质，C未仔细检查便出售，顾客D购买该鱼，食用后造成食物中毒。则以下说法正确的是（　　）。

A. 产品生产者A厂应当承担相应责任

B. 产品销售者C超市应当承担相应责任

C. 顾客D可以向A厂要求赔偿，也可以向C超市要求赔偿

D. A或C赔偿D后，可以向B追偿

3. 下列属于高度危险作业的危险源的有（　　）。

A. 高空 　　　　　　　　B. 高速

C. 易燃易爆 　　　　　　D. 剧毒

4. 农民甲承包的一个鱼塘上游新建了一个小造纸厂。造纸厂排出废水后，鱼

塘中的鱼大量死亡。甲如果要求造纸厂赔偿其损失，应对哪些情况进行举证？（　　）

    A. 造纸厂排放了废水

    B. 甲的鱼死亡的事实

    C. 造纸厂排放废水超标

    D. 造纸厂排放废水与鱼的死亡之间有因果关系

5. 某甲将房屋租给乙使用，租用期间乙在阳台上摆放数只花盆。一日狂风大作，一只花盆坠下楼去，砸伤小孩丙，花去医疗费 1000 元。则以下对该笔医疗费如何承担的说法错误的是（　　）。

    A. 由甲承担，因为甲是房屋的所有人

    B. 由乙承担，因为乙是房屋的实际使人，而且花盆是他摆放的

    C. 由乙与小孩丙的监护人共同承担

    D. 对此适用过错推定方法

6. 女青年牛某因在一档电视相亲节目中言词犀利而受到观众关注，一时应者如云。有网民对其发动"人肉搜索"，在相关网站首次披露牛某的曾用名、儿时相片、家庭背景、恋爱史等信息，并有人在网站上捏造牛某曾与某明星有染的情节。关于网民的行为，下列哪些说法是正确的？（　　）

    A. 侵害牛某的姓名权　　　　　　B. 侵害牛某的肖像权

    C. 侵害牛某的隐私权　　　　　　D. 侵害牛某的名誉权

7. 甲饲养的一只狗在乙公司施工的道路上追咬丙饲养的一只狗，行人丁避让中失足掉入施工形成的坑里，受伤严重。下列哪些说法是错误的？（　　）

    A. 如甲能证明自己没有过错，不应承担对丁的赔偿责任

    B. 如乙能证明自己没有过错，不应承担对丁的赔偿责任

    C. 如丙能证明自己没有过错，不应承担对丁的赔偿责任

    D. 此属意外事件，甲、乙、丙均不应承担对丁的赔偿责任

三　名词解释

1. 职务侵权行为　2. 产品缺陷致人损害的侵权行为　3. 高度危险作业致人损害的侵权行为　4. 污染环境致人损害的侵权行为　5. 地面施工致人损害的侵权行为　6. 饲养的动物致人损害的侵权行为

四　简答题

1. 简述产品缺陷致人损害侵权行为的责任要件。

2. 简述高度危险作业致人损害侵权责任的构成要件。

五　案例分析题

蒋某因公出差到某市一家旅馆住宿，夜晚在房间休息时，天花板上的吊灯突然脱落，正好砸到蒋某身上，致使蒋某身上多处受伤，为此，蒋某花去医疗费2093元。于是，蒋某要求旅馆赔偿损失，但旅馆老板不同意，理由是吊灯属于某装修队安装的，旅馆本身没有过错。蒋某又只得去找某装修队，但该装修队认为，吊灯脱落是由于吊灯经多年使用螺丝磨损严重造成的，装修队不承担责任。两家相互推诿，蒋某于是诉至法院。

（1）本案的归责原则是什么，有何法律依据？

（2）本案中旅馆、装修队的责任如何认定

参考答案

一　单项选择题

1. D　2. A　3. C　4. A　5. D　6. C　7. D　8. C　9. B　10. D　11. C　12. C

二　多项选择题

1. BC　2. ABCD　3. ABCD　4. ABD　5. AC　6. ABCD　7. ACD

三　名词解释

1. 职务侵权行为是指国家机关或者国家机关工作人员，在代表国家行使权力过程中侵害公民、法人合法权益的行为。

2. 产品缺陷致人损害的侵权行为是指产品的制造者、销售者因制造、销售有缺陷的产品致使他人的人身或财产损害的侵权行为。

3. 高度危险作业致人损害的侵权行为是指因从事高空、高速、易燃、易爆、剧毒及放射性等对周围环境有高度危险的作业而造成他人损害的民事侵权行为。

4. 污染环境致人损害的侵权行为是指污染环境造成他人财产或人身损害而应当承担民事责任的行为。

5. 地面施工致人损害的侵权行为是指施工人在公共场所、道旁或者通道上挖坑、修缮安装地下设施等，没有设置明显标志和采取安全措施而造成他人损害的民事侵权行为。

6. 饲养的动物致人损害的侵权行为是指动物饲养人或管理人因饲养的动物造成他人人身或财产损害而承担赔偿责任的行为。

四　简答题

1. 产品缺陷致人损害侵权行为的责任要件有：（1）产品存在缺陷。产品有缺陷是指产品存在危及人身、他人财产安全的不合理的危险，以及产品不符合相关的国家标准、行业标准或企业标准等不合格的产品。前者是一般标准，后者是法定标准。在法律未明确规定产品标准时，适用一般标准。（2）有损害后果。产品缺陷致人损害包括人身损害、财产损失和基于人身伤害而产生的精神损害，但不包括单纯的缺陷产品自身的损害。在缺陷产品造成他人的人身或其他财产损害时，除了要赔偿人身损害和其他财产损失之外，还应赔偿缺陷产品本身的损失；如果仅仅是缺陷产品自身损坏了，则应按合同违约责任处理。（3）产品缺陷与损害后果有因果关系。产品责任中的因果关系，表现为产品缺陷与损害后果之间的相互联系，而不是某种具体行为与损害后果之间的因果关系。而且在确定产品责任中的因果关系往往要通过因果关系的推定才能实现。

2. 高度危险作业致人损害侵权责任的构成要件有：（1）行为人须有高度危险作业的行为。在高度危险作业致人损害中，只要实施了对周围环境有高度危险的作业行为，并造成了他人损害，就应该承担赔偿责任，而不论作业人的活动是否具有违法性，是否尽到了应有的注意义务。（2）造成了实际的损害后果。损害包括对他人人身的损害、财产损害、以及因人身损害而引起的精神损害。如果仅对他人的人身和财产构成威胁，但未造成实际的损害，则不发生赔偿责任，但高度威胁作业人应承担消除危险的责任。（3）高度危险作业与损害有因果关系。高度危险须与发生的损害之间有因果关系。通常情况下，该因果关系应由受害人证明，但对于因技术上的原因而使受害人无法证明这种因果关系的，应采用推定的方法，由作业人证明因果关系不存在，若不能证明，则推定危险作业行为与损害存在因果关系。

五 案例分析题

（1）本案是一起特殊的民事侵权案件。根据《侵权责任法》第 85 条规定："建筑物、构筑物或者其他设施以及其搁置物、悬挂物发生脱落、坠落造成他人损害的，所有人、管理人或者使用人不能证明自己没有过错的，应当承担侵权责任。所有人、管理人或使用人赔偿后，有其他责任人的，有权向其他责任人追偿。"本案中的归责原则应是过错推定责任原则。

（2）本案中，旅馆作为吊灯的所有人和管理人，对于吊灯脱落致人损害应当依法承担民事赔偿责任。如果要证明这一损害结果是由装修队造成的，举证责任在于旅馆方。即使在这种情况下，也应由旅馆首先负责赔偿，然后再向真正过错方——装修队追偿。如果旅馆不能证明自己无过错，则推定其有过错，并承担蒋某的损失赔偿责任。

图书在版编目(CIP)数据

民法学考研辅导与习题精解 / 李军,孙照海主编 . —北京:
社会科学文献出版社,2012.7
(高等学校法学专业考研辅导与习题精解)
ISBN 978 - 7 - 5097 - 3456 - 8

Ⅰ.①民… Ⅱ.①李… ②孙… Ⅲ.①民法–法的理论–
中国–研究生–入学考试–自学参考资料 Ⅳ.①D923.01

中国版本图书馆 CIP 数据核字 (2012) 第 108364 号

· 高等学校法学专业考研辅导与习题精解 ·

民法学考研辅导与习题精解

主　编／李　军　孙照海
副主编／李　震　魏军政

出 版 人／谢寿光
出 版 者／社会科学文献出版社
地　　址／北京市西城区北三环中路甲 29 号院 3 号楼华龙大厦
邮政编码／100029

责任部门／人文分社 (010) 59367215　　　　责任编辑／于占杰　孙以年
电子信箱／renwen@ ssap. cn　　　　　　　　责任校对／杨春花
项目统筹／宋月华　张晓莉　　　　　　　　　责任印制／岳　阳
总 经 销／社会科学文献出版社发行部 (010) 59367081　59367089
读者服务／读者服务中心 (010) 59367028

印　　装／北京艺辉印刷有限公司
开　　本／787mm × 1092mm　1/16　　　　　印　　张／32.75
版　　次／2012 年 7 月第 1 版　　　　　　　字　　数／597 千字
印　　次／2012 年 7 月第 1 次印刷
书　　号／ISBN 978 - 7 - 5097 - 3456 - 8
定　　价／55.00 元